Die Schauspielerin

Zur Kulturgeschichte der weiblichen Bühnenkunst

Herausgegeben von
Renate Möhrmann

Insel Verlag

Mit 50 Abbildungen

Erste Auflage 1989
© Insel Verlag Frankfurt am Main 1989
Bildnachweise am Schluß des Bandes
Alle Rechte vorbehalten
Druck: Wagner GmbH, Nördlingen
Printed in Germany

Inhalt

6

Einleitung

Schauspielerinnen – schon das Wort suggeriert uns heute eine Fülle von glanzvollen Namen: Mlle Clairon, Sarah Siddons, Sophie Schröder, Sarah Bernhardt, die Duse, Charlotte Wolter, Tilla Durieux, Marlene Dietrich, Greta Garbo, Marilyn Monroe ... die Reihe ließe sich mühelos fortsetzen.

Das war nicht immer so.

· Unsere zweieinhalbtausendjährige abendländische Theatertradition kam zweitausend Jahre lang zwar nicht ohne das weibliche Element, wohl aber ohne Frauen aus. Zwei Jahrtausende hindurch wurden Frauenrollen von Männern dargestellt, den sogenannten Mädchen-Darstellern, oder, in den Mysterienspielen, von ehrwürdigen Klerikern, die – so liest man – ein besonderes Vergnügen darin gefunden haben sollen, Maria, die Engel oder die büßende Magdalena zu spielen. Man stelle es sich vor: Klytämnestra, Iphigenie, Lady Macbeth oder Ophelia als Glanzrollen für Männer.

Gewiß, während der kulturellen Anfänge des Theaters waren auch Frauen beteiligt, beim Demeterkult, bei den Eleusischen Mysterien und den ländlichen Ernte- und Kelterfesten, den späteren Dionysien, den Feiern des Gottes Dionysos. Davon zeugen noch die Darstellungen der Mänaden und der tanzenden Chormädchen auf antiken Vasen und Schalen. Genaueres über das Spiel der Frauen in dieser vorgeschichtlichen Phase läßt sich heute nicht mehr ermitteln. Fest steht dagegen, daß seit der Herausbildung des klassischen griechischen Theaters die Frau auf der Bühne nicht mehr präsent ist.

Ein anderes Bild bot das alte Rom. Zwar importierten die Sieger die attische Theaterware, die klassische Tragödie und die klassische Komödie, und mit ihr das Konzept der reinen Männerbühne. Doch während im griechischen Theater der erste und vornehmste Schauspieler der Dichter selbst gewesen war, übertrugen die Römer die Schaupielerarbeit nun ihren Sklaven und – ihren Sklavinnen. Allerdings erging an die Frauen ein anderer Auftrag. Sie sollten nicht im klassischen

Drama mitspielen, sondern im Mimos und Pantomimos, den
»derbsten« und »zotigsten« Unterhaltungsformen der römischen Kaiserzeit, deren Pointe »die völlige Entblößung des
Körpers der Schauspielerinnen« und die Zur-Schaustellung
»ihrer verborgensten Besitze« bildete. So heißt es in einer
Theaterankündigung im 6. Jahrhundert bei Prokop von Syra-
kus: »Mitbürger, Ariadne wird in dieser Pantomime in ihr
Brautgemach eintreten; Bacchus, der mit den Göttern gezecht
hat, wird sie dort überraschen, und es werden auch die *Inti-
mitäten der Hochzeitsnacht* vorgeführt werden.« (Prokop zit.
nach Goldschmit: 1922, S. 12)

Die Theaterhistoriker empören sich oft darüber, daß die
Darstellerinnen im römischen Theater, die *mulieres scenicae*,
nichts anderes gewesen seien als Prostituierte, die auf der
Bühne die raffiniertesten Verderbtheiten vorführten. Dabei
wird offenbar übersehen, daß diese Frauen als Sklavinnen
unter dem »Recht der Ruthen« ihres Herrn standen und keineswegs freiwillig auf die schlüpfrigen Bretter drängten, vor
denen sich der kaiserliche Hof ergötzte, sondern von der römischen Obrigkeit zwangsweise zum Theater rekrutiert wurden.
Heute sind Dokumente aus dieser Zeit bekannt, die belegen,
daß insbesondere die schönsten Sklavinnen durch die soge-
nannte »Unlösbarkeitsklausel« auf Lebenszeit an das Theater
gebunden waren. Es ist das Verdienst der späteren byzantini-
schen Kaiserin Theodora – selbst aus den niedrigsten Rängen
der Schauspielkunst emporgestiegen – das freie Lösungsrecht
solcher Verträge angeregt zu haben. So konnten sich »Miminnen«
durch Berufung auf die christliche Religion vom Bühnenengagement befreien. Allerdings mußten sie ihren neuen
Lebenswandel unter Beweis stellen und fortan nach dem Tu-
gendkanon der Kirche leben. Geschah das nicht, wurden sie
zur Bühne zurückverdammt.

Es gehört zu den Paradoxien der Theatergeschichte, daß
sich der *Schutz* der christlichen Kirche vor erzwungener weiblicher Bühnentätigkeit in der Folgezeit geradezu in ein Auftritts*verbot* für Frauen verwandelt hat. Mit dem Sieg des Chri-
stentums über die antike Welt war für viele Jahrhunderte der
Ausschluß der Frau von jeglicher theatralischen Darbietung
besiegelt. So gründlich wurde die Frau von jeder Art öffentli-

cher Artikulation ferngehalten, daß ihr selbst das Singen in
der Kirche – in einigen Gemeinden Deutschlands bis ins
18. Jahrhundert hinein – untersagt war. Freilich war die Theaterfeindlichkeit der Kirche eine generelle und nicht bloß gegen das weibliche Geschlecht gerichtet. Doch bildete die
Schauspielerin darüberhinaus noch eine besondere Ziel-
scheibe für theologische Angriffe. So verbot Papst Sixtus V.
noch im Jahre 1588 eine Aufführung der berühmten italienischen Desiosi-Truppe, sofern die Schauspielerinnen nicht
durch Mädchendarsteller ersetzt würden.

Wie erklärt sich die theaterfeindliche Haltung der frühen
christlichen Kirche? Bemerkenswert ist, daß die Kirchenväter
bereits die Gesamtheit der theatralischen Produktion zum Gegenstand ihrer Polemik machen und insofern durchaus thea-
terspezifisch argumentieren. So werden Schaubühne, Stück,
Inszenierung, Darstellung und Publikumsrezeption gleichermaßen als Blendwerk des Teufels gebrandmarkt und eines
Christen für unwürdig befunden. Es sei der mit allzuviel Üp-
pigkeiten ausgestattete Schauort, das heidnische Ambiente –
so Tertullian – das sich für einen Christen nicht zieme, der
satanische Pomp der Aufführungen, der dem Gebot der Bescheidenheit zuwider stände. Und Cyprian warnt vor den
Ungeheuerlichkeiten der Tragödien selbst, die die alten Verbrechen stets aufs neue auftischten und die Gemüter der
Zuschauer gefährlich verwirrten. Nicht besser kommen die
Komödien weg. Hier seien es die Schlüpfrigkeiten der Liebeshändel und die Obszönitäten der Späße, die den Frommen
beleidigten und zur Folge hätten, daß manch züchtige Jungfrau, die keusch ins Theater ging, es unkeusch verließe. Den
Gipfelpunkt dieser verwerflichen Spektakel aber böten die Hi-
strionen – die Schauspieler – mit ihrer unzüchtigen Darstellungsweise selbst. Sie setzten das Sündige in Szene und machten es sichtbar vor aller Augen, insbesondere die Tänzerinnen,
die zumeist hüllenlos erschienen und unverblümt zur Unzucht
reizten. »Wohnungen des Teufels, Schauplätze der Unsittlichkeit, Lehrsäle der Schwelgerei und Üppigkeit, Gymnasien der
Ausschweifung, Katheder der Pest und babylonische Öfen«, so
hatte Chrysostomus die Theater seiner Zeit beschrieben. (Zit.
nach Alt: 1846, S. 316)

Deutlich wird: die wütende Feder der Kirchenväter richtet
sich nicht bloß gegen die weiblichen Darsteller. Aber unverkennbar ist auch, daß in dieser Polemik der Schauspielerin
ein ganz spezielles Schuldmaß zugewiesen wird, nämlich die
Verführung zur Unzucht. Das erklärt auch die neue Taktik der
Kirche im Mittelalter. Als sie erkennt, wie unausrottbar die
Schaulust im Volk verwurzelt ist, stellt sie das Theater in ihren
Dienst, holt es in die Kirche hinein und zeigt fortan in geweih-
ter Stätte von Blutrunst und Unflat gereinigte Spiele: Stationen aus dem Leben Jesu. Das Schauspiel wird Beispiel, das
Theater zur Kanzel. In einem aber bleibt die Kirche unerbittlich, in der Verbannung der Schauspielerin. Frauen dürfen
nicht auf die kirchliche Bühne. Und selbst als im ausgehenden
Mittelalter die Passionsspiele immer umfang- und personal-
reicher werden, als die Kleriker für die über 200-Personen-
Spiele nicht mehr ausreichen und Laien miteinbeziehen,
erstreckt sich diese Ausweitung nicht auf das weibliche Element. Die Frauenrollen bleiben weiterhin fest in Männer-
händen.

Der vorliegende Band setzt ein mit dem Auftreten der ersten
Berufsschauspielerinnen in der Commedia dell'Arte in der
2. Hälfte des 16. Jahrhunderts in Italien. Denn hier zeigt sich
das Erstaunliche: Nach ihrer zweitausendjährigen Verbannung hält am Ausgang der Renaissance die Schauspielerin
ihren Einzug auf die europäische Bühne. Das bedeutet:
Gleichzeitig mit der Professionalisierung der Schauspielkunst
in Italien – der ganzjährigen Vorführung für ein vertraglich
geregeltes Entgelt – findet auch das weibliche Geschlecht
Eingang in Thalias Reich. Wie kommt es zu dieser Öffnung?
Die Theatergeschichtsschreibung hat hierfür nicht bloß
keine Antwort gefunden, sondern noch nicht einmal Fragen
parat. Und doch signalisiert die Eroberung der Schauspielkunst durch die Frau einen Tatbestand von außerordentlichen
Konsequenzen – für das Theater und für die Frau selbst. Mit
der Commedia dell'Arte öffnet sich der Frau ein ganz neues
Berufsfeld und damit erstmals die Möglichkeit, an der Produktion von Kultur erwerblich teilzunehmen. Ein Blick auf
eine beliebige Ecke der Kulturgeschichte macht deutlich, wel-

che dichten Vergitterungen die berufseinführenden Institutionen – gleichgültig, ob sie sich Meisterschulen, Akademien oder Universitäten nennen – jahrhundertelang vor weiblichen Bewerbern errichtet haben. Diesen zahlreichen weißen Flekken auf der allgemeinen Landkarte der Frauenkunst setzt die spezielle Geschichte der weiblichen Bühnenkunst eklatante Fülle entgegen. Schauspielerinnen erobern sich ihr Publikum auf dem Marktplatz und bei Hofe, spielen mit und steigen auf und werden Theaterchefinnen ihrer nicht immer nur kleinen Truppen.

Wie ist das plötzlich möglich geworden? Welche gesellschaftspolitischen Faktoren sind hier wirksam gewesen? Was für ein Theaterbedürfnis verbirgt sich hinter dieser Neuheit? Ein gravierendes Hindernis auf dem Weg zur weiblichen Bühnenkunst – das haben wir gesehen – ist zweifellos die katholische Kirche gewesen. Und nicht zufällig erscheint die Berufs-Schauspielerin am Ende jener Epoche, in der sich erstmals eine einschneidende Emanzipation von sakraler Vorherrschaft vollzieht, nämlich in der Renaissance. Solche Prozesse bleiben nicht ohne Auswirkung auf die kirchliche Auffassung vom Weiblichen – ausgehend von seiner zweitrangigen Stellung in der Schöpfungsgeschichte, – als etwas »Minderwertigem« und »von Natur aus Lasterhaftem« (wovon der Marienkult nur die Kehrseite ist), vor dem die Öffentlichkeit zu bewahren sei. Zwar wäre es kurzschlüssig, solche Prozesse unmittelbar für die Herausbildung einer weiblichen Bühnenkunst verantwortlich zu machen. Von Bedeutung aber bleibt die Tatsache, daß in der Epoche der Renaissance eine generelle Enttheologisierung stattfindet und der kirchlichen Bestimmung des Weiblichen erster Widerstand entgegengebracht wird. Das läßt sich auf vielen Gebieten feststellen.

Entscheidend ist, daß mit der Erstarkung der italienischen Stadtstaaten und Fürstenhöfe das Kulturmonopol der Kirche gebrochen wird. Der Hof möchte sich ohne klerikale Vorschriften unterhalten. In diesem Zusammenhang werden die ersten »feministischen« Traktate geschrieben, die für die Präsenz des weiblichen Elements im höfischen Milieu plädieren. Eine adelige Frauenkultur entsteht. Idealziel der pädagogischen Bemühungen wird die gebildete Jungfrau. Da man in

der höfischen Geselligkeit nicht auf das erotische Moment
verzichten will, findet sich hier eine erste Stätte für weibliche
Berufstätigkeit. Die Unterhaltungskünstlerin tritt auf. Literarisch und musikalisch gebildete Frauen wie Vincenza Armani
und Isabella Andreini erwählen den Schauspielerberuf und
werden mit ihrer Truppe an die Höfe gerufen. So wird Italien
zur Geburtstätte der europäischen Schauspielerin, und die
Herzöge von Mantua, Ferrara und Urbino treten als ihre ersten Mäzene auf.

Und doch ist damit die Frage nach dem ersten Erscheinen
der Berufsschauspielerin noch nicht hinreichend beantwortet.
Denn es bleibt ja bemerkenswert, daß es, trotz erwähnter
emanzipatorischer Bildungsimpulse, nur das Theater ist, welches der Frau eine Berufschance bietet. Andere Kunstsektoren
bleiben ihr weiterhin verschlossen. So kann sie zwar Hofschauspielerin werden, nicht aber Hofmalerin zum Beispiel.
Das liegt im Gegenstandsbereich ›Theater‹ selbst begründet,
nämlich in dem geringen Ansehen, welches das Komödian-
tentum in der Hierarchie der gesellschaftlichen Werte besitzt.
Denn schließlich gehören die Schauspieler – trotz ihrer Auftritte bei Hof – noch bis in das 18. Jahrhundert hinein zu den
»unehrlichen Leuten«, denen der Zugang zu bürgerlichen Berufen verboten oder doch zumindest erschwert war.

»Wäsche weg, die Schauspieler kommen«, das war der
Schlachtruf, der dem fahrenden Volk beim Einzug in die
Städte lautstark entgegenklang. Komödianten, das waren die
»Outlaws«, die Vogelfreien, die man zwar zum persönlichen
Amüsement gelegentlich zu Hofe rief, aber unbekümmert
wieder entließ, wenn der Vergnügungssinn in andere Rich-
tungen ging. Selbst die Künstler der Comédie Française zum
Beispiel besaßen nicht den Segen der Kirche und erhielten
nach ihrem Tod kein kirchliches Begräbnis. Ihr Leichenplatz
war der Schindanger und nicht der Friedhof, wie der Fall
Molière zeigt. Das galt sogar noch im Zeitalter der Aufklärung. So wurde der berühmten Tragödin Adrienne Lecouvreur noch 1730 auf ihrem Sterbebett die Beichte verweigert.
Den Schauspielerberuf ergreifen – so hieß es – bedeute, die
Hölle wählen. Insofern erübrigten sich Theorien, wie sie für
andere künstlerische Bereiche bis in das 20. Jahrhundert hin-

ein entwickelt wurden, die belegten, daß Frauen für das
Schauspiel von der Natur nicht ausgerüstet seien. So gering
war die Reputation des Theaters, daß patriarchalische ›Stan-
desbarrieren‹ hier gar nicht erst errichtet werden mußten.
Das geriet den Frauen zum Vorteil. Ihnen ermöglichte diese
Geringschätzung des Theaters eine erste künstlerische Berufstätigkeit.

So gesehen läßt sich die Schaubühne als ein Ort definieren,
an dem die Frau nicht bloß tätig werden und mitwirken, sondern gleichzeitig auch aufsteigen und die höchste Stufe auf
der Sprossenleiter des Erfolgs erklimmen kann. Ein Ort also,
an dem die Emanzipation der Frau erstmals deutlich sichtbar
wird. Hinzu kommt, daß die Truppenstruktur dem weiblichen
Lebenszusammenhang entspricht. In der Regel sind die
Schauspielerinnen im 17. und 18. Jahrhundert mit Männern
aus demselben Milieu verheiratet und teilen die Lebensräume
mit ihnen. Die vom Bürgertum praktizierte Trennung von privatem und öffentlichem Bereich, wodurch die unterschiedlichen sozialen Funktionen von Männern und Frauen zu Ge-
schlechtseigenschaften umgeschrieben werden und so für
lange Zeit den Ausschluß der Frau aus der Öffentlichkeit be-
siegeln, gelten nicht für die Schauspielerin. Auch herrscht in
der Truppe selbst eine auffällige Gleichheit zwischen den Geschlechtern. Die jeweilige Aufgabenteilung vollzieht sich weniger nach dem traditionellen Rollenverständnis als vielmehr
nach der individuellen Befähigung der einzelnen Mitglieder.
So liegt die geschäftliche Leitung ihrer 1643 gegründeten
Theatertruppe in den Händen der Madeleine Béjart, während
Molière für die Wahl der Stücke und die Inszenierung verantwortlich ist. Bei der Neuberschen Truppe verhält es sich gerade umgekehrt. Johann Neuber kümmert sich um die Finanzen und die Spielerlaubnis, die Neuberin um Stücke und
Schauspieler.

Ein weiteres Moment, das den Einzug der Frauen auf die
Schaubühne begünstigt, ist das neue, an der Natur orientierte
Realitätsverständnis der Renaissance. Das wirkt sich auch auf
das Schauspiel aus. In dem Maße, in dem sich das Theater zur
Aufgabe macht, gesellschaftliche Wirklichkeit darzustellen
und Liebespaare in ganz konkreten Situationen zu zeigen, er-

füllen die Mädchendarsteller nicht mehr ihre Funktion. Und so ist die erste weibliche Rolle, die sich die Schauspielerin innerhalb der Vielfalt der Masken in der Commedia dell'Arte erobert, die der »innamorata«, der Verliebten, die ihr Gesicht nicht mehr hinter einer Maske verbirgt. Das Gesicht der Schauspielerin wird zu ihrem frühesten und unverwechselbarsten Markenzeichen und lange Zeit zu ihrer wichtigsten künstlerischen Mitgift. Ihr Körper ließ sich schnüren, zwängen, biegen und stützen. Die Ausstrahlung ihres Gesichts mußte ohne solche Hilfen auskommen.

Allerdings darf man sich die Ablösung der Mädchendarsteller nicht als einen plötzlich einsetzenden und allgemein stattfindenden Personenaustausch vorstellen. Tatsächlich handelt es sich um einen äußerst langwierigen, etwa 200 Jahre dauernden, höchst widersprüchlichen Prozeß. So zeigt sich die hochprofessionelle Elisabethanische Bühne, das Renaissance-Theater Englands, besonders frauenfeindlich. In der berühmten Shakespeare-Truppe zum Beispiel befindet sich kein einziges weibliches Mitglied. Hier werden bis in die Mitte des 17. Jahrhunderts alle Frauenrollen ausschließlich mit Männern besetzt. Schauspielerinnen gelangen nur als Exportgut auf die britischen Inseln. In den gastierenden französischen Truppen, die um 1640 nach England kommen, ist die Mitarbeit von Frauen bereits eine Selbstverständlichkeit. Denn in Frankreich hat die Schauspielerin schon seit dem ausgehenden 16. Jahrhundert den ihr gebührenden Platz auf der Schaubühne inne. Erstaunlicherweise auch in Spanien, wo – trotz kirchlichen Einspruchs – Schauspielerinnen seit 1579 belegt sind.

Mit besonderer Verzögerung setzt diese Entwicklung in Deutschland ein. Das deutsche Publikum lernt die ersten Berufsschauspieler durch die englischen Komödianten kennen, d. h. ein Bühnenspiel ohne Frauen. Ihren eigentlichen Durchbruch erlebt die deutsche Bühnenkünstlerin erst im 18. Jahrhundert. Die wenigen Schauspielerinnen, die im ausgehenden 17. Jahrhundert in den Wandertruppen verzeichnet sind, haben kaum die Möglichkeit, sich zu entfalten und größere Aufmerksamkeit zu erringen. Auch noch in der ersten Hälfte des 18. Jahrhunderts ist die Stellung der Frau auf der deutschen

Bühne höchst unsicher, denn an den Höfen gibt man Italienerinnen und Französinnen den Vorzug. Verstärkt werden die Schwierigkeiten der Komödiantinnen durch die feindliche Haltung der Kirche, die sich in Deutschland besonders durch protestantische und pietistische Vorbehalte noch verschärfen. In diesem Zusammenhang zieht erstmals eine deutsche Schauspielerin, die Prinzipalin Frau Magister Velten, weitreichende Aufmerksamkeit auf sich. Aufgewachsen als Komödianten-Kind in der damals bedeutendsten Truppe, der Paulsenschen Gesellschaft, deren Prinzipal ihr Vater war, wechselt sie nach ihrer Heirat in die später nicht weniger berühmte Truppe des Magister Velten, ihres Mannes, über. Ihm wird zugeschrieben, erstmals Schauspielerinnen engagiert zu haben, da er einen sehr realistischen Theaterstil praktiziert und die Besetzung der weiblichen Rollen mit Frauen zum künstlerischen Prinzip erhebt. Als Velten 1693 stirbt, übernimmt seine Witwe die Leitung der Truppe und macht somit die Prinzipalschaft erstmals zu einem Frauenberuf. Ihre eigentliche Berühmtheit erlangt die Veltin durch ein für damalige deutsche Verhältnisse ganz unerhörtes Unterfangen. Immer wieder persönlich von den Attacken der Kirche verfolgt, verfaßt sie die erste deutsche Streitschrift (1701) zur Verteidigung des Theaters und des Schauspielerstands.

Seit der Herausbildung der berufsmäßigen Schauspielkunst hat es zwei Kategorien von Schauspielerinnen gegeben: die wenigen triumphierenden Aktricen, die an Fürstenhöfe gerufen werden, Schauspielerinnen, die ein beträchtliches Vermögen erwerben können und innerhalb ihres Berufsstandes begehrte Heiratsobjekte sind, wie manche Künstlerinnen der Comédie française, und die vielen Namenlosen, die auf dem Marktplatz spielen und später auf Vorstadtbühnen, und die bitterste Armut kennen. Manche erleben auch beides: den Glanz in der Jugend und die Not im Alter.

In diesem Band werden beide beachtet: die Schauspielerin im strahlenden Licht des Erfolgs, in ihrem Einflußreichtum bei der herrschenden Aristokratie, beneidet und hofiert, herausgehoben aus der Masse der ›gewöhnlichen‹ Frauen, aber auch ihre im Schatten und in Abhängigkeit von ihren zahlen-

den Kavalieren stehende arme Schwester, die stets aufs neue
um die Verlängerung ihrer Verträge bangt und nur Verachtung von ihren bürgerlichen Geschlechtsgenossen erfährt.
Auch soll das Spannungsverhältnis zwischen der Schauspielerin und der bürgerlichen Gesellschaft sowie die ›Ungleichzei-
tigkeit‹, mit der sich ihre gesellschaftliche Anerkennung vollzieht, verdeutlicht werden. Denn eine kontinuierliche Entwicklung der weiblichen Bühnenkunst – etwa so, daß sich aus
primitiven Anfängen allmählich eine Höchstform an Artistik
entwickelt hätte und aus der kleinen Zahl der Pionier-Prinzi-
palinnen im Laufe der Jahrhunderte Heerscharen von Inten-
dantinnen geworden wären – läßt sich nicht nachweisen. Im
Gegenteil. Mit Caroline Neuber ist die letzte bedeutende Prinzipalin gestorben. Nach der Mitte des 18. Jahrhunderts sind
alle renommierten Prinzipale Männer. Das kennzeichnet die
Entwicklungsgeschichte der weiblichen Bühnenkunst. Immer
wieder gibt es Rückschläge, Arrettierungen, Stillstand. Zwar
gilt das generell für die Schauspielkunst, aber für ihre weiblichen Mitglieder in ganz besonderem Maß. Denn ihr Auftreten
ist von Anfang an nicht bloß auf erregte Bewegung – bewun-
dernde oder ablehnende – gestoßen, es war immer zugleich
auch von einem geschwätzigen, zweideutig-lüsternen Flüstern
begleitet, das zu allererst der Privatperson der Bühnenkünstlerin galt. Die Schauspielerin bot Vergnügen und Gesprächs-
stoff zugleich, »Vergnügen für die wenigen Auserwählten, Ge-
sprächsstoff für die Masse.« (Schidrowitz: 1926, S. 266)

Und auch wenn man öffentlich ihre vermutete sexuelle Zü-
gellosigkeit verdammte, so träumte so mancher (Spieß-)Bür-
ger in exotischer Sehnsucht von der gesteigerten Weiblichkeit
der Mimin. »Sie könnten das Überwirkliche ihrer Kunster-
scheinung einbüßen, wenn es nicht auch in ihrem privaten
Dasein aufregender zuginge, als in dem der anderen«, vermutete Heinrich Mann (Mann: 1929, S. 275). Gewiß ist, daß das
Interesse des männlichen Publikums an der Schauspielerin
nicht zuletzt auf sexuellen Motiven beruhte.

Daß die Wirklichkeit weit weniger exotisch war, wußte man
nicht oder wollte man jedenfalls nicht wissen. Tatsache ist,
daß besonders die Prinzipalinnen sehr streng auf »die Wohlanständigkeit« ihrer weiblichen Mitglieder geachtet haben

Italienische Schauspieler im 16. Jahrhundert.
Gemälde von Jacques Probus.

Die gefeierte Schauspielerin Giuseppina Boccomini Lavaggi, »Fiori e regali
offerti a un' attrice per la sua serata d'onore«.

Die ins Elend geratene Schauspielerin.
Genrebild aus der Mitte des 19. Jahrhunderts.

Die Ballerina Mademoiselle Chameroy, der der Priester das kirchliche
Begräbnis verweigert hat, wird im Paradies empfangen.
Satirischer Stich von 1815. (*oben*)

Der Wettstreit um die höchste Darstellungskunst.
Zeitgenössischer französischer Stich. (*unten*)

und bei »liederlichem Lebenswandel« kurzerhand mit Entlassung drohten. Die späteren Virtuosinnen des Hoftheaters hingegen lebten zumeist als langjährige Fürstenmaitressen in eheähnlichen Verhältnissen, wie das Beispiel der Caroline Jagemann verdeutlicht. Bei den vielen namenlosen Schauspielerinnen im weiblichen Bühnenproletariat, wie es sich im ausgehenden 19. Jahrhundert, als Folge der Gewerbefreiheit, herausgebildet hat, ging es im übrigen weniger exotisch als schäbig zu. Doch der Mythos der Schauspielerin blieb ungebrochen, und die Dichter haben das ihrige dazu getan, ihn noch weiter zu verfestigen.

Im vorliegenden Buch werden die unterschiedlichen Stationen und Formen der weiblichen Bühnenkunst im Spannungsfeld gesellschaftlicher Veränderungen erörtert, und zwar unter verschiedenen Perspektiven. Theaterhistorische und -soziologische Zeugnisse, kulturgeschichtliche Dokumente und Theorien sowie fiktionale Texte und Beispiele aus der bildenden Kunst wie auch jüngste feministische Untersuchungen sollen helfen, in die verschlungene und zum Teil vergessene Geschichte der weiblichen Schauspielkunst größere Klarheit zu bringen. Denn das Dilemma ist: in den gängigen Theatergeschichten und Memoiren finden wir zwar die Namen der Großen verzeichnet, nichts aber über die vielen Durchschnittsschauspielerinnen. So werden, zur Erhellung der Existenz der Namenlosen, auch fiktionale Texte, Romane und Novellen über Bühnenkünstlerinnen also, Zeitungsberichte und Statistiken sowie Bildquellen herangezogen, um durch eine breite Palette verschiedener Materialien auch etwas von ihnen zu erfahren.

Im übrigen geht es nicht darum, die weibliche Schauspielkunst als Nebengeschichte der allgemeinen Theatergeschichte zu präsentieren, sondern deutlich zu machen, daß die Schauspielerin über weite Strecken tatsächlich einen anderen Bühnenweg zurückgelegt hat als ihr männlicher Kollege und im Bewußtsein des Publikums einen anderen Platz innehat als er. Das gilt nicht nur für die Anfänge der Bühnenkunst.

Solchen Unterschieden ist bisher relativ wenig Beachtung geschenkt worden. Dort, wo sie gesehen wurden, wie zum

Beispiel in einigen Publikationen zu Beginn des 20. Jahrhunderts, bei Julius Bab, Heinrich Stümcke, Rudolf Goldschmit oder auch bei Bernhard Bauer, werden sie ausschließlich aus der »Biologie des Weibes« heraus denunziatorisch verwendet und erklärt. So beginnen alle diese Abhandlungen zunächst einmal mit einem Kapitel über die weibliche Sexualität. Das erklärt auch das Kuriosum, daß Bauers 460 Seiten langes Opus über die Schauspielerin Komödiantin – Dirne? (1927) der Feder eines Spezialisten für Gynäkologie entstammt. Aber auch wo es weniger gynäkologisch zugeht, hält man sich an die weibliche Biologie. Da die Frau, meint Bab, ebenso wie die Schauspielkunst, etwas Elementares besäße, stünde sie dieser näher als der Mann, und da sie, so meint Bauer weitaus weniger freundlich, von früh an im Lügen geübt und auf Verstellung bedacht sei, gelänge sie ihr besser.

Plausible Abhängigkeiten bestehen hingegen zwischen Darstellerinnen und Rolle. Das ergibt sich schon aus der Tatsache, daß sehr viel weniger weibliche als männliche Rollen vorhanden sind – Männer- und Frauenrollen stehen in einem Verhältnis von zwei zu eins – und noch dazu weibliche Rollen lange Zeit über an Vielfältigkeit und Differenziertheit hinter den männlichen zurückstanden. Wie sehr das öffentliche Ansehen der Schauspielerin auch an die Rolle gebunden war, die sie darstellte, zeigt sich schon in der französischen Klassik. In dem Augenblick nämlich, wo es auf der Bühne nicht mehr bloß um die Launen der Verliebten oder die Verwechslungsspiele von Herrinnen und Dienerinnen geht, sondern so komplexe Frauenfiguren wie Racines Phädra, Berenice oder Roxane verfügbar werden, entwickelt sich aus der Unterhaltungskünstlerin der Commedia dell'Arte die bewunderte klassische Tragödin. Damit verändern sich die Anforderungen an die Schauspielerin. Denn Jugend und Schönheit, lange Zeit die besten Garanten für ihren Erfolg – reichen für die Gedächtnis- und Verstandesleistung, die die klassischen Frauenrollen verlangen, nicht mehr aus.

An solchen Rollen mangelt es aber fast überall auf dem europäischen Theater. Mit Ausnahme von England. Hier bieten die Shakespeare-Stücke – nachdem die Mädchendarsteller einmal abgeschafft waren – den Schauspielerinnen eine nahezu beispiellose Fülle großer Frauenrollen. Es läßt sich vermuten, daß zwischen diesem Rollenreichtum und der frühen gesellschaftlichen Akzeptanz der Schauspielerin in England ein Zusammenhang besteht. Aber auch dies gilt so allgemein nicht, wie es komplementär erscheint. Denn die Geschichte der weiblichen Bühnenkunst kennt keine geraden Entwicklungslinien. Im selben Jahr nämlich – 1730 –, in dem die Engländer ihre viel bewunderte Miss Oldfield, Star am Drury Lane Theatre, im Westminster aufgebahrt und ehrenvoll bestattet haben, wird in Frankreich die nicht weniger bewunderte Mlle Lecouvreur auf den Schindanger geworfen.

Für Deutschland hat bis dahin weder ein Shakespeare noch ein Racine große Frauenrollen geschrieben. Das Übersetzungsgeschäft steht noch nicht in Blüte, die erbetenen Abschriften treffen meist nur unpünktlich ein. Darunter leidet die Neuberin zeitlebens. Sie weiß, daß das Ansehen der Schauspielerin am nachhaltigsten durch interessante Frauenrollen zu heben ist. Deshalb spielt sie die klassischen französischen Tragödien, wann immer sie solcher Texte habhaft werden kann. Daß sie sich damit bei einem Publikum, das sich lieber beim Possenspiel ergötzen will, den Ruf einer steifen Deklamatorin einhandelt, spiegelt nur die eine Seite des Problems und verzerrt ihre Bemühungen um ein differenzierteres Rollenrepertoire für Frauen.

Doch auch bei wachsendem weiblichen Rollenmaterial bestehen weiterhin Schwierigkeiten für Schauspielerinnen. Wieder sind es Besonderheiten, die nur für die weiblichen Bühnenmitglieder gelten. Denn es steht die *Frau* auf dem Spiel. Wie soll sie sie darstellen, diese gewaltigen Heroinen, diese kriegerischen Amazonen, machthungrigen Königinnen und starrköpfigen Jungfrauen? Wie soll sie Rollenanspruch und Weiblichkeitspostulat vereinen? Wie sich verhalten, um die Bühnenweiblichkeit glaubhaft darzustellen, ohne die eigene zu verlieren? Das war das Dilemma. Denn die Kritiker im Parkett bestanden auf der persönlichen Weiblichkeit der Schauspielerin und wollten sie auch noch in den exzentrischsten Darbietungen gewahrt wissen. Ihr höchstes Lob gipfelte zumeist in der Bemerkung: Sie war wieder *echt* weiblich heute abend!

So erklärt es sich, daß – besonders im 19. Jahrhundert – manche prominente Schauspielerin ihren sozialen Status zu verbessern sucht, indem sie nur solche Rollen akzeptiert, die auch dem herrschenden Frauenideal entsprechen. In diesem Sinn wird für die Schauspielerin Ellen Terry eine Werbekampagne gestartet, die darauf hinweist, daß ihre neue Lady Macbeth-Interpretation nichts Unschickliches bieten würde. Die Akzente seien – trotz aller Heftigkeit der literarischen Vorlage – auf die liebend sorgende Ehefrau gesetzt und das »Echt-Weibliche« – so wurde versichert – bleibe unangetastet. Das ändert sich erst im ausgehenden 19. Jahrhundert, als eine neue, selbstbewußte Generation von Schauspielerinnen herangewachsen ist.

Aber auch angesichts der weiblichen Rollen läßt sich nicht von einer kontinuierlichen Erweiterung und Differenzierung sprechen. Auch hier geht es vor und zurück wie zum Beispiel im 19. Jahrhundert, wo lange Zeit die läppischsten Frauenfiguren – entworfen für ein Publikum, das den Theaterbesuch wie Likör nach dem Essen goutierte – die europäische Bühne bevölkerten, bevor Ibsen seine modernen Protagonistinnen schuf. In den Frauenfiguren seiner Dramen findet die neue engagierte Schauspielerinnengeneration die Probleme wieder, die sie selber brennend interessieren: Fragen nach der geistigen Selbständigkeit der Frau, nach der Vereinbarkeit von Mutterschaft und individueller Unabhängigkeit und nicht zuletzt nach den ökonomischen Bedingungen dieser ›neuen Frau‹. Für solche Stücke engagieren sich die englischen Bühnenkünstlerinnen, auch finanziell. So lehnen selbst renommierte Schauspielerinnen Angebote der lukrativen Westend-Theater ab, um für sehr viel schlechtere Gagen am Royal Court zu spielen. Denn dort gibt man Ibsen.

Interessant ist, daß es in England die Schauspielerinnen selber sind – ganz besonders Janet Achurch und Elizabeth Robins – die dem Naturalismus, dem Neuen Drama wie es hier heißt, auf der Bühne zum Durchbruch verhelfen. Was sie motiviert, sind keineswegs ideologische Interessen wie die deutschen Gründungsväter der Freien Bühne, wo sich in Berlin der Naturalismus durchsetzte, sondern ganz pragmatische. Das neue Drama bietet ihnen nach langer Zeit erstmals wie-

der komplexe und interessante weibliche Rollen. Besonders
der Norweger Ibsen.

In der Wende vom 19. zum 20. Jahrhundert bahnt sich allmählich ein Reputationswechsel des Theaters an. Der Schauspielerstand beginnt, sich zu konsolidieren, und die Schauspielerin wird zunehmend von der Gesellschaft toleriert. Ehen
mit Bühnenkünstlerinnen verlieren das Stigma der Mesal-
liance. Immer häufiger heiraten Aristokraten Schauspielerinnen, besonders in England. Hier löst man die Standesunter-
schiede auf sehr praktische Weise: Man hebt die Theaterdamen kurzerhand in den Adelsstand. Das bleibt nicht ohne
Folgen. Das Theater wird plötzlich mit einem Zuwachs an
neuen weiblichen Kräften konfrontiert, Damen aus höheren
Gesellschaftskreisen, für welche die Schauspielkunst nunmehr einen doppelten Reiz gewinnt.

Und noch aus einer ganz anderen Seite wachsen der Bühne
neue weibliche Kräfte zu. Frauen begründen den Ausdrucks-
tanz. Sie stellen den Spitzenschuh ganz unmetaphorisch auf
den Boden, setzen den Fuß flach auf die Erde und brechen
mit der Ballettradition der Nymphen, Sylphiden und Giselles
und ertanzen sich als *Frauen* ein ganz neues Terrain.

Die Veränderungen, die sich im 20. Jahrhundert auf dem
Theatersektor vollziehen, sind gewaltig. Nach einer letzten
Glanzzeit um die Jahrhundertwende, einer Zeit, in welcher
»der erste Blick eines Wiener Durchschnittsbürgers in die Zeitung nicht den Diskussionen im Parlament, sondern dem Repertoire des Theaters galt«, wie Stefan Zweig berichtet, nach
einer solchen Theatergigantomanie verliert im 20. Jahrhundert die Schaubühne ihre zentrale Stellung. Gleichzeitig tritt
ein neues Medium auf den Plan: der Film. Zunächst als Un-
terhaltungsspektakel der kleinen Leute – der Bildungsbürger
geht incognito hin –, aber schon bald als bedrohliche Konkurrenz. Für die Schauspielerin bietet sich damit ein ganz neues
Arbeitsfeld. Denn der Siegeszug des Films beginnt mit der
Einführung des Starsystems, d. h. vor allem mit der des weiblichen Stars. Er wird zum Aushängeschild für die jeweiligen
Produktionsgesellschaften. Als diese erkennen, wie zugkräftig
ihre weiblichen Hauptdarsteller sind, werden die ehemaligen

Vitagraph- und Biograph-girls nun auch namentlich genannt,
und zwar so, daß der Starname an Größe den Filmtitel über-
strahlt. Aber auch den Heerscharen der Unbekannten, die
kontinuierlich um Anstellung bangen müssen, bietet das neue
Medium Arbeitsmöglichkeiten. Denn besonders in seiner ›de-
spektierlichen‹ Anfangsphase mangelt es dem Film an Darstellern.

Es würde den Rahmen dieser Untersuchung sprengen, genauer auf die besondere Entwicklung der Filmschauspielerin
einzugehen. Auf zwei Aspekte soll aber doch nicht verzichtet
werden, auf die Filmschauspielerin als Star und die Filmschauspielerin im dritten Reich. Im ersten Fall ist es aufschlußreich und faszinierend zu sehen, welche Wandlung der
Bühnenstar auf der Leinwand erfährt, wie ganze Industrien
entstehen – die Gründung der *fan magazines*, der Vertrieb von
Porträtpostkarten oder Star-Puppen – um sein Image aufzu-
bauen.

Die Geburtsstätte des Filmstars sind die Vereinigten Staaten. Mit ihm können die neuen Produktionsgesellschaften die
Vorherrschaft des nordamerikanischen Films auf dem Welt-
markt durchsetzen. Und so wird auch dieser Band bei der
Darstellung des Filmstars zwangsläufig das europäische Erör-
terungsfeld verlassen und die amerikanische Leinwandgöttin
zum Gegenstand der Betrachtung machen.

Im zweiten Fall, bei den Schauspielerinnen im dritten
Reich, geht es ebenfalls um Stars, aber in einem ganz anderen
Sinn. Dem »Starunwesen der liberalistischen Zeit« hatten die
nationalsozialistischen Kulturbonzen den Kampf angekün-
digt. Sie schufen den Starkult. Zarah Leander, Kristina Söderbaum, Luise Ullrich, aber auch Marika Rökk – sie alle gehörten zu den vielumschwärmten Göttinnen von Goebbels' Babelsberger Traumfabrik, die eingesetzt wurden, um über die
Kraft der Emotionen das System zu stärken. Gewiß – das
Image des Schauspielers wurde aufpoliert, indem man best-
mögliche Ausbildungsstätten schuf. Doch tat man das nicht
für die Kunst, sondern für die Politik.

Ein Ausblick auf die heutige Situation der Schauspielerin
wird den Band beenden. Dafür wurden Schauspielerinnen der
führenden städtischen Bühnen Westdeutschlands, der Staats-

theater der DDR, der Comédie française, des Londoner Westend sowie der Fringetheatres und auch anderer alternativer
Theaterorganisationen Europas befragt.

Köln, 1988   Renate Möhrmann

I

Der Einzug
der Schauspielerin
in das
europäische
Theater

Kristine Hecker

Die Frauen in den frühen Commedia dell'Arte-Truppen

> »Ich bin überzeugt und habe es selbst gesehen, daß eine geschickte und verständige Aktrice in dieser Rolle viel Lob verdienen kann, aber die letzten Szenen, von einem Frauenzimmer vorgestellt, werden immer beleidigen. Der Ausdruck jener unbezwinglichen Kälte, jener süßen Empfindung der Rache ... werden uns in der unmittelbaren Wahrheit empören (...) Auf dem römischen Theater dagegen war es nicht die lieblose Kälte, der weibliche Übermut selbst, die Vorstellung erinnerte nur daran; man tröstete sich, daß es wenigstens diesmal nicht wahr sei«.
>
> Goethe über die Mirandolina in Goldonis *La Locandiera*, aus: *»Frauenrollen auf dem römischen Theater durch Männer gespielt«*

Zur Vorgeschichte: Die Herren unter sich

Die »comiche di professione«, die Frauen, die aus dem Theaterspielen einen Beruf machten, hielten ihren Einzug in die europäische Theatergeschichte erst im 16. Jahrhundert. Bis dahin war die Bühne Jahrhunderte lang ohne Frauen ausgekommen, denn im antiken Theater, in Griechenland wie in Rom, waren die weiblichen Figuren immer von jungen Männern dargestellt worden. Erst in spätrömischer Zeit tauchten Frauen in Zusammenhang mit schauspielerischen Darbietungen auf, aber nicht etwa im Stück selbst, sondern in pantomimischen Einlagen, die meist schlüpfrige Episoden aus der Mythologie szenisch darstellten, wie etwa die Geschichte der Leda, die der Gott Zeus in Gestalt eines Schwans beim Bade verführt.

Manche dieser Miminnen erlangten große Berühmtheit,
und selbst die spätere Kaiserin Theodora (497-548) soll ihre
Karriere als eine solche Striptease-Tänzerin begonnen haben.
Diese pikanten Sketche waren einer der Gründe dafür, daß
die Kirchenväter das gesamte Theater als Teufelswerk verdammten, und so erstaunt es nicht, daß die Frauenrollen in
den mittelalterlichen Mysterienspielen in der Regel von jungen Geistlichen gespielt wurden.

Nach all diesen Jahrhunderten, in denen Theaterspielen
reine Männerangelegenheit gewesen war, bedeutete das Auftreten von Frauen auf einer Bühne im Renaissance-Italien
eine revolutionäre Neuerung, und das war nicht die einzige,
die in diesem Bereich im 16. Jahrhundert in Italien stattfand.
Schon vor der Jahrhundertwende hatten einige Gelehrten-
gruppen versucht, das antike Theater wiederzubeleben, und
Komödien des römischen Dramatikers Terenz in verteilten
Rollen aufgeführt, unter anderm um sich rhetorisch zu schulen. Das war damals ein sensationeller Schritt, denn die Vorstellung von einem Theaterstück als Darstellung einer einzigen Handlung, die in Akte und Szenen eingeteilt ist, war seit
der Antike verlorengegangen. So mußte das Theater eigentlich nicht wiederentdeckt, sondern neu erfunden werden. In
diesen Aufführungen der Humanisten traten jedoch ebenfalls
nur männliche Darsteller auf, und der berühmteste Schauspieler der Zeit, Tommaso Inghirami, spielte die unglückliche
Phädra, die sich in ihren Stiefsohn verliebt, so hervorragend,
daß er später nur noch Fedra Inghirami genannt wurde.

Schon bald interessierten sich die norditalienischen Stadtstaaten und Fürstenhöfe für diese Theaterdarbietungen, und
so fanden in Florenz, Ferrara, Mantua und Venedig Aufführungen statt. Hier nahmen die ursprünglich nüchternen
Gelehrtenveranstaltungen jedoch rasch ein anderes Gesicht
an: Die Aufführungen bildeten nämlich neben Turnieren,
Banketten und Bällen nur *ein* Element im Gesamtablauf der
höfischen Feste; sie wurden zu einer Prestigeangelegenheit
und Anlaß zu großer Prachtentfaltung im Kostüm und im De-
kor, und die lateinischen Klassiker, die bald in italienischen
Übersetzungen gespielt wurden, interessierten weniger als die
Garderobe der Bühnendarsteller und der Hofgesellschaft. In

diesem Rahmen wurde Theaterspielen oft zu einem Gesellschaftsspiel, wie mehrere Aufführungen im Jahr 1492 am Hof von Ferrara zeigen, bei denen die junge Herzogin, Anna Sforza, die männliche Hauptrolle in einem Stück übernahm, in dem auch alle übrigen Rollen ohne Rücksicht auf das Geschlecht der Interpreten verteilt wurden. (Cruciani: 1983, S. 36) Allerdings muß betont werden, daß diese mimenden Hofdamen nichts gemein haben mit den siebzig Jahre später auftauchenden Berufsschauspielerinnen, die alle dem Umfeld der Commedia dell'Arte zuzurechnen sind. Für die jungen Hofleute war Theaterspielen ein Zeitvertreib. Bei den professionellen Schauspielern hingegen bildet es die Erwerbsgrundlage, und der Einsatz von Frauen auf der Bühne war dabei wohl die genialste Verkaufsstrategie.

Die Commedia dell'Arte und ihre Figuren

Was ist nun eigentlich die Commedia dell'Arte? Worin liegt das Besondere dieser Theaterform? Was diese italienische Erfindung vor allem kennzeichnet, läßt sich mit wenigen Worten sagen: es handelt sich um Theaterdarbietungen von Berufsschauspielern, und zwar beiderlei Geschlechts, betrieben aus kommerziellem Interesse. Weiterreichende Definitionen sind schwieriger zu erbringen. Das zeigt sich schon beim Namen, denn die Bezeichnung »Commedia dell'Arte«, nach allen Regeln der »Kunst« gespieltes Theater – im Sinne von Profi-Theater –, stammt erst aus dem 18. Jahrhundert, während die Theaterform selbst viel älter ist und früher mehrere Namen hatte, etwa »Commedia all'improvviso« (wegen der Improvisation), »italienische Komödie« (nach dem Herkunftsland) oder ähnlich. Bei näherer Betrachtung wird deutlich, daß sich unter dem Etikett Commedia dell'Arte nicht *eine* Theaterform verbirgt, sondern mehrere, die sich im Laufe ihrer 200jährigen Geschichte außerdem noch verändern.

Ebenso kompliziert wie die Namensfrage ist die soziale Einstufung der Commedia dell'Arte. Mit Sicherheit handelt es sich nicht um ein Volkstheater, wie man lange angenommen hatte. Jedenfalls waren die frühen Berufsschauspieler keine

homogene Gruppe. Die Mehrzahl stammte aus ›bürgerlichen‹
Kreisen und manche sogar aus adligen Familien. Viele standen den Höfen nahe, und es ist sicher kein Zufall, daß einige
Hofnarren zum Schauspielberuf überwechselten. (Daß die
»buffonessa«, die Hofnärrin – eine heute unbekannte Figur
des Hoflebens, die aber tatsächlich existierte – den Sprung in
die neue Berufsgruppe nicht mitvollzog, mag daran liegen,
daß es sich meist um echte Närrinnen, um Wahnsinnige handelte.)

Bei den Schauspielerinnen der ersten beiden Generationen
stellt die Bestimmung der sozialen Herkunft, wie wir sehen
werden, vor beachtliche Probleme; später dann waren die
Frauen meist durch familiäre Bande mit der Truppe verbunden. Die frühen Truppen spielten also hauptsächlich an Höfen
und in deren Umfeld. Aber hier zeigt sich wieder die Problematik des Commedia dell'Arte-Begriffs: Auch wenn sich die
ersten Berufsschauspieler – und mit ihnen wollen wir uns hier
vor allem beschäftigen – fast ausnahmslos in diesem Milieu
bewegten, so gab es doch ab dem 17. Jahrhundert ein wach-
sendes Heer von schauspielernden Grüppchen, die, meist im
Gefolge eines Marktschreiers, als eine Art Werbetrupp durch
die Lande zogen und mit ihren Darbietungen den Verkauf von
Salben und ähnlichem fördern sollten. In solchen recht armseligen Schaustellerbuden gab es immer wieder Frauen, mit der
Aufgabe, durch ihr Spiel potentielle Kunden anzulocken. Vor
allem gegen dieses lose Volk zogen die Theater*gegner* zu
Felde, und zwar auch die, die andererseits nicht müde werden, die Stars der großen Truppen wie die »göttliche Vittoria«
(gemeint ist Vittoria Piissimi) zu lobpreisen. Aber auch die
seriösen Schauspieler selbst lassen keine Gelegenheit unge-
nützt, sich von diesem »Jahrmarktspack« abzugrenzen.

Ein wesentliches Merkmal haben die gefeierten Schauspielertruppen, die ganz Europa im Triumphzug durchqueren, allerdings gemein mit den verachteten armen Vettern, den Jahrmarktskomödianten: als kommerzielle Unternehmen stellen
auch sie sich gegen Geld öffentlich zur Schau, und zwar das
ganze Jahr hindurch. Darin unterscheiden sie sich von den
›anständigen‹ Leuten, die – wenn sie überhaupt schauspielern
– das bestenfalls als Laien-Darsteller während des Karnevals

oder bei sonstigen Festivitäten tun, natürlich unentgeltlich und – das versteht sich von selbst – unter Ausschluß der Weiblichkeit.

Während also schauspielern weiterhin eine Männerangelegenheit bleibt – in manchen Regionen bis zum Ende des 18. Jahrhunderts –, werden in den Commedia dell'Arte-Truppen Frauenrollen auch tatsächlich von Frauen dargestellt, und das wird vom Publikum begeistert aufgenommen. Wie das Erscheinen einer Frau auf der Bühne auf einen Neuling wirkte, zeigt ein Reisebericht des Engländers Coryate (1611). Nachdem er sich negativ über das italienische Theater und seine Schauspieler geäußert hat, schreibt er:*

> »In diesem Theater habe ich etwas gesehen, was ich nie zuvor gesehen hatte. Ich habe nämlich Frauen auf der Bühne spielen sehen (. . .) und die sind, was die Gestik, die Anmut und auch alles übrige betrifft, so ausgezeichnet, wie mir noch kein Mann je vorkam«. (Coryate, zit. nach Taviani/Schino: 1982, S. 162)

Kennzeichnend für die Commedia dell'Arte ist auch, daß die Mehrzahl der aufgeführten Stücke über weite Strecken hin improvisiert wurden. Diesen Schauspielen lag also kein schriftlich fixierter, auswendig gelernter Text zugrunde, sondern nur ein Handlungsgerüst. Wieviel an einem solchen Schauspiel improvisiert war, ist heute schwer zu ermitteln. Feststeht, daß das Stegreifspiel vor allem an die komischen Figuren, die sogenannten *maschere*, die »Masken«, gebunden war, während die ernsten Rollen einstudiert wurden.

Doch auch hier muß wieder differenziert werden: Neben ihren mehr oder weniger improvisierten Stücken haben die Commedia dell'Arte-Schauspieler stets auch auswendig gelernte Klassiker aufgeführt, nicht zuletzt deshalb, weil die Laien-Darsteller mangels Theater-Erfahrung dazu nicht imstande waren. Als z.B. die Accademia Olimpica in Vicenza 1586 mit einer ÖDIPUS-Aufführung ihr neues Theater einweihte, wurden die Hauptrollen nicht von Akademie-Mitgliedern gespielt, sondern von dem Schauspieler Verato und seiner Tochter, und Torquato Tassos Schäferstück AMINTA wurde

---

* Alle Übersetzungen der Zitate stammen von Kristine Hecker.

1573 von der berühmten Truppe I Gelosi uraufgeführt, wobei
der Star Isabella Andreini die männliche Hauptrolle spielte!

Aber damit nicht genug der Verwirrung: zu allem Übel haben sich diese ersten Berufsschauspieler auch noch literarisch
betätigt und ganze Theaterstücke ohne improvisierte Partien
verfaßt, deren Text sie dann drucken ließen. Der Schauspieler
Nicolò Barbieri – übrigens einer der wenigen, dem der Aufstieg aus dem Milieu der Jahrmarktskomödianten in die angesehene Welt der Truppen gelang – resümiert in der Verteidigungsschrift für seinen Berufsstand all die Dichtungsarten, in
denen sich seine Kollegen bis dahin hervorgetan hatten: »Gedichte, Abhandlungen, Komödien, Szenarien, Episteln, Pro-
loge, Dialoge, Tragödien, Pastoralen und allerlei andere Kleinigkeiten, die der Ehre eines Schauspielers keinen Abbruch
tun«. (Barbieri: 1634, S. 34)

Gerade unter den literarisch tätigen Schauspielern waren
auch viele Frauen. So ist Isabella Andreini, der in Rom die
damals höchste Ehrung für einen Dichter zuteil wurde (nämlich zum »poeta laureatus« gekrönt zu werden), die Verfasserin von Gedichten, Briefen sowie einer Pastorale. Im übrigen
sind von fast jeder Schauspielerin ein paar Gedichte erhalten.
Darüber hinaus haben manche auch noch andere Materialien
zum Repertoire der Truppen beigesteuert. Maria Malloni
schrieb unter anderem »Concetti«, witzige, pointierte Gedanken, die in den improvisierten Partien verwendet werden
konnten (Bartoli: 1782, Bd. 2, S. 12), Angiola d'Orso, Brigida
Bianchi und Orsola Biancolelli (Schauspielerinnen aus dem
17. Jahrhundert) übersetzten und bearbeiteten spanische
Stücke, und Margherita Costa verfaßte unter anderm eine Komödie mit dem Titel Li Buffoni (Die Narren, 1641), die auch
einem ihrer zahlreichen Liebhaber zugeschrieben wurde.
(Ferrone: 1985, Bd. 2, S. 235 ff.)

Doch zurück zum Stegreifspiel. Da dieser Theaterform kein
schriftlich fixierter Text zugrunde lag, kam dem einzelnen
Schauspieler eine weit größere Bedeutung zu als im üblichen
Autorentheater. Damit traten auch die bei den übrigen Thea-
terstücken so wichtige dichterische Aussage und das poetische
Wort in den Hintergrund, während andere Elemente Gewicht
bekamen: Aktion, Schaueffekte, Verkleidungs- und Ver-

wechslungsspiele, Musikeinlagen und Akrobatiknummern. Vor allem auch alles Nonverbale, Gestik und Pantomime standen als gleichwertige Ausdrucksmittel neben dem Wort. Inhaltlich ist die Commedia dell'Arte weniger festgelegt, als die Bezeichnung ›Commedia‹ – was damals ›Schauspiel‹ bedeutete – vermuten läßt. Selbst wenn die komischen Stoffe überwiegen, gehören wie gesagt durchaus Tragödien und Pastoralen zum Repertoire. Im Grunde konnte also jeder Stoff aufgegriffen werden; was zählte, waren vor allem Bühnenwirkung, Komik und virtuose Darstellung.

Ein besonderer Genuß für den Zuschauer war das Wiedererkennungsmoment. Er wußte genau, welchen Figuren er in diesen Stücken begegnen würde, auch wenn sie jeweils unter verschiedenen Namen auftraten. Zum Stammpersonal eines Commedia dell'Arte-Stückes gehören z. B. die beiden »Alten«: einmal der venezianische Kaufmann Pantalone mit roter Weste und Hose und schwarzem Mantel, der immer auf Brautschau ist oder – wenn verheiratet – eifersüchtig über seine junge Frau wacht; und zum anderen der »Dottore«. Er tritt zumeist – in seiner schwarzen Kluft – als die Karikatur eines Bologneser Gelehrten auf und gibt fehlerhaftes Latein zum besten. Diesen beiden »Alten« sind stets zwei Diener, die »Zanni«, zugesellt; etwa der dumm-schlaue Tölpel Arlecchino aus den Gebirgstälern hinter Bergamo und der gerissene Diener Brighella, der meist die Fäden der Geschichte in der Hand hält. Diese vier »Masken« (ihr Gesicht ist tatsächlich mit einer Maske bedeckt), sprechen jeweils den Dialekt ihrer Herkunftsorte, was entscheidend zur komischen Wirkung der Stücke beitrug.

Die freie Improvisation im Spiel war in erster Linie an die »Masken«-Rollen gebunden, wobei dem Schauspieler allerdings eine Fülle von Hilfsmitteln zur Verfügung stand, etwa Handbücher mit Zitatensammlungen für alle nur erdenklichen Situationen auf der Bühne, oder auch die sogenannten *lazzi*, sprachliche und mimische Gags, die wie Versatzstücke beliebig in die Handlung eingeschoben werden konnten. Vermutlich bestand die Kunst des genialen Schauspielers oft weniger im Neu-Erfinden als in der Fähigkeit, sich immer neue Kombinationen des bereits bekannten Materials auszudenken, was in ganz besonderem Maß für die Spätzeit der Commedia dell'Arte galt.

Ab 1570 gehören neben den vier komischen »Masken« noch zwei Liebespaare, die »Innamorati«, zum Stammpersonal. Das waren die sogenannten ernsten Rollen, bei denen der Text in der Regel sorgfältig vorbereitet wurde, denn hier handelte es sich um literarisch geprägte Dialoge. Die Liebespaare sprachen stets ein sehr elegantes Italienisch, das mit Zitaten aus der Liebeslyrik durchsetzt war, die dann oft von den Dienern komisch verdreht wiedergegeben wurden. Ein solch erlesenes Italienisch spricht auch das weibliche Gegenstück zu Arlecchino, die »Serva«, die Dienerin, die ihren männlichen, Dialekt sprechenden Partnern an Intelligenz weit überlegen ist und es im übrigen mit der Moral nicht so genau nimmt. Weder die »Innamorata« noch die »Serva« trägt eine Maske. Doch muß man sich vergegenwärtigen, daß die weiblichen Hauptrollen nicht so eindeutig festgelegt sind wie die vier männlichen »Masken«; daher kann die »Innamorata« in der Frühzeit auch immer wieder eine Kurtisane sein, die ein Relikt aus dem literarischen Theater um 1520 darstellt. Die Kurtisane ist nicht die einzige Übernahme aus der literarischen Komödie der ersten Jahrhunderthälfte: auch die »Ruffiana«, die Kupplerin, stammt daher.

Seit dem Ende des 16. Jahrhunderts gehören die »Innamorata« und die »Serva« zum unerläßlichen Stammpersonal der Stücke, während die Kupplerin zu einem seltenen Gast wird. Aber abgesehen davon, daß Figuren auftauchen und wieder untergehen können, zeigt sich gerade an der »Serva«, wie stark sich in den zweihundert Jahren Commedia dell'Arte-Geschichte auch einzelne Figuren verändern. Die durchtriebene, auf den frühen Graphikblättern etwas grobschlächtige Magd (die damals übrigens noch sowohl von Frauen, als auch von Männern dargestellt wurde), mausert sich im Lauf des 18. Jahrhunderts zur selbstbewußten Zofe, die mit Mühe von der Herrschaft zu unterscheiden ist (man denke nur an die witzige Franziska, die »Serva« in Lessings Minna von Barnhelm).

In den fünfzig Szenarien (so heißen die Texte, in denen das Handlungsgerüst aufgezeichnet ist), die der Schauspieler Flaminio Scala 1606, am Ende seines Lebens veröffentlicht hat, kommen in der Regel immer drei Frauen im Stück vor: es sind zwei »Innamorate« und eine »Serva«. Neben diesem Grundtypus mit drei Frauen, denen immer sechs bis acht Männerrollen gegenüberstehen, gibt es vereinzelt auch Stücke mit zwei oder vier weiblichen Rollen. Das Übergewicht von männlichen Figuren läßt sich schon an den Titeln der Stücke erkennen: die meisten verweisen auf einen männlichen Helden, der manchmal auch zur allgemeinen Witzfigur wird, wie DER EIFERSÜCHTIGE ALTE. Es gibt bei Scala allerdings sechs Stücke, die Isabella als Titelheldin nennen, unter anderem die Glanznummer der Truppe, Gelosi, ISABELLAS WAHNSINN.

Aufgrund der Anzahl der Frauenrollen ist mit einiger Sicherheit anzunehmen, daß unter den acht bis zwölf Schauspielern, die zu einer Truppe gehörten, zwei bis drei Frauen waren (gegen Ende des 17. Jahrhunderts wurden es dann vier, da eine dritte »Innamorata« hinzukam). Wenn die Truppe auf Tournee ging – und das ›Gehen‹ ist durchaus wörtlich gemeint, denn die Schauspieler legten diese großen Strecken meist zu Fuß zurück und hatten, wie ein Vertrag zeigt, nur ein Pferd bei sich, das Kostüme, Requisiten und ihr persönliches Hab und Gut trug – dann machte sich, mit Kindern und Bediensteten, oft ein ganzer Troß von mehr als 20 Personen auf den Weg.

Der Weg zur Bühne

Wann und wie sind die Frauen nun aber zum Theater gelangt? Bei der Gründung der ersten Profi-Truppen waren keine Frauen dabei. Das läßt sich aus den notariell beglaubigten Verträgen, z. B. dem ältesten bisher bekannten, 1545 in Padua unterzeichneten, ersehen. Sie müssen aber bald hinzugekommen sein, denn in einem 1564 in Rom abgeschlossenen Vertrag verpflichten sich »Donna Lucrezia aus Siena« und sechs männliche Kollegen, ein Jahr lang als Truppe zusammen aufzutreten. (Re, zit. nach Taviani/Schino: 1982, S. 180 ff.) Um diese Zeit gab es offenbar schon mehrere große Darstellerinnen, denn im Juli 1567 findet in Mantua ein Wettstreit statt, der die gesamte Stadt in zwei Lager teilt: die An-

hänger der gefeierten Vincenza Armani gegen die Verehrer
einer ebenso beliebten zweiten Schauspielerin, die immer nur
»die römische Flaminia« genannt wird, deren wirklichen Namen wir jedoch nicht kennen. (Flaminia war vermutlich ihre
Lieblingsrolle als »Innamorata« und damit nur ihr Bühnenname).

Stellt schon die Identifizierung der frühen Berufsschauspieler generell ein Problem dar, so ist die Situation bei den
Frauen oft geradezu hoffnungslos, weil sie manchmal mit ihrem Mädchennamen bezeichnet wurden und unterschrieben,
dann wieder mit dem Namen ihres Mannes oder mit ihrem
Bühnennamen oder – um das Maß voll zu machen – mit dem
der Truppe. »Isabella, comica gelosa« hieß Isabella Canali, die
dann berühmt wurde unter dem Namen ihres Mannes, Francesco Andreini (der aber eigentlich Francesco de' Cerrachi da
Pistoia hieß), und ihre Briefe auch mit »Isabella Andreini«
unterschrieb.

Daneben gab es aber noch zwei weitere Schauspielerinnen
namens Andreini, die zu allem Übel beide Virginia hießen,
nämlich die erste und die zweite Ehefrau von Andreini junior.
An dessen zweiter Ehefrau (die übrigens schon jahrelang eine
stürmische Liaison mit Andreini hatte, bevor die erste starb),
läßt sich die Namensverwirrung besonders gut zeigen: Meist
als »Lidia Andreini« bezeichnet – also mit ihrem Bühnen- und
dem Familiennamen ihres Mannes (wohl auch, weil das Markenzeichen »Virginia Andreini« bereits an die erste Ehefrau
vergeben war) – ist diese Schauspielerin höchst wahrscheinlich mit der als Unruhestifterin verschrieenen »Baldina« identisch, die durch ihren ersten Mann, den Schauspieler Rotari,
zu diesem Namen gekommen war, da der mit Vornamen
Baldo hieß. (Rasi: 1897, Bd. 1, S. 155 f.) Sie selbst unterzeichnet schlicht mit »Lidia, comica« (und war natürlich auch nicht
die einzige »Lidia«). Für die Beibehaltung des Mädchenna-
mens könnte es allerdings eine plausible Erklärung geben:
vielleicht wollten die Töchter aus berühmten Schauspielere-
hen auf ein solches Aushängeschild nicht verzichten, zumal
wenn sie schon vor ihrer Heirat unter diesem Namen aufgetreten waren. Dies könnte zum Beispiel bei Brigida Bianchi der
Fall gewesen sein. Sie war vermutlich die Tochter des be-

rühmten Capitano-Darstellers Giuseppe Bianchi, die später einen ebenso berühmten Liebhaber-Darsteller namens Romagnesi heiratete, sich aber weiterhin Brigida Bianchi nannte. Namentlich ist also nicht zu erkennen, daß diese Frau höchstwahrscheinlich mit derjenigen identisch ist, die ihre Theaterstücke unter dem Decknamen Aurelia Fedeli – Aurelia war der Bühnenname der Bianchi – veröffentlichte.

Aus dem Gesagten wird deutlich, daß die Frauen, zumindest ab der zweiten Generation, fast immer eine familiäre Bindung in der Truppe hatten, als Tochter, als Schwester, als Ehefrau oder zumindest als »amante«. Viele von ihnen waren also Schauspielerkinder und gingen dann selbst wieder Ehen mit Kollegen ein. Kein Wunder, daß im Verlauf von zweihundert Jahren regelrechte Schauspielerdynastien entstanden: zuerst die Martinellis, dann die Andreinis, die Romagnesis, Fiorillis, Biancolellis, bis hin zu den Riccobonis im 18. Jahrhundert. Diese Paar- und Clanbildung war andererseits Grund für zahllose Streitereien, die sogar zur Spaltung der Truppe führen konnten. Die Andreinis standen gegen die Cecchinis, diese wieder gegen die Martinellis – jeder behauptete von jedem, er sei unleidlich und allen verhaßt.

Woher kamen nun aber die Schauspielerinnen der ersten Generation, die ab 1560 tätig waren? Vieles spricht dafür, daß sie keine homogene Gruppe bildeten. Über die Anfänge der Vittoria Piissimi ist nichts bekannt; Vincenza Armani kam vermutlich aus der Branche, war also Schauspielerkind. Wie aber die brav-bürgerliche Isabella Andreini zur Bühne kam, darüber lassen sich bestenfalls Vermutungen anstellen.

In einigen Fällen gibt es Indizien für eine vage Verbindung zum Milieu der Kurtisanen. An dem 1564 in Rom abgeschlossenen Vertrag zwischen sieben Schauspielern fällt zum Beispiel auf, daß sämtliche männlichen Mitglieder der neugegründeten Truppe mit Vor- und Nachnamen unterzeichnen, während die einzige Frau, »Lucrezia aus Siena«, keinen Nachnamen hat. Diese Besonderheit, sowie der antikisierende Name Lucrezia, verweisen auf das Umfeld der »ehrbaren Kurtisanen«, die vor allem in Rom und Venedig soviel Ansehen genossen. Auffallend ist, daß die Kurtisanen genau die Fähigkeiten besitzen, die später in den Huldigungsgedichten an die

Schauspielerinnen so hervorgehoben werden: musikalische
und tänzerische Begabung, hoher Bildungsgrad und die
Kunst, eine poetisch-lyrische Rede frei zu improvisieren. Auch
wenn nicht nachweisbar ist, daß eine Schauspielerin der ersten Generation Kurtisane war, so ist doch nicht zu übersehen,
daß die Bühnendarstellerinnen in den kollektiven Phantasien
den Platz einnehmen, den vorher die Kurtisanen innehatten.
(Taviani/Schino: 1982, S. 335 ff.)

Die Stellung innerhalb der Truppe

Die häufige familiäre Bindung innerhalb der Truppe könnte
die Vorstellung aufkommen lassen, die Frauen seien nur eine
Art Anhängsel, schmückendes Beiwerk in den ausschließlich
von Männern bestimmten Ensembles gewesen. Dem ist aber
nicht so – im Gegenteil. In den Jahren zwischen 1560 und
1650, vor allem in den ersten drei Generationen, waren sie oft
das schöpferische Element, dem die Truppen ihr eigentliches
Gesicht verdankten. Denn erst durch sie kamen Raffinesse,
Poesie und Wissen neben die derbe Komik, die die reinen
Männertruppen vor 1560 auf die Bühne gebracht hatten.
(Taviani: 1986, S. 74) Wegen solcher gebildeten Frauen
wiederum entschieden sich zunehmend Männer aus höheren
Gesellschaftsschichten, wie etwa Adriano Valerini, für den
Schauspielberuf.

Zahlreiche Indizien belegen, daß die Frauen innerhalb des
eigenen Berufsstands und in der Öffentlichkeit viel Prestige
besaßen, etwa die Tatsache, daß die Truppen oft nach den
Schauspielerinnen benannt waren, wenn sie nämlich als Prinzipalin fungierte. Das Ensemble war ja im Grunde kein wirk-
liches Kollektiv, sondern nur ein vertraglich geregelter Zu-
sammenschluß von Individuen auf begrenzte Zeit. Diese
eigentümliche Struktur bedingte, daß die Leitung im Rota-
tionsverfahren einem angesehenen Mitglied, oder auch
zweien, angetragen wurde, einer Person mit genügend Autorität, um die Gruppe als »capo-comico« – als Prinzipal – nach
außen hin zu vertreten. Der reichte die Gesuche um Spielerlaubnis bei der jeweiligen Obrigkeit ein, mietete den Theater-

raum an und hatte über das Repertoire und ähnliche Dinge zu
befinden. So wurden z. B. die Comici Confidenti von 1579 bis
1581 gemeinsam von Vittoria Piissimi und Giovanni Polesine
geleitet (Taviani/Schino: 1982, S. 99), der zwanzig Jahre später die Leitung der Truppe I Comici Uniti mit Isabella Andreini teilte, die sich im übrigen ihr Leben lang als Mitglied
der Comici Gelosi betrachtete.

Verschiedene Dokumente belegen, daß zeitweilig ein oder
zwei Schauspielerinnen den Truppen vorstanden. In einem
Schreiben vom 27. 8. 1580 bittet Guglielmo Gonzaga, Herzog
von Mantua, im Auftrag der Vittoria Piissimi einen Kardinal
der Familie d'Este, »für die Signora Vittoria und ihre Schauspielertruppe eine Spielgenehmigung in der Stadt Padua zu
erwirken«, und etwas später geht bei der herzöglichen Verwaltung eine weitere Bittschrift ein, mit der »Virginia und Lucilla
Malloni, Schauspieler« (hier steht tatsächlich die allgemeine
Berufsbezeichnung in der männlichen Form), »untertänigst
die Erlaubnis einholen, während des Karnevals mit ihrer
Truppe in der Stadt Reggio Schauspiele aufführen zu dürfen«.
(Nicht datiertes Dokument im Staatsarchiv Modena)

Die Tatsache, daß Frauen im Bewußtsein ihrer Zeitgenossen den Kern der Truppe ausmachten, wird aus den Zeugnissen privaten Charakters noch deutlicher als aus den offiziellen
Dokumenten. Nicht zufällig begegnen wir in den zeitgenössischen Briefen, Tagebüchern und ähnlichem seltener den
heute geläufigen Bezeichnungen für die einzelnen Truppen,
dafür aber um so häufiger den Namen der Stars der Truppen,
wodurch die Gruppe einfach »die Schauspieler des Pedrolino«
oder die »Truppe der Signora Vittoria« wird. Und es sind gerade die weiblichen Stars, die dem Publikum als Markenzeichen der Gruppe in Erinnerung bleiben, und zwar unabhängig von dem jeweils an der Spitze stehenden Leiter. Immer
wieder ist in den Berichten die Rede von »Florinda mit ihrer
Truppe« (womit die Confidenti gemeint sind – Florinda war
der Bühnenname der ersten Ehefrau des Giovan Battista Andreini) oder von »Signora Vittoria, Haupt der genannten
Schauspieler«. Die Truppe, die heute im allgemeinen mit
I Desiosi bezeichnet wird, hieß bei den Zeitgenossen nur »die
von der Diana«.

Daß die Frauen tatsächlich die Hauptmagnete der Truppen waren, läßt sich an einem weiteren Faktum ablesen. Absolute Höhepunkte im lokalen Theaterleben waren Zeiten, in denen zwei dieser Theatergrößen gleichzeitig auftraten. Das fand meist nur bei außergewöhnlichen Anlässen, etwa bei einer Fürstenhochzeit oder etwa bei Besuchen von ausländischen Königen, statt. Bei der Hochzeit von Ferdinand von Medici traten 1589 an zwei Abenden nacheinander sowohl Isabella Andreini, als auch Vittoria Piissimi in ihren Glanzrollen auf, in Isabellas Wahnsinn bzw. in Die Zigeunerin, nachdem es zunächst Ärger gegeben hatte, weil keine der beiden auf ihr Paradepferd verzichten wollte. (Pavoni, zit. nach Mamone: 1981, S. 126 f.)

Die Sicht von den weiblichen Stars als Mittelpunkt, um den alles kreist, erstreckt sich auch aufs Privatleben und bewirkt, daß mancher Schauspieler nur im Verhältnis zu seiner berühmten Frau gesehen wird. Für die damaligen Zuschauer war Silvio, der »Erste Innamorato« der Comici Desiosi, der ja immerhin auch das Repertoire seiner Truppe durch einige Szenarien erweitert hatte, nur schlicht und einfach »Dianas Silvio«. (Bartoli: 1782, Bd. 1, S. 195) Aus der gleichen Perspektive wird Drusiano Martinelli, der Bruder des weit berühmteren Arlecchino Tristano Martinelli und selbst Arlecchino-Darsteller, zum Mann der »Angelika« (er unterzeichnete sogar mit diesem Namen und ließ sich offensichtlich vom Liebhaber seiner Frau aushalten).

Auf der Bühne

Doch was ist dem damaligen Zuschauer vom Auftritt der Schauspieler in Erinnerung geblieben? Zunächst fällt auf, wie wenig konkret sich die Theaterbesucher hierzu äußern. Das hängt vor allem damit zusammen, daß in der Renaissance die Aufgabe des Schauspielers nicht darin bestand, die Bühnenfigur möglichst nuanciert und komplex zu interpretieren, sondern darin, die Figuren zu typisieren, und zwar nach Allgemeinvorstellungen, die also dem Publikum wie dem Schauspieler selbst geläufig waren. Nach dem Regiebuch von De'

Sommi muß dementsprechend »der ›Innamorato‹ schön, der Soldat kräftig gebaut, der Schmarotzer fett, der Diener flink sein«. (De'Sommi: um 1570, S. 39 f.)

Was fesselt, ist in erster Linie die verführerische Schönheit der Frauen, die in den Berichten so oft hervorgehoben wird. »Eularia« Coris galt als schön, und »Florinda« bestach durch »Tugend, Talent und durch ungewöhnliche Schönheit«. An Vincenza Armani werden die »höchste Schönheit und die betörende Anmut« gerühmt. (Bartoli: 1782, Bd. 1, S. 50) Als sie 1567 starb, verfaßte Adriano Valerini, ihr Partner im Leben und auf der Bühne, eine Totenrede auf sie, in der er das verklärte Bild der schönen Toten noch einmal heraufbeschwört:

> »Signora Vincenza war ziemlich groß von Wuchs, und ihre schönen Gliedmaßen waren so wohlproportioniert, wie es kein Auge je gesehen hatte; sie hatte etwas Männliches in Gesicht und Gebaren, so daß niemand sie für eine Frau gehalten hätte, wenn sie in den Kleidern eines Jünglings auf der Bühne auftrat. Sie hatte langes Haar wie von feinstem Gold, das zu Zöpfen geflochten und aufgesteckt war, während ein paar Locken – wie zufällig gelöst und doch kunstvoll arrangiert – die Stirne umspielten«. (Valerini, zit. nach Taviani/Schino: 1982, S. 137f.)

Selbst wenn ihr Partner hier die Erscheinung der Vincenza Armani idealisiert, so steht doch fest, daß sie eine wunderschöne Frau gewesen sein muß. Die Schönheit der berühmten Diana hingegen war offenbar nur Schein, wenn man den von Bartoli zusammengetragenen Details Glauben schenkt, denen zufolge die arme Diana unter anderem falsche Perlenzähne hatte. (Bartoli: 1782, Bd. 1, S. 195)

Doch Schönheit war nicht alles. Immer wieder tauchen in den zeitgenössischen Berichten Lobeshymnen auf die Begabung einer Schauspielerin auf, und zwar unabhängig von ihrer äußeren Erscheinung. Dafür ist die »anmutige Isabella, (…) ein Ausbund an Tugend und Schönheit« ein gutes Beispiel. 1584 schreibt der im allgemeinen gegenüber Schauspielern recht kritisch eingestellte Schriftsteller Tommaso Garzoni in seinem Handbuch der damals vorhandenen Berufe über

sie: »Sie hat ihrem Beruf so viel Ehre gemacht, daß der berühmte Name Isabella in jeder Stimme, in jedem Munde, in
jedem Ruf nachklingen wird, solange die Welt besteht«. (Garzoni, zit. nach Taviani/Schino: 1982, S. 121) Zeitgenössischen
Aussagen zufolge war Vittoria Piissimi »eine perfekte Schauspielerin«, war Maria Malloni als Interpretin »in allen Rollen
hervorragend« und eine nicht weiter bekannte »Delia« eine
»hinreißende Komödiantin«.

Dabei lassen sich durch die lobenden Beschreibungen hindurch auch Stärken und Schwächen der einzelnen Schauspielerinnen ausmachen. Die Antonazzoni war ausgezeichnet in
den auswendig gelernten Stücken, während ihr das Improvisieren in der Rede nicht besonders lag. (Molinari: 1985,
S. 139) Diana (die schon erwähnte ›falsche‹ Schönheit) war
dagegen gerade im Stegreifspiel »von äußerster Lebendig-
keit«. (Bartoli: 1782, Bd. 1, S. 195) Angiola d'Orso glänzte vor
allem in Hosenrollen, besonders in der Rolle des »Capitano«.
(Bartoli: 1782, Bd. 2, S. 67) Isabella Andreini spielte sowohl
tragische als auch komische Rollen hervorragend, war aber
unübertrefflich in den »parti famigliari«, das heißt in den Rollen, in denen ein Mensch sein Innerstes enthüllt.

Gerade bei den großen Interpretinnen wird immer wieder
die Vielseitigkeit ihrer Darstellungskunst unterstrichen. Vittoria Piissimi war auf der Bühne die reinste »Verwandlungs-
künstlerin«. (Garzoni, zit. nach Taviani/Schino: 1982, S. 121)
Wieder ist es Valerini, der in seiner Totenklage den besten
Eindruck von Vincenza Armanis schauspielerischer Leistung
vermittelt:

> »Sie hat drei verschiedene Stile gespielt: die Komödie,
> die Tragödie und die Pastorale; (…) sie war je nach
> Anlaß lustig und spitzzüngig, (…) schlagfertig in ihren
> Antworten und wundervoll, wenn sie von Liebe sprach,
> worin ihr niemand gleichkam«. (Valerini, zit. nach Ta-
> viani/Schino: 1982, S. 135)

In den Pastoralen, einem Genre, das sie – wenn man Valerini
Glauben schenkt – auf der Bühne eingeführt hat und das in
der Folgezeit zur beliebtesten Theatergattung werden sollte,
trat sie auch in den Zwischenspielen in den Rollen verschiedener mythologischer Figuren auf. Im übrigen darf aber nicht

vergessen werden, daß die Mehrzahl der damaligen Bühnendarstellerinnen ausgezeichnete Tänzerinnen und Sängerinnen
waren und daß einige von ihnen auch noch ein Musikinstrument spielten.

Neben dem fast obligatorischen Lob auf weibliche Schönheit und der Betonung der Begabung der einzelnen Schauspielerin wird immer wieder ein Punkt erwähnt, der uns heute
eher befremdet: die Eloquenz der Schauspielerinnen, ihre Fähigkeit, sich schön auszudrücken. Eine genaue Analyse der
Loblieder auf die hohe Kunst der Darstellerinnen zeigt, daß
gerade diese intellektuelle Komponente, die die Interpretinnen auf der Bühne entfalten, so faszinierend auf die Zeitgenossen wirkte. Daß Valerini in seiner Totenrede auf Vincenza
Armani auch ihre intellektuellen Fähigkeiten, die umfassende
Bildung und das Sprachgefühl hervorhebt, erstaunt nicht.
Aber auch der kritische Garzoni bestätigt, die »gelehrte Vincenza habe Ciceros Beredsamkeit nachgeahmt und somit die
Schauspielkunst auf den Rang der Redekunst gestellt«. (Garzoni, zit. nach Taviani/Schino: 1982, S. 121)

Mit der Zurschaustellung von Bildung und Intelligenz wagten sich Schauspielerinnen – wie früher schon die »ehrbaren
Kurtisanen« – auf Gebiete vor, die als ausschließlich männliche Domäne galten. Diese offene Konkurrenz mit männlichen
Kulturträgern, den Autoren, den Gelehrten, die sich in Akademien versammelten und dort unter sich Theater spielten,
wurde von den Zeitgenossen durchaus wahrgenommen. Valerini schreibt, die Mitglieder der Accademia degli Intronati in
Siena – in ganz Italien berühmt wegen ihrer Schauspieltradition – seien der Ansicht gewesen, die Armani spreche »weit
besser aus dem Stegreif als die versiertesten Autoren nach
langem Überlegen schreiben können«. (Valerini, zit. nach Taviani/Schino: 1982, S. 135)

Aus dieser Perspektive betrachtet erscheint die Krönung der
Isabella Andreini zum »poeta laureatus« – und zwar auf dem
zweiten Platz hinter Torquato Tasso – eine Ungeheuerlichkeit.
Die Betonung der intellektuellen Ausstrahlung fehlt in keinem Huldigungsgedicht auf eine Schauspielerin der ersten
beiden Generationen. Laut Garzoni verdient es Vittoria Piissimi, »jene schöne Zauberin der Liebe, die mit ihren *Worten*

die Herzen von tausend Liebenden betört, jene süße Sirene, die mit ihrem holden Zauber die Seelen ihrer ergebenen Zuschauer bestrickt«, als »ein Kompendium der Schauspielkunst« betrachtet zu werden. (Garzoni, zit. nach Taviani/ Schino: 1982, S. 121 f.) Und bei Vincenza Armani fragten angeblich alle möglichen Gelehrten um Rat. (Valerini, zit. nach Taviani/Schino: 1982, S. 136)

Diese intellektuelle Orientiertheit bezeugt auch eine Äußerung der Isabella Andreini, die in ihrer Jugend ja eine hervorragende Ausbildung genossen hatte, so daß sie – was damals sehr ungewöhnlich war – lesen und schreiben konnte und gut Französisch sowie Spanisch sprach; in der Widmungsepistel zu ihren LETTERE beschreibt Isabella ihren außerordentlichen Wissensdurst, »der stärker war als bei anderen Mädchen, die sich nur für Nadel, Spinnrocken und Wollewinden interessierten«.

In dieser Bewunderung für die geistige Brillanz der Schauspielerinnen, die nach Meinung der Zeitgenossen den besten Rednern, den bedeutendsten Gelehrten und Dichtern nicht nachstanden, schwingt eine Komponente mit, die auch eindeutig artikuliert wird: Die Schauspielerinnen ähnelten nicht nur in ihrer Eloquenz den Männern – ihr Geheimnis war vielmehr auch, daß sie bei ihren Auftritten Frau und Mann zugleich sein konnten. Die Beschreibung der äußeren Erscheinung der Armani, die – so Valerini – »etwas Männliches in Gesicht und Gebaren hatte, so daß niemand sie für eine Frau gehalten hätte, wenn sie in den Kleidern eines Jünglings auf der Bühne auftrat«, bestätigt diese These.

Eine von Isabellas Starrollen war die männliche Hauptrolle in der Pastorale AMINTA von Torquato Tasso. In der idyllischen Schäferwelt mochte das Auftreten einer Frau in der Rolle des grazilen Hirten noch angehen – aber in vielen Fällen bestand der Reiz der Hosenrolle eindeutig in dem dargebotenen Bild männlicher Aggressivität. Orsola Cecchini begeisterte in einer Männerrolle, in der sie mit einer Feuerbüchse erschien und wild um sich schoß, und Angela d'Orso erntete rauschenden Beifall in der Rolle des »Capitano Generale«, in der sie an der Spitze einer Soldatenschar über die Bühne stürmte.

Das Auftreten einer Frau in Männerkleidung, das übrigens

in Prostituiertenkreisen durchaus üblich war, konnte einerseits die Weiblichkeit der Schauspielerin unterstreichen, andererseits aber auch konventionellen Vorstellungen von Frausein zuwiderlaufen. Im zweiten Fall lag der Reiz weniger in der erotischen Ausstrahlung der unter Männerkleidern ›versteckten‹ Frau, sondern mehr im Gegensatz zwischen konventioneller Erwartung und vorgeführtem Verhalten. Eine solche Geschlechtsüberschreitung war in beiden Richtungen möglich und wurde grundsätzlich als faszinierend empfunden. Dabei fällt auf, daß die Prediger der Gegenreformation das Erscheinen der männerähnlichen Frauen, dieser »Kriegerinnen« und »Amazonen des Teufels« – so drückt sich der Theatergegner Ottonelli aus – als besondere Bedrohung empfanden und daher aufs heftigste verdammten. Vermutlich deshalb, weil sie meinten, daß hier die Schöpfung Gottes umgedreht werde, indem sich die Frauen männliche Privilegien anmaßten, und nicht zufällig warnen diejenigen Geistlichen, die gegen die Schauspielerinnen wettern, ihre männliche Hörer- und Leserschaft auch vor dem gepflegten intellektuellen Gespräch mit einer Frau, da hier ebenfalls der Versucher lauere.

Das Erscheinen einer Person als Frau und Mann zugleich ist *einer* der spannungsreichen Gegensätze, die das gesamte Commedia dell'Arte-Theater der Frühzeit kennzeichnen. Die mit Raffinesse entwickelten Frauenrollen, die einem aristokratischen Bildungsideal entsprachen, hatten sich als Kontrapunkt zu den grotesk-komischen, oft bewußt vulgären »Masken« gesellt. Damit traten lyrischer Wortschwall und geistige Höhenflüge neben pantomimische Akrobatik, edles, literarisch geprägtes Italienisch neben verballhornte Dialekte. Und gerade in den scheinbar unvereinbaren Gegensätzen lag die Faszination dieser Theaterform für die Zeitgenossen. Auch in Isabella Andreinis Glanzrolle in Isabellas Wahnsinn, in der die Heldin aus Liebe wahnsinnig wird, können alle nur erdenklichen Gegensätze untergebracht werden: Vernunft und Raserei, intellektuelle Klarheit und dumpfe Umnachtung, Selbstdarstellung und Selbstverlust, Tragik und Komik, Lachen und Weinen, Weiblichkeit und Männlichkeit. Isabella schlüpft im Wahnsinn in die Rolle der anderen Schauspieler,

spricht und gebärdet sich wie der »Zanni« und wie der »Capitano« – eine weitere Frau als Soldat! –, hält französische Reden und reißt sich schließlich die Kleider vom Leib. (Molinari:
1985, S. 119 ff.)

Die gegenreformatorischen Geistlichen hielten solche
Wahnsinnsszenen lediglich für einen Vorwand für Entklei-
dungsnummern. Aber nicht zufällig verschwindet dieses Element in den zeitgenössischen Lobgedichten hinter der Begeisterung für die Verwandlungsfähigkeit der Interpretin, die
ihre Identität in der Rolle von einem Augenblick zum anderen
ablegt, um so viele andere anzunehmen. Grenzsituationen,
wie das androgyne Auftreten oder der Wahnsinn, in denen
Gegensätze verwischt und gleichzeitig betont werden, führten
dem Publikum in aller Deutlichkeit ein Phänomen vor Augen,
das auch weiterhin ein Hauptanliegen des Theaters bleiben
sollte: die schmale Zone zwischen Schein und Sein, zwischen
Verstellung und Echtheit auszuloten.

Was die Zeitgenossen am tiefsten berührte, ja oft schokkierte, war die Fähigkeit der Virtuosen, sich den perfekten
Anschein von Zuständen und Empfindungen zu geben. Valerini hatte an der Armani beschrieben, wie sich aus der kunst-
voll frisierten Haarpracht einige Locken »wie zufällig gelöst
hatten und die Stirne umspielten«. Dieses Motiv taucht auch
in Huldigungsgedichten an andere Schauspielerinnen auf.
Ebenso häufig schwärmte das Publikum davon, wie vollkommen echt die schamhafte Verwirrung der Schauspielerin ge-
wirkt habe, wie sie tatsächlich »erblaßte und wieder errötete«,
als wäre ihr selbst die Kränkung widerfahren und nicht der
von ihr dargestellten Person, und wie sie in ein verzweifeltes
Schluchzen ausgebrochen sei und die Hälfte der Zuschauer
zum Mitweinen veranlaßt habe. (Taviani: 1986, S. 72) Die
Tatsache, daß diese Beobachtungen in den Huldigungsgedichten so oft und mit solcher Eindringlichkeit wiederholt
werden, gewinnt noch größere Bedeutung, wenn man die bereits erwähnte ›Wortkargheit‹ des Theaterbesuchers des
16. Jahrhunderts bedenkt.

In den Augen der Widersacher

Eine solche Zurschaustellung weiblicher Keuschheit und Unschuld, die das zeitgenössische Publikum offenbar ebenso faszinierte wie die Vorführung männlicher Aggressivität in den Hosenrollen und männlicher Brillanz in den improvisierten Reden, war den Geistlichen der Gegenreformation ein besonderer Dorn im Auge. War schon das gesamte Theater der »käuflichen Schauspieler« suspekt und eine Gefahr für das Seelenheil, so wurde es durch das Auftreten einer Frau, die sich prostituierte, indem sie sich und ihren Körper Hunderten von Blicken preisbot und dabei auch noch züchtig verschämt erschien, zu einer Infamie.

Die problematische Beziehung der Kirche zum Theater der »Comici dell'Arte« verdient es in unserem Zusammenhang angesprochen zu werden, weil das Mitwirken der Frauen in den Truppen der Hauptangriffspunkt in der Polemik wird. Dieses Verhältnis ist allerdings nicht einfach dahingehend zu interpretieren, daß die Kirche als Machtblock die ›freiheitlich‹ orientierte Kulturinstitution Theater politisch unterdrückt, weil diese als potentiell ›aufrührerisches‹ Element gefährlich werden könnte. Die Wirklichkeit ist komplizierter. Die Ambivalenz des Verhältnisses Kirche/Theater wird schon daraus ersichtlich, daß einzelne Päpste immer wieder Auftrittsverbote für Frauen ausgesprochen haben, die dann wieder zurückgenommen oder einfach ignoriert wurden, so daß mehrere weibliche Stars, etwa die Armani, Isabella Andreini bis hin zu Angiola d'Orso in Rom selbst aufgetreten sind. Und es ist nicht ganz aus der Luft gegriffen, wenn viele protestantische Puritaner der Zeit in der »korrupten« römischen Kirche eine Art Veranstalter von obszönen Theaterveranstaltungen sehen.

Für die Kirche war das Theater der Comia dell'Arte aus vielen Gründen verwerflich: denn handelte es sich dabei nicht um ein suspektes, recht einträgliches Gewerbe, das sich jeder Kontrolle entzog, obgleich es gerade von der Schlüpfrigkeit seiner Themen lebte? Das war schon schlimm genug. Zu allem Übel aber lauerte in diesem Blendwerk des Teufels, diesem Inbegriff von Täuschung, auch noch eine größere Gefahr:

hier traten *Frauen* auf. Der Schauspieler Barbieri schrieb in
seiner Verteidigungsschrift, die Theatergegner nähmen ja die
obszönen Gesten und Anspielungen vermutlich noch hin –
aber Frauen auf der Bühne? Das verstieß gegen das Schick-
liche. Denn »wenn man die Frauen nicht entfernt, dann
entfernt man ja nicht das auslösende Moment, und die Sinnlichkeit floriert weiter«. (Barbieri: 1634, S. 121) Die Mehrzahl
der Prediger war sich darüber im klaren, daß die Frauen die
Hauptattraktion der Truppen darstellten und daß die Einnahmen größtenteils von ihrer Präsenz abhingen, denn »die un-
mäßige Gier und die Fleischeslust vieler zügelloser Zuschauer« waren Ursache, daß die fahrenden Truppen gleich
bei ihrer Ankunft am Stadttor gefragt wurden: »Und gibt's bei
euch auch Frauen?« (Ottonelli, zit. nach Taviani: 1969,
S. 338)
  In dieser Hinsicht waren sich alle gegen das Theater wet-
ternden Geistlichen einig: im Auftreten der Frauen liegt seine
größte Gefahr.
  »Da erscheint eine echte Frau aus Fleisch und Blut, jung
  und schön, verführerisch, freizügig ausstaffiert – allein
  schon ihr Anblick, ohne irgendetwas sonst, ist eine offene Gefahr, die die Jugend ins Verderben stürzt: das
  Blut gerät in Wallung (...) das Fleisch rührt sich, die
  Leidenschaften brennen, und die Teufel sitzen sprung-
  bereit (...). Aber was geschieht erst, wenn man diese
  Frau auch noch sprechen hört? Und noch dazu von
  Liebe? Und mit ihrem Geliebten? Wenn sich die beiden ihre gegenseitigen Gefühle gestehen? Und aushandeln, wie und wann sie sich treffen? Was geschieht,
  wenn man sieht, wie der Ehebrecher um einen Kuß bittet und ihn erhält?« (Gambacorta, zit. nach Taviani:
  1969, S. xci)
Barbieri als Fachmann setzte dem Eifer der Theaterfeinde
entgegen, daß die ›Gefahr‹, die die Frauen darstellten,
schließlich nicht nur im Theater lauere. Was sind schon drei
Frauen, die für ganze zwei Stunden auf der Bühne zu sehen
sind? »Vor dem Theater wegzulaufen, aus Furcht davor, daß
die Frauen die eigene Keuschheit bedrohen, ist – meiner Meinung nach – eine zu rigide Entscheidung: es ist schwer, die

Frauen zu meiden, sonst müßte man ja die ganze Gesellschaft meiden, denn schließlich machen die Frauen die Hälfte der Welt aus«. (Barbieri: 1634, S. 120 ff) Aber Barbieris nüchterne Argumentation stieß auf taube Ohren. Im Grunde stand auch hinter den Befürchtungen der Geistlichen weniger die Angst vor einer Versuchung für den Zuschauer als vielmehr die vor seiner Verstrickung in das Bühnengeschehen. Keiner der italienischen Theaterfeinde erkannte und formulierte dieses Problem mit solcher Schärfe wie der französische Bischof Bossuet in seiner Analyse des Theaters: »Man sieht sich selbst ... man wird schnell zum heimlichen Mitspieler in der Tragödie; man spielt darin seine eigene Leidenschaft, und die äußere Fiktion läßt kalt und ist reizlos, wenn sie nicht im eigenen Inneren eine Wahrheit vorfindet, die ihr entspricht«. (Bossuet: 1694, S. 12 f.)

Zu all diesen typischen Elementen der weiblichen Verführungskunst, Schönheit, Eleganz, Lieblichkeit in Stimme und Auftreten, gesellt sich nun als zusätzliche Gefahr die Vorführung von Intellektualität. Daß »anzügliches Gerede« einer Frau auf der Bühne als ungehörig empfunden wurde, versteht sich von selbst. Die Theaterfeinde aber sahen grundsätzlich »jedes Erscheinen einer Frau auf der Bühne und *jedes Sprechen* in aller Öffentlichkeit (...) als eine Falle Satans« an, und zwar selbst dann, wenn sich die Schauspielerin »mit bescheidenen Worten ausdrückt« (Ottonelli, zit. nach Taviani: 1969, S. 330 ff.), das heißt *gerade* dann, da es sich ja wieder nur um eine fingierte Bescheidenheit handelt, die sehr genau weiß, daß sich in Wirklichkeit Hunderte von Augenpaaren an ihr weiden. Für die rigorosen Theaterfeinde stand fest, daß das Übel in diesem Sich-zur-Schau-Stellen lag, ganz gleich, in welchem Rahmen sich der Bühnenauftritt von Frauen abspielte. Für sie konnte selbst ein harmloses Laienspiel von Frauen im privaten Kreis »nur ein Unterricht in Hurerei, Ehebruch und Totschlag werden«. Manche gingen noch einen Schritt weiter: Sie wollten die Frauen am liebsten auch noch aus dem Publikum ausschließen. So schilderte Silvio Antoniano, der Verfasser einer Abhandlung ÜBER DIE CHRISTLICHE KINDERERZIEHUNG (1584), wie für ihn ein erlaubtes, gottgefälliges Theater auszusehen habe:

»Keine einzige Frauenrolle, außer vielleicht die einer
alten Matrone von mustergültiger Rechtschaffenheit,
und auch sonst nichts, was das Gemüt der Knaben ver-
weichlichen könnte (. . .) aufgeführt in aller Zurückge-
zogenheit, im Beisein von Mitschülern und Erziehern,
von braven Familienvätern und einigen wichtigen Eh-
renmännern, jedoch unter völligem Ausschluß von
Frauen«. (Antoniano, zit. nach Barbieri: 1634, S. xlviii)

Ein weiterer Angriffspunkt in der Polemik gegen das Theater
der Commedia dell'Arte-Truppen, besonders aber wieder gegen die Schauspielerinnen, ist ihre freie Lebensform, die sich
unter anderm aus dem Nomadenleben ergibt. Für den Geistlichen Pedro Hurtado de Mendoza bildet der Schauspieler den
Gegenpol zum guten Christenmenschen, und die Truppen,
diese »Vereinigungen des Teufels«, sind die Umkehr der
christlichen Familie. »Tag und Nacht denken sie an unehrli-
che Liebeshändel (. . .), lernen unanständige Gedichte auswendig«. Da leben Männlein und Weiblein kunterbunt
durcheinander, wobei die Frauen fast immer

»schamlos sind und von ihren Männern nicht beaufsich-
tigt werden. Die Unterkunft, in der sie bei ihrem Aufent-
halt in einer Stadt leben, steht allen offen, und diese
Freiheit lockt Besucher an; die Männer der Truppe sehen täglich zu, wie sich die Frauen an- und ausziehen
und herausputzen; sie sehen sie gelegentlich halbnackt
im Bett liegen, hören sie von unzüchtigen Dingen
sprechen. Die Ehemänner sind gemeine Kerle und
die Frauen geldgierig, so daß sie bereit sind, sich für-
entsprechende finanzielle Leistungen mit jedem belie-
bigen einzulassen.« (Hurtado, zit. nach Taviani: 1969,
S. 88 f.)

Bei einem derart skandalösen Betragen im Privatleben überrascht es – wie Hurtado meint – natürlich nicht, wie es im
Theater zugeht. Hinter den Kulissen helfen die jungen Schauspieler den Frauen beim An- und Ausziehen, wenn diese sich
schnell umziehen müssen, weil sie verschiedene Rollen in einem Stück spielen. Oft geht es dann im Stück und auf der
Bühne noch schlimmer zu: »Da sitzt dann ein Jüngling am
Bett einer Frau, schnürt ihr die Stiefelchen oder befestigt gar

ihr Strumpfband oben am Bein; dann wird dauernd von Liebe geredet; da wird sich umarmt, werden Hände gedrückt und Küsse getauscht, daher ist es (. . .) so gut wie unmöglich, daß bei einem solchen Lebenswandel kein Ehebruch begangen wird«. (Hurtado, zit. nach Taviani: 1969, S. 88 ff.)

Barbieris Einwand, die Schauspielerinnen seien nicht so schlecht wie ihr Ruf, denn sie hätten abgehärtete Ohren wegen der vielen falschen Liebesschwüre, die sie in den gespielten Leidenschaftsszenen hörten, und seien daher weniger anfällig für Affären als andere Frauen (Barbieri: 1634, S. 122), läßt Ottonelli nicht gelten. Wobei er andererseits selbst schreibt, daß gerade Schauspielerinnen häufig Opfer männlicher Aggressionen werden, etwa wenn Schloßherren sie gewaltsam von der Truppe wegschleppen, über Nacht bei sich behalten und am Morgen danach mit spöttischen Kommentaren wieder beim Ehemann abliefern. (Ottonelli, zit. nach Taviani: 1969, S. 317) Gleichzeitig profitieren die Ehemänner – so Ottonelli – durchaus von der Situation. Denn »solche Frauen werden von vielen geliebt, die ihnen wertvolle Geschenke machen. Das kommt denen und ihren Männern gerade recht. Sie wollen nämlich gut essen und in Saus und Braus vor sich hinleben, mit Gesang, Musik und Tanz in feuchtfröhlicher Gesellschaft von Leuten, die Faulenzerei und Liederlichkeit über alles lieben«. (Hurtado, zit. nach Taviani: 1969, S. 332)

Der Wunsch nach Wohlleben wird noch an einer anderen Stelle gerade an den Schauspielerinnen kritisiert, und zwar in einem Kontext, der den Zusammenhang zwischen Theaterpolemik und dem Ausbruch der Schauspielerin aus der traditionellen Frauenrolle, und damit aus dem vorgezeichneten sozialen Weg zeigt. Auf die Frage, ob die Freude der Bühnenkünstlerin an ihrem Beruf ihr Auftreten in der Öffentlichkeit rechtfertige, antwortet Ottonelli mit der ihm eigenen Ausführlichkeit:

»Der Hunger nach Ehre ist eine alte, – fast könnte man sagen – eine Erbkrankheit bei den Frauen; Eva wurde mehr vom ehrgeizigen Streben nach Ruhm und Ansehen als vom Anblick der appetitlichen verbotenen Frucht dazu verleitet, das große Gebot zu übertreten.

Wenn den Schauspielerinnen der Weg zum Jahrmarkts-
stand und zur Bühne versperrt ist, sind sie in der Regel
zu der mühseligen Arbeit mit Nadel und Spinnrocken
verurteilt und haben ein hartes Leben, weil sie sich ihren
Lebensunterhalt im Schweiße ihres Angesichts und mit
Entbehrungen verdienen müssen. Wenn sie aber in die
Schauspielertruppen aufgenommen werden, haben sie
die beste Rolle, die auch noch den sichersten Erfolg verspricht: sie werden gehätschelt und verehrt; sie können
sich den hübschen Titel Signora zulegen. Oh ja! das ist
ganz nach dem Geschmack einer Frau! Oh, das ist eine
feine Sache, in eine große Stadt zu fahren, vor allem
wenn einem dann gelegentlich auch noch die Adeligen
entgegenkommen, und zwar mit Vier- und Sechsspän-
nern! Und zu sehen, wie man in eigens hergerichtete
Gemächer geleitet wird, um dort erst Erfrischungen gereicht und anschließend kulinarische Köstlichkeiten
aufgetafelt zu bekommen! Oh, was ist das für eine feine
Sache, durch die Stadt zu spazieren, am Arm eines Edel-
mannes, ganz wie eine angesehene Dame, oder wie eine
Prinzessin in der offenen Kutsche eines hochgeborenen
Herrn herumgefahren zu werden! Oh, wie schön, ja
wunderschön ist es, hohe Ehrungen entgegenzuneh-
men, Gewänder, Ketten, Juwelen, Silber und Goldmün-
zen von Standespersonen geschenkt zu bekommen, ja
von den höchsten Fürsten, und schließlich auch noch
hoffen zu dürfen, nach dem Tode fürstlich zu Grabe
getragen zu werden, wie man das von der berühmten
Schauspielerin Isabella Andreini und noch von anderen
gefeierten Schauspielerinnen liest«. (Ottonelli, zit. nach
Taviani: 1969, S. 356)
Nicht nur dadurch also, daß sie Begierden weckt und somit
zur Unzucht anstiftet, weicht die Schauspielerin – das zeigt
das Zitat – von Gottes Pfaden ab, sie tut es auch, weil sie die
ihr von der göttlichen Vorsehung bestimmte Rolle im Leben
aufgibt und ›wie ein Mann‹ und zugleich auch ›wie eine Herrin‹ erscheinen will.

Die Stellung in der Gesellschaft

Die polemische Äußerung von Ottonelli wirft die Frage auf, welche soziale Stellung die Commedia dell'Arte-Schauspieler in der damaligen Zeit tatsächlich einnahmen. Von ihnen selbst, von ihren Bewunderern und ihren Gegnern erfahren wir immer wieder etwas von den Glanzseiten und den Höhepunkten ihres Berufslebens. Isabella Andreini wurde mit Ehrungen überhäuft. Als sie 1604 in Lyon starb, zog die gesamte Stadt hinter ihrem Sarg her, und man ließ Gedenkmünzen für sie prägen. Vincenza Armani wurde in manchen Städten mit Salutschüssen begrüßt und zog dann unter dem Geleit des Adels ein. Die Bühnenkünstler – Männer wie Frauen – wurden oft mit Geschenken überhäuft, sie gingen bei Fürsten und Königinnen ein und aus, die sich oftmals nicht zu schade waren, bei der Taufe von Schauspielerkindern Pate zu stehen. Auch Künstler und Gelehrte brachten ihnen, und ganz besonders den Frauen, Huldigungen entgegen, die damals eigentlich nur hochgestellten Persönlichkeiten zustanden. Schauspieler wurden wie Könige und Fürsten porträtiert und nach ihrem Tode mit Gedenkschriften geehrt.

Wie ihr Leben aber, abgesehen von solchen Höhepunkten, tatsächlich aussah, darüber wissen wir verhältnismäßig wenig. Die spärlichen, bisher bekannten Dokumente (Testamente, Angaben über den Hausstand in Statistiken usw.) lassen vermuten, daß sie den Lebensstandard einer mittleren Bürgerfamilie hatten, etwa daß sie sich Dienstboten leisten konnten – im Vier-Personen-Haushalt des Schauspielers Valerini lebten zwei Mägde (Ughi, zit. nach Taviani/Schino: 1982, S. 462 ff.) – was damals allerdings kein Zeichen besonderen Wohlstands war. Insgesamt aber sahen die Lebensverhältnisse der Schauspieler, wenn sie nicht gerade bei irgendeinem Fürsten zu Besuch waren, durchaus nicht immer rosig aus. Daß sie durch Einnahmen aus dem Theaterbetrieb nicht reich werden konnten, zeigt sich auch aus der Tatsache, daß offensichtlich einige der Schauspieler bürgerlicher Herkunft weiterhin kleine kommerzielle Unternehmen betrieben. Cecchini, der ja immerhin von Kaiser Matthias für seine schauspielerischen Leistungen geadelt wurde, versuchte sich als Seidenhändler, während

Flaminio Scala, der anfangs erwähnte Autor der Szenarien-
sammlung, Parfums herstellte, weshalb er sich in Mantova
auch stolz als »Hoflieferant seiner Durchlaucht, des Herzogs«
bezeichnete. (Taviani/Schino: 1982, S. 407 f.)

Über den Gewinn, den das Theater abwirft, schreibt Barbieri in seiner Verteidigungsschrift etwas verbittert: »Man verdient in Italien mit dem Theaterspielen so wenig, daß man
damit gerade noch als Ehrenmann leben kann«. Und er fährt
fort: »Ohne die Freigiebigkeit der kaiserlichen Hoheiten, den
Großmut des Hauses Savoyen, die durchlauchten Herzöge der
Toskana und von Mantua und andere hochherzige, edle Herr-
schaften wären auf der Bühne kaum Halsgeschmeide,
Schmuckstücke oder prächtige Gewänder zu sehen.« (Barbieri: 1634, S. 45) Die aufwendige Ausstattung, die eine Königin auf der Bühne tragen mußte, wurde meist von Adligen
gestellt, die den Schauspielern u. a. ihre abgelegten Kleider
vermachten.

In diesen Fürsten, vor allem aber in den Herzögen, die in
den Residenzen der Po-Ebene regierten, hatten die Schauspieler mächtige Beschützer, die den Truppen mit ihren Namen Sicherheit und Ansehen verliehen. So nimmt es nicht
Wunder, daß die Truppen geradezu erpicht darauf waren, sich
als »Truppe des Herzogs von ...« bezeichnen zu dürfen. Aber
auch das Verhältnis zu diesen Gönnern war nicht immer un-
getrübt, und viele Schauspieler bekamen zu spüren, wie fragil
die vertraulichen Beziehungen mit hochgestellten Persönlichkeiten waren. Als Vincenza Armani vergiftet wurde, munkelte
man, daß einer der feinen Herren unter ihren Verehrern, den
sie abgewiesen hatte, dahintersteckte. (Rasi: 1897, Bd. 1,
S. 202 ff.)

Der ambivalente Charakter der Beziehung zwischen den
Schauspielern und ihren hochherrschaftlichen Gönnern, die
die Schauspieler einerseits als Bedienstete betrachteten und
andererseits umbuhlten, zeigt das gesellschaftliche Vakuum,
in dem sich die »Comici« befanden. Noch deutlicher wird
dieses Problem an den Schauspielerkindern. Wohl wenige
Gruppen der damaligen Gesellschaft haben so viele zukünftige Geistliche hervorgebracht wie die Schauspieler. Da bei
den Mädchen insgesamt (außer bei den ganz armen) nur die

Alternative »maritarsi o ritirarsi« (Heirat oder Rückzug ins
Kloster) bestand, überrascht die hohe Anzahl von Nonnen unter den Schauspielersprößlingen zunächst noch nicht, auch
weil viele dieser Mädchen wegen des Wanderlebens ihrer Eltern schon in der Kindheit religiösen Instituten anvertraut
wurden. Die Tochter der »Serva«-Darstellerin Silvia Roncagli
aus erster Ehe wurde Nonne, ebenso wie die Töchter von Barbieri, Constantini u. a.

In der hohen Anzahl von Geistlichen und Ordensleuten,
deren Eltern Schauspieler waren, sahen die Verteidiger des
Berufsstands – die ihm in der Mehrzahl ja selbst angehörten –
den Beweis dafür, daß diese Existenzform nicht unbedingt
»Wollust und Liederlichkeit« mit sich bringe. So schrieb der
jüngere Andreini über seine Kollegin Margherita Garavini-
Luciani, sie sei »sehr tugendhaft und tiefreligiös« gewesen
und habe ihre beiden Kinder – einen Jungen und ein Mädchen – »zu anständigen Menschen erzogen, so daß beide ins
Kloster gegangen sind, während sie sich selbst nach dem Tode
ihres Mannes – [der als Capitano Rhinozerus aufgetreten war]
– vom Schauspiel abwandte und sich ganz dem religiösen
Leben widmete«. (Andreini, zit. nach Bartoli: 1782, Bd. 1,
S. 253 f.)

Der Übereifer der Schauspieler im religiösen Bereich wurde
immer als Bemühen gedeutet, die eigene Religiosität und damit auch die moralische Integrität unter Beweis zu stellen. Das
wird teilweise stimmen. Außerdem gab es aber noch einen
Grund für die Entscheidung, die eigenen Kinder für den geistlichen Stand zu bestimmen: nämlich den Wunsch, dem Kind
einen Platz in einer Gesellschaft zu verschaffen, in der jeder
andere in eine klar definierte Position hineingeboren wurde.
Das zeigt sich vielleicht noch mehr am Lebensweg der Schau-
spielersöhne als an dem der Töchter. Denn wenn, wie gesagt,
der Eintritt ins Kloster für die unverheirateten Töchter allgemein üblich war, so erklärt das noch lange nicht, warum so
viele Söhne von Schauspielern Geistliche wurden. ›Mustergültig‹ war auch in dieser Hinsicht das Verhalten des Ehepaa-
res Andreini. Sieben Kinder, vier Mädchen und drei Jungen,
hatte Isabella zur Welt gebracht, wobei hier bestimmt nicht
die Totgeburten und die im Säuglingsalter verstorbenen Kin-

der mitgerechnet waren. Ein Sohn trat ins Kloster ein; der zweite wurde Soldat (wie sein Vater Francesco es vor seiner Schauspielerkarriere gewesen war, bis er in türkische Gefangenschaft geriet und in die Sklaverei verkauft wurde); der älteste, der uns bereits bekannte Giovan Battista, wurde Schauspieler (und »Dichter wie die Mutter«, wie Bartoli lobend hervorhebt), während alle vier Töchter Nonnen in verschiedenen Klöstern von Mantua wurden. (Bartoli: 1782, Bd. 1, S. 33) Isabella starb übrigens, als sie knapp über vierzig Jahre alt war, an – wie ist es anders zu erwarten – einer Fehlgeburt. (Rasi: 1897, Bd. 1, S. 98) Eine rühmliche Ausnahme bildeten in dieser Hinsicht die Biancolellis: von ihren acht Kindern blieben drei beim Theater: Pier Francesco, der wie sein Vater als »Dominique« (eine Variante des Arlecchino) auftrat, und Caterina und Francesca, die 1683 zusammen ihr Debut gaben.

Das Ende

Um 1700 ist die Commedia dell'Arte in Frankreich wie in Italien an ihrem Ende angekommen. Zeitgenössische Quellen belegen, daß es nach 1680 kaum mehr gute Schauspieler gab. Auch im 18. Jahrhundert änderte sich die Situation nicht wesentlich. Es gab noch vereinzelte gute Darsteller, aber keine guten Truppen mehr. Die Commedia dell'Arte hatte sich überlebt und mußte einem »reformierten Theater« weichen, das statt »Zweideutigkeit« eine gutbürgerliche Moral, statt Komik Gefühl und statt Phantastereien Wirklichkeitsnähe wollte. Mit dieser Betonung der vermittelten Inhalte gelangte der Autor des Textes wieder zu Ansehen und Würde, während der Schauspieler als Schöpfer des Stückes entthront wurde. Zugleich wird der Ruf nach einem neuen Interpretationsstil laut, wie etwa in Carlo Goldonis Progammstück DAS KOMISCHE THEATER (1750). Das Verschwinden der Gesichtsmasken war dabei nur *ein* Moment, wenn auch ein entscheidendes mit symbolischem Wert. Von nun an wird es die Aufgabe des Schauspielers sein, der Bühnenfigur vor allem psychologische Wahrhaftigkeit zu verleihen, indem er sie individualisiert und die »Freiräume«, die ihm der schriftliche Text bietet, nutzt.

Harlekin und Franceskina werden
von Antaleone beobachtet.
Stichsammlung Receuil Fossard.
(oben)

Capitano überrascht Donna Lucia
mit dem falschen Harlekin.
Stichsammlung Receuil Fossard.
(unten)

Isabella Andreini
(1562-1604).
Stich.

LETTERE
Della Signora
ISABELLA ANDREINI
PADOVANA,

Comica Gelosa, & Academica Intenta,
nominata l' Accesa.

AGGIVNTOVI DI NVOVO
li Ragionamenti Piaceuoli dell'istessa.

Vi sono due Tauole vna delle Lettere, e l' altra de' Ragio-
namenti, che nell Opera si contengono.

DI NVOVO RISTAMPATE,
& con ogni diligenza ricorrette.

Con licenza de' Superiori, & Priuilegi.

IN VENETIA, M DC XXVII.
Presso Gio. Battista Combi.

Briefe der Isabella Andreini.
Frontispiz der Briefsamm-
lung, Venedig 1627.

Mehr als zwei Jahrhunderte lang hatten die Truppen der Commedia dell'Arte das europäische Theaterleben entscheidend beeinflußt. In dem Zeitraum von 1570 bis 1780 lassen sich bisher an die 550 »Comici« ausmachen, darunter 160 Frauen. (Molinari: 1985, S. 93) Dabei läßt sich im 18. Jahrhundert, also in der Zeit des Niedergangs, eine explosionsartige Zunahme von Truppen beobachten: aus der Glanzzeit im 17. Jahrhundert sind uns 36 Truppen bekannt, während es im 18. Jahrhundert fast doppelt so viele sind. Daß dieses Heer von Schauspielern der Spätzeit wenig mit den genialen Bühnenkünstlern des 16. und 17. Jahrhunderts gemein hat, läßt sich schon daran ablesen, daß es im 18. Jahrhundert (mit Ausnahme von Luigi Riccoboni) keine schreibenden Bühnenkünstler mehr gibt.

Die meisten Truppen scheinen zu diesem Zeitpunkt in die Nähe der Jahrmarktskomödianten gerückt zu sein, wobei die Frauen in der Regel offenbar auch ihre führende Rolle verloren hatten. In einem Bettelbrief an den Herzog von Modena, den sämtliche Mitglieder der Truppe unterzeichnet haben, berichtet die Schauspielerin Anna Arcagiati – die übrigens in allen Schauspielerlexika fehlt –, daß die Truppe ihr gesamtes Hab und Gut als Pfand hinterlegen mußte, weil sie die Saalmiete nicht bezahlen konnte, und bittet den Herzog, doch zu intervenieren, damit sie wenigstens ihre paar Habseligkeiten auslösen könnten. Aus dem Schreiben geht hervor, daß der Notruf nicht der erste dieser Art war. (Staatsarchiv Modena: Mappe »Comici«)

War es schon bei den Virtuosinnen schwierig gewesen, konkrete Informationen über ihr Bühnenspiel und ihre privaten Lebensumstände zu erfahren, so ist dies bei den ›armen Schwestern‹ vor den Buden der Scharlatane und Marktschreier schier unmöglich. Die spärlichen Informationen, die über sie bekannt sind, stammen meist wieder aus der Feder von Theaterfeinden, so etwa, daß die Zuschauer die erstandenen Waren bezahlten, indem sie der Komödiantin während ihres Auftritts die Geldstücke an alle möglichen Körperstellen warfen. (Ottonelli, zit. nach Taviani: 1969, S. 360 f.) Ansonsten hat diese Schar von Komödiantinnen keine Spur hinterlassen, wenn sie nicht gerade (aber dazu gehörte nicht viel) mit

dem Gesetz in Konflikt kamen, wie zum Beispiel eine gewisse
Francesca, »Tochter des Tommaso Gambarara« aus einem
Dorf bei Urbino, 25 Jahre alt, mit einem Musikanten verheiratet und Mutter von drei kleinen Kindern. Sie und ein Mann,
den sie als ihren Vater bezeichnet, mit dem sie aber »in einem
Bett schläft«, ziehen mit einem Schausteller durchs Land, bis
sie 1607 vor einem kirchlichen Gericht zu erscheinen hat, weil
sie ihre Künste in Orten vorgeführt hat, die zum Kirchenstaat
gehören, in dem ja das Auftreten von Frauen verboten war.
(Taviani/Schino: 1982, S. 145 ff.)

Zwischen dieser Francesca und der Isabella Andreini, dem
»Wissensborn«, liegt ein Abgrund, und kein Bewunderer der
Isabella wäre je auf die Idee gekommen, die beiden Frauen
auf eine Ebene zu stellen. Und doch gab es, wie gesagt, *ein*
verbindendes Element zwischen diesen beiden Existenzen,
das sie in den Augen ihrer gegenreformatorischen Widersacher, die intelligent genug waren, den Unterschied an sich zu
sehen, bedenklich nahe aneinanderrücken ließ: die große Isabella stellte im Spiel sich und ihren Leib öffentlich gegen
Bezahlung zur Schau, genau wie die arme, unbekannte Francesca, von deren Existenz wir nur deshalb etwas wissen, weil
sie, um zu überleben, trotz des kirchlichen Verbots ihre Künste
zum besten gegeben hatte. Die Folgezeit gab nicht den fanatischen Theaterfeinden, sondern dem biederen Schauspieler
Barbieri recht, und im 18. Jahrhundert hält selbst der Papst
das Auftrittsverbot für Frauen für anachronistisch. Doch bis
dahin war es noch ein langer Weg.

Renate Baader

Sklavin – Sirene – Königin: Die unzeitgemässe Moderne im vorrevolutionären Frankreich

1. »Jede Frau, die sich zeigt, entehrt sich« – die Schauspielerin im Theaterstreit

Der Kulturfortschritt auf dem Schindanger: Voltaires ratloser Rückblick

An der Wende des 17. zum 18. Jahrhundert erlebte das intellektuelle Frankreich den bedeutsamen Streit um die Vorbildlichkeit der antiken Autoren, deren Nachahmung seit der Akademiegründung (1635) zu den Grundpfeilern des Regelwerks einer klassischen Dichtungslehre gehört hatte. Charles Perrault, der seit 1687 die herausragenden Dichter und Gattungen des Altertums an den ästhetischen Normen maß, die für sein Land seit Jahrzehnten gültig schienen, propagierte dessen eindeutige Überlegenheit über die vergangenen Kulturen. Zum Bestandteil seines »modernen« Bewußtseins gehörte die Überzeugung, daß Frankreich unter Ludwig XIV. nicht zuletzt durch seine dramatische Literatur sein goldenes Zeitalter erreicht habe. Die Erfahrung der politischen Hegemonie in Europa, die ihren Ausdruck fand in einer unübersehbaren, königlich geförderten Kultur, verband sich dabei mit dem Glauben an den dauerhaften Fortschritt auch der Wissenschaften. Der Reigen der großen Dichter, denen, im Unterschied zur Antike, bereits die Zeitgenossen die Palme zuerkannten, und ein hochhöfisches Geselligkeitsideal, das die Gegenwart der Frauen zur Voraussetzung hatte, gaben dem Selbstbewußtsein der »Modernen« weitere Nahrung. In deren

Bewegung wurzelte die Aufklärung, die wie die Vorgänger im
Banne einer glanzvollen Kulturepoche verblieb, nach dem
Ende des Absolutismus aber Kritik und Zweifel an dessen
politischen Auswirkungen laut werden ließ. Die Vertreibung
der Hugenotten nach der Widerrufung des Toleranzedikts von
Nantes (1685) war die spektakulärste und langfristig folgen-
schwerste der Maßnahmen, die eine intolerante Regierung
gegen ökonomisch und geistig bedeutsame Minderheiten hatte
ergreifen müssen. Der einstige Fortschrittsoptimismus wich
der Einsicht und Entschlossenheit, jener machtvollen Geistlichkeit, die im wesentlichen die Fundamente der absoluten
Monarchie gelegt hatte, eine bessere Zukunft abzutrotzen.

Voltaire hat mit dem Siècle de Louis XIV (1751/1766) eine
Epoche zu Grabe getragen. Ihrer Kultur setzte er ein Denkmal
und begründete den fortan gültigen Kanon der »klassisch«
genannten Autoren. Den Klerus aber prangerte er zeit seines
Lebens im Namen jenes Fortschritts an Freiheit, Glück und
Menschenwürde, Frieden, Wohlstand und Erkenntnis an, den
eben dieses goldene Zeitalter der Menschheit schuldig geblieben war. Ein Genuese, so schrieb er 1761, habe die neue Welt,
ein Engländer die Naturgesetze entdeckt, ein Deutscher die
Buchdruckerkunst, jeweils ein Italiener die Brille entwickelt
oder den Luftdruck nachgewiesen, ein Holländer schließlich
das Pendel erfunden. Die französische Gesetzgebung beruhe
auf dem Gewohnheitsrecht und erkläre an der Seine zum Vergehen, was an der Rhône rechtens sei. Nicht minder unein-
heitlich seien Maße und Gewichte. Bei Schiffahrt, Handel und
Ackerbau sei Frankreich ebenso rückständig wie bei der Übersetzung antiker Texte, ja, in keiner einzigen Kunst habe es
nicht seine Meister bei anderen Völkern gefunden:

> »Allein in der dramatischen Kunst tragen wir den Sieg
> über alle Nationen der Welt davon, und dies nach dem
> Eingeständnis dieser Staaten selbst ... Und eben diese
> einzige Kunst, die Euch unterscheidet, wollt Ihr erniedri-
> rigen?« (Voltaire: 1761/1879, Bd. 24, S. 251 f.)

Gemeint mit dem »Ihr« ist eine fanatische Geistlichkeit, die es
tatsächlich verdiente, von Voltaire »Polizei des Theaters«
(1745) genannt zu werden und der er, im Namen der dramatischen Dichter, der Bühne und der Schauspieler, schon früh

den Kampf angesagt hatte. Letztere – und vermehrt die Frauen unter ihnen – trafen seit den Anfängen des französischen Theaters die Macht des Vorurteils und der Bannstrahl der Kirche, obwohl sie, zusammen mit den Autoren, das Land, wie Voltaire sagt, aus der »westgotischen Barbarei« des Mittelalters herausgeführt und ihm die vornehmste der Künste geschenkt hatten. Die Verteidigung des Theaters und seiner lebendigen Vermittler war darum eine der vorrangigen Aufgaben, die sich die aufgeklärten »Philosophen« gestellt hatten, und dies aus doppeltem Grund. Zum einen eben beschränkte sich im Bewußtsein der Aufklärung die französische Überlegenheit auf die dramatische Dichtung des voraufgehenden Jahrhunderts, dessen Trias Racine, Corneille, Molière die Reihe der Großen anführte und über Euripides oder Sophokles, Cervantes, Calderón und Lope de Vega, Aristophanes, Plautus, Terenz, vor allem aber auch Shakespeare triumphierte (Voltaire selbst hielt seine ganz im Geiste der klassischen Regelpoetik verfaßten Theaterstücke für das Bedeutendste an seinem Werk, und ihnen verdankte er tatsächlich den Sitz in der Akademie). Zum anderen sahen die Aufklärer – Diderot, Voltaire, d'Alembert, Marmontel – die Bühne als moralische Anstalt an, über die allein die aufklärerischen Werte zu vermitteln seien. Wenn sie den Schauspieler als Verkünder einer veränderten Moral, deren Ziel nicht zuletzt die Befreiung aus der geistlichen Bevormundung war, in den Rang weltlicher Prediger erhoben, war der Handschuh geworfen. Die kirchliche Theaterfeindlichkeit des 18. Jahrhunderts war mithin nicht minder begründet als die aufklärerische Verteidigung des Theaters.

Die Fehde selbst wurde allerseits dann – und von jeher – am heftigsten und leidenschaftlichsten ausgetragen, wenn Status und Würde der Frauen auf der Bühne Gegenstand des Für und Wider waren. Ihretwegen hatten sich – seit ihrem Einzug ins Theater zur Zeit Richelieus – die Säle gefüllt. Ihre Anziehungskraft überbot die der besten Pariser Prediger, und manche geistliche Laufbahn soll durch sie ein vorzeitiges Ende gefunden haben. Ihr Glanz überstrahlte nicht selten den ihrer männlichen Kollegen. Zuschauer und Dichter, Geldmagnaten und Adlige huldigten vorrangig ihnen mit Applaus, sachkun-

diger Bewunderung und großzügigen Geschenken. Widmun-
gen, Briefwechsel und Preisgedichte in reicher Zahl halten
ihre Namen, in Kupferstichen verbreitete Portraits der großen
Maler ihr Erscheinungsbild, zeitgenössische und spätere Autoren die um sie sich rankenden Legenden fest. Doch stand
von Beginn an die Kritik, die sie auf sich zogen, in umgekehr-
tem Verhältnis zu dem gleichzeitigen Ruhm, waren sie, die
vermeintlich Stärksten innerhalb eines angefochtenen Standes, dessen schwächstes Glied. Nicht zufällig war es eine
Schauspielerin, deren unrühmliches Ende erstmals Voltaire
auf den Plan rief: Wie ein Leitmotiv durchzieht seine Empörung darüber, daß Mlle Lecouvreurs Leichnam auf den
Schindanger geworfen worden sei, während im selben Jahr
(1730) die Engländer ihre nicht minder bewunderte Miss Oldfield wie Newton in Westminster aufgebahrt und ehrenvoll
bestattet hätten, sein literarisches Werk. Im Streit um das
Theater symbolisiert der Name der französischen Tragödin
die Macht einer aufklärungsfeindlichen Geistlichkeit, die an-
haltend nicht davon abzubringen war, die Schauspieler zu exkommunizieren und die Erteilung der Sterbesakramente und
die kirchliche Bestattung von der feierlichen Widerrufung ihrer Arbeit abhängig zu machen. Warum nicht einen tanzenden Ludwig XIV. exkommunizieren, höhnte Voltaire, oder
jene Patres des Jesuitenordens, die einst dem klassischen
Theater seine Regeln, die Kardinäle Richelieu und Mazarin,
die ihm Schutz und Förderung gegeben hatten? Warum den
Priester bestatten, der zugleich Hexer war, nicht aber die
Schauspielerin Mlle Clairon, wenn sie etwa in der Rolle einer
Märtyrerin stürbe? Geldgier lasse einen fanatischen Klerus die
einst gottlos scheinenden Steuereinzieher schonen, aber die
armen, wiewohl im Dienste des Königs stehenden Schauspieler verdammen; daß eine Racinesche Tirade die Gemüter
mehr als jede Predigt bewege, rufe den Berufsneid eines Standes hervor, der in Paris allein durch die lautstarke Verteufelung des Bühnenhandwerks der Bedeutungslosigkeit zu ent-
rinnen versuche. So sei Frankreich das Königreich des Geistes
und der Philosophie, doch auch das der Dummheit und des
Fanatismus, der Bischofsbänke im Theater für eine Aufführung von Corneilles CINNA und des kirchlichen Bannfluchs

über die, die das Stück spielten, wie kein anderes also ein Land des Widerspruchs, das sich rühmen könne, als einzige der christlichen Kulturnationen die Komödianten zu exkommunizieren.

Voltaire mußte eine tieferreichende Erklärung für den zu Recht diagnostizierten Widerspruch schuldig bleiben. Es fehlte der zeitliche Abstand für die Einsicht in die gegenläufigen Interessen und Weltanschauungen, die im Theaterstreit in Frankreich vertreten wurden. Tatsächlich lassen sich in den gegnerischen Parteien merkwürdige und komplexe Allianzen ausmachen.

Die satanische Versucherin: Der Bannstrahl Bossuets

Während zu Beginn des 17. Jahrhunderts der Vatikan längst ein Theater unterhielt und die Schauspieler nach dem »Rituale romanum« Papst Pauls V. nicht zu den Exkommunizierten zählten, hielten gleichzeitig die wichtigen Diözesen und Pfarreien des gallikanischen Frankreich an der Verdammung des Theaters fest, die seit den Kirchenvätern den Christen aufgegeben war. Darüber hinaus aber herrschte auch zwischen der »Compagnie du Saint-Sacrement«, einer mächtigen, der Verbreitung der Gegenreformation verschriebenen Laienorganisation, und den religiösen Minderheiten, den Hugenotten und Jansenisten, hinsichtlich des Theaters völlige Übereinstimmung. Dramatiker und Schauspieler galten ihnen, nicht anders als die Romanciers, als Verbündete des Teufels, die zum Pakt mit Sinnlichkeit und weltlichem Vergnügen verführten, von der reuigen Gottesliebe ablenkten, die vor allem aber das Sakrament der Ehe und damit jedwede christliche Moral zu unterminieren drohten. Folgerichtig schien die Schauspielerin im Gewande der Liebenden das gefährlichste Satanswerkzeug: eine in der Öffentlichkeit ausgesetzte Sklavin, bei der die gottgewollte Scham ihres Geschlechts erstickt, die natürliche Schwäche einer dreisten Preisgabe an das Laster gewichen war; eine Sirene in den Tempeln der Wollust, deren Blicke ebenso tödlich waren wie die Lockmittel ihrer

Eitelkeit; eine an die Ausschweifung geopferte, sich selbst
ausstellende Christin, die man lieber im Grabe sähe als von
Luxus, Begehrlichkeit und jenem Applaus umgeben, der ihr
Gift an sie zurückgibt.

Jacques-Bénigne Bossuet, der Bischof von Meaux, bot 1694
im ersten seiner beiden theaterfeindlichen Werke sein großes
rhetorisches Vermögen auf, um in dieser Form auf die »Verbrechen der Schauspielerinnen, der Sängerinnen, die Skan-
dale um ihre Liebhaber« hinzuweisen (1694/1912: S. 271). An
ähnlichen früheren Zeugnissen fehlt es nicht, doch im Unterschied zu diesen traf der Bannstrahl Bossuets eine Institution
und einen Berufsstand, die an Achtung und Schutz eingebüßt
hatten. Der Theatiner P. Caffaro, an den die Streitschrift sich
richtete, hatte vergeblich die Würde und Bedeutung eines ehrenwerten, mit der christlichen Moral in Einklang stehenden
Theaters zu verteidigen versucht. Die Stunde der geistlichen
Widersacher, die unter den machtvollen Kardinälen und
Theaterfreunden Richelieu und Mazarin verstummt waren,
schien gekommen. Bossuet verlangte von P. Caffaro die Widerrufung der Schrift und drohte, bei Zuwiderhandlung, »als
Bischof« zu reagieren. Der König hatte, unter dem Druck
devoter Kreise, sich vom Theater zurückgezogen, die Bank
der Bischöfe blieb fortan leer, und ein Theaterbesuch hatte
nunmehr auch im Bewußtsein derer als Sünde zu gelten,
die seit jeher zu den Protektoren der Bühne gehört hatten:
der Aristokratie.

Heroine, Liebhaberin und Zofe:
Geschmack und Selbstverständnis des Adels

Der Adel hatte bereits im 16. Jahrhundert die Herausbildung
des französischen Theaters befördert und fortan Autoren und
Komödianten unter seinen Schutz genommen. Die Gouver-
neure in der Provinz ließen sich von Wanderbühnen unterhalten und wetteiferten bald miteinander und mit den Mitgliedern der königlichen Familie um die Qualität eigener, unter
ihrem Namen auftretender Truppen. Daß Frauen zu deren
Mitgliedern gehörten, verstand sich bei einer Schicht, die ihre

Marie Desmares Champmeslé (1642-1698) als Hermione in Racines *Andromache*, mit der sie 1670 im Hôtel de Bourgogne ihr triumphales Debüt feierte.

Mademoiselle Clairon (1723-1803) als Phädra in Racines gleichnamiger Tragödie, mit der sie 1743 an der Comédie française debütierte. Die untere Spielszene zeigt sie als Medea.
Gemälde von Pougin de Saint-Aubin, Stich von Jean-Baptiste Michel.

Mademoiselle Clairon
als Medea in Longepierres gleichnamiger Tragödie.
Gemälde von Carle Vanloo, Stich von J. Elie Haid.

Wurzeln in der höfischen Kultur und im Rittertum des Mittelalters wußte, von selbst. Auch für die königliche Familie, die an wechselnden Plätzen in der Provinz Hof hielt, war das weibliche Theaterspiel, das noch Jahrzehnte später in Paris als Skandal empfunden wurde, alles andere als anstößig. Die Königin Katharina v. Medici rief schon 1548 eine italienische Truppe nach Frankreich, der natürlich auch Frauen angehörten. Ihre Hofdamen und Töchter wirkten wenig später in Blois an der Aufführung eines französischen Stückes mit. Das in der Provinz und später in Paris unter dem Schutz der Regentin Maria v. Medici gastierende italienische Theater mit seinen viel gepriesenen Schauspielerinnen führte Frankreich vor Augen, daß es auch hierin am Vorbild Italiens sich orientieren, die Pariser Bühne also den Frauen öffnen mußte, wollte es seinem Anspruch gerecht werden, dessen kulturelles Erbe anzutreten und die Vormacht in Europa zu erringen.

Als der Hof in Paris seßhaft wurde, zog die französische Schauspielerin, die erste nachweislich 1607, auch dort in das Theater ein, während für die Provinz ihr Auftreten schon für das 16. Jahrhundert dreimal belegt ist (1545, 1580, 1592). Im »Hôtel de Bourgogne«, dem vorerst einzigen Pariser Theater, wurde noch 1616, in der neugegründeten Truppe der drei »Farceurs«, der weibliche Part von einem Mann in Mehl, Maske und Verkleidung gespielt. Der grobe Witz der alten, farcenhaften Komödie aber schien einer Gesellschaft, die die Verrohung der Religionskriege überwinden und sich am Beispiel der italienischen Renaissance verfeinern wollte, alsbald unpassend. Das neue, an Baldassare Castigliones CORTEGIANO ausgerichtete Geselligkeitsideal des Schicklichen und Wohlanständigen hatte die allseitige Beteiligung der Frauen und die Berücksichtigung ihres Geschmacks und gebotenen Feingefühls zur Voraussetzung. In den Komödien des jungen Corneille begegnete die gesellige Elite den Räumen und Requisiten, die sie umgaben, dem Spiel einer kodifizierten Galanterie, deren Ausdrucksformen die eigenen und deren Protagonisten ihresgleichen waren. Die höfische Komödie löste die unziemliche Gattung der Farce ab, und neben der jugendlichen Liebhaberin erschien die anmutige Zofe, der die bislang von einem Mann dargestellte derbe Amme weichen konnte. Im

Vorwort zu seiner GALERIE DU PALAIS (1633) erklärt Corneille
mit Genugtuung, daß der einstige Mangel an Schauspielerinnen nunmehr überwunden und dieser Wandel damit möglich
geworden sei.

Aristokratie und Hof schätzten und förderten das Theater
aus verschiedenen, nicht unbedingt identischen Gründen. Die
materielle Unterstützung der Kultur, deren Genuß den standesgemäßen Zeitvertreib verbürgte, gehörte zum Selbstverständnis einer Kaste, die sich gerade als Auftraggeber bürgerlicher Künstler und Gelehrter über diese hatte erheben und
die alte Rivalität zwischen »Waffen« und »Wissenschaften«
immer neu zu ihren Gunsten hatte entscheiden können. Tragödie, Tragikomödie und Komödie setzten wirkungsvoll das
soziale System einer strengen Standestrennung in Szene, das
Logen und Parterre im Zuschauerraum ein weiteres Mal be-
stätigten. Der Erfolg von Corneilles CID (1637) gründete nicht
zuletzt darin, daß in ihm der alte Schwertadel den Heroismus
und Ehrbegriff seines Standes wiedererkannte und unge-
schmälert verherrlicht fand, obwohl seine politische Macht
gleichzeitig von der vorabsolutistischen Politik Richelieus be-
schnitten wurde. Der 1651 endgültig besiegelten Entmach-
tung der Hocharistokratie waren jahrzehntelange blutige Kon-
flikte vorangegangen, bei denen die Frauen nicht minder entschlossen als ihre Brüder und Väter die Rebellion gegen Richelieu betrieben hatten. Der weibliche Heldenmut dieser
»Amazonen der Fronde« hatte die literarischen Vorbilder etwa
bei Ariost eingeholt. Vor allem aber stand er jenen Heroinen
Pate – einer Medea, Rodogune, Camille oder Émilie –, die
Corneille agieren ließ und die den eigentlichen Ruhm der
ersten bedeutenden Schauspielerinnen – Mlles Villiers, Belle-
rose, Beaupré – begründeten.

Die wohlanständige Dienerin der Krone:
Richelieu und der vorabsolutistische Hof

Richelieu ließ über die von ihm gegründete Akademie den
CID einer strengen Zensur unterwerfen und die aus der aristo-
telischen Poetik abgeleiteten Regeln der Tragödie für verbind-

lich erklären. Die dergestalt kodifizierte Gattung des hohen
Stils schien vorzüglich geeignet, eine erstarkte und ehrgeizige
königliche Macht sinnfällig zu repräsentieren und die Rivalität mit dem regellosen Theater der englischen und spanischen
Monarchie siegreich zu bestehen. Absolutistische Staatsräson
überwog mögliche theologische Vorbehalte des politischen
Kardinals. Die klassische Regelpoetik verpflichtete die Autoren auf die gültige – christliche – Moral. Verfasser dieser poe-
tologischen Traktate waren überwiegend Geistliche, die im
Sinne von Thomas v. Aquin, Albertus Magnus oder Bonaven-
tura ein sittlich unanfechtbares Theater für zulässig und nütz-
lich erklärten. Mit dessen Wohlanständigkeit schien die der
Schauspieler verbürgt, war deren geistliche Diffamierung also
zumindest ausgesetzt. Bühne und Zuschauerraum erlebten
die unangefochtene Gegenwart der Frauen. Richelieu eröffnete 1641 in seinem »Palais Cardinal« (heute »Palais Royal«)
das erste französische Theater und empfing dort die königliche Familie. Im April desselben Jahres bewog er Ludwig XIII.
zu einer feierlichen Erklärung, die die Schauspieler des königlichen Schutzes und der moralischen Wertschätzung versicherte. Theater und Schauspieler wurden Gegenstand der
Bühne selbst, auf der die Dichter – Gougenot, Scudéry – aus
dem Munde der Darsteller beides verteidigen ließen. Corneilles ILLUSION COMIQUE (1636) klingt aus in einem Lobgesang
auf das edle und einträgliche Handwerk der Komödianten.
Auch in der Zeit ihrer Trauer wollte die fromme Königin Anne
d'Autriche auf das gewohnte Vergnügen nicht verzichten und
verbarg sich bei den Aufführungen hinter den Hofdamen.
Entrüstet über ihre frevelhafte Neigung erwirkte der Pfarrer
von Saint-Germain einen Bannspruch von sieben Doctores
der Sorbonne gegen das Theater, doch sie wartete mit einer
von mehr als zehn Theologen unterschriebenen Erklärung
auf, derzufolge die Kirche von der »apostolischen Strenge« der
ersten Christen Abstand genommen habe (1647).

Ehrbar oder Dirne? Urteile und Vorurteile

Der Schutz der Krone und des Kardinals, die Apologien der Bühnendichter und der Ruhm der Schauspieler vermochten die Gegner des Theaters nicht vollends zum Schweigen zu bringen. Der von Voltaire diagnostizierte Widerspruch, daß als Schande gelte, was doch Frankreichs höchstes Kulturgut und im Vergleich der Völker führend sei, trifft für das 17. Jahrhundert nicht minder zu als für das darauffolgende. Was Voltaire indes nicht erkannte, war die vehemente Theaterfeindlichkeit, die unabhängig von direktem geistlichem Einfluß im Bewußtsein des Bürgertums verankert und somit Teil der öffentlichen Meinung war, gegen die das Theater als Institution durchgesetzt werden und sich behaupten mußte.

Hierbei nun schieden sich die Geister. Wo einschlägige Zeugnisse dieses Vorurteil erkennen lassen, bleibt der Status des bürgerlichen (Bühnen-)Autors, dessen literarisches Handwerk stets als glanzvoller Ausweis eines selbstbewußten und leistungsfähigen Standes gegolten hatte, davon unberührt. Anders die Schauspieler, die etwa der Chronist Tallemant des Réaux (1659) »Lumpen« und deren Kolleginnen er, einer gängigen Überzeugung gemäß, ausnahmslos »Dirnen« nennt. Pikante Anekdoten illustrieren deren unheilige Macht über die Verehrer, die ihnen Verstand und Gelübde zum Opfer brachten. Für jede Bürgertochter verbot es sich, in der Nachfolge berühmter Schauspielerinnen eine Bühnenkarriere anzustreben. Selbst in den Zeugnissen zeitgenössischer Bewunderung teilt sich die Anrüchigkeit einer weiblichen Lebensform mit, die jedweder Ordnung zu spotten schien. Nicht über Spiel oder Vortrag unterrichten diese, wohl aber über die Höflinge, die eine Theaterkönigin wie Mlle Champmeslé (1642-1698) um sich scharte, über Schönheit und Anziehungskraft einer Mlle du Parc (1633-1668), die die drei großen Dramatiker gleichermaßen in ihren Bann schlug. Racine soll mit beiden eingehend geprobt und ihnen Vers für Vers die Zwischentöne und geheimen Bedeutungen erklärt haben. Sie liehen seiner Hermione oder Andromaque die Stimme und lenkten den Beifall auf den Autor, der mit weiteren glanzvollen Frauenrollen die in Szene gesetzte Leidenschaft an ein gerührtes

Publikum vermittelte. Ein »Raunen« begleitete den Auftritt der »wunderbaren« Champmeslé, »Tränen« vergoß ganz Paris über ihre Iphigénie. Racine schenkte ihr seine »glänzendsten Rollen«, doch auch sein Herz, wie neben ihm der Comte de Tonnerre oder der Sohn von Mme de Sévigné. Letztere fand diese berühmte Tragödin »anbetungswürdig, wenn sie Verse spricht«, doch worin ihre oder der anderen Kunst bestand, erklärte sie ebensowenig wie ihre Zeitgenossen. Schönheit und Anmut gehörten zur unverzichtbaren Mitgift namhafter Schauspielerinnen. Wo sie fehlten oder dem Alter gewichen waren, stellte sich bald der Verdacht einer anhaltenden erotischen Faszination ein, bei der die Mühelosigkeit der Eroberung manchen Mangel kompensierte. Nicht ihrer beruflichen Leistungen wegen waren sie zu würdigen oder zu verteidigen, sondern wegen eines untadeligen Lebenswandels. »Ehrenhaft« war, so schrieb ein Chronist, entgegen den Regeln dieses Berufs, die Frau des Direktors einer Truppe, die 1592 in Bordeaux gastierte, »anständig und ernsthaft« ihr Gespräch und »höchst angesehen« die Häuser, in denen sie empfangen wurde. Unberechtigt nannte Georges de Scudéry (1635) die Annahme, daß die Frau eines Schauspielers der ganzen Truppe gehöre. Doch noch Voltaires Zeitgenosse Diderot führt seine einstige Neigung zur Bühne auf die Versuchung zurück, mit dessen liebenswerten und »leicht zugänglichen« Frauen zu leben, die er nun als reifer Mann der Lüsternheit und Käuflichkeit zeiht. Das Paradoxon in seiner Schrift (PARADOXE SUR LE COMÉDIEN, 1769) ist ein mehrfaches. Dem Autor selbst schien die abgehandelte Streitfrage, ob schauspielerische Vollendung in der natürlichen Mitgift der Empfindsamkeit oder der leidenschaftslosen intellektuellen Arbeit gründe, den Titel zu illustrieren. Unbewußt, unfreiwillig und ungelöst aber bleibt der Widerspruch zwischen der professionellen Bewunderung des Bühnendichters, Dramentheoretikers und Aufklärers Diderot für die Kunst derer, die er zu Predigern der neuen, gesellschaftlichen Werte erhoben hatte, und der Verachtung, die der Bürger Diderot für einen ehrlosen Stand mit zweifelhafter Herkunft, fragwürdigen Beweggründen und einer anstößigen Sexualmoral hegte. Nicht minder paradox mutet es an, daß auch das Beispiel der einzig-

artigen und viel gepriesenen Mlle Clairon (1723-1803), an der
Diderot den Vorrang eines ökonomischen, reflektierten Spiels
über Spontaneität und sensible Einfühlung entwickelte, die
moralische Mißbilligung ihres Berufsstandes nicht minderte.

Das öffentliche Un-Weib:
Rousseau und das bürgerliche Frauenbild

In der Verurteilung der Schauspieler und vor allem aber der
Schauspielerinnen herrschte Einmütigkeit zwischen Klerus
und Bürgertum. Gipfelte im gegenreformatorisch-frommen
17. Jahrhundert deren Verteufelung in der geistlichen Rhetorik Bossuets, so war es im darauffolgenden Sache eines Bürgers, den lange schwelenden Unmut seines Standes wirkungsvoll und nachdrücklich zu formulieren. Rousseaus LETTRE À
M. D'ALEMBERT SUR LES SPECTACLES (1758) führte einen säku-
larisierten Theaterstreit zu seinem Höhepunkt und bewirkte
die Spaltung des aufklärerischen Lagers. Indem der Autor die
bestehende Kultur und ihr eindrucksvollstes Produkt und Medium, die Bühne, zum Unwert erklärte, die Verbindung also
von Fortschritt und dramatischer Kunst radikal leugnete,
konnte er die widersprüchlichen Werturteile Diderots verein-
deutigen. Folgerichtig blies er zum Sturm auf die prominenten Vertreter der dramatischen Literatur, die er als Lehrmei-
ster einer korrupten Moral anprangerte. Ihre gefährlichsten
und wirksamsten Verbündeten waren die Frauen auf der
Bühne: Racines Bérénice, der ein effeminierter Titus Gesetz
und Vaterland zu opfern drohte; Voltaires Zaïre, die den
Frauen die Macht ihrer Liebe und Schönheit vorführte; Medea oder Phädra, für deren mörderische Unnatur Verständnis
geweckt wurde. Dramatisierte Romane zeige das Theater, in
denen die Liebe herrsche und mit ihnen die Frau, die sich
anschicke, über das Publikum vollends zum Gesetzgeber und
Präzeptor des Mannes zu werden, dem sie doch alles Wissen
verdanke; Bescheidenheit, Schweigsamkeit und Schamhaftig-
keit seien ihre natürlichen Tugenden, das stille Haus ihr
Raum wie in Sparta, der Psalmengesang mit Mann und Kindern eine löbliche Beschäftigung, wie in mancher ländlichen

Schweizer Hütte. Mit der republikanischen Strenge Genfs waren die frivolen Vergnügungen einer Gesellschaft, die durch
die Frauen zur Geselligkeit entartet schien, nicht zu vereinba-
ren. Über das Theater werde die Mutter zur Mätresse verbil-
det, lerne sie aus dem Munde sittenloser, geldgieriger und
verschwenderischer Komödianten die falschen Werte des Luxus und Müßiggangs, vor allem aber jenes gebieterische Auftreten in der Welt, mit dem sie sich zur Richterin von Verdienst, Rang und Fähigkeiten erhebe. Das in allen Ländern
einfacher, reiner und unschuldiger Sitten herrschende Vorurteil gegen die Schauspieler sei nur zu berechtigt, ihre Exkommunizierung ebenso verständlich wie die Furcht eines Bürgers
vor dem Umgang mit ihnen. Das alte Rom und die Priester
hätten mit gutem Grund die Schauspielerin der Prostituierten
gleichgestellt, und die griechische Tragödie, kultisch und freiheitlich zugleich, verdanke nicht zuletzt deren Ausschluß ihre
Bedeutung, während »diese skandalöse Mischung von Männern und Frauen aus unseren Theatern ebensoviele Schulen
der Unsittlichkeit macht« (Rousseau 1758/1948: S. 104). Die
Kunst des Komödianten ist Verstellung, Vortäuschung und
Lüge, das sklavische Feilbieten einer käuflichen Person, sein
Wesen geprägt von Falschheit, Verschlagenheit, Niedrigkeit,
er selbst ein chimärisches Spielzeug der Zuschauer, die ihn im
Gewande immer neuer Verbrecher bewundern. Vollends aber
entfernt ihn die unvermeidliche Sittenlosigkeit der Schauspielerinnen von Ehrbarkeit und Anstand:

»Wollt Ihr die Männer kennenlernen? Studiert die
Frauen. Dieser Grundsatz ist allgemeingültig ... Aber
... es gibt für die Frauen keine guten Sitten außerhalb eines zurückgezogenen und häuslichen Lebens; ...
die friedliche Sorge um Familie und Hauswesen ist der
ihnen bestimmte Anteil; die Würde ihres Geschlechts ist
Bescheidenheit; Schamgefühl und Anstand sind bei ihnen untrennbar; die Blicke der Männer suchen heißt
schon, sich davon verderben lassen, und jede Frau, die
sich zeigt, entehrt sich ... Der Mann kann kühn sein,
das ist seine Bestimmung ... Aber jede Frau ohne
Scham ist schuldig, weil sie ein für ihr Geschlecht natürliches Gefühl mit Füßen tritt.« (1758/1948: S. 110, 114)

So also wollten es Gott und Natur, die die Frau sanft und
furchtsam schufen, schüchtern und mitleidvoll, von rührender
Zartheit und Schwäche. In den Schweizer Bergen war sie es
geblieben, doch in der großen Stadt könne allenfalls das
Schamgefühl sie noch beschämen, habe sie die Rolle und Tugenden der fürsorglichen und häuslichen Ehefrau und Mutter
neu zu lernen.

> »Wenn sie einen Gatten hat, was sucht sie unter den
> Männern ... Man fühlt, daß sie in der Öffentlichkeit
> nicht am Platze ist ... Überall ist man davon überzeugt,
> daß sie mit den Verhaltensweisen ihres Geschlechts
> auch dessen Pflichten vernachlässigen; dann sieht man
> sie allenthalben die männliche und feste Sicherheit des
> Mannes zur Dreistigkeit verkehren, sich durch diese ab-
> scheuliche Nachahmung erniedrigen und zugleich ihr
> Geschlecht und das unsere entehren.« (1758/1948,
> S. 117 f.)

Die ehrbare Frau der Antike lebte eingeschlossen, blieb der
Öffentlichkeit fern, aber auch dem vom Gatten ausgerichteten
Gastmahl. Nirgendwo sah man die Geschlechter nebeneinan-
der. Rittertum und Galanterie erklärten zur höflichen Lebensform, was alsbald zur Rohheit degenerierte: Die Marketende-
rin stand der Dame Pate. Wie aber könne dann der Status der
Schauspielerin, deren einziges Ziel es sei, sich – dazu für Geld
– der Öffentlichkeit zu zeigen, mit weiblicher Ehrbarkeit vereinbar sein?

> »Diese jungen, tollkühnen Personen, erzogen allein
> durch ein System der Koketterie und die Rollen der Lie-
> benden, in sehr wenig bescheidenem Schmuck, unab-
> lässig umgeben von einer glühenden und waghalsigen
> Jugend, inmitten der süßen Stimmen der Liebe und des
> Vergnügens sollten ihrem Alter, ihrem Herzen widerste-
> hen, den Dingen, von denen sie umgeben sind, den Re-
> den, die man ihnen hält, den stets neuen Gelegenheiten
> und dem Gold, an das sie vorab halb verkauft sind! ...
> Die Kühnheit einer Frau ist das sichere Zeichen ihrer
> Schande; eben weil sie zu viel erröten müßte, errötet sie
> nicht mehr.« (1758/1948, S. 121)

Sie zieht den Schauspieler, den sein Beruf zu enger Vertrautheit mit ihr nötigt, in ihre Lasterhaftigkeit hinein. In weit höherem Maße als ihre männlichen Kollegen ist sie verantwortlich zu machen für die zahllosen Streitigkeiten, die sich an Rollenvergabe, Aufteilung der Einnahmen, Auswahl der Stücke und Erfolgsneid, »ganz zu schweigen von den galanten Intrigen« (122) entzündeten.

Jean-Jacques Rousseau hat sich nicht darauf beschränkt, alle zuvor formulierten Verurteilungen der Schauspielerin zu resümieren. Was seine Argumentation ungleich gewichtiger und wirksamer machte als die Bossuets, mit der sie weitgehend übereinstimmt, ist deren Einbindung in sein staatspolitisches und pädagogisches Systemdenken, das sich in dieser Schrift im Kern bereits deutlich abzeichnet. Der Dogmatismus seiner Gesellschaftstheorie triumphierte in der Revolution, und mit diesem verfestigte sich sein idealtypisches Bild von der bürgerlichen Mutter und Gattin, vor dem die gefeierte Theaterkönigin zum Prototyp einer »femme fatale« entarten mußte.

2. Die utopische Realität:
Das Paradigma von Mlle Clairon
(1723-1803)

Biographie und gesellschaftliche Stellung, zeitgenössische Wirkung und Nachleben von Mlle Clairon, der wohl berühmtesten Schauspielerin des Ancien Régime, sind vorzüglich dokumentiert. Alles an ihr war außerordentlich, und grenzenlos muten angesichts ihres Falles die Möglichkeiten an, die ihr Beruf ihrem Geschlecht eröffnete, doch gerade darum war eine Lebenspraxis wie die ihre um so weniger vereinbar mit Ordnung und Normen, die für dieses verbindlich waren. Die Lebenswirklichkeit dieser einen aber und die Lebensmodelle für die anderen Frauen haben ihre Geschichte.

Die überwundene Ungleichheit der Geschlechter:
Das Theater als Mikrokosmos der Moderne

Die genossenschaftliche Organisation des französischen
Theaters (»société des comédiens«), die seit dessen Anfängen
in der Provinz und in Paris selbstverständlich war, garantierte
den Schauspielern die Entscheidungsbefugnisse über Rollen-
verteilung, Repertoire, Einstellung neuer und Pensionierung
alter Mitglieder des Ensembles. Obwohl der König die von
ihm 1680 gegründete »Comédie-Française« in letzter Instanz
dem Willen seiner Aufsichtsbeamten (»Supérieurs«) unterstellt hatte, war das professionelle Selbstbewußtsein der
Schauspieler stark genug, im Ernstfall auch Machtproben mit
den Vorgesetzten zu bestehen. In den Truppen selbst herrschte
seit jeher völlige Gleichheit zwischen den Geschlechtern. In
notariell beurkundeten Verträgen wurden den Mitgliedern feste – ganze, halbe oder viertel – Anteile (»parts«) an den Einnahmen, einschließlich der ab 1664 geleisteten Pensionszah-
lungen zugesichert. Die jeweilige Höhe war allein abhängig
vom Publikumserfolg und dem mit den Rollen gestellten Anspruch. Madeleine Béjart konnte sich als Prinzipalin des von
ihr 1643 gegründeten Theaters sogar die Wahl ihrer Rollen
ausbedingen. An ihrer psychischen und organisatorischen
Kraft nährten sich Molière und die übrigen Mitglieder der
Truppe, und schon vor den Pariser Erfolgen erübrigte sie
Geld, das sie gewinnbringend anlegte. Auch ohne private Zu-
wendungen erwarben die Schauspielerinnen der drei Pariser
Theater, die schließlich in die »Comédie-Française« überführt wurden, ein Vermögen, das sie innerhalb ihres Berufsstandes zu begehrten Heiratsobjekten machte. Zu ihrem
Nachlaß gehörten die üppigen, aus kostbaren Materialien ge-
fertigten Gewänder und Accessoires, die sie hatten bereitstel-
len müssen, doch auch die finanziellen Mittel für die wohltäti-
gen und kirchlichen Stiftungen oder die Lesung Hunderter
von Messen, die etliche von ihnen testamentarisch verfügt hatten. Nicht anders als die Männer hafteten die Frauen für un-
erwartete Kosten und Schulden. Mit größter Selbstverständlichkeit klagten sie Vertragstreue und Verbindlichkeiten ge-
richtlich ein, überbrückten mit persönlichen Krediten die je-

weilige Krisensituation und verminderten deren Auswirkungen mit Geschick und Entschiedenheit. Wie sehr man innerhalb der Truppen ihr sachkundiges Urteil schätzte, suchte und respektierte, zeigt Molières Komödie L'Impromptu de Versailles (1663), die eine Theaterprobe in Szene setzt. Ebenbürtig wie im Beruf waren die Frauen auch im Privatleben. Fast alle Schauspielerinnen des 17. Jahrhunderts waren – kirchlich – verheiratet und teilten mit ihren Männern aus demselben Métier die Lebensräume, die nach geistlicher und bürgerlicher Weltanschauung in strenger Trennung jeweils einem der Geschlechter bestimmt waren: Haus und Öffentlichkeit. So antizipierte das Volk der Komödianten, eine noch und gerade für Diderot anarchisch anmutende Binnengesellschaft, ein wahrhaft unvordenkliches Lebensmuster, das noch von den Frühsozialisten des 19. Jahrhunderts allenfalls in Gestalt einer literarischen Utopie entwickelt werden konnte.

Der Triumph der Ungleichheit in der bürgerlichen Aufklärung

Der Status der Schauspielerin konfrontierte die Aufklärung, die sich aus bürgerlichem Klasseninteresse dem Gleichheitsgedanken verschrieben hatte, mit einer provozierenden und gefährlichen Realität. Der Angriff auf die Privilegien der Aristokratie durfte unter keinen Umständen auf die des Mannes in Ehe und Familie übertragen werden. Die Humanisten aus dem bürgerlich hochentwickelten Flandern (Erasmus, Vives) hatten die argumentativen Fundamente zur Festigung und Legitimierung der männlichen zivilrechtlichen Autorität gelegt. Eine aristokratisch geprägte Salonkultur des 17. Jahrhunderts, die in der voraufklärerischen, von Frauen getragenen Bewegung des Preziösentums gipfelte, gab vorübergehend der Hoffnung Nahrung, daß aus der dereinst gesetzlich verordneten Ungleichheit sich ein in Bildung und Selbstbestimmung ebenbürtiges Menschenpaar befreien ließe. Boileau und seine Zeitgenossen erkannten indes die Sprengkraft der preziösen Weltsicht. In satirischer Überzeichnung verzerrten sie das Bildungsbemühen der Preziösen zum gelehrten Pe-

dantentum, den Anspruch auf Freundschaft und die Verweigerung der Zwangsverheiratung zur affektierten Prüderie, das
eine nicht minder lächerlich als das andere. Die Aufklärer des
18. Jahrhunderts haben ihre preziösen Schwestern endgültig
zum Schweigen gebracht. Während sie in der Ungleichheit
der Stände das natürliche Recht verletzt sahen, erklärten sie es
in der der Geschlechter für gewahrt. Doch die alte Sache erhielt einen neuen Namen: Nicht der Inegalität wollten Mon-
tesquieu, Diderot oder Rousseau weiterhin das Wort reden,
sondern der Komplementarität der Geschlechtsnaturen, die
aus der Differenz der physischen Anlagen, Kräfte und Funktionen abgeleitet wurde. Die neue Bürgerin aber gehörte,
nicht anders als die alte, ins Haus, wo der eheliche Vormund
ihre feinen Fasern in Gebärmutter und Gehirn vor den Fähr-
nissen der Welt abschirmte und sich selbst vor den Bastarden
schützte, die sein Erbe zu gefährden drohten. Auch in einer
Zeit großer professioneller Konsolidierung bleibt der Diskurs
über die Schauspielerin mithin bezogen auf die unbefragte
Gültigkeit von Natur und Wesen der Frau und deren idealty-
pischen Tugenden und Befähigungen. Rousseau ächtete die
Schauspielerin und erzog einem aufgeklärten Émile die zeit
ihres Lebens kindhafte Sophie zur willenlosen ehelichen Ge-
fährtin. Diderot sah die eine wie die andere gefährdet durch
die Hysterie, jene im Geschlechtlichen wurzelnde Krankheit
ihres Geschlechts.

Die Schauspielerin hatte die Utopie der Preziösen eingelöst
und die den Frauen verwehrten und vermeintlich abträglichen
Räume der Kultur und Öffentlichkeit längst in Besitz genommen. Unbescheiden, ja gebieterisch war sie fraglos, beredt und
gebildet, kühn und aufrecht in Haltung und Sprache. Wahrhaftig, sie zeigte sich, dazu für Geld, mit der Dreistigkeit eines
Mannes, dessen Blicke und Gesellschaft sie nicht mied. Das
von Rousseau gezeichnete Schreckbild stand ihm sichtbar vor
Augen, von keiner anderen treffender verkörpert als von jener
– bei ihm ungenannten – Mlle Clairon, die alle ihre Kolleginnen überstrahlte.

Eine Königin des Theaters:
Die Apotheose eines weiblichen Bastards

Claire-Joseph Léris teilt mit ihren Eltern nicht mehr als ihre Vornamen. Den Vater hat das uneheliche Kind nie gesehen, die Mutter quittierte mit Drohungen und Prügel die Verweigerung jener niederen Arbeiten, die der Tochter nicht anders zu genügen hatten als ihr selbst. An den Strafen wuchs deren Widerstand, den auch tägliches langes Einsperren nicht zu brechen vermochte. Das erzwungene Alleinsein befreite Gedanken und Gefühle; eine bewußt erfahrene Verzweiflung nährte und mehrte Empfindsamkeit und Entschiedenheit.

»Keinerlei Zärtlichkeit, Freundlichkeit oder Sorgfalt umgab meine Kindheit; nicht die geringste Vorstellung von Kunst, Talent, Bildung begünstigte meine Erziehung. Lesen war das einzige, was ich mit elf Jahren konnte; mein Katechismus und mein Gebetbuch waren die einzigen mir bekannten Bücher. Gespenster- und Hexengeschichten, die man mir als wahre ausgab, waren alles, womit man mich unterhielt.« (1798/1822, S. 9)

So erinnert sie sich in ihren um 1788 verfaßten Memoiren, die sie 1798 in Paris erscheinen ließ, um nach deren heimlicher Veröffentlichung in Deutschland eine von ihr gewünschte französische Fassung vorzulegen. Warum die Mutter das nordfranzösische Dorf verließ und mit ihr nach Paris umsiedelte, erklärt sie nicht. Einem Zufall verdankt sie es, daß die trübselige Mitgift ihrer Kindheit zum Grundstock eines Vermögens wurde. Durch ein geschlossenes Fenster ihres versperrten Zimmers sah sie in der Wohnung gegenüber vor geöffneten Fensterflügeln die junge, später als Soubrette gefeierte Mlle Dangeville beim Tanzunterricht. Deren jugendliche Anmut und der liebevolle Beifall der Familie erweckten in ihr den unbedingten Willen, sich Eintritt in dieses Paradies zu verschaffen. Ohne Wissen der nunmehr vollends verachteten Mutter beobachtete und imitierte sie täglich die unterschiedlichen Lektionen ihrer »Göttin« (13). Freunde des Hauses vermuteten in der alsbald vollkommenen Beherrschung von Bewegung, Gestik und Sprache das Werk eigener Lehrer und führten sie ins Theater, das der Mutter »ewige Verdammnis«

(13) schien. 100 Verse der gezeigten Tragödie und zwei Drittel
des kleinen Lustspiels wußte sie am Tag darauf auswendig
und ahmte in Artikulation und Stimmlage, Haltung, Gebärde
und Gang jeden einzelnen der Schauspieler nach. Erst zwei
Monate später war der Widerstand der Mutter gebrochen, die
mit Beschimpfungen, Tötungsandrohungen und ungehemm-
ter physischer Gewalt die Bühnenkarriere hatte vereiteln und
die Tochter zur Arbeit zwingen wollen. Eine freundliche
Dame, in deren Diensten sie stand, hatte sie umgestimmt und
dem nunmehr dreizehnjährigen Mädchen zum Debüt bei der
»Comédie-Italienne« verholfen. Sie lernte schreiben und erhielt Tanz-, Musik- und Italienischunterricht: »Mein Eifer,
meine inbrünstige Besessenheit, mein Gedächtnis verwirrten
meine Lehrer: ich behielt alles, verschlang alles« (17). Für vier
Jahre wurde sie nach Rouen verpflichtet und trat, nach weiteren Etappen in der Provinz, 1743 erstmals in Paris auf. Der
Oper, mit der sie begann, folgte nach vier Monaten die »Comédie-Française«. Die für ihr Debüt vorgeschlagenen Rollen
lehnte sie ab und beharrte auf der der Phèdre Racines, der
Glanzrolle von Mlle Dumesnil, deren führender Rang unter
den Tragödinnen unbestritten war.

»Die kühle Verachtung, auf die mein Vorschlag stieß,
war mir ein Stachel. Ich bestand darauf zu beweisen,
daß meine Hartnäckigkeit ein Umdenken verlangte ...
Mein Vorschlag löste allgemeines Gelächter aus: Das
Publikum werde, so versicherte man mir, mich nicht
einmal den ersten Akt zuende spielen lassen. / Der Zorn
drohte mich zu verschlingen, aber der Stolz hielt mich
aufrecht. Ich antwortete so ruhig und vor allem so maje-
stätisch wie möglich: ›Meine Herren, Sie wollen mich,
oder Sie wollen mich nicht; ich habe das Recht zur
Wahl. Ich spiele Phèdre oder gar nicht.‹ Alle hielten an
sich, man willigte ein, und ich debütierte mit Phèdre.«
(31 f.)

Auf die 22 glanzvollen Jahre an der »Comédie-Française«
geht Mlle Clairon in ihren Memoiren nicht ein. Schon vier
Monate nach ihrem Debüt wurde ihr ein voller Anteil zugesprochen. Mehr noch als das tragische Repertoire der Klassik
trugen die Uraufführungen (Voltaire, Marmontel) zu ihrem

Ruhm bei. Auf dessen Höhepunkt nahm sie Abschied von der Bühne. Der Eklat war ihrem Debüt vergleichbar, und wiederum lag ihr daran, ihr spektakuläres Auftreten detailliert festzuhalten und zu begründen.

Die solidarische Verbundenheit mit den Kollegen sei ihr oberstes Gebot gewesen, schreibt sie, doch scheint sie gerade dann zum Opfer von Mißgunst und Intrigen geworden zu sein, wenn sie für diese eintrat, hier die längst fällige königliche Zahlung erwirkte, dort nach Mitstreitern gegen das »barbarische und törichte Unrecht« (36) der Exkommunizierung suchte. Die Verdrießlichkeiten blieben nicht auf die Versammlungen der Schauspieler beschränkt. Mit Entrüstung sah Mlle Clairon die ihnen übergeordneten königlichen Beamten »ihre Vergnügungen mit den Einstellungen und Anteilen der ›Comédie‹ bezahlen« (39) – ein offenes und aufschlußreiches Wort. So rechtfertigte sie zwar das gängige Urteil über die käuflichen Schönen an der Bühne, doch nannte sie auch Verantwortliche und Nutznießer. Ihr Unmut über die »Herren von der Kammer« gipfelte in der Affaire um den Schauspieler Dubois. Seine Kollegen hatten dessen Schulden übernommen, doch es wurde ihnen das Recht abgesprochen, die Verschuldung selbst und einen vermutlichen Meineid mit dem Ausschluß aus dem Ensemble zu ahnden. Dubois' Tochter, »jung, hübsch, mit dem Vorzug, alle Herren der Kammer zu beglücken« (41) betrieb, als Mlle Clairon weitere Auftritte verweigerte, deren Inhaftierung: »Mein Talent, meine Leistungen, ein untadliges Verhalten, zwanzig Jahre Freundschaft, was ist all das im Vergleich zu einem hübschen Mädchen«. Eine hochgestellte Dame, Mme de Sauvigny, geleitete sie ins Gefängnis. Nach einigen Tagen der Haft stand, allen Sympathiebekundungen zum Trotz, ihr Entschluß fest:

»Ich kündigte meinen Rücktritt an. Die Eifersucht meiner Kollegen, die törichte und barbarische Amtsführung meiner Vorgesetzten, die Leichtigkeit, mit der Böswillige immer wieder aus diesem so achtbaren Publikum beliebig eine rohe oder wilde Bestie machen können, die Ablehnung der Kirche, der lächerliche Umstand, Franzose zu sein, ohne die bürgerlichen Rechte zu genießen, das Schweigen der Gesetze zu der Versklavung und Un-

terdrückung der Schauspieler, all dies hatte mich Gewicht und Gefährlichkeit meiner Ketten und die Ernied-
rigung durch sie zu sehr empfinden lassen, als daß ich
sie länger hätte tragen wollen. Ich war mir darüber hinaus eine Rache schuldig: mein Rückzug schien die für
mich einzige ehrenvolle« (44).

Der Erfolg schien ihr rechtzugeben, denn das Entgegenkommen, mit dem man sie umzustimmen versuchte, war groß:
Unabhängigkeit von den Beamten und unmittelbare Bezahlung durch den König wurden ihr angeboten, Stücke, Rollen
und Auftrittstage ihr freigestellt. Da sie davon nur mehr Neid
und Feindseligkeit befürchtete, wollte sie Gunst und Schutz
des Königs auf ihren Berufsstand lenken. Voltaire hatte ihr am
1. Mai 1765 geschrieben, er flehe sie an, den Zeitpunkt wahrzunehmen, »um zu erklären, daß es ein allzu absurder Widerspruch ist, ins [Gefängnis] Fort-L'Évêque zu kommen, wenn
man nicht spielt, und durch ›l'évêque‹ [den Bischof] exkom-
muniziert zu werden, wenn man spielt« (1881, Bd. 43, S. 548).
Sie ließ den König um Maßnahmen gegen die Exkommunizierung und einen neuen Druck der – ihm ganz unbekannten
– Schutzerklärung Ludwigs XIII. von 1641 ersuchen. Weitere
Intrigen jedoch machten ihre Schritte wirkungslos und bewo-
gen sie endgültig zum Abschied vom Theater.

Mlle Clairons Vermögen war beträchtlich. Zu ihren Freun-
den und Bewunderern gehörte die gesellschaftliche und gei-
stige Elite Frankreichs, ja Europas: Fréron, Grimm, Meister,
Garrick, d'Alembert, Marmontel, Mme d'Épinay, Mme du
Deffand, Mme Geoffrin. Voltaire stand in jahrzehntelangem
Briefwechsel mit ihr, ließ durch seinen Arzt Tronchin ihr Lun-
genleiden behandeln und lud sie einen Monat zu sich nach
Ferney ein. Die Fürstin Gallitzin hatte ihr ein beim Hofmaler
Carle Vanloo bestelltes Porträt, Ludwig XV. einen Kupferstich
desselben in kostbarer Rahmung geschenkt.

»Ihr Stich ist Ihrer und des Herrn Vanloo würdig –
schrieb ihr Voltaire dazu –, es ist ein sehr schönes Bild,
das zusammen mit Ihrem Namen an die Nachwelt gelangen wird. Die Gunst, die Ihnen der König erwies,
zeigt, daß die Künste noch nicht völlig aufgegeben sind.
Ich denke doch, der König wird dieselbe Gnade nicht

dem Pfarrer von Saint-Sulpice [der Mlle Lecouvreurs
Bestattung verweigert hatte] erweisen« (1764/1881,
Bd. 43, S. 315).

Doch das königliche Geschenk gelangte schließlich nach
Deutschland, nicht anders als die Porträtierte selbst. Am
29. März 1773 schrieb Voltaire an den jüngeren Marmontel,
einen Dramatiker in seiner Nachfolge:»Ich bedaure Sie, ich
trauere um das Theater und den guten Geschmack, denn Mlle
Clairon geht nach Deutschland; aber ich kann sie nicht tadeln,
wenn sie das Land der Frivolität und des Undanks verläßt«
(1882, Bd. 48, S. 333). Die spärlichen Zeugnisse über ihre letzten Pariser Jahre lassen ahnen, wie wenig die gelegentlichen
Betätigungen – Schauspielunterricht, private Rezitationen –
ihrer Energie und Intelligenz genügten, wie sehr der Verdruß
über ihre Ohnmacht den einstigen Glanz trübte. Mit dem Erlös aus dem Verkauf ihres Naturalienkabinetts und anderer
Besitztümer entschuldete Mlle Clairon einen ruinierten
Freund, den Grafen von Valbelle. Das fürstliche Wohlwollen
blieb ihr treu: In einem der Pariser Salons, die der französisch
erzogene und gebildete Lieblingsneffe Friedrichs II., der
Markgraf von Ansbach-Bayreuth, besuchte, machte er ihre
Bekanntschaft. Er lud sie an seinen Hof, und sie folgte ihm,
wie einst Voltaire dessen Onkel, und sie blieb dreizehn Jahre –
als politisch ambitionierte Geliebte wie die Maintenon oder
Pompadour, mutmaßte die Nachwelt. Voltaire jedenfalls
schrieb dem Preußenkönig (22. September 1773), seine
Schwester werde in Bayreuth einer »Fürstin anderer Art begegnen, Mlle Clairon, die sich mit der Naturgeschichte befaßt
und die aufgeklärte Philosophin des Markgrafen ist« (1882,
Bd. 48, S. 463).

In Deutschland mißfiel ihr, wie wenig später Mme de Staël,
die Herrschaft der Gelehrten, die nur ihre eigene Sprache
zuließen. Unbekannt war dort eine gesellige Kultur, die in
Frankreich längst die Republik des Geistes mit den geburts-
mäßig Privilegierten versöhnt hatte. Die Künste blieben auf
das Notwendige beschränkt: Blutdünkel habe von der Bemü-
hung um Kunst und kulturelle Bildung befreit. Nur der Markgraf, dessen Wohlwollen man ihr alsbald neidete, war bereit
und imstande, Mlle Clairons Fähigkeiten und Rang zu schät-

zen. Es bedarf geringer Phantasie, um die diskreten Andeutungen ihrer Memoiren mit Inhalt zu füllen. Der Rückblick auf diese Jahre, an deren Ende sie auch der einzige Freund vernachlässigt zu haben scheint, ist von schmerzlicher Bitterkeit.

In Frankreich bewohnte sie dann – ab 1786 – »ein bequemes, angenehmes Haus, vielleicht zu prächtig für meine Stellung und mein Vermögen; aber das ist ein Rest der Gewöhnung an meine Würden im Theater: dreißig Jahre lang habe ich von Thron und Palast geträumt« (62). Das Lesen blieb die liebste Beschäftigung, von der zeitgenössischen Bühne aber war sie entsetzt: Hier hatten Markthallen und Irrenhaus Einzug gehalten, rutschte der Held bäuchlings über den Boden, ließ sich das Freudenmädchen im durchsichtigen Taft, die Hände in die Hüften gestemmt, im Namen einer antiken Heroine betätscheln. Kurz vor ihrem Tod (1803) soll sie vor dem englischen Schauspieler Kemble eine Szene aus PHÈDRE rezitiert haben.

Die Tragödin des Willens: Warum Voltaire »Claironianer« wurde

Der Dialog zwischen Dramatikern und Schauspielern über Kunst und Form des Bühnenvortrags ist im 18. Jahrhundert reich dokumentiert, während er für Racine nur behauptet, nicht aber nachgewiesen wurde. Nicht zufällig jedoch besitzen wir mit Molières IMPROMPTU ein entsprechendes Zeugnis für die Komödie. Diese Gattung des Mittleren und Privaten, wie man sie definiert hatte, drohte immer dann in den niederen Stil abzugleiten, wenn sie mit dem farcenhaften Witz ein Gelächter freisetzte, das als anstößig galt. Es sei unendlich viel leichter, »sich auf den hohen Gefühlen emporzuwinden, in Versen dem Schicksal zu trotzen«, als die feinen Leute zum Lachen zu bringen, klagte Molière in der CRITIQUE DE L'ÉCOLE DES FEMMES (1663/1951, S. 329). Zu seinen Widersachern gehörten neben den Opfern seines satirischen Spottes auch immer die seit Richelieu bestellten Gesetzgeber der Dichtkunst, für die allein die Tragödie dem hohen Anspruch monarchischer Repräsentanz und christlicher Moral genügen konnte. In der geschmähten komischen Gattung aber konnte Molière neben einem lebhaften Szenenspiel jene Natürlichkeit und Wahrscheinlichkeit der Darstellung von Charakteren und Situationen durchsetzen, die die poetologische Norm der Tragödie vorab ausschloß. Der hohen Gattung gemäß war eine an der Rhetorik und an den Rezitativen der Oper orientierte Vortragskunst, die man noch im 18. Jahrhundert »Déclamation« nannte. Molière hat im IMPROMPTU die manierierte Emphase der rivalisierenden tragischen Bühne, des »Hôtel de Bourgogne«, verhöhnt. Sein zukunftsweisendes Plädoyer für eine natürlichere Sprechweise trug ihm bei den Zeitgenossen nur den Vorwurf der Stümperhaftigkeit ein. Sein Lieblingsschüler aber, der junge Michel Baron, wurde zum Lehrer der ersten bedeutenden Tragödin des 18. Jahrhunderts, Adrienne Lecouvreur. Die Zeit war reif für den Wandel. Mlle Duclos hatte als letzte im alten Stile »deklamiert«. Ihre monotonen Schreie und das exaltierte Augenrollen schienen nunmehr, da Barons Schülerin die Bühne betreten hatte, unzulänglich, ja lächerlich. Mit ihr wichen die einstigen Bravourstücke einem behutsamen szenischen Spiel. Mlle Lecouvreur begleitete die von anderen gesprochenen Texte mit pantomimischen Einlagen und spürte mit einer sensibel modulierten Stimme dem Sinn der eigenen nach. Der Direktor des italienischen Theaters, Luigi Riccoboni, erkannte ihr das Verdienst zu, die tragische Bühnenkunst revolutioniert zu haben. Voltaire rühmte ihre »Anmut, Gemessenheit, Schlichtheit, Wahrheit, Dezenz«, war aber bald mehr beeindruckt von einer neuen erhabenen Würde und leidenschaftlichen Ausdruckskraft: » ... das große Pathos der Darstellung erlebten wir zum ersten Mal bei Mlle Dumesnil«. Sie schien berufen und von der Natur dazu begabt, den tragischen Duktus spontan zu treffen, mit »einem Wort, einer Gebärde, dem schweigsamen Innehalten oder dem plötzlichen Schmerzensschrei« die Stufungen wechselnder Gefühle empfindsam nachzuerleben. Die Dumesnil konnte rührend sein und gleich darauf so zornentflammt, daß die Zuschauer der ersten Bänke vor ihr zurückwichen. Sie veränderte die Sprechtechnik, indem sie die ausdrucksstarken dramatischen Partien durch ein kunstloses, schnelles Spre-

chen der unbedeutenderen unterbrach. Doch auch sie sollte
ihre Meisterin finden. »Etwas noch größeres war ... das darstellerische Vermögen von Mlle Clairon« (Voltaire 1750/1879,
Bd. 24, S. 220).

An ihr entwickelte Diderot im Paradoxe seine Theorie über
die Grundlagen vollendeter Schauspielkunst. Sie war im Gegensatz zu Mlle Dumesnil, einer Schauspielerin »von Natur«,
»die aus der Seele spielt«, der Prototyp eines »Schauspielers
der Nachahmung«, dessen Können gerade nicht in der Empfindsamkeit, sondern der aufmerksamen Beobachtung und
Imitation des Natürlichen oder besser, des an diesem gewon-
nenen Idealmodells entsprang. Ihre Tränen kamen »aus dem
Gehirn«; mit »kühlem Kopf« hatte sie die Schmerzensschreie
ihrem Gedächtnis eingeprägt, die wohlbedachten Verzweif-
lungsgesten in allen Details vor dem Spiegel geübt, um
schließlich die memorierte Lektion »erhaben nachzuäffen«.
An ihr war alles, wie es zu sein hatte, gelernt und wohl bemes-
sen, immer gleich in Genauigkeit, Akzent, Stellung und Bewegung; sie war der Mensch, der sich in der Hand hatte, wenn
er die Ekstasen des Sensiblen vorführte, denn sie war nicht
diese Person, sondern sie spielte sie. Diese »unvergleichliche
Magierin« wurde für Frankreich, was Garrick für England
war. Sie brachte die Pantomime und das stumme Spiel kontrollierter Mienen und Gebärden auf die Bühne. Eben weil sie
die Affekte – im schnellen Wechsel etwa von der Freude über
Staunen, Trauer, Niedergeschlagenheit zur Verzweiflung –
nicht mitempfand, weil sie in »genialischer Weise« deren einmal erarbeitete idealtypische Erscheinungsform nachahmte,
schien ihr Spiel so mühelos. Unbeteiligt wiederholte sie,
gleichsam neben sich stehend, was sie bei den Proben sich
eingeprägt hatte und konnte ihr eigenes Spiel und seine Wirkung beobachten (Diderot 1769/1965, S. 303-313, 343, 357).

Mlle Clairon löste mehr Bewunderung aus als Rührung.
Die Zeitgenossen erkannten ihre Kunst als das Produkt der
Arbeit, des Willens und eines scharfsinnigen Verstandes. Ein
»erworbenes Talent« nannte es der »Claironianer« Voltaire,
und er wußte warum. Er sah sich als den »Vater« seiner »Mel-
pomène« und war tatsächlich ihr Lehrer, der zahllose ihrer
Proben dramaturgisch betreute. Jede Uraufführung ist von

Briefen begleitet, in denen die gemeinsamen Bemühungen
um die richtigen Nuancen detailliert zu verfolgen sind (u. a.
Voltaire 1750/1880, Bd. 37 S. 97; 1760/1880, Bd. 40, S. 539;
1764/1881, Bd. 43, S. 177). Die anfängliche Kritik wich alsbald dem uneingeschränkten, ja ungläubigen Lob. Seine geistige Tochter war ihm zur Freundin geworden. Ein Stich hält
fest, wie sie vor ihm in Ferney spielte, Marmontel beschreibt,
wie sie ihn in ihrer Wohnung mit seiner Ode ehrte und im
Gewande einer Apollo-Priesterin seine Büste mit Lorbeer be-
kränzte. Voltaire wiederum feierte sie in emphatischen Versen
als Begründerin und Meisterin der dramatischen Kunst in
Frankreich.

Die Hochachtung war nicht immer frei von befremdetem
Staunen. Mlle Clairon war tatsächlich nicht eine jener »ewigen Heulsusen«, »die ihr ganzes Leben maniert, schwach
und monoton waren, weil sie es niemals verstanden, aus der
engen Umschnürung herauszutreten, in die ihre natürliche
Empfindsamkeit sie eingeschlossen hat« (Diderot 1769/1965,
S. 372, 370). Ausgenommen von dieser Mitgift – oder Fessel –
ihres Geschlechts, blieb sie innerhalb desselben eine Ausnah-
megestalt, wenig schön zudem, doch dafür, wie Marmontel
versichert, mit »Stolz und Energie im Charakter, ... mit Feuer
und Kraft« begabt (1804/1980: S. 132). Auch mit diesem Dramatiker stand sie in langem, freundschaftlichem Dialog. Der
Autor, der für die ENCYCLOPÉDIE den Artikel »Déclamation«
verfaßt hat, schätzte und rühmte ihr das freie, natürliche Spiel
der Komödie. Zwar verwahrte sich Mlle Clairon gegen den
»ungezwungenen Lustspielton«, doch ließ sie sich bewegen,
in einem kleinen Theater in Bordeaux, ihr »Spiel zu beschrän-
ken und es mit der einfachen Deklamation zu versuchen«
(273). Damit verband sie vor allem aber eine Kostümreform,
die Schule machte. Reifrock, Perücken und Federhut wichen
orientalisch oder chinesisch anmutenden Gewändern oder –
in Voltaires ELEKTRA – den Ketten, dem aufgelösten Haar und
dem einfachen Kleid der Sklavin.

Die RÉFLEXIONS SUR LA DÉCLAMATION THÉÂTRALE, die Mlle
Clairon zusammen mit ihren Memoiren veröffentlichte, illustrieren ihre täglichen Anstrengungen, dem hohen Anspruch
an sich selbst zu genügen. Umfangreiche begleitende Lektüre

hatten dem Einstudieren der Rollen voranzugehen. Die Unterschiede zwischen Ariadne und Dido etwa galt es zu begreifen und nicht das, was sie verbindet. Kostbarer als Jugend und Schönheit waren Gedächtnis, Kraft und Verstand, die unverzichtbaren Voraussetzungen einer hart erarbeiteten Kunst, die Mlle Clairon an Rollen und Bühnentypen im einzelnen konkretisiert. Die Schrift bestätigt, was die Zeitgenossen bemerkt hatten: »Talente, die man erwerben kann« ist der Titel eines Abschnittes. Das professionelle Selbstbewußtsein entspricht dem Kunstanspruch, dem sie gerecht werden wollte. Als beste Interpretin und Kennerin ihrer Texte hält sie sich den Autoren für ebenbürtig, und sie glaubt sich berufen zur Beurteilung der Stücke, über deren Annahme sie wesentlich zu entscheiden hatte. Wie ein Echo auf die lebenslange Entrüstung Voltaires wirkt Mlle Clairons Ausfall gegen die Willkür der gallikanischen Kirche und die schändliche Demütigung eines Berufsstandes, dem höchste Leistung abverlangt wurde. Dessen finanzielle Entlohnung durfte nicht anstößiger sein als die Bezahlung der Anwälte, Ärzte und Priester. Das »nationale Vorurteil« aber war ungebrochen, so als hätte es die Schutzerklärung Ludwigs XIII. nie gegeben: »Wenn man Talente will, muß man ihnen einen ehrenwerten Stand zubilligen« (1798/1822, S. 286).

Der unrühmliche Nachruhm

»Sklaverei« nannte Mlle Clairon die letzten zehn Jahre ihres Berufs (286), und tatsächlich trug diese Königin der Bühne Zeit ihres Lebens die Ketten und Fesseln der Unterdrückung. Die heroische Selbstbefreiung galt in den Augen der an die Macht strebenden bürgerlichen Klasse als frevelhafter Ausbruch aus der Ordnung, auf den die Marginalisierung die angemessene Antwort war. Eine repressive Sexualmoral lieferte die Argumente, die den Fall dieser hochrangigen Künstlerin zum Skandalon erklärten. Während ihrer Zeit in Rouen war 1739 eine obszöne anonyme Schmähschrift in Form einer fiktiven Autobiographie gegen sie verfaßt und in offenbar zehn Auflagen verbreitet worden. »Dieses scheußliche Machwerk

hat man in ganz Europa gelesen«, schreibt sie selbst (1798/
1822, S. 22). Die ohnmächtige Empörung wich einer bleiben-
den Verbitterung. Noch in Ansbach sah sie sich genötigt, die
ihr »von einem Ungeheuer in den Mund gelegten Ansichten
und Vorhaben« (59) zu bestreiten. Der Romancier des
19. Jahrhunderts, Edmond de Goncourt, aber gefiel sich
darin, das Pamphlet beim Wort zu nehmen. Die Biographie
MLLE CLAIRON (1890) gilt, getreu der für wahrheitsgemäß erklärten Vorlage, den erotischen Exzessen und der Geldgier
eines weiblichen Monstrums. Genüßlich und voyeuristisch er-
geht sich der Autor in Details eines wechselvollen Liebesle-
bens. Die authentischen Memoiren der Künstlerin gegen den
Strich zu lesen und gegen sie zu wenden, war ihm ein mühelo-
ses Vergnügen: Der niederen Herkunft entsprach der Charakter. Talent und Schönheit hatte sie durch Arbeit ersetzt. Mit
Intrigen und rücksichtslosem Ehrgeiz festigte sie die Macht,
die sie in den Liebesnächten erworben hatte. Mit dem Namen
Goncourts überlebte sein Portrait einer Hetäre, die man tun-
lichst vergessen sollte. Das Bild der Schauspielerin aber, deren
Selbstdarstellung kaum rezipiert wurde, mußte einer geschichtlichen Tradition abgetrotzt werden, nach der eine Bühnenkarriere als die schwerste Verletzung weiblicher Lebens-
normen galt.

BARBARA BECKER-CANTARINO

VON DER PRINZIPALIN
ZUR KÜNSTLERIN UND MÄTRESSE
Die Schauspielerin
im 18. Jahrhundert in Deutschland

Der große deutsche Theaterroman des 18. Jahrhunderts beginnt im Schlafzimmer der Schauspielerin. Es ist abends nach der Theatervorstellung, und die alte Dienerin hat die Geschenke des abwesenden Liebhabers, ein »Stück Musselin zum Nachtkleide«, ausgebreitet. Ihre »schöne Gebieterin, die heute im Nachspiele als junger Offizier gekleidet das Publikum entzückte«, kommt nach Hause und will nichts »von allem diesen hören«. Sie liebt einen anderen, den sie heute noch erwartet, dessen Liebe sie »in ihrem ganzen Umfang genießen« will:

> »Wilhelm trat herein (...) Mit welchem Entzücken umschlang er die rote Uniform! drückte er das weiße Atlaswestchen an seine Brust! Wer wagte hier zu beschreiben, wem geziemt es, die Seligkeit zweier Liebenden auszusprechen! Die Alte ging murrend beiseite, wir entfernen uns mit ihr und lassen die Glücklichen allein.« (Goethe: 1950, S. II)

Goethes WILHELM MEISTERS LEHRJAHRE (1795) beginnt mit Wilhelms leidenschaftlicher Liebe zu der Schauspielerin Mariane, die ihn, obwohl er sich von ihr betrogen glaubt, zum Theater führt.

Die Schauspielerin um 1800 wirkt als erotischer Magnet lange nachdem die eigentliche Vorstellung vorüber ist; sie *muß* so wirken, um erfolgreich zu sein, jedenfalls am Ende des Jahrhunderts, nachdem sich das Nationaltheater als stehendes deutschsprachiges Theater in den Residenzstädten zumeist unter fürstlicher Protektion etabliert hat. Erst langsam zeichnet sich diese Entwicklung ab, denn in den Anfängen und der

Glanzzeit des Wandertheaters wird die Frau als Berufsschauspielerin und Gehilfin aller anfallenden Arbeiten eingesetzt, ja
ist ihre Mitarbeit für den Erfolg der Truppe lebenswichtig.
Sie kann sogar als Prinzipalin eine Truppe leiten, wie Catharina Elisabeth Velten, die nach dem Tode ihres Mannes die
Truppe weiterführte und wie Caroline Neuber, die als Prinzipalin neben ihrem Mann den Ruhm der Neuberschen Gesellschaft begründen konnte. Doch mit der Verbürgerlichung der
Schauspielertruppen, mit dem langsamen Abbau der Vorurteile gegen sie und der Gründung der stehenden Theater werden die Frauen einerseits zur Künstlerin erhoben, andererseits
zunehmend als Liebesobjekt beansprucht, sei es als Freundin
für die Zeit, die der Offizier in der Residenz- oder Garnison-
stadt verbringt oder sei es als offizielle Mätresse eines Fürsten.
So geht im 18. Jahrhundert in Deutschland der Weg von der
Prinzipalin und vielseitigen Darstellerin des Wandertheaters,
die fast immer zugleich Sängerin und Tänzerin war, zur Primadonna im Nationaltheater, die in der Theateröffentlichkeit
als Künstlerin gefeiert und privat als Mätresse oder »Freundin« vom zahlenden männlichen Publikum vereinnahmt
wird. Zwischen diesen Ansprüchen der Gesellschaft auf öffentliche und »private« Arbeitsleistung liegt das Leben der
Schauspielerin, wie an der Theaterlaufbahn der Caroline
Neuber, Charlotte Ackermann und Caroline Jagemann gezeigt werden soll.

1. Die Prinzipalin Caroline Neuber
(1697-1760)

War es nur ein Zufall, daß die fast zwanzigjährige Friederike
Caroline Weißenborn 1616 (oder erst 1617) zum Theater
ging, genauer gesagt: sich von einer Wandertruppe deutscher
Komödianten anwerben ließ? Sie war, so wird legendhaft berichtet, in Zwickau »aus dem Fenster des väterlichen Hauses
gesprungen, hatte mit Hülfe einer davorstehenden Garten-
hecke glücklich den Boden erlangt und mit Johann Neuber
die Flucht ergriffen«. (Reden-Esbeck: 1985, S. 32) Damit war
sie der väterlichen Gewalt entflohen und hatte bei einer

Schauspielertruppe eine Existenzmöglichkeit erhalten. Es waren letztlich soziale Gründe, die Caroline wie auch Johann
Neuber bewegten, unter die fahrenden Komödianten zu gehen.

Hinter dieser Flucht aus dem Elternhaus lag mehr als eine
Liebesgeschichte und eine romantische Sehnsucht nach dem
Theater. Vater Weißenborn, der als Rechtsanwalt und Ge-
richtsinspektor eine angesehene bürgerliche Stellung in Zwik-
kau innehatte, soll ein jähzorniger, gefürchteter Haustyrann
gewesen sein und sogar den frühzeitigen Tod seiner Frau ver-
ursacht haben. Er mißhandelte auch die Tochter, »habe sie
öfters mit der Hundepeitsche ins Gesicht geschmissen, daß ihr
die Schwulen davon aufgelaufen«, wie Zeugen im Prozeß aus-
sagten, den der Vater gegen die Tochter und den Jurastudenten Zorn anstrengte. 1712 hatte Caroline nämlich einen
Fluchtversuch aus dem (immer verschlossenen) väterlichen
Haus mit dem Jurastudenten Zorn unternommen, der als Ge-
hilfe in Weißenborns Praxis arbeitete und Caroline heiraten
sollte – eine normale Versorgung für einen unbemittelten Studenten sowie für die Tochter eines Anwalts. Die Praxis wäre
die (einzige) Mitgift für die sonst unversorgte Tochter gewesen. Doch es kam 1712 zur tätlichen Auseinandersetzung mit
Zorns Familie und zu Zorns Entlassung, worauf Caroline und
Zorn zusammen flüchteten, steckbrieflich vom Vater gesucht
wurden, von der Polizei in einem benachbarten Dorf gefan-
gengenommen und öffentlich nach Zwickau zurückgeführt
wurden. Dann machte man ihnen den Prozeß.

Goethe hat diese Episode wohl gekannt und im WILHELM
MEISTER in der Gestalt Melinas und der Krämerstochter ge-
schildert:

> »Man betrachtete die armen Verirrten nicht ohne Mit-
> leiden, die auf ein paar Bündeln Stroh beieinander sa-
> ßen, sich zärtlich anblickten und die Umstehenden
> kaum zu bemerken schienen (...). Die Ketten trugen
> denn freilich nicht viel bei, den Anblick der zärtlichen
> Gruppe interessanter zu machen, besonders weil der
> junge Mann sie mit vielem Anstand bewegte, indem er
> wiederholt seiner Geliebten die Hände küßte. ›Wir sind
> sehr unglücklich!‹ rief sie den Umstehenden zu; ›aber

nicht so schuldig, wie wir scheinen. So belohnen grausame Menschen treue Liebe ...«« (Goethe: 1950, S. 47)
Im Roman ist Caroline die verliebte »Schöne«, der Vorfall zu einer Liebesgeschichte stilisiert worden. Die »artige Verbrecherin« bekennt:

> »Ja, ich habe ihn von dem Augenblicke an, da ich seiner Neigung und seiner Treue gewiß war, als meinen Ehemann angesehen, ich habe ihm alles gerne gegönnt, was die Liebe fordert, und was ein überzeugtes Herz nicht versagen kann.« (Goethe: 1950), S. 51)

Die Wirklichkeit hatte weniger theatralisch ausgesehen; von einer sexuellen Beziehung oder gar Schwangerschaft war keine Rede, wohl aber von brutaler Mißhandlung der Tochter Caroline und der Möglichkeit einer (vom Vater zunächst arrangierten) Konvenienzehe.

Die erhaltenen Gerichtsprotokolle und Akten geben ein erschütterndes Zeugnis der Gewalttätigkeit und Armseligkeit im Hause Weißenborn; die Briefe und Eingaben von Caroline zeigen ihre Verzweiflung, aber viel eindrucksvoller ihr Selbstbewußtsein, ihre Intelligenz und ihre pragmatische Haltung, um zu einem erträglichen Leben zu kommen. Caroline wurde nach dreizehnmonatiger Haft wieder zurück in das väterliche Haus geschickt. Fünf Jahre später, 1717, gelang ihr endlich die Flucht, und zusammen mit dem Jurastudenten Neuber entkam sie der »steten Lebensgefahr und Tyrannei« und fand ein Unterkommen bei einer Wandertruppe.

Die deutschen Komödianten waren zu Anfang des 18. Jahrhunderts wenig angesehene fahrende Leute, die außerhalb der Ständegesellschaft lebten, von Ort zu Ort zogen und ihre Stegreifaufführungen auf dem Markt oder in Buden vor zusammengetrommeltem Publikum darboten. Dagegen gastierten an den Fürstenhöfen zumeist französische und italienische Virtuosen, Sänger, Tänzerinnen und Schauspieler für die geschlossene Hofgesellschaft; diese genossen zumeist die Protektion des Adels und erhielten oft hohe Gagen, da die Hoffeste Unsummen verschlangen. Aufführungen in deutscher Sprache waren wenig gefragt. In Mode stand das regelmäßige französische Schauspiel. Die deutschen Berufsschauspieler waren in Wandertruppen organisiert, die von einem Prinzipal

geleitet wurden. Der Prinzipal hatte die organisatorische und
finanzielle Leitung und ebenso die Entscheidungsgewalt über
die Mitglieder der Truppe, wie er bei den jeweiligen Magistra-
ten das Spielprivileg erwirken mußte und für die Aktionen
seiner Truppe und ihrer Mitglieder verantwortlich war.

Die Schauspieler im Deutschland des 18. Jahrhunderts besaßen in der Regel kein Bürgerrecht und wurden von den
Bürgern wie Marktschreier und Quacksalber verächtlich behandelt. »Sie bestehen meistens aus verlaufenen Studenten
und liederlichen Handwerksburschen« (Maurer-Schmoock:
1982, S. 106) war die gängige Meinung unter den Zeitgenossen. In der Tat waren viele Berufsschauspieler besonders im
frühen 18. Jahrhundert gescheiterte Existenzen, zumeist ver-
armte Studenten, die ihr Studium abgebrochen hatten. Viel-
fach waren sie auch einfach in den Stand geboren, wie die
Berufsschauspielerin Karoline Schulze-Kummerfeld (1745-
1815): »Ich bin beim Theater geboren, erzogen worden. Das
war ein Zufall.« (Schulze-Kummerfeld: 1915, S. 160) Sie
wehrte sich sogar gegen das Eindringen anderer, die nicht in
den Schauspielerstand geboren waren: »die Schauspieler haben Kinder genug. Laßt diesen, die dabei geboren und erzogen wurden, ihr Brot«. (S. 162) Oft war es nur ein armseliges
Brot, das die Wanderschauspieler erwerben konnten. Zumeist
war die Schauspielerfamilie die wirtschaftliche Grundlage,
wobei alle Familienmitglieder ihre Talente und Arbeitskraft
der Truppe zur Verfügung stellten und vielseitig verwendbar
sein mußten. Auch Kinder traten mit auf, sobald sie laufen
konnten, in oft eigens für ihr Alter adaptierten Tanz-, Ge-
sangs-, Akrobaten- oder Sprechrollen. Frauen und Mädchen
besorgten die Näh- und alle Hausarbeiten, sowie die Bedie-
nung der Männer. Nur ganz wenige erfolgreiche Truppen
konnten sich ab etwa 1750 technisches Personal wie Gar-
derobiere, Schneider, Bühnenhandwerker und Offizianten
leisten.

Bald nach ihrem Eintritt in eine Wandertruppe, nämlich
1718, heirateten Johann Neuber und Caroline Weißenborn,
die nun als »die Neuberin« bekannt wurde. Die Ehe bildete die
wirtschaftliche und gesellschaftliche Grundlage für ihre Laufbahn als Berufsschauspielerin; unverheiratet hätte sie kaum

länger bei einer Truppe spielen, geschweige denn zur Prinzipalin aufsteigen und ihre eigene Truppe aufbauen können. Sie blieb übrigens kinderlos, und das ermöglichte ihr, alle ihre Kräfte für das Theater einzusetzen. Die hervorragende Leistung als Schauspielerin und Prinzipalin machte die Neuberin zur wichtigen Berufsschauspielerin und Theaterautorin, die das deutsche Schauspiel im 18. Jahrhundert etablieren half.

Die ersten zehn Jahre gehörten die Neubers Wandertruppen an. Obwohl wenig über diese Zeit bekannt ist, machte sich Caroline als Schauspielerin bald einen Namen. 1724 wurde von ihr in den *Neuen Zeitungen von gelehrten Sachen* in Leipzig berichtet, in dem Lustspiel DRESDNER SCHLENDRIAN spielte »eine Frau so wohl, daß ihr jedermann das Zeugnis gegeben, sie habe es allen Italienerinnen und Französinnen weit zuvor getan«. (Sasse: 1937, S. 26) Begeistert urteilte Gottsched 1725 – derzeit noch Privatdozent und am Beginn seiner literarischen und professionellen Laufbahn – in seiner moralischen Wochenschrift *Die vernünftigen Tadlerinnen*, als er die Neuberin in einer Leipziger Aufführung von GESPRÄCHE IM REICHE DER TODTEN gesehen hatte:

> »Und vor allen andern, vier Bursche von den berühmtesten Sächsischen Academien, waren so unvergleichlich characterisirt, daß ich mein Lebtag nichts schöneres gesehen habe ... und daß diese vier verschiedenen Leute, nemlich ein Schläger, ein Freund der morgenländischen Sprachen, ein Zänker und ein galant homme von einem viermal verkleideten Frauenzimmer so herlich vorgestellt worden, daß ihnen nichts als eine männliche gröbere Stimme gefehlet.« (XLIV. Stück, S. 350)

Nun begann die Glanzzeit der Neuberin. 1727 konnte sie mit ihrem Mann eine eigene Truppe gründen und erreichen, daß »Friedrich August von Gottes Gnaden König in Polen (...) Herzog zu Sachsen« ein Privileg ausstellen ließ, das »Johann Neubern und dessen Eheweib Friedericen Carolinen zu Hoff Comoedianten« erhob. Damit konnten sie in den Orten des Landes, besonders in Leipzig, zur Messezeit spielen. Nun trat auch Gottsched mit den neuen »Hofkömidianten« in Verbindung:

»Je mehr ich (...) durch das Lesen aller dieser Werke
[französischer und italienischer Schauspiele] die wohl-
eingerichtete Schaubühne der Ausländer kennen lernte,
destomehr schmerzte es mich, die deutsche Bühne noch
in solcher Verwirrung zu sehen. Indessen aber, daß mir
das Licht nach und nach aufging, so geschahe es, daß
die Dresdner Hofcomödianten einen anderen Principal
bekamen, der nebst seiner geschickten Gattin, die gewiß
in der Vorstellungskunst keiner Französin oder Englän-
derin etwas nachgibt, mehr Lust und Vermögen hatte,
das bisherige Chaos abzuschaffen und die deutsche Comödie auf den Fuß der französischen zu setzen.« (Gottsched zit. nach Reden-Esbek 1985, S. 61).

Der Kontakt mit Gottsched war für die Neubersche Truppe
insofern wichtig, als sie das bürgerlich-städtische und das stu-
dentische Publikum als zahlende Zuschauer brauchte. Hier
halfen Rat und Unterstützung des aufstrebenden Professors
und einflußreichen Literaten Gottsched, – der inzwischen als
Literaturpapst von Leipzig galt. Gottscheds Theaterreform im
Zeichen des klassizistischen, französischen Dramas kam jedoch vom grünen Tisch des ehrgeizigen Akademikers und Literaten. Es war zum einen eine soziale Reform, ein Versuch,
das deutsche Schauspiel als einen Teil seines Literaturpro-
gramms gesellschaftlich, d. h. zunächst am Hofe, akzeptabel
zu machen; zum anderen eine ästhetische: Er literarisierte,
vom Text und Lesen herkommend, das Theater, übertrug
seine klassizistischen Vorstellungen. Dabei hatte er nur eine
begrenzte Bühnenerfahrung; in den 1720er Jahren hatte er,
wie viele Studenten, einige Aufführungen der Wandertruppen
besucht (zum Hoftheater war er als Bürgerlicher natürlich
nicht zugelassen).

Caroline Neuber hatte erkannt, daß sie, um mit der Wandertruppe überleben zu können, das gesellschaftliche Niveau
von Theater und Schauspielern heben und ihre Vorstellungen
dem vornehmen, herrschenden Geschmack der guten Gesellschaft anpassen mußte. Nur auf diese Weise ließen sich Gön-
ner – möglichst beim Adel und den Honoratioren der Städte –
finden, um Spielerlaubnis und Einladungen zu Gastspielen zu
bekommen. Daher nahm die Neubersche Truppe französische

Stücke in deutscher Übersetzung mit in den Spielplan auf, der
bis dahin vornehmlich aus improvisierten Stücken einerseits –
den burlesk-rüpelhaften Harlekinaden und Hanswurstiaden
und den effektvollen, blutrünstigen Haupt-und Staatsaktio-
nen andererseits bestand. 1727 wurde zunächst der literarisch
unbedeutende, aber gesellschaftlich einflußreiche sächsische
»Hofpoet« Ulrich von König gewonnen, um ältere Übersetzungen aufzubessern und die nötigen »Kleider« – abgelegte
Garderobe der Hofleute – zu beschaffen. So erwarb die
Truppe – zumindest vorübergehend – den Beifall des Hofes,
was Gottsched zum Anlaß nahm, allseits publik zu machen,
daß der Hof sich nun für die französische Reform des deutschen Theaters interessierte. Eine Behauptung, die nicht den
Tatsachen entsprach, denn Favoriten blieben weiterhin das
französische und italienische Theater.

Gottscheds Theaterreformplan, die »deutsche Comödie auf
den Fuß der französischen zu setzen«, war durchaus problematisch für die Bühne. Wohl lernten die Schauspieler, die
regelmäßigen Alexandriner zu sprechen, doch blieben die
zahlenden Zuschauer häufig aus, die statt der Deklamationen
und abgezirkelt-tanzartigen französischen Darstellungsweise
lieber einfallsreiche und effektvolle Hanswurstiaden gesehen
hätten. »Die Verse gefallen«, schrieb Johann Neuber 1730
diplomatisch an Gottsched, »aber man klagt nur über eine
gewisse Dunkelheit welche verursachet daß der Zuhörer nicht
sogleich alles verstehen kann«. (Reden-Esbeck: 1985, S. 94).
Die von Gottsched und seinen Schülern versprochenen, regel-
gemäßigen deutschen Originaldramen waren langatmig, zumeist einfallslos und theatralisch wenig wirksam. Außerdem
kamen sie wie auch die Übersetzungen und Bearbeitungen
nur spärlich und zu spät (Gottscheds Theatersammlung *Die
deutsche Schaubühne* erschien erst ab 1739). Immer wieder
fragen Neuberts Briefe nach den versprochenen Stücken:

> »Es sollte mich doch dauern und zwar billig, wenn ich
> mit beiden Stücken an der Nase herum geführt und
> alle angewendete Mühe umsonst wäre. Sauer wird mir's
> nun ohnedem gemacht. Die Feiertage gehen vollends
> hin, daß man nichts schreiben und austeilen kann, her-
> nach wenn wir täglich agieren müssen, so läßt sich's

nicht ohne Mühe doppelt arbeiten, nehml. was neues
schreiben, lernen, versuchen u. dergl. und auch auf das
Stück denken, welches man den Tag aufführen soll.«
(Reden-Esbek: 1985, S. 93)

Hier wird die mühsame, tägliche Theaterpraxis deutlich. Auch
die einzelnen Rollen mußten für die Schauspieler ausge-
schrieben werden, während nur der Prinzipal – später konnten
sich die Truppen einen Theatermeister und Souffleur leisten –
den vollständigen Text vor sich hatte und darin alle Regiean-
gaben enthalten waren. Für solche Schwierigkeiten schien
Professor Gottsched wenig Sinn zu haben. Es kam zur Entfremdung und später sogar zum offenen Bruch. Als die Neubers 1734 beim Tode des Herzogs das sächsische Hofprivileg
verloren, zog Gottsched sich von ihnen zurück und unter-
stützte den Konkurrenten Schönemann. Die Neuberin rächte
sich mit burlesken Parodien auf Gottsched und auf seine puri-
stischen Vorschläge besonders in der Kostümfrage, wie in dem
von ihr selbst geschriebenen Vorspiel *Der allerkostbarste
Schatz* (1741). Hierin trat sie als die »Kunst« auf, während
Gottsched karikiert wurde als »Tadler, als die Nacht, in einem
Sternenkleide mit Fledermausflügeln, hat eine Blendlaterne,
und eine Sonne von Flittergolde um den Kopf« (Ankündigung
auf dem Theaterzettel). Gottsched konnte die Aufführung
nicht verhindern, erreichte aber die Beschlagnahmung des in
Dresden gedruckten Stückes.

Wichtiger war die großartige Leistung der Neuberin bei der
Etablierung des deutschen Schauspiels, der gesellschaftlichen
Hebung und Professionalisierung des Theaters. Von den Mitgliedern ihrer Truppe verlangte sie professionelle Leistung sowie Pünktlichkeit bei Proben und Aufführungen, Auswendig-
lernen der Rolle und »ehrbares« Verhalten. Die unverheirateten Schauspielerinnen standen unter ihrer Aufsicht, galten als
ihre Pflegetöchter und wurden zur Ehe gedrängt; die unverheirateten Männer waren ihre Kostgänger, um das Wirtshaus-
leben zu unterbinden. Nach den Vorstellungen sorgte sie für
eine Abendmahlzeit; die Kosten für dieses »Abfressen« wurden von der dürftigen Gage abgezogen. Alle Mitglieder der
Truppe mußten bei den Theaterarbeiten mithelfen. Jeder
hatte neben den Bühnenauftritten feste Aufgaben vom Ab-

schreiben bis zum Lampenputzen. Beides, Arbeitsamkeit und moralischer Lebenswandel (im Sinne des Bürgertums) waren lebenswichtig.

Um dem Mangel an geeigneten Texten abzuhelfen, schrieb und redigierte die Neuberin selbst Stücke, Vorspiele, Stegreifszenarien und Festgedichte. Eins der wenigen gedruckten und daher erhaltenen Werke ist ein fünfaktiges Lustspiel in Versen DAS SCHÄFERFEST ODER DIE HERBSTFREUDE von 1735 »aufgeführet auf der Kaiserl. Königl. privilegierten Schaubühne in Wien«. Hier spielen sorglose Schäfer und Schäferinnen mit selbständigen Charakterzügen ein Spiel um vermeintlich getäuschte Liebe und gerechte Aussöhnung, wenn Philemon den frauenhassenden Mirtillo belehrt:

Ach, du verstehst noch nicht,
Was Liebe wirken kann, was wahre Freundschaft zwinget,
Wie sehr die Sanftmut reizt und Schönheit in uns dringet ...
Das weibliche Geschlecht geht uns sehr nah am Herzen;
Es gab uns die Natur zur Hilfe, Lust und Schmerzen.

(Neuber: 1935, S. 225)

Es ist ein galantes, heiteres Spiel mit aufklärerisch-bürgerlicher Moral in glatten, flüssigen Versen. Mit Recht konnte die Neuberin von ihren theatralischen Bestrebungen 1737 in einer Eingabe an den Hamburger Rat schreiben:

»Wir haben uns bisher mit unserer Gesellschaft bemüht die deutsche Schaubühne von all dem Wuste zu reinigen welcher sie billig bei allen Vernünftigen verhaßt gemacht. Die ganze Stadt wird uns das Zeugnis geben, wie standhaft wir bisher diese Arbeit fortgesetzt, und wie eifrig wir uns diese Verbesserung angelegen sein lassen.« (Reden-Esbeck: 1985, S. 206)

Die Neuberin stellte dann in einer »Beilage« eindringlich und redegewandt den Nutzen der Schauspielkunst für den Staat dar: »Sie erwecket eine Liebe zu der Obrigkeit, eine Hochachtung für die Gesetze, und eine Neigung zu der vernünftigen Freiheit.« (Reden-Esbeck: 1985, S. 205) Trotzdem erhielt die Gruppe nicht das erbetene Privileg, zwölf Jahre in der Stadt spielen zu dürfen, was eine beträchtliche Stabilisierung und Leistungsverbesserung bedeutet hätte. Für ein stehendes, von der Bürgerschaft unterstütztes Theater war die Zeit noch nicht gekommen. Erst dreißig Jahre später wurde das Hamburger Nationaltheater (1767-69) etabliert, an dem Lessings HAMBURGISCHE DRAMATURGIE entstanden ist, ein erster, kurzlebiger Versuch.

Berühmt wurde die Verbannung des Harlekin von der Bühne durch die Neuberin (aus der das 19. Jahrhundert sogar eine »Verbrennung« gemacht hat). 1737 spielte sie selbst in einem Vorspiel den Harlekin, der vermutlich – das Verbannungsspiel ist nicht erhalten – in grotesker Verkleidung und unter viel Tumult zu Grabe getragen wurde: der »neue Geschmack« hatte damit über den alten gesiegt. Daß die Neuberin weiterhin eine komische Figur spielte oder auf ihrer Bühne erscheinen ließ, doch als Hänschen oder Peter in feinen (nicht den grobkarierten) Jacken, ist kein Widerspruch. Die Verbannung sollte nur das Unflätig-Grobe der Figur treffen, nicht aber jede volkstümliche Komik verbannen. Und mit dem Harlekin des »alten Geschmacks« war auch ihr Widersacher und Hauptkonkurrent in Leipzig, der Harlekindarsteller und Prinzipal Müller, gemeint.

In dem langen und bitteren Streit mit Müller um die sächsischen Privilegien hatte die Neubersche Truppe schließlich den selbst erbauten Spielplatz in Leipzig an den Konkurrenten verloren, obwohl die Neuberin viele gewandte und selbstbewußte – vielleicht zu selbstbewußte – Eingaben und Bittgesuche geschrieben hatte. Versgedichte an die Königin begleiteten diese Eingaben, in denen die Neuberin immer wieder beteuert:

»Ich habe Müllern nicht von seinem Brot gedrungen,
Ich habe nichts gesucht, was ihm könnt schädlich sein ...
Du hast ein Königreich, ach laß mir meine Hütte
Und schenk mein Hab und Gut nicht einem fremden Mann ...
Ich kann ja nichts dafür, daß ich auf Erden lebe
Daß Gott in Deinem Land mir meinen Othem gab,
Tu ich denn Unrecht dran, daß ich mich drum bestrebe,
Und suche daß ich auch darinnen Nahrung hab.«

(Reden-Esbeck: 1985, S. 147 ff.)

Die Sorge um den Lebensunterhalt ist ein ständiges Thema
im Leben der Wandertruppe, dazu kommen Selbstbewußtsein
und Stolz auf ihre Leistung auf dem Theater:

> »Ach Große Königin, sieh uns nur einmal spielen
> Sieh nur von unsrer Kunst ein Lust-, ein Trauerspiel.«

Anscheinend hatte Johann Neuber sich zu einem Vergleich
bereden lassen und 1734 in einer Erklärung auf dem Rathaus
von Leipzig »in ehelicher Vormundschaft seines Eheweibes
Fridericen Carolinen« verpflichtet, das Theater auf dem
Fleischhaus in Leipzig an Müller abzutreten. Diese Erklärung
konnte Caroline Neuber nicht rückgängig machen, und sie
wurde »gescheucht, verjagt, und verstoßen«, wie sie später aus
Lübeck an Gottsched geschrieben hat. Doch die Neuberin gab
sich nicht geschlagen; sie verarbeitete diese Niederlage zu einem DEUTSCHEN VORSPIEL und führte ihren Standpunkt auf
der Bühne vor. Sie wollte als Frau ihre Kunst und Leistung für
sich sprechen lassen, wenn sie in der Vorrede schrieb:
»Lieber Leser,
Hier hast du was zu lesen. Nicht etwan von einem großen gelehrten Manne; nein! nur von einer Frau, deren
Namen du außen wirst gefunden haben, und deren
Stand du unter den geringsten Leuten suchen mußt:
Denn sie ist nichts, als eine Comödiantin; von Geburt
eine Deutsche. Sie kann von nichts als von ihrer Kunst
Rechenschaft geben: Wenn sie gleich so viel wissen
sollte, daß sie einen jeden Künsteler verstehen könnte;
wenn er von seiner Kunst redet. Fragst du: Warum sie
auch schreibt? So antwortet sie dir das, dem Frauenzimmer gewöhnliche, Darum! Fragt dich jemand: Wer ihr
geholfen hat? So sprich: ... Es könnte doch wohl sein,
daß sie es selbst gemacht hätte ... Sie hat zwar niemalen
durch Schriften bekannt sein; sondern nur als Comödiantin anderer Leute Leidenschaften bescheiden, vor-
sichtig, aufrichtig und natürlich vorstellen wollen: Itzt
aber, da sie ihre eigene Rolle auf, und vor der ganzen
Welt zu spielen genötigt wird; so schämet sie sich auch
nicht ihren ersten sichtbaren Auftritt in diesen Blättern
gedruckt zu geben.« (Neuber: 1897, S. 3)

Hier spielte die Neuberin in der Tat ihre eigene Rolle: in dem
DEUTSCHEN VORSPIEL wird der Streit zwischen der Neuberschen und der Müllerschen Truppe um das Hofkomödianten-
privileg allegorisch vorgeführt. Sie selbst spielte die Melpo-
mene, die Muse der Tragödie, die von Apollo ihr Recht auf
Spielen erhält. Apollo weist die Klage des Silenus gegen sie
zurück; Silenus war der Konkurrent Müller, der als Mischwe-
sen aus Tier und Mensch mit Fellschurz, Bocksprofil und
Pferdeschweif auf der Bühne parodiert wurde. Johann Neuber
spielte bezeichnenderweise die vorwiegend stumme Rolle des
Obsequenz, des »Gehorsamen«, der immer nur nachfolgt und
in keiner Weise der gerechten Sache hilft. Die Melpomene-
Neuberin führt aber keineswegs ihre schwache Weiblichkeit
an (darauf wird überhaupt nicht, weder im Spott noch im
Ernst, angespielt), sondern sie beruft sich auf ihre ehrlichen
Absichten und auf ihre Kunst.

Selbstvertrauen auf ihre Rechte und ihre Leistung statt un-
terwürfiger Schmeichelei und zerstörerischem Konkurrenzkampf sprechen aus den Schriften und Eingaben der Neuberin.
Zwar konnte sie die »Früchte einer gebesserten Schaubühne
zeigen« (Sasse: 1937, S. 143), aber es blieb eine stete Wander-
schaft, von Leipzig durch ganz Deutschland, nach Straßburg,
Wien, sogar nach Petersburg. 1751 mußte sie verarmt und verschuldet ihre Truppe aufgeben, Bewerbungen um Theaterein-
richtung oder Engagement scheiterten 1751 bei Bodmer für die
Schweiz, 1753 in Wien und noch 1756 in Weimar. Zuletzt bewohnte sie mit ihrem Mann eine »Unterstube« bei einem Gön-
ner, die sie noch mit einquartierten Soldaten teilen mußten.
Todkrank wurde sie schließlich aus einem Dorfgasthaus bei
Leipzig ausgewiesen – eine Komödiantin durfte nicht in einem
angesehenen Hause sterben. 1730 wird Adrienne Lecouvreur,
die bedeutendste Schauspielerin ihrer Zeit, zur Nacht und
ohne Beistand verscharrt; dreißig Jahre später wird mit der
Neuberin die letzte große deutsche Prinzipalin unter ähnlich
unauffälligen Umständen unter die Erde gebracht.

Mit Caroline Friederike Neuber war die letzte bedeutende
Prinzipalin gestorben; nach 1750 sind die Prinzipale, die sich
haben durchsetzen können, sämtlich Männer. Auch die Grün-
der, Direktoren oder Verwalter der bald beginnenden stehen-

den deutschen Theater waren ausschließlich Männer. Die Wandertruppen wurden mehr und mehr seßhaft und verbürgerlicht; das bedeutete für die Berufsschauspielerin den Ausschluß aus leitenden Funktionen und die Wandlung zur angebeteten Primadonna, zur verehrten Künstlerin und geliebten Mätresse. Erst in dieser Rolle konnte die Schauspielerin wieder große Wirksamkeit entfalten und Einfluß auf das Theaterleben gewinnen.

2. Die angebetete Heroine:
Charlotte Ackermann (1757-1775)

Die zunehmende Verbürgerlichung spiegelt sich auch in Kollegialorganisationen, die über Rollen-, Bühnen- und Standesfragen berieten. Konrad Ekhofs »Schauspieler-Akademie« in Schwerin von 1753 hatte das Ziel, den Schauspielerstand zu heben und den gängigen Vorurteilen einen moralisch untadeligen Lebenswandel der Schauspieler entgegenzustellen. Bei der Wahl der Schauspieler-Vertreter war vorgesehen, daß auch »Frauenzimmer« gewählt werden konnten; Teilnahme an den Sitzungen war Pflicht für alle Schauspieler. Das war angesichts der Verhältnisse im 18. Jahrhundert eine erstaunlich demokratische Regelung, die die wichtige Rolle der Frauen im Theaterbetrieb um 1750 spiegelt. Doch schon beim Wiener Nationaltheater wurden 1776 die Männer beim »Theatergrafen«, dem aristokratischen, vom Kaiser ernannten Direktor, vorstellig und forderten den Ausschluß der Frauen, da diese angeblich die Beratungen störten. Der Ausschluß der Frauen wurde dann die Regel: noch im Bühnenverein von 1871 waren Frauen weder vertreten noch stimmberechtigt; erst bei der Neuregelung der Theaterverhältnisse im Jahre 1919 wurden die Schauspielerinnen erstmalig wieder offiziell an der Beratung von organisatorischen und künstlerischen Theaterfragen beteiligt. Noch heute ist die Theaterleitung einer renommierten, mit öffentlichen Mitteln finanzierten Bühne durch eine Frau eine Seltenheit – zu Zeiten des Wandertheaters hingegen, als das deutsche Theater sich als Institution ohne öffentliche Subventionen etablierte, waren Frauen

häufig in der organisatorisch-leitenden Rolle der Prinzipalin
tätig.

Die Prinzipalsfamilie Ackermann zeigt die Verbürgerlichung der familialen Rollen besonders bei den Schauspielerinnen – und die daraus resultierenden Sozialkonflikte. Sophie
Charlotte Ackermann (1714-1792) war – nach der Trennung
von ihrem trunksüchtigen Ehemann, nach Versuchen mit einer
Nähschule – 1740 zum Theater gegangen, hatte zwei Jahre
lang als Prinzipalin eine eigene Truppe und heiratete 1749
Konrad Ernst Ackermann, der 1753 in Danzig selbst Prinzipal
wurde. Ihr Rollenfach war die tragische Heroine; besonders
ihre Deklamationskunst und Charakterrollen wurden gelobt.
Auch verstand sie viel vom Theaterbetrieb. Sie führte und kontrollierte die Finanzen und hatte die Oberaufsicht über die An-
fertigung des gesamten Kostüms. So war Madame Ackermann
Verwaltungsdirektor, Spielleiter, Schauspiellehrer, Dramaturg
und Ausstattungsleiter in einer Person.

Schon bei ihren Töchtern sollten aber die Rollen modifiziert
werden. Die ältere Tochter Dorothea (1752-1821) begann, wie
es bei Schauspielerkindern üblich war, mit Kinderrollen. Als
Zwölfjährige spielte sie junge Liebhaberinnen (während die
Gesellschaft 1764 an sechs verschiedenen Orten spielte, trat
sie in 21 neuen Rollen auf; im folgenden Jahr in 23 neuen).
Sie spielte die Minna von Barnhelm und die Sara Sampson
unter den etwa 80 (!) neuen Rollen vom März 1759 bis Ende
1771; davon waren 13 im Singspiel. Nach anfänglich schlechten Kritiken mußte Dorothea sich erst durchsetzen, denn sie
galt als häßlich – ihr Gesicht war von Pockennarben entstellt.
Außerdem hatte sie in der ausgezeichneten Heroinendarstel-
lerin Madame Hensel, die eine wirkungsvolle Schönheit war,
eine scharfe Konkurrenz. 1778 heiratete Dorothea einen Alto-
naer Professor, doch die unglückliche Ehe wurde nach acht
Jahren geschieden. Sie kehrte nicht zum Theater zurück und
starb vereinsamt und verarmt im Jahre 1821. Warum kehrte
sie nicht zum Theater zurück? Als alternde, nicht besonders
hübsche Frau hätte sie die Rolle der Heroine kaum länger
spielen können und bald in das Rollenfach der »Alten« über-
wechseln müssen, eine restriktive Rolle, die auch schauspiele-
risch wenig attraktiv war, weil es nur wenige Partien in der

dramatischen Literatur gab (und gibt). Um als Berufsschauspielerin Erfolg zu haben, mußte die Frau nun zunehmend
eine »junge Schöne« sein, die den Wünschen des (männlichen) Publikums entsprach.

Publikumsliebling und angebetete Heroine wurde die
zweite Ackermann-Tochter, Charlotte (1757-1775), die früh
auf der Höhe ihres Ruhmes verstarb und deren Tod zur Legende wurde. Auch sie begann mit vier Jahren Kinderrollen
und als noch nicht Zwölfjährige die jugendliche Liebhaberin
im Singspiel und in Lustspielen zu spielen. Nach dem Abgang
der ersten Soubrette 1771 studierte sie »freilich auch in mancher Woche drei neue Rollen« ein, insgesamt waren es 35 in
dem Jahr, 1772 dann »nur« 13 neue Rollen, 1773 wieder 36
neue Rollen, darunter sechs im Singspiel; 1774 waren es 35
neue Rollen (fast täglich tanzte sie außerdem Solopartien in
großen mimischen Balletten, die fast immer mit einem Schauspiel zusammen gegeben wurden). So spielte sie Marie, um
nur einige heute noch bekannte Stücke zu nennen, in Goethes
CLAVIGO oder die Adelheid in seinem GÖTZ, Ophelia im
HAMLET und die Emilia Galotti, ihre »Triumphrolle«. Ihre
Leidenschaft, Exaltation und Inspiration beim Spielen wurde
gelobt, besonders aber ihre äußere Erscheinung. Sie war
»blond, schlank, leicht und vollkommen schön gebaut, ohne
die mittlere Größe zu überschreiten« und hatte im Gegensatz
zu ihrer »kleinäugigen« Schwester »große, lebhafte Augen,
die von Geist und Feuer sprühten«. (Eichhorn; 1965, S. 162)
So bewunderten sie zeitgenössische Betrachter.

Getadelt wurde ihr »unweibliches« Reiten, auf das ein Epi-
gramm in Hamburg zirkulierte:

> Das war Emilia, Galottis Tochter?
> Nein, es kann Emilia nicht sein.
> Sie, die jüngst andachtsvoll,
> Um sich nicht seh'n zu lassen,
> Im Schleier hin zur Messe schlich,
> Setzt öffentlich aufs Pferde sich
> Und reitet männlich durch die Gassen.

Nur heimlich durfte Charlotte reiten. Das bürgerliche Publikum forderte eine keusche Emilia, wie Charlotte sie auf der

Bühne darstellte; ihr Vater und ihr Stiefbruder Schröder, der
nach Ackermanns Tod 1771 die Direktion übernommen hatte
und auch Familienoberhaupt geworden war, hielten Charlotte
als tugendhaftes Beispiel den anderen Frauen im Ensemble
vor. Das isolierte sie und entfremdete sie den anderen Frauen.
So war das Verhältnis zu ihrer Schwester, ihrer Mutter, zu den
anderen Frauen im Ensemble kühl, gespannt und von Eifersucht und Neid bestimmt. Mit Schröder hatte sie oft Streit, so
auch am Vorabend ihres plötzlichen Todes 1775. Die Todes-
ursache der erst Siebzehnjährigen wurde mit Schlaganfall
angegeben, man vermutete jedoch auch Selbstmord nach
einem »moralischen Fall« (Schwangerschaft?) oder innere
Verletzungen nach einem Sturz vom Pferd (ihr Arzt soll
ihr einige Tage zuvor Opium gegen Schmerzen gegeben haben).

In der zweiten Hälfte des 18. Jahrhunderts nun wurde die
Rolle der großen (und der kleinen) Schauspielerinnen immer
glanzvoller, aber dahinter lag ihre Misere als Frau versteckt.
Goethe hat die Biographie der Charlotte Ackermann für die
Fiktion seines WILHELM MEISTER benutzt und im Sinne der
bürgerlich-patriarchalen Moral umfunktioniert. Charlotte erscheint als die liebeskranke, verletzte Schauspielerin Aurelie,
die eigenwillige Schwester des Theaterdirektors Serlo. »Ich
bin ein armes, verliebtes Geschöpf«, gesteht Aurelie in einem
Gespräch mit Wilhelm,

> »es ist nichts Himmlischeres als ein weibliches Wesen,
> das sich dem geliebten Mann hingibt! Wir sind kalt,
> stolz, klug, wenn wir verdienen, Weiber zu heißen, und
> alle diese Vorzüge legen wir Euch zu Füßen, sobald wir
> lieben ... O wie hab ich mein ganzes Dasein so mit
> Wissen und Willen weggeworfen! Aber nun will ich
> auch verzweifeln, absichtlich verzweifeln ... Mein Ver-
> stand leidet, mein Gehirn ist so angespannt; um mich
> vom Wahnsinne zu retten, überlaß ich mich wieder dem
> Gefühl, daß ich ihn liebe ... Ich liebe ihn, und so will ich
> sterben.« (Goethe: 1950, S. 289 f.)

Aurelie ist die verlassene Geliebte des Adeligen Lothario, die
sich in Liebe verzehrt; durch »ihr übertriebenes Spiel« in der
Darstellung der aus betrogener Liebe rasend werdenden Für-

stenmätresse Orsina (in Lessings EMILIA GALOTTI) und »über
die Entblößung ihres innersten Herzens vor dem Publikum«
kommt sie schließlich zu Tode. Anders als die historische
Charlotte Ackermann, die die »keusche« Emilia spielte, war
in Goethes Romanfiktion Aurelie die wahnsinnige, verstoßene
Geliebte, die »alle Schleusen ihres individuellen Kummers«
aufzog. Unbeherrschte Leidenschaft und Liebe zerstören
diese Schauspielerin in Goethes Theaterroman (und mit Au-
relies Tod nimmt der Bürgerssohn Wilhelm Abschied von seiner Theaterlaufbahn, um sich den sozialen Aufgaben der adeligen Turmgesellschaft zu widmen). Sie stirbt theatralisch wie
eine Heroine. Dagegen war Charlotte Ackermanns früher Tod
ganz alltägliches »Berufsrisiko« der Schauspielerin, unpoeti-
sche Überbelastung und Krankheit (Schwindsucht und
Schwangerschaft).

3. Primadonna und Mätresse
Caroline Jagemann (1777-1848)

Eine Generation später verkörperte Caroline Jagemann erfolgreich den Typ der vergötterten Primadonna und angebeteten Heroine. Auch sie wurde mehr als das; sie konnte sich als
Künstlerin einen Namen machen und in der Theaterdirektion
durchsetzen – auch gegen Goethe. Für seine Dichtungen war
sie zu spät geboren, stattdessen stellte sie sich ihm in der
Wirklichkeit des Theaterbetriebs in Weimar entgegen. Die
Berufsschauspielerin wurde zur selbständigen Künstlerin, allerdings auf dem Umweg über die Fürstenmätresse.

Die betonte Selbständigkeit der Jagemann als Interpretin
und die operettenhaft-komischen Umstände bei Goethes Ausscheiden aus der Weimarer Theaterdirektion 1816, dazu ihre
fast dreißigjährige Rolle als Mätresse des regierenden Herzogs
Karl August hatten lange Zeit ihr Bild entstellt. In der Goethe-
Literatur warf man ihr »Herrschsucht der Primadonna« vor,
sprach von den »Intrigen der eingeschworenen Feindin« Goethes und vom »niedrigen moralischen Niveau« der Jagemann.
(Jagemann: 1926, S. 23) Dichtung und Wahrheit liegen in der
Künstlerinnenlaufbahn der Caroline Jagemann eng zusam-

men. Die Sozialprobleme der Schauspielerin zeichnen sich in
dem Werdegang dieser Primadonna am Hoftheater ab, in ihren Lebensbedingungen und Möglichkeiten als Berufsschauspielerin und in den typischen und den speziellen Anforderungen an sie als Frau, in ihren Privatproblemen als weibliches
Theatermitglied.

Die Innenperspektive eines Schauspieler*innen*lebens vermittelt Caroline Jagemann in ihren Memoiren, die sie im letzten Jahrzehnt ihres Lebens als eine Art Rechenschaftsbericht
und Autobiographie aufzeichnete. Bei ihrem Tode 1848 waren
die aufschlußreichen Kapitel über ihre Jugend und ihre Laufbahn bis 1801 abgeschlossen, die aber erst 1926 zusammen
mit Briefen und anderen Dokumenten herausgegeben wurden. Caroline wurde 1777 in Weimar geboren, wo ihr Vater,
ein ehemaliger Priester, Direktor des Gymnasiums im kur-
mainzischen Erfurt, der nach seiner Absetzung 1775 konver-
tierte, Bibliothekar der Herzogin Anna Amalia war. Versorgung in einer standesgemäßen Heirat ist für die unbemittelte
Caroline kaum zu erwarten. So wird ihre früh entdeckte
Stimme gefördert, denn ihr Talent verspricht einen Beruf, eine
Versorgung in einem der wenigen, bürgerlichen Frauen offen-
stehenden Gewerbe im 18. Jahrhundert, einer Karriere als
Sängerin und Schauspielerin. Nach der Konfirmation – dem
Zeitpunkt, mit dem die Kindheit beendet ist – wird die Drei-
zehnjährige nach Mannheim geschickt, wo das Sängerehe-
paar Beck ihr Unterricht erteilte. Herr Beck stellte ihr nach, daß
es – laut Iffland – zum Stadtgespräch wurde; *Madame* Beck
war aus Eifersucht und wegen pausenloser Entbindungen oft
wochenlang nicht in der Lage, Gesangstunden zu geben (für
die sie 300 Gulden jährlich von der Großherzogin Anna Amalia bekam). Caroline beschreibt (in den *Erinnerungen* und in
Briefen an Vater und Mutter in Weimar) die armselige Unterkunft, ihr Heimweh (besonders als die Briefe der Mutter ihr
auf Anweisung des Vaters, der sich hatte scheiden lassen,
nicht mehr ausgehändigt werden), ihren Erfolg bei Liebha-
berkonzerten am Hofe des Pfalzgrafen.

Nach knapp einem Jahr Gesangsunterricht erhält sie als
Fünfzehnjährige von Iffland ein Engagement am Mannheimer Theater, das sie auf vier Jahre gegen geringe Gage bindet.

Ihr Rollenfach war »junge Liebhaberinnen und Bäuerinnen«, und Iffland benutzte ihre Liebe als Zerstreuung für seinen Neffen (einen Göttinger Studenten, der Caroline ewige Treue schwur, ihr Ring und Haare schenkte, dann aber das aussichtsreiche Jurastudium dem Schauspielerberuf vorzog). »Beck betrachtete meine Liebe als künstlerisches Hilfsmittel« (Jagemann: 1926, S. 54), schrieb Caroline in ihrer Rückschau; sie beklagt die Leere dieser Jahre: »Für meine geistige Bildung geschah nichts (...) Ich lernte Musik und Singen; in das wirkliche Leben wurde ich von niemandem eingeführt und mußte mir selbst Charakter und Grundsätze zusammensetzen«. (Jagemann: 1926, S. 48 ff.)

Sie erlebt in Mannheim »wie ein Vogel im Käfig« die turbulenten Kriegsjahre, Belagerung und Einnahme der Stadt, wird von den Offizieren umschwärmt und verfolgt und verlobt sich schließlich mit einem kleinen österreichischen Adeligen (dessen Familie die unstandesgemäße Verlobung bald aus Rücksichten auf einen Erbonkel aufkündigen kann) und kehrt 1796, als das Mannheimer Theater aufgelöst wurde und Iffland nach Berlin ging, nach Weimar zurück.

Der Großherzog zeigt schon bald persönliches Interesse an Caroline. 1797 wird sie am Hof engagiert und handelt einen ausgezeichneten Vertrag für sich aus: Sie erhält 200 Taler jährlich als Kammersängerin (200 Taler werden auch als Pension ausgesetzt) und weitere 400 Taler (einschließlich Garderobegelder) als erste Sängerin am Hofe. Sie verpflichtet sich aber auch, die Rollen der ersten Liebhaberin zu übernehmen und dafür erhält sie das Recht, auswärtige Gastspiele zu übernehmen und ihr mißliebige Rollen in Weimar zurückzuweisen. Das war eine wichtige Freiheit, da bei Hoftheatern Schauspieler ganz einfach ins Gefängnis gesteckt wurden (Frauen erhielten Stubenarrest), wenn sie etwa eine Rolle verweigerten, eine Maßregel, von der auch der Theaterdirektor Goethe noch Gebrauch machte.

Mit diesem Vertrag hatte sich Caroline Jagemann eine Lebensstellung mit größtmöglichen Freiheiten und künstlerischen Entwicklungsmöglichkeiten erobert, auch wenn das erst 1791 unter Goethes Direktion in fürstliche Regie übernommene Weimarer Theater im Vergleich mit den großen Bühnen in Mannheim, Berlin oder Wien schließlich ein provinzieller Kompromiß blieb. Das Jahrzehnt nach der Französischen Revolution und die Wirren der Napoleonischen Kriege waren kaum dazu geeignet, eine Schauspielerin ohne die Unterstützung von Freunden und ohne Protektion Karriere machen zu lassen. Die Heimatstadt Weimar bot der Caroline Jagemann alle persönlichen Beziehungen und Möglichkeiten einer kleinen Residenzstadt, wie sie sich eine Schauspielerin nur wünschen konnte.

Die Schauspiels- und Gesangskunst der Jagemann wurde von den Zeitgenossen übereinstimmend anerkannt. So beteuerte Wieland, sie habe Oberon (Caroline spielte diese auf Wielands Werk fußende Rolle der Wranitzky-Oper schon in Mannheim, ab 1791 dann in Weimar) in idealer Form dargestellt: Schiller war begeistert von Carolines Interpretation der Thekla im WALLENSTEIN; Goethe urteilte, sie sei »auf den Brettern wie geboren und gleich in allem sicher und entschieden, gewandt und fertig wie die Ente auf dem Wasser.« Bei diesen Urteilen, die auf das Instinktmäßige, auf die edle weibliche Anmut hinzielen, werden die langen arbeitsreichen Lehrjahre in Mannheim ebenso übersehen wie Carolines Intelligenz, ihr Durchsetzungsvermögen, ihre Eigenwilligkeit und ihre daraus resultierende Eigenständigkeit bei der Interpretation von Rollen. Sie setzte ihr Können, ihre gute stimmliche Begabung und ihr angenehmes Äußeres bewußt und geschickt für ihre Karriere ein. Sie war als Frau nicht unterwürfig, vielmehr höchst unabhängig und konnte schreiben:

»Meine Stellung [hier meint sie ihre Rolle als Primadonna *und* als Mätresse], mein Talent und meine Meinung entzogen mich der sklavischen Unterwürfigkeit, in der Goethe die Theaterdamen sich gegenüber zu sehen wünschte« (Jagemann: 1926, S. 96)

und sie berichtet, daß sie sich von Goethes Theaterpraxis »mehr abgestoßen als angezogen« fühlte, da »Willkür und Despotismus« dabei herrschten. (Jagemann: 1926, S. 101)

Als Berufsschauspielerin hatte Caroline Jagemann zweifellos oft andere, zumeist theatergerechtere Auffassungen von Spiel und Inszenierung als Goethe: sie konnte später ihre Auffassungen durchsetzen, denn als offizielle Mätresse des Herzogs konnte sie ab 1801 Einfluß auf die Gestaltung des Weimarer Theaters nehmen. Ihr gehobener gesellschaftlicher Status als Fürstenmätresse hob auch ganz automatisch ihre berufliche Stellung. Noch 1797 schreibt die Jagemann in unterwürfigem Ton an Iffland in Berlin, um dort ein Gastspiel zu arrangieren (sie wird auch sofort verpflichtet und spielt an sechs Abenden, deren Erlös sie für ihre unversorgte Schwester bestimmt); der auch für das Theater zuständige Verwaltungsbeamte Kirms nennt sie »unsere kleine Jagemann« (die »Kleine« war damals 22 Jahre alt und eine Theaterpersönlichkeit). Als die Leidenschaft des Herzogs für die Jagemann immer offensichtlicher wird, steigen ihre Aktien unter anderem bei Kirms, Goethe und Iffland, und im November 1801 kann Caroline selbstbewußt und ohne Formalitäten Iffland zu einem Gastspiel in Weimar einladen, wobei Kirms und Goethe als ihre Vorgesetzten ganz übergangen werden. – Bis zu dem Abend im Jahre 1828, als ihr nach einer Vorstellung als Lady Macbeth der plötzliche Tod des Herzogs gemeldet wurde, stand die Jagemann auf der Bühne; in das wenig attraktive und reduzierte Fach der »Alten« wollte sie dann aber nicht übergehen. So zog sie sich vom Theater zurück und verließ Weimar auch aus gesellschaftlichen Gründen knapp ein Jahr später.

Auch bei auswärtigen Gastspielen (in den späteren 1790er Jahren, um dem Werben des Herzogs sich zu entziehen, in späteren Jahren, um ihre Karriere zu fördern und um das Weimarer Theater zu repräsentieren) trat sie mit viel Erfolg auf, wie im Sommer 1807 in Wien und dann in Leipzig. Vertraulich schrieb sie an Karl August: »Eben erst stehe ich auf, müde und matt von der gestrigen gewaltigen Fatigue, Maria Stuart genannt ... und ich fühle, daß meine Kräfte sehr abnehmen«. (S. 329) Ihre zweite Entbindung lag erst wenige Monate zurück; bei diesem Gastspiel erschien sie in je fünf Sprech- und fünf Gesangsrollen als Hauptdarstellerin, und sie hatte kaum einen spielfreien Tag dabei. Ihre Karriere war arbeitsreich, anstrengend und füllte sie aus. Und ihr Privatleben?

Nach mehrjährigem Werben des Theatereigentümers und Landesfürsten Karl August, dem Caroline durch auswärtige

Gastspiele zu entkommen suchte, wurde sie dessen Mätresse. 1801 wurde das »Etablissement« offiziell vollzogen; schon bei ihrem Berliner Gastspiel 1797 hatte ihr Prinz August die »linke Hand« offeriert; 1803 interessierte sich Prinz Louis Ferdinand bei dem Leipziger Gastspiel ausnehmend für die Jagemann – die Primadonna als Fürstenmätresse, das gehörte zu einem erfolgreichen Berufsbild der Hofschauspielerin. Angesichts des Skandals um die Gräfin Lichtenau, die Schauspielerin und Mätresse Friedrich Wilhelms II. von Preußen, die nach dessen Tode 1797 verhaftet und gezwungen wurde, auf ihr gesamtes Vermögen zu verzichten, sicherte sich die Jagemann durch einen Vertrag mit Karl August ab. Und nach der Geburt von zwei Söhnen erhob der kränkelnde und um fast zwanzig Jahre ältere Großherzog Caroline in den Adelsstand, um sie als Frau von Heygendorff den Goethes und Schillers in der Weimarer Gesellschaft gleichzustellen; er schenkte ihr ein Gut für eine standesgemäße Altersversorgung – eine Pension war der Wunschtraum aller Schauspieler –, und er machte Vorkehrungen für die Versorgung der Kinder (ein 1804 geborener Sohn verstarb bald, Goethe wurde der Pate des 1806 geborenen Sohnes, ein weiterer folgte 1810 und eine Tochter 1812). Einer standesgemäßen Versorgung dieser Kinder widmete die Jagemann ihre Kraft und ihr Vermögen *nach* dem Tode des Herzogs.

Das Verhältnis zu Karl August war bis zuletzt vertraulich; im Zeitalter der Doppelmoral war Caroline klug genug, den Herzog zu umsorgen und sich seine Gunst zu erhalten. So schrieb sie in einem vertraulichen Brief an Karl August, als dieser zur Kur in Karlsbad weilte – und das Polizeibüro geheime Abschriften von der Post hochgestellter Personen für Napoleons Spione anfertigte:

> »Ich wünsche Dir, mein Alter, alles mögliche Vergnügen, was zu Deinem Wohlbefinden gehören mag. Auch lieben kannst Du – Du kannst lieben, doch verliebe Dich nur nicht.« (Jagemann: 1926, S. 329)

Und Karl Augusts nicht gerade häufige Briefe berichten lakonisch:

> »Von Weibern ist niemand hier als viere, davon die jüngste dreißig Jahre, das zwar ein schönes, doch nicht

ganz junges Alter ist ... Das Wetter ist meistens gut, ich
kann brav reiten ... Ich habe heute einen großen Fraß
bei mir. Lebe wohl, liebes Linchen.« (Jagemann: 1926,
S. 332 f.)

Karl Augusts Vergnügen an ländlichen wie höfischen Weib-
lichkeiten war ebenso bekannt wie sein kühles Verhältnis zur
Großherzogin Luise von Darmstadt, die mit der Geburt des
Erben 1783 den dynastischen Zweck erfüllt hatte. Für Karl
August war die um eine Generation jüngere Jagemann ein
angenehmer und bequemer, weil immer parater Ersatz für die
längst entfremdete Ehefrau; die Fürstenmätresse war die
standesgemäße Lösung, eine Scheidung oder gar eine Wie-
derheirat hätten nur unbequeme erbrechtliche Komplikatio-
nen gebracht.

Caroline wurde zwar von ehemals befreundeten Menschen
wie Schillers Frau oder Caroline von Wolzogen gemieden.
Für Caroline bedeutete das Verhältnis jedoch eine emotionale
Befriedigung und berufliche Absicherung: Karl August war
für sie, das bezeugt der ganze Tenor der *Erinnerungen*, der
»große Vater« in der patriarchalen bürgerlichen Gesellschaft.
Sie umsorgte ihn wie einen Ehemann, dessen Wünsche und
Ansprüche ganz selbstverständlich ihr Befehl waren; seine
emotionelle und sexuelle Befriedigung waren das Ziel ihrer
Fürsorge. Und er war der Vater ihrer Kinder, der ihr dazu
noch größtmögliche berufliche Sicherheit und gesellschaftliche Rangstellung verschaffte. Anders als Corona Schröter, in
die Goethe und Karl August unsterblich verliebt gewesen waren und die als alternde Schauspiellehrerin von diesen total
vergessen und unbeachtet nur ab und zu von der Großherzogin noch empfangen wurde – sie starb erst 1802 in Weimar –,
konnte sich die Jagemann bei dem alternden Karl August eine
feste Stellung aushandeln und damit die Sozialprobleme der
Schauspielerin traumhaft, wenn man das Los ihrer berühmten
und der vielen wenig bekannten Theaterkolleginnen betrachtet, lösen.

Die Berufsschauspielerin in der patriarchalen, bürgerlichen
Gesellschaft des 18. und 19. Jahrhunderts in Deutschland bekam die sozialen Restriktionen für Frauen empfindlich zu

spüren. Diese bestanden erstens in der Unmündigkeit der Frau, die nur durch ihre familiären Beziehungen zum nächstverwandten Mann (als dessen Tochter, Ehefrau oder Schwester) in der Gesellschaft definiert war und keine selbständige, außerfamiliäre Rolle, das heißt keinen Beruf oder Karriere haben sollte und konnte. Dazu kamen die sexuellen Ansprüche an die Schauspielerin als Frau. Sie wurde ein begehrtes Sexualobjekt, an das sowohl das männliche Publikum wie die Kollegen bei jeder Gelegenheit ihre Ansprüche anmeldeten. Von eigenen sexuellen Wünschen ist da ganz zu schweigen, da diese in Analogie zur bürgerlichen Frau als unmoralisch tabuisiert waren. Auf »liederlichen Lebenswandel« drohte ganz einfach Entlassung, wie Theaterdirektor Iffland das 1796 in Berlin z. B. bei der Demoiselle Altfilist vorexerzierte, mit deren Entfernung vom Theater wegen einer Liebschaft mit einem Offizier er ein Exempel statuieren wollte, als der Offizier sie loswerden wollte. (Schwanbeck: 1957, S. 50) Hatte sich aber eine Schauspielerin zu »spröde« gezeigt, so wurde sie ausgepfiffen, wie es die adeligen Offiziere mit der Tochter der Bethmann-Unzelmann taten; für den Theaterskandal mußten sich dann Vater, Mutter und Tochter schließlich noch untertänigst auf der Bühne entschuldigen.

Auch die Kollegen boten keine unbedingte Sicherung für die junge und hübsche Schauspielerin, wie die Bemerkung von Theaterdirektor Kirms über einen Weimarer Vorfall im Jahre 1802 zeigt, als er an Iffland schrieb:

> »Es ist doch arg, daß man bei einer dergl. Widersetzlichkeit, als das Mädchen that, ihr ein Kind macht und Mutter und Kind seinem Schicksal überläßt (...) Es ist nur gut, daß der leichtsinnige Mensch nicht wieder hergekommen ist.« (Droescher: 1929, S. 230)

Den unbequemen Schauspieler war Kirms losgeworden, weil er von selbst gegangen war; die hochschwangere Schauspielerin schob er aus »moralischen« Gründen ab: was heute als Vergewaltigung geahndet würde, war das normale Berufsrisiko einer Schauspielerin.

Dazu kam das Altern und damit der Verlust der »schönen Larve«; das aber bedeutete zumeist Brotlosigkeit und Hunger, es sei denn, die Schauspielerin war erfinderisch wie die eben-

Friederike Caroline Neuber, genannt die Neuberin (1697-1760).

Charlotte Ackermann (1757-1775).
Zeitgenössischer Porträtstich.

Karoline Jagemann (1777-1848),
spätere Frau von Heygendorff.
Stich von Rosmaesler.

Mrs. Sarah Siddons (1755-1831).
Gemälde von Thomas Gainsborough.

Madame Dubarry als Muse.
Gemälde von François Hubert Drouais.

Die Tänzerin La Barbarina (1721-1799).
Gemälde von Antoine Pesne im Arbeitszimmer Friedrichs des Großen im
ehemaligen Berliner Schloß.

falls in Weimar lebende Karoline Schulze-Kummerfeld, die mit Gesichtswasser nach eigenem Rezept und Herstellung handelte. Schon die Prinzipalin Catharina Elisabeth Velten hatte 1712 (über eine Konkurrentin) geklagt: »Die schöne Larve und wichtige Herrengunst machen dem rechtschaffensten Tun den Garaus« – mit Talent, Begabung und Leistung allein konnte die Berufsschauspielerin nicht überleben. Angesichts solcher Berufsbedingungen war es ein Glücksfall für Caroline Jagemann, daß sie den galleleidenden, dickleibigen Großherzog noch so viele Jahre beglücken konnte – und dabei von der talentierten Sängerin und Schauspielerin sich zu einer ebenso talentierten Theater- und Operndirektorin entwickeln konnte. Ihre Insistenz auf die Künstlerin und ihre Kunst, die sie in ihren ERINNERUNGEN immer wieder betont, gaben ihr einen Freiraum aus der Widersprüchlichkeit von Berufsschauspielerin und Frau in der patriarchalischen Gesellschaft.

II

MÄNNERPHANTASIEN

Renate Möhrmann

Die Dame mit der Maske
Schauspielerinnen in der Malerei
des 18. Jahrhunderts

Repräsentation füllt den Raum. Fast befangen nähert sich der Betrachter den überlebensgroßen, hoheitsvollen Porträts von Thomas Gainsborough, Georges Romney oder Sir Joshua Reynolds, den Malerfürsten ihrer Zeit, in den feierlichen Sälen des 18. Jahrhunderts der National Gallery in London. Gestalten, in kostbare Gewänder gehüllt – Damen in spitzendurchwirkten, schimmernden Satinkleidern, Herren in seidenbestickten Habits und Kniehosen – schmücken die hohen Wände. Man hat große Toilette gemacht. Jedes Detail ist von kalkulierter Erlesenheit. Der geschwungene, breitkrempige Federhut, das doppelreihige, mattglänzende Perlenkollier, der weiche Nerzmuff. Keine Haarlocke fällt aus der Form. Gelassene Eleganz bestimmt die Gesten der Dargestellten. Englands Upper Class, eine geschlossene Gesellschaft, gibt sich hier ein Stelldichein. Allenfalls ein kleiner, dressierter Spitz sitzt freundlich am Rocksaum der Dame. Man ist unter sich.

So scheint es. Denn was die Bilder nicht preisgeben, verraten ihre Legenden. Nicht alle Porträtierten gehören zum englischen Adel oder auch nur zur Gentry. Mrs. Sarah Siddons, geb. Kemble (1755-1831), die Dame im duftigen blauen Satinkleid und der goldfarbenen Stola, von Gainsborough portraitiert, ist Schauspielerin. Und sie ist nicht die gemalte Ausnahme. Ähnlich prunkvoll von Reynolds und Romney ins Bild gesetzt, ist die Schauspielerin Mrs. Robinson, geb. Darby (1758-1800) – bekannt als Perdita Robinson – zwischen den Repräsentationsfiguren in der Wallace Collection zu bewundern. Oder Mrs. Yates (1728?-1787), als tragische Muse, in gleicher repräsentativer Pose von Romney dargestellt.

Doch nicht nur in England sind Schauspielerinnen begehrte Porträtmodelle. Schon vor Gainsborough und Reynolds porträtierten maßgebliche französische Maler – Largillière, Rigaud, Lancret, La Tour, Vanloo, Pesne oder Drouais berühmte Schauspielerinnen ihrer Zeit. So sind Mlle Duclos (1668-1748), Mlle Lecouvreur (1692-1730), Mlle Gaussin (1711-1761), Mlle Dangeville (1714-1790) oder Mlle Clairon (1723-1803) auf die gleiche Weise wie die höfischen Damen oftmals gemalt worden. Das ist charakteristisch für die Malerei des 18. Jahrhunderts. Die Tradition des allegorischen Porträts, insbesondere für die Darstellung von Frauen, kommt wieder in Mode. Dabei werden die Schauspielerinnen in derselben Manier wie die Damen der oberen Gesellschaft porträtiert: in heroischer Pose und antikisierender Bewegung, mythologisch verkleidet. So malt Nattier die Herzogin von Chaulnes als Hebe und Drouais Madame Du Barry als Muse ebenso allegorisch überhöht wie Vanloo die Clairon als Medea, Largillière die Duclos als Ariadne oder Reynolds Mrs. Siddons als tragische Muse. Vergleicht man das Bildnis von Mrs. Siddons mit Drouais Mme Du Barry, so sind die Ähnlichkeiten in der Darstellung dieser beiden im Leben so unterschiedlichen Frauen unübersehbar. Beide spielen eine theatralische Rolle. Umgeben von den Emblemen der Musen, hoheitsvoll, in antikisierender Pose thronend, den Fuß auf einen fast gleichen Schemel gestützt, wirken sie wie für die Bühne inszeniert.

Schauspielerinnenporträts sind – ebenso wie die Darstellungen der Gesellschaftsdamen – Rollenporträts. Das entspricht dem theatralischen Lebensgefühl des Ancien Regime, das die wertbestimmenden Momente des Lebens im repräsentativen Ereignis sieht. Die Welt als Bühne und die Menschen als ihre Darsteller, diese alte Vorstellung vom theatrum mundi erreicht um die Mitte des 18. Jahrhunderts ihren Höhepunkt. So werden die Bühnengebärden der Schauspielerinnen zur vorbildlichen Körpersprache für die Damen der Gesellschaft und die Verhaltensregeln der Oberschicht zu den Maßstäben, an denen sich das Theater orientiert. Die Malerei hält diese theatralisch-gesellschaftliche Symbiose fest. Sie macht die Schauspielerin repräsentationsfähig. Denn ihre Porträts stehen nicht etwa in irgendwelchen Abstellräumen von Ladenhändlern oder auf Mansardenböden theatrophiler Studenten. Sie sind Repräsentationsgegenstände. La Barbarina zum Beispiel, gefeierte Tänzerin der Berliner Oper, von Antoine Pesne gemalt, hängt an keinem geringeren Ort als in dem Arbeitszimmer von Friedrich d. Großen im ehemaligen Berliner Schloß. Es war eins seiner Lieblingsbilder, das er täglich sehen wollte.

Bleiben wir weiter bei der Darstellung der Schauspielerin im 18. Jahrhundert. Denn erst jetzt – zwei Jahrhunderte nach dem Erscheinen der ersten professionellen Bühnenkünstler – wird der Schauspieler selbst zum Gegenstand der ästhetischen Theorie. Freilich gibt es auch schon vorher Traktate zur Schauspielkunst. Doch bleiben diese zumeist an den Spieltext gebunden und sehen die Darstellungskunst in erster Linie im Zusammenhang mit den dargestellten Inhalten. So wird eine Schauspielerin, die eine positive Rolle darstellt, eher bewundert als eine, die eine negative Figur spielt. Erst das 18. Jahrhundert erkennt die Kunstfertigkeit des Bühnenkünstlers als eigenständige Leistung an und wird somit zum eigentlichen Jahrhundert des Schauspielers und ganz besonders zu dem der Schauspielerin. Dafür zeugen auch ihre zahlreichen Abbildungen. Denn trotz der realen Überzahl der männlichen dramatis personae und damit auch der männlichen Bühnenkünstler dominiert die Schauspielerin *im Bild.*

Das ist in vieler Hinsicht erstaunlich. Denn immer noch leben Frauen des Theaters am Rande der Gesellschaft, ohne die bürgerlichen Ehrenrechte, »ein Leben à part sozusagen, ausgeschlossen von dem, was man als ›le monde‹ zu bezeichnen gewohnt ist: Feste, Galadiners und offizielle Empfänge (in Frankreich selbst der Platz auf dem Friedhof) waren ihr nach wie vor verwehrt.« (Lyonnet: 1929, S. 3)

Deutlich wird: Voreilige Rückschlüsse von den Bildinhalten auf die konkrete Wirklichkeit der Schauspielerin sind trügerisch. So einfach lassen sich die Dinge nicht aufschlüsseln. Ästhetische und soziale Realität sind nicht zwangsläufig deckungsgleich. Aufschlußreich ist aber, auf welche Weise die führenden Porträtisten ihrer Zeit die führenden Schauspielerinnen – ihre Künstlerkolleginnen also – ins Bild setzen. Denn das steht inzwischen außer Frage: mit der Etablierung der

klassischen Komödie und der klassischen Tragödie und ihren
differenzierten Frauenrollen wird von der Schauspielerin
mehr verlangt als ein hübsches Gesicht und ein junger Körper.
Rollen wie Phädra und Iphigenie verlangen höchste Kunstfertigkeit von ihr.

Offenkundig ist, Porträtisten wie Leclerc, Largillière, Rigaud, Nattier, Romney oder Reynolds halten nur die glänzende Seite des Schauspielerinnenberufs fest. Das beginnt
schon bei den Modellen selbst. Nicht beliebige Durchschnitts-
darstellerinnen bevölkern ihre Leinwand, sondern ausschließlich die Virtuosinnen der ersten Bühnen, der Oper und des
Théâtre français in Paris, des Drury Lane und Covent Garden
in London. Alternde, kranke, abgearbeitete oder auch nur
ein bißchen erschöpfte Schauspielerinnen bleiben ausgespart.
Mehr noch: Die Schauspielerin wird nicht als *Schauspielerin*,
also nicht in ihrer Funktion als Künstlerin dargestellt. Sie erscheint als eine Dame der Gesellschaft; auch wenn sie als
Muse, oder in einer der klassischen Rollen, als Medea,
Ariadne oder Hermione, dargestellt wird und Dolch und Be-
cher, die Embleme Melpomenes, der tragischen Muse, er-
kennbar sind. Es sind dies ihr bloß zugefügte Attribute, so wie
auf ähnliche Weise auch aristokratischen Damen Thalias Embleme, die Maske und die Flöte, zu allegorischer Ausschmük-
kung ins Bild gegeben werden. Sie verweisen nicht auf die
eigene künstlerische Tätigkeit der Dargestellten, die nach an-
tikem Vorbild in stilisierter Erhabenheit in irgendeine Ferne
sieht. Die Bühnenkünstlerin bleibt Dame, auch mit dem
Dolch in der Hand.

Zu fragen wäre allerdings, ob die Porträtmalerei des
18. Jahrhunderts hinsichtlich der verschiedenen Berufe und
Kunstsparten überhaupt schon eine Ikonographie entwickelt
hat. Gibt es so etwas wie ein Künstler- oder Berufsporträt? Die
Antwort ist einfach: es gibt sie, und zwar bereits seit der Renaissance. Man denke an eins der Hauptwerke der deutschen
Porträtmalerei, an Hans Holbeins Der Kaufmann Georg
Gisze (1532), der keineswegs bloß allegorisch, sondern ganz
konkret aus seiner Alltagswirklichkeit heraus gesehen wird.
Ebenso gibt es das Künsterporträt. Reynolds selbst hat darin
brilliert.

Mrs. Yates (1728-1787) als tragische Muse.

Mrs. Siddons als tragische Muse.
Gemälde von Sir Joshua Reynolds.

Die Probe im Park. Stich von E. Octavien. (*oben*)

Italienische Schauspieler. Letzte Verbeugung nach dem Spiel.
Gemälde und Stich von Jean-Antoine Watteau. (*unten*)

Schauspielerinnen in einer Scheune.
Stich nach einem Gemälde von William Hogarth.

Wenn trotz analoger verfügbarer Ikonographie ein dem Kaufmanns- und Künstlerporträt vergleichbares Schauspielerinnenbildnis nicht existiert, muß nach den Ursachen solcher Defizite gefragt werden. Zu vermuten ist, daß, trotz des Einzugs der Schauspieler in die ästhetische Theorie, trotz der repräsentativen Rolle der Schauspielerin im Bild und ihrer inzwischen erworbenen Virtuosität, weiterhin in erster Linie die Frau in ihr gesehen wird, in der das Weibliche in gesteigerter Form erscheint.

Andererseits gibt es einen direkten Zusammenhang zwischen Porträt- und Bühnenkunst, insbesondere für die Schauspielerin. Der Kunsthistoriker Edgar Wind hat als erster am Beispiel zweier Schauspielerinnenporträts darauf aufmerksam gemacht: an Romneys MRS. YATES ALS TRAGISCHE MUSE und Reynolds MRS. SIDDONS ALS TRAGISCHE MUSE. Für Romneys Porträt gab es einen konkreten Anlaß. Mrs. Yates – erste Tragödin ihrer Zeit – hatte diese Rolle 1771 im Drury Lane inauguriert. Was Romney malte, war also bereits Theaterwirklichkeit. Die große Tragödie, die die Muse verkörpert, wird mit der dargestellten Rolle gleichgesetzt und ins Heroische stilisiert.

Anders bei Reynolds. Er porträtiert sein Modell, Mrs. Siddons, in der gleichen Rolle, aber ohne jede Erinnerung an eine stattgefundene Aufführung. Mrs. Siddons hatte die tragische Muse bis dahin auch noch nie gespielt. Er greift mit diesem Bildnis der Theaterentwicklung vor. »Denn kaum hatte er das Bild ausgestellt (1784), so wirkte es wie ein Zwang auf das Theaterleben selbst. Mrs. Siddons *mußte* (1785) die tragische Muse spielen, und sie hat ihre Rivalin, Mrs. Yates, mit solchem Aplomb verdrängt, daß wir den Nachhall dieses Kampfes noch aus den Bilddokumenten jener Zeit zu spüren glauben.« (Wind: 1932, S. 220)

Es lohnt sich, die dargestellte Gestik der Schauspielerin etwas genauer zu betrachten. Denn das Interesse an der Körpersprache gewinnt in der zweiten Hälfte des 18. Jahrhunderts eine ganz neue Dimension. Davon zeugen die Kupferstiche Chodowieckis und Hogarths wie auch die theoretischen Abhandlungen von Engel, Lavater und Lichtenberg. Die Beredsamkeit des Leibes wird schichtenspezifisch analysiert und ei-

ner ersten systematischen Untersuchung unterzogen. Dabei
werden bürgerliches und aristokratisches Körperverhalten
deutlich von einander abgegrenzt. »Natürliche und affectierte
Handlungen des Lebens« nennt Chodowiecki seine Stichse-
rie, in der er die bürgerliche Körpersprache, im Vergleich zur
adligen, als die vorbildliche und einzig angemessene für einen
sich durch Arbeit emanzipierenden Stand darstellt. Sie ist
sparsam, verhalten und nur auf das Nützliche gerichtet. Die
Arme bleiben – ohne jede Eigendynamik – stets in Körper-
nähe, die Fußstellung ist eng zusammengepreßt, der Kopf
starr. Zeremonielle Gebärdensprache und pathetische Kör-
perhaltung hingegen kennzeichnen die Aristokratie.

Beurteilt man die Körpersprache der porträtierten Bühnenkünstler nach den hier entwickelten Kategorien von aristokratisch und bürgerlich, so läßt sie sich ohne Zweifel als aristokratisch beschreiben. Obgleich die Schauspielerin der arbeitenden Bevölkerung zuzurechnen ist und zu den wenigen
Frauen im 18. Jahrhundert gehört, die sich durch eigene Berufstätigkeit definieren, findet das keinen Niederschlag in ihren Porträts. Zwar erwartet man nicht, daß die Bühnenkünstlerin in der sparsamen, zweckorientierten Gebärdensprache
des Bürgertums erscheint und ihr Bewegungsspiel haushälte-
risch einer Kosten-Nutzen-Rechnung anpaßt. Was aber doch
verblüfft, ist ihre reibungslose Anpassung an den aristokratischen Bewegungskanon und die Tatsache, daß keinerlei ihren
Beruf kennzeichnende Ikonographie entwickelt wurde.

Was die Porträtmalerei des 18. Jahrhunderts ausspart, zeigt
das Genrebild: die Schauspielerin in ihrer sozialen und theatralischen Wirklichkeit. Allerdings ist dies nicht die Wirklichkeit der gefeierten Virtuosinnen, der Mlle Clairon, der Mrs.
Yates oder Mrs. Siddons, sondern die der namenlosen Mehrheit der Schauspieler aus weniger angesehenen Wandertruppen. Nicht mehr die allegorisch überhöhte einzelne Schau-
spielerfigur lenkt hier die Aufmerksamkeit des Betrachters auf
sich, sondern eine beliebige Versammlung theatergeschicht-
lich gänzlich unbekannter Darsteller. So lassen sich die den
Schauspielerstand kennzeichnenden Hierarchien noch in den
Gattungen der bildenden Kunst erkennen: Der Star erobert
sich das Porträt, die namenlose Schauspielermasse hingegen

findet im Genrebild Platz. Die kleine Bildfläche für die vielen, die überlebensgroße Darstellung für den einzelnen. Das entspricht der gängigen Raumverteilung beim Theater. Die Hofschauspielerin nennt eine elegante, geräumige Garderobe mit angrenzendem Privatsalon ihr eigen, die Wanderschauspielerin teilt sich – gemeinsam mit ihren männlichen Kollegen – irgendeinen verfügbaren Unterschlupf.

Doch zurück zu der Schauspielerin im Bild. Trotz der reichlichen Bildfläche – das ist deutlich geworden – läßt sich aus solchen Porträts nichts über die theatralische Wirklichkeit der Dargestellten oder über ein stattgefundenes Theaterereignis erfahren. Diese Bildnisse sind in keiner Weise Dokumente des Theaters. Wären nicht die Legenden, welche die Porträtierten als Schauspielerinnen ausweisen, so würde der Gedanke an ›Theater‹ überhaupt nicht aufkommen.

Anders das Genrebild. Hier wird erstmals in der Geschichte der bildenden Kunst Theater als ein besonderes Thema aufgegriffen. Ja, es gibt Maler wie etwa Gillot, Watteau oder Lancret, die sich geradezu als Spezialisten für Theaterthemen hervortun. So malt Watteau nicht bloß irgendwelche Schauspieler bei irgendwelchen Tätigkeiten, sondern fast ausschließlich »Les Comédiens italiens«, die italienischen Komödianten, nämlich jene französische Tochterform der Commedia dell' Arte, die im Hôtel de Bourgogne durch ihr sehr viel spontaneres Spiel der klassischen, aber auch steifen Comédie française Konkurrenz macht.

Auf solchen Genrebildern, ebenso wie auf zahlreichen Illustrationen und Stichen zum Thema ›Theater‹, sind Schauspieler beim Erlernen einer Rolle, bei der Anprobe ihrer Kostüme, beim Spiel auf der Bühne oder auch bei privatem ›Händel‹ dargestellt. Und so gehören diese Bilder zu den wichtigsten Dokumenten, die wir über das europäische Theater des 18. Jahrhunderts besitzen. In einem jedoch sind Porträt und Genrebild vergleichbar: die bevorzugte Aufmerksamkeit gilt der Schauspielerin. Sie beherrscht nicht bloß quantitativ das Bild, sie ist außerdem in den allermeisten Fällen die Zentralfigur.

Eines der interessantesten und vielschichtigsten Genrebilder in diesem Zusammenhang ist William Hogarths HERUM-

STREICHENDE KOMÖDIANTINNEN. Schon die Variationen des Bildtitels im Verlauf der Kunstgeschichte sind aufschlußreich. Hogarth selbst hat das Originalölgemälde STROLLING ACTRESSES DRESSING IN A BARN genannt, also ganz ausdrücklich von Schauspielerinnen gesprochen. Die nachfolgenden Stecher tilgen diesen Hinweis auf das weibliche Geschlecht in ihren Bildunterschriften. So nennt Riepenhausen, einer der renommiertesten Stecher des 18. Jahrhunderts, sein Kupfer bloß STROLLING PLAYERS DRESSING IN A BARN, und die Stecher des ausgehenden 18. und beginnenden 19. Jahrhunderts begnügen sich mit dem Titelhinweis: COMPANY OF STROLLERS. Es ist anzunehmen, daß die betreffenden Kupferstecher den Titel des Originals nach bestem Wissen und Gewissen geändert haben. Schließlich haben sie nicht bloß Komödian*tinnen*, sondern auch Komödianten dargestellt gesehen und eine die beiden Geschlechter beschreibende Legende für passender gehalten.

So wäre denn Hogarth mit seiner Aufschrift sehr nachlässig gewesen und hätte nicht das bezeichnet, was er tatsächlich gemalt hat. Eine solche Unterstellung weist Georg Christoph Lichtenberg, einer der besten Kenner und Kommentatoren des Hogarthschen Oeuvres, mit aller Entschiedenheit zurück. Daß Hogarth sich bei einer solchen Aufschrift etwas gedacht haben müsse, steht für ihn ganz außer Frage. Und so wartet Lichtenberg mit der verblüffenden Erklärung auf, daß das besagte Bild tatsächlich nur Schauspielerinnen zum Gegenstand hat, da auch die als Männer kostümierten Darsteller in Wirklichkeit »Frauenzimmer« sind. »Die nicht zuverkennende Breite unter den Hüften hinter der Rocktasche, die ganze Form der Beine und Knie und die Kniehaltung, die Jedermann aus Antiken kennt, setzen dieses schier außer allen Zweifel.« (Lichtenberg: 1857, S. 96)

Die Scheune ist Wohn- und Arbeitsbereich zugleich. Zwischen Bühnenrequisiten und Haushaltsutensilien sind die Schauspielerinnen damit beschäftigt, sich für ihren Bühnenauftritt vorzubereiten. In der einen Ecke sitzt Juno, die gekrönte Himmelskönigin und studiert ihre Rolle. Das Textbuch ist gegen eine Salzbüchse gelehnt, die auf einem als Kommode dienenden Reisekoffer steht. Ihr Bein hat sie auf eine

umgestülpte Schubkarre – vermutlich Donner- und Schub-
karre zugleich – gestreckt und läßt sich von der Königin der
Nacht den Strumpf stopfen. In der Bildmitte, zu Füßen der
stattlichen, halbentblößten Diana, kniet die Blumengöttin
Flora und legt letzte Hand an ihre Frisur. Die Kerze, deren
Talg sie zur Befestigung ihrer Lockenpracht braucht, hat sie
kurzerhand aus dem Lehmleuchter genommen, der noch um-
gefallen am Boden liegt. In der rechten Hand hält sie eine Art
Pfefferbüchse, um Blütenstaub auf ihr blumengeschmücktes
Haar zu stäuben. Die Aufmerksamkeit des Malers richtet sich
unverkennbar auf die vielfältigen Tätigkeiten der Frau im Bereich des Wandertheaters. Mit diesem Bild besitzen wir eine
der differenziertesten Beobachtungen über die soziale Cha-
rakterisierung der Mehrzahl der Schauspielerinnen im
18. Jahrhundert.

Doch auch über das zu erwartende Bühnenspektakel gibt
Hogarths Komödiantinnen-Bild Auskunft. Daß es blutrünstig
zugehen wird und die Frauen dabei gar nicht zimperlich sind,
kündigt nicht bloß der Dolch im Gewand der einäugigen Alten an. Zu sehen ist ebenfalls, wie dieses Blut gewonnen wird,
nämlich durch einen Scherenschnitt aus dem Schwanz der
Katze. Und so gewinnt der Betrachter gleichzeitig Einsicht in
die Produktion von Theater, kann einen Blick hinter die Kulissen werfen und einen Eindruck erhalten von der Herstellung
der zahlreichen Effekte, die das Wandertheater kennzeichnen. Aber noch in weiterer Hinsicht ist der Stich theaterge-
schichtlich aufschlußreich. Gleich neben dem Nachtopf, auf
einer Kaiserkrone, unter einem kleinen Stiltopf mit Kinder-
brei, befindet sich ein offizielles Papier, auf dem die Worte
»Act against ...« deutlich entzifferbar sind. Zusammen mit
der Ankündigung auf dem Theaterzettel »zum letzten Mal« ist
nicht unschwer zu folgern, daß es sich um die Parlamentsakte
gegen herumziehende Schauspieler handelt, aufgrund derer
das englische Wandertheater im 17. und 18. Jahrhundert immer wieder verboten und somit in die Illegalität getrieben
wurde.

Im Vergleich zu anderen Genrebildern, die das Theater
zum Gegenstand haben, fällt auf, daß Hogarth sich nicht bloß
auf einen Aspekt von Theater beschränkt. Er zeigt Bereiche,

die im 18. Jahrhundert zumeist als getrennte Bildmotive erscheinen. So kennen wir entweder die jeden sozialen Bezug aussparenden, idyllisierenden Tändelbilder, die Theater als fête galante inszenieren und die Schauspielerin in den Mittelpunkt erotischer Überredungskunst stellen, wie sie besonders die französischen Maler bevorzugen, oder jene krassen Armutsbilder, welche die ins Elend geratenen oder dem Trunk verfallenden Komödianten darstellen. Hogarth zeigt aber beides: Mühsal und Munterkeit, das Alltägliche und das Vergnügliche, die Beschwernisse des Schauspielerlebens und die alles überwiegende Freude daran. Denn die Gesamtstimmung seines Komödiantinnen-Bildes strahlt Heiterkeit aus, zeigt die Freude am ausgeübten Beruf, die dem genaueren Betrachter die bedrohliche Kehrseite einer solchen Existenz keineswegs vorenthält. Das Auftrittsverbot, die Parlamentsakte gegen die Schauspieler, als unterschwellige Lesart des Bildes, signalisiert ihm, daß es hier um ein letztes Spiel geht.

Die damalige Betrachterin aber konnte trotz alledem fasziniert zur Kenntnis nehmen, welche Fülle von Aktivitäten das Theater jenen bot, denen das strenge bürgerliche Rollendiktat nur den engen Raum der machtgeschützten Häuslichkeit zugestand.

Klaus Laermann

Die riskante Person in der moralischen Anstalt

Zur Darstellung der Schauspielerin
in deutschen Theaterzeitschriften des späten
18. Jahrhunderts

1.

Durch öffentliches Auftreten Beachtung zu verlangen, um Achtung einzufordern oder sich Geltung zu verschaffen, ist in den meisten Gesellschaften durchaus nicht allen Menschen gestattet. Es bleibt vielmehr religiösen oder politischen Spezialisten vorbehalten. Vor allem in traditionalen Gesellschaften haben die Menschen ein äußerst feines Gespür für die rituellen und zeremoniellen Aspekte öffentlicher Auftritte. Denn sie kennen die Risiken, die mit solchen Auftritten verbunden sind. Die angstbereite Scheu, die sie in ihnen darstellen und durch sie bannen, weiß mehr von der verpflichtenden Macht und der bindenden Kraft personaler Präsentation und Repräsentation als die Forderung nach lockerer Selbstdarstellung, der wir uns alltäglich ausgesetzt sehen. Jede Entritualisierung öffentlicher Auftritte scheint heute vertretbar, auch wenn sie nur als Ausrede dient, um tieferliegende Unsicherheiten abzufangen. Die aber werden durch sie eher verstärkt.

Traditionale Gesellschaften hingegen sind in hohem Maße angewiesen auf die Ritualisierungen in den Darstellungsformen ihrer jeweiligen Kultur. Sie wissen, daß personale Repräsentation riskant ist, weil durch sie kultisch oder politisch die sie von außen bedrohenden oder in ihrem Innern beschlossenen psychischen Gewalten beschworen und gebannt werden müssen. Rituell oder zeremoniell wird durch ihre Repräsentation ein Anspruch erhoben, der keinesfalls beliebig ist. Er er-

streckt sich in erster Linie auf die Ostentation religiöser Kulte
oder auf die Selbstdarstellung politischer Herrschaft. Wegen
der in ihm verborgenen Drohung physischer Gewalt unterliegt
er stets einem großen Erwartungsdruck.

Wer rituell oder zeremoniell vor andere tritt, tut dies im
Namen einer höheren Macht, für die er einsteht mit seiner
Person. Sein Auftreten scheint um so notwendiger, je weniger
der Anspruch, der mit ihm erhoben wird, unumwunden (und
das heißt: gewaltfrei) einzulösen ist. Dieses Risikos sind sich
traditionale Gesellschaften offenbar bewußt. Sie suchen es ab-
zumildern, indem sie den Verzicht auf offene Gewalt durch
die Strenge des Ritus und durch die Vorschriften ihres Zere-
moniells absichern. Sie wissen, daß durch den Übergang zu
symbolischer »Gewalt« eine Grenze markiert wird, die nicht
ohne weiteres wieder unterschritten werden darf und die es
folglich zu respektieren gilt. Denn jenseits dieser unsichtba-
ren, aber für unverrückbar gehaltenen Grenze, die mit Riten
und in Zeremonien beschworen wird, sollen bedeutungsvolle
Veränderungen stattfinden. Und deren legitimistische Zwecke
werden gerade durch die vorgebliche Unveränderlichkeit der
Riten und Zeremonien unter Beweis gestellt.

Der außerordentliche Sinn traditionaler Gesellschaften für
Repräsentation und Repräsentativität führt zu einer mehr oder
weniger offenen Normierung ihrer Darstellungsformen. Sie
werden zumeist stark restriktiv gehandhabt. Keinesfalls darf
jeder (und vollends niemand jederzeit) mit religiösem oder
politischem Anspruch vor andere treten. Solche Auftritte werden kulturell mit größtem Nachdruck und oft auf eine kaum
zu Bewußtsein gelangende Weise positiv wie negativ sanktioniert. In unserer kulturellen Tradition betrifft diese Normierung zunächst vor allem die öffentliche Zurschaustellung des
Sakralen, dann aber auch die Auftritte der Gewalthaber. Denn
durch sie wird das Allerheiligste ins Werk gesetzt und über sie
tritt die Macht in Erscheinung. Beides wird mit äußerster
Sorgfalt durch Gebote und Verbote geregelt. –

Das bekannteste, aber bei weitem nicht das einzige der reli-
giös motivierten Repräsentationsverbote ist das Bilderverbot.
Es erstreckte sich nicht nur, wie man gemeinhin denkt, auf
Abbildungen Gottes, sondern untersagte auch bildliche Dar-

stellungen und öffentliche Zurschaustellungen von Menschen. So galt es den semitischen Völkern, den Juden wie den Arabern, als Götzendienst, Abbilder des Menschen, des Ebenbilds Gottes, zu verfertigen. Denn solche Darstellungen konnten nach ihrer Überzeugung der Geistigkeit des Menschen so wenig gerecht werden wie deren Ursprung, dem Geist Gottes. War der Mensch Abbild Gottes, dann durften auch keine Abbildungen des Abbilds, also szenische Menschendarstellungen, bei diesen Völkern zugelassen sein.

Die christliche Religion dagegen kannte zwar kein Bilderverbot, wohl aber ausdrückliche, doch nie voll eingehaltene Darstellungsverbote. Über mehr als ein Jahrtausend hinweg führte das ablehnende Votum der Kirchenväter gegen die römischen Schauspiele zu einer vehementen klerikalen Theaterfeindschaft. Deren Ziel bestand in der Sicherung eines sakralen Präsentationsmonopols. Geschützt werden sollte mit dem Votum gegen das Theater die exklusive Zurschaustellung des einen, alle Gläubigen verpflichtenden Sakraments. Denn die Eucharistie beanspruchte die verbindliche Macht einer universalen Heilsdarstellung. Bis weit über das Mittelalter hinaus galt die Liturgie der Heiligen Messe als das wahre christliche Drama. Und jede theatralische Inszenierung mußte abgewertet werden gegenüber dem angeblich großartigen Welttheater der göttlichen Schöpfung und der christlichen Heilsgeschichte.

Vor diesem Hintergrund ist der unablässige Kampf der Kirche gegen das Theater zu begreifen. Er wurde bis ins 18. Jahrhundert hinein von beiden Seiten mit größter Heftigkeit und Erbitterung geführt. Eines seiner zentralen Argumente bezog sich auf die als Blasphemie empfundene Konkurrenz des Theaters zur Eucharistie. In einer Polemik gegen die Schaubühne von 1701 heißt es:

> »Ach Mensch, fürchtestu dich nicht? erschrickestu nicht / daß du mit eben den Augen / womit du in der Comödie ein wollüstiges Bette / wobey die allerschändlichste fabeln der unreinen Liebe gespielet werden / beschauest / den Heil. Tisch des Herrn ansiehst / wo solche Geheimnüsse fürkommen / die voller Erstaunen seyn?« (Winckler: 1701/1940, o.S.)

Im Gegenzug verwiesen die Verteidiger des Theaters ihrerseits darauf, daß das Theater dieselben Aufgaben wahrnehme wie die Kirche, nur eben weit wirkungsvoller. Warum, so argumentierten sie, solle die Unterweisung der Menschen und die Berichtigung ihrer Gefühle aus »Den Belustigungen ... hinweg, bloß in die Kirche und auf die Kanzel hinauf« verbannt werden? Es sei durchaus unklar, ob »gerade in den Augenblicken einer gleichsam todten Ernsthaftigkeit, die in den Kirchen herrscht, das Gemüth der Menschen erreget und zum Guten beweget und angefeuret werden könne«. (Anon.: »Vorschlag zur Bestellung eines guten Sittenlehrers auf einem jeglichen Theater« in: *Allgemeine Bibliothek für Schauspieler und Schauspielliebhaber*, Bd. 1, 3. Stück, Frankfurt und Leipzig 1776, S. 116 f.) –

Bis ins 18. Jahrhundert hinein unterlag das Theater darüber hinaus den (freilich weniger strikten) Beschränkungen durch die repräsentative Öffentlichkeit einer feudalaristokratischen Gesellschaft. Ein öffentliches Selbstdarstellungsrecht, ja eine quasi selbstverständliche Repräsentationspflicht blieb in dieser Gesellschaft den Adeligen vorbehalten. Die Sphäre einer unverletzlichen Repräsentanz ihres Standes, die sie um sich errichteten und überall mit sich führten, erschien ihnen symbolisch verdichtet in ihrer »Ehre«.

Zum Feudaladel, der (zumindest zum Teil) von den Schauspielern deshalb fasziniert war, *weil* sie sich immer nur spielten und darum jederzeit unter Kontrolle zu haben schienen, trat das bürgerliche Theater in ein sehr vermitteltes, weil durch wechselseitige Bewunderung bestimmtes Konkurrenzverhältnis. Das macht kaum ein Text so deutlich wie der berühmte Brief Wilhelm Meisters an seinen Schwager Werner, mit dem Wilhelm sich von seiner bürgerlichen Vergangenheit loszusagen sucht, um sich ganz dem Schauspielerberuf zu widmen. Ausdrücklich begreift er die Bühne als jene Öffentlichkeit, die allein dem Bürger zugänglich ist, während die Autorität des Adels sich herstellt über eine repräsentative Öffentlichkeit, die diese in seinem machtbewußten Auftreten unmittelbar selbst verkörpert. Ein Adeliger, so heißt es da, sei »eine öffentliche Person ... und alles übrige, was er um und an sich hat, Fähigkeit, Talent, Reichtum, alles scheint nur

Zugabe zu sein.« »Da er mit seiner Figur, mit seiner Person, es sei bei Hofe oder in der Armee, bezahlen muß, so hat er Ursache, etwas auf sie zu halten und zu zeigen, daß er etwas auf sie hält.« (Goethe: 1950, S. 290) Wilhelm sieht, daß sein Bestreben, selbst »eine öffentliche Person« zu werden »und in einem weitern Kreise zu gefallen und zu wirken«, nur über das Theater möglich ist. Denn »auf den Brettern erscheint der gebildete Mensch so gut persönlich in seinem Glanz als in den obern Klassen.« (Goethe: 1950, S. 292) An Wilhelm Meister wie an anderen literarischen Gestalten seiner Epoche wird deutlich, daß der Schauspieler (zumindest in Deutschland) am Ende des 18. Jahrhunderts zu einem bürgerlichen Kulturheros avancierte. Das ist um so bemerkenswerter, als dieser Beruf vor jener Zeit als recht- und ehrlos gegolten hatte.

Das deutsche Bürgertum konnte sich eine politische Öffentlichkeit zunächst nicht in direkter und offener Auseinandersetzung mit der Aristokratie erkämpfen. Es bediente sich vielmehr einer Technik der indirekten Selbstbemächtigung. Auf dem Umweg über die Medien vor allem der Literatur und des Theaters schuf es sich eine kulturelle Öffentlichkeit, durch die es ein eher bescheidenes Maß an gesellschaftlicher Macht erlangte. –

Zum Kulturheros taugte der Schauspieler nicht nur, weil er demonstrativ einen Platz in der Öffentlichkeit beanspruchte und behauptete, sondern weil er darüber hinaus dem Publikum die Wandelbarkeit des Menschen vor Augen führte. Im Schauspieler konnte das Bürgertum sich gleichsam selbst gegenübertreten. Es kam zu sich, indem es ihm zusah. Darum erhielt der Schauspieler im bürgerlichen Bewußtsein einen ambivalenten Sonderstatus. Denn vor allen anderen, so schien es, durfte hier jemand aus sich heraus und einfach ein anderer sein, ohne dafür als Heuchler oder Lügner bestraft zu werden. Er durfte (sozusagen nicht als er selbst) vor andere treten, um diesen gerade dadurch zu zeigen, wie sie selbst sein durften. Das Ineinander von Reflexivität und Befreiung, die in seiner Figur auf der Bühne verwirklicht schienen, machte die unglaubliche Faszination des Schauspielerberufs in dieser Epoche aus. Es schien eine Lust (und keineswegs mehr eine List), als ein anderer vor andere zu treten.

Nur schwer ist wohl nachzuvollziehen, was es für das deutsche Publikum des 18. Jahrhunderts bedeutet haben muß, daß hier Menschen eine Rolle spielten, ohne sozial aus der Rolle zu fallen. Denn erst seit dieser Epoche gibt es in Deutschland Schauspieler im modernen Sinn. Vorher war es kaum oder nur ansatzweise möglich, daß (emphatisch gesprochen) Menschen vor Menschen berufsmäßig Menschen darstellten. Zwar konnten sie, den jeweiligen kulturellen Normen entsprechend, Götter, Heilige, Priester, Herrscher, Heroen, die Ahnen, Geister oder Tiere verkörpern, doch eben nicht alltägliche, identifizierbare Menschen und vor allem nicht professionell.

Schauspieler durften offenbar die Grenzen von Klasse, Status und Alter überspringen, denen Menschen überall sonst unterworfen sind, ohne deshalb Sanktionen fürchten zu müssen. Vor allem aber konnten sie, und das war die Ursache der tiefsten Vorbehalte ihnen gegenüber, auch die Unterschiede zwischen den Geschlechtern überspringen. Eine lange Tradition gerade der kirchlichen Theaterfeindschaft hatte das Verbot des Schauspiels und die Infamie der Schauspieler durch deren Fähigkeit begründet, die Geschlechterdifferenz zu neutralisieren. Schon die Schriften der Kirchenväter, die angeblich die Schauspielerei verbieten sollten, wandten sich vor allem gegen diese Möglichkeit. Des Kirchenvaters Tertullian Schrift »De spectaculis«, die um 197 n. Chr. entstanden sein muß, beruft sich in ihrer Verdammung der schauspielerischen Zweideutigkeit auf die Bibel. Dort heißt es in Deut. 22,5 (also 5. Mose 22,5) zwischen Bestimmungen, die sich durchaus nicht auf irgend eine Form von Theater beziehen, sondern regeln, was mit den gefundenen Tieren eines Nachbarn geschehen soll und welche Verpflichtungen dem erwachsen, der ein Vogelnest entdeckt, über »Kleidung und Geschlecht«: »Eine Frau soll nicht Männersachen tragen, und ein Mann soll nicht Frauenkleider anziehen; denn wer das tut, der ist dem Herrn, deinem Gott, ein Greuel.« Interessant ist an dieser Bestimmung, daß sie zwar die Kleidervertauschung sanktioniert (und nicht die Schauspielerei oder gar die Schauspielerinnen verurteilt), daß sie aber von der Kirche immer wieder misomimisch ausgelegt wurde. Denn wenn, wie es über Jahrhunderte (und schon seit der Antike) geschah, Frauen durch

Männer dargestellt wurden, dann konnte das den gefährlichen Umkehrschluß nahelegen, daß Männer eigentlich wie Frauen, also im Grunde gar keine »richtigen« Männer waren, während umgekehrt Frauen *auch* Männer waren.

Daß es in Deutschland seit dem 18. Jahrhundert möglich wurde, Menschen als Männern *und* Frauen leibhaftig vorzuführen, wie sich Menschen als Frauen *und* Männer verhielten, sprengte den Rahmen des bis dahin Selbstverständlichen. Und gerade darum konnte und sollte es den Bürgern zum Verständnis ihrer selbst als Menschen verhelfen. Doch schon die freie Darstellung der Geschlechtsunterschiede sowie die Möglichkeit, sie auf die Bühne zu bringen, erschien ihnen leicht als skandalös. Denn daß den Bürgern das durch die Schauspieler erreichte Maß an freier Repräsentation (oder gar an repräsentativer Befreiung!) so geheuer nicht war, daß sie also ihre ambivalente Haltung ihnen gegenüber nicht rundweg überwanden, zeigte sich vor allem an ihrer Einstellung zu Schauspielerinnen.

2.

Deutlich belegen die deutschen Theaterzeitschriften des späten 18. Jahrhunderts, in denen sich eine Vielzahl von Aufsätzen mit dem Schauspielerberuf beschäftigt, die Sonderrolle der Schauspielerin. Im Urteil der meist anonymen Verfasser galt sie offenbar als die riskante Person in einer Risikogruppe. Anders als ihre männlichen Kollegen sollte sie relativ starken Beschränkungen unterliegen. Sie durfte nicht (oder nur zur Verstärkung des Gegenteils) alt, häßlich, groß, stark oder dumm sein. Ihre berufliche Karriere war darüber hinaus mit besonderen Risiken behaftet. Sie nahm häufig genug folgenden Verlauf:

> »Ein Mädchen mit einem hübschen Gesichte, schlanken Wuchs und geläufiger Zunge hält jedermann für gebohren zur Schauspielerinn, sie erscheint mit diesen Vorzügen und das Publikum ist bezaubert, sie gestikulirt zu jedem Worte und man sagt: das Mädchen hat Feuer. Sie wird beklatscht, besungen – vergöttert und glaubt nun, Thaliens Schoßkind zu seyn. So taumelt sie einige Jahre hin, bis ihre Reize anfangen zu schwinden. Jetzt macht

man die Bemerkung, sie sey nicht schön und jung genug
zu ihren Rollen, ihr Spiel sey erzwungen, ohne Wahrheit
und Natur, der Beifall nimmt nach und nach ab und sie
geräth in Verzweiflung. Sie verläßt diese Bühne um bei
einer andern mit einem bessern Erfolge ihr Heil zu suchen. Man nimmt sie willig auf, weil ihr ehemaliger Ruf
noch nicht erloschen ist. Sie tritt auf, und man klatscht
um nicht unhöflich zu seyn, bei der zweiten Rolle will
sich keine mitleidige Hand für sie in Bewegung setzen,
sie wird in kleinere Rollen gesetzt, schreit über Mißhandlung, trotzt, und erhält den Abschied. Sie schreibt
an alle großen Theater und erhält allenthalben höflichst
abschlägliche Antwort. Sie muß zu kleinen, herumzie-
henden Banden ihre Zuflucht nehmen und wohl gar zu
Fuß reisen. Das ist der Anfang und das Ende so vieler
deutscher Schauspielerinnen. Wem diese Schilderung
übertrieben scheint, den können lebende Beweise über-
zeugen. Wirklich wandern noch solche, ehemals als
Göttinnen verehrte Lieblinge Thaliens im lieben Vater-
lande herum und wissen nicht, wo sie ihr Haupt hinle-
gen.« (Anon.: »Über die Art deutsche Schauspielerinnen
zu bilden« in: *Annalen des Theaters*, Berlin [bei Friedrich
Maurer] H. 6 [1790] S. 20 f.)
Von entscheidender Bedeutung waren für die Karriere von
Schauspielerinnen offenbar körperliche Schönheit und ju-
gendliches Aussehen. Während beides von Schauspielern
nicht unbedingt erwartet wurde, galt physische Attraktivität
für Schauspielerinnen als unerläßlich. Bei Männern (so heißt
es in einem Aufsatz »über die körperliche Bildung der Schauspieler«) gab es kleine bucklige Gestalten,
    »die große Charactere, die zugleich verhaßt sind, mit
    vielem Beifalle vorstellten. In diesem Stück sind die
    Männer glücklicher als die Frauen, und ob schon diese,
    so wie die Männer, fehler hafte und verächtliche Cha-
    ractere vorstellen können; so würde doch das Publikum
    keine bucklichte, einäugigte und hinkende Aktrize aus-
    stehen.« (Anon.: »Über die körperliche Bildung der
    Schauspieler« in: *Annalen des Theaters*, Hamburg [bei
    Joh. Peter Treder]. 1. Bändchen [1793] S. 6 f.)

In derselben Zeitschrift heißt es an anderer Stelle:
»Wenn die Bühne aber ungern alte Akteurs verträgt, so
kann sie noch weniger alte Actrizen dulden; der Vorfall
ist noch empfindlicher bei dem zarten Geschlecht, dessen jugendliche aber flüchtige Reize unser Glück und
unser Vergnügen mit sich zu führen scheinen. Eine
schwache gebrochene Stimme, ein wankender Gang,
graue Haare, ein wohl nachgeahmter Husten haben
nichts empörendes, das ist alles, was die Illusion mit
glücklichem Erfolg anwenden kann; sind aber diese
Schwachheiten an den Schauspieler wirklich sichtbar, so
ist der Zuschauer unzufrieden, statt daß die Nachahmung ihn ergötzen würde.« (Anon.: »In welchem Alter
sollten Schauspieler das Theater verlassen?«, a.a.O.,
S. 30 i.e. 75).
Schauspielerinnen sollten also das zumeist männliche Publikum schon allein durch ihren Anblick und ihr Auftreten für
sich einnehmen. Doch gerade aus den Erfolgschancen der
Schauspielerinnen ergaben sich auch ihre Gefährdungen.
Denn die Attraktivität, die man von ihnen verlangte, führte
dazu, daß sie Mühe hatten, ihren guten Ruf zu wahren. Ein
Rat »An eine junge Schauspielerin« lautete:
»Sie wollen sich dem Theater widmen. Ich kann diesen
Schritt nicht tadeln, ob ich gleich wünschte, Sie möchten
ihn nicht thun. Lassen Sie sich die Flittern dieses Standes nicht blenden. Er hat eine glänzende Aussenseite;
auch sein Zwek ist edel – wer wird das leugnen! Aber Sie
kommen in Verhältnisse, die schon manchem sein Glük,
seine Ruhe, seine Tugend gekostet haben. Wir sind lei-
der! noch weit von jenen Zeiten entfernt, wo man den
Schauspieler nach seinem Werth schäzzen, und nur edle
würdige Jünglinge und Mädchen zu Priestern Thaliens
wählen wird. Sehen Sie den ganzen Troß, der sich bis izt
in die Vorhöfe ihres Heiligthums gedrungen hat? Ein
großer Theil – gebrandmarkt durch jugendliche Ausschweifungen, entnervt an Seele und Körper – sucht hier
einen Zufluchtsort vor dem Hungertod und der
Schande. Nur wenige Edle stehen im Heiligthum der
Göttin; nur wenige, die diesen Stand wählten aus Nei-

gung und ihn ehren durch ihr Leben und ihren Kunst-
fleiß. Es kostet wirklich Bedenken, sich in eine Gesellschaft zu mischen, wo ein großer Theil aus Auswürflin-
gen besteht. In dieser Zone gedeiht selten nur die Blume
weiblicher Tugend; selten erhält sie sich rein und unbe-
fleckt.« (Anon.: »An eine junge Schauspielerin« in: *Dramaturgische Blätter*, Frankfurt a.M. [Friedrich Eßlinger]
1. Jg., 2. Stück, den 10ten Julius 1788, S. 26 f.)
Gerade darauf jedoch kam es nach Meinung nicht nur dieses
moralbewußten Ratgebers an. Aber wie so viele, die die Reinheit lobten (und loben), entwarf er zugleich ein beredtes Bild
der Lüsternheit.

»Wieviel gehört nicht dazu, sich rein zu erhalten unter
den Unreinen; sich nicht selbst zu verlieren in dem ewigen Gewirr der Zerstreuung; bei dem steten Herum-
kreuzen in der Ideenwelt noch Sinn zu behalten für die
stillen, einfachen Freuden des Lebens; die Quelle der
Empfindung nie auszuschöpfen, nie zu trüben durch
den Unrath, (in) den der Schauspieler oft hineintauchen
muß … Hierzu kommt noch, daß man von den Schauspielerinnen durchaus sehr zweideutige Begriffe hat. Jeder Wollüstling betrachtet das Mädchen auf der Bühne
als eine Tochter der Freude, die sich und ihre Tugend
dem ersten besten Kämpfer [viz. Käufer] an den Hals
wirft. Freilich mag der größte Theil in diese Klasse gehören! Aber es ist ein marterndes Gefühl für ein Mädchen von Ehre, sich bei dem Bewußtsein ihrer Unschuld
zu diesen verworfenen Geschöpfen herabgewürdigt zu
sehen!« (a.a.O., 1. Forts. im 1. Jg., 4. Stück, den 24ten
Julius 1788, S. 53 f.)
Daß allerdings derart skandallüsterne Thesen nicht unwider-
sprochen blieben, zeigt ein Aufsatz »Über die Critick des
Frankfurter Theaters«, in dem dieses Sittengemälde zitiert
und direkt angegriffen wird. Es heißt dort:
»Das Gemälde ist zu sehr in Schatten gehalten, die Farben sind zu grell aufgetragen und aus Gift gezogen, und
denen es ja ähnlich sehen sollte, sind aus der niedern
Classe, und in den Augen der gesitteten, gebildeten
Schauspielerinnen eben so verächtlich als sies vor der

übrigen Welt sind.« (Anon.: »Über die Critick des Frankfurter Theaters« in: *Annalen des Theaters*, Berlin [bei Friedrich Maurer] H. 2 [1788] S. 53.)

Das Thema der Käuflichkeit von Schauspielerinnen wird auch in anderen Arbeiten immer wieder behandelt. Mit dem Argument, moralische Verfehlungen gebe es überall, warnt ein Autor:

»Trifft man denn verdorbene Sitten bloß beim Theater an? Sind denn nur Schauspielerinnen überwindlich? Findet man denn nicht außer dem Theater eigennützige Schönen, die sich verhandeln; Weiber, die ihre eingegangene Kontrakte verletzen und ihren unsittlichen Gefühlen unterliegen; leichtsinnige und wankelmütige Mädchen, die treulos werden ... Reißt die Schauspielhäuser nieder, Ihr werdet dergleichen schlimme Beispiele nicht weniger finden, wohl aber mehr wirkliche Verkehrtheit und eigentliches Sittenverderbniß. Die jetzt nur kokette Schauspielerin wird dann, ihres Standes entledigt, und unbeschäftigt mit dem Studium ihrer Pflichten, sich den Ausschweifungen frei widmen, wobei sie vorher doch, des Verhältnisses wegen, gewisse Formen eines Wohlstandes beobachten mußte, der mit der Tugend verwandt ist, und ihr auf halbem Wege entgegen kömmt.« (Anon.: »Versuch über den Stand und die Schätzung der Schauspieler« in: *Ephemeriden der Litteratur und des Theaters*, Berlin [Friedrich Maurer] 5 [1787] 18. Stück, den 5ten May 1787, S. 279.)

Das Argument jedoch, die halbe Tugend sei besser als gar keine, fand beim Publikum kaum ungeteilte Zustimmung. Was schon bei ihren männlichen Kollegen als problematisch erschien, trat an den Schauspielerinnen offenbar potenziert zutage. Denn für sie konnten moralische Anforderungen noch schwerer geltend gemacht werden als für die ihrerseits schon im Ruf der Leichtlebigkeit stehenden Schauspieler. Wurden die bereits als moralisch zweideutig betrachtet, so schienen sie es erst recht zu sein. Standen ihre männlichen Kollegen (bei allem ihnen entgegengebrachten Respekt) in der zweiten Hälfte des 18. Jahrhunderts noch immer am Rande der Gesellschaft, so waren sie zuweilen fast darüber hinaus. Sie gal-

ten oft selbst dort als anstößig, wo sie unumwunden vergöttert
wurden. Denn in einem durchaus anderen als dem von Wilhelm Meister angestrebten Sinn galt so manche von ihnen als
eine »öffentliche Person«.

Interessant ist, daß in den Theaterzeitschriften jener Zeit
neben den zahlreichen moralischen Appellen an die Tugendhaftigkeit der Schauspielerinnen eine Debatte darüber entstand, ob es denn abschreckend wirken könne oder unschick-
lich sei, die käuflichen unter ihnen offen beim Namen zu nennen. Abraham Peiba, der pseudonyme Autor der »Gallerie von
Teutschen Schauspielern und Schauspielerinnen«, nahm kein
Blatt vor den Mund. Über eine gewisse Mad. Teller, geb.
Schuriam, schrieb er: »Ihr Mann entris sie dem Schoos der
Freude.« Gemeint war damit offenkundig, sie habe vor ihrer
Theaterkarriere in einem Bordell gearbeitet. Von einer anderen Schauspielerin heißt es: »In verschiedenen Liebhaberinnen und Karakterrollen erhebt sie sich zuweilen über das Mit-
telmäßige, und würd' es noch weiter gebracht haben, wenn sie
nicht einer andern Gottheit mehr als Thalien geopfert hätte.«
Und schließlich von einer dritten: »Mad. Heinzius. Ist keine
sonderliche, aber auch keine ganz schlechte Aktrise ... Sie
spielt Liebhaberinnen auf der Bühne und ausser der Bühne.«
(Peiba: 1783/1910, S. 240/150: S. 30 f./19; S. 98/61)

Gegen diese freimütigen Denunziationen wurde in den von
Schink veröffentlichten »Zusätze(n) und Berichtigungen« zur
Schrift von Peiba eingewandt:

»Daß diese oder jene Aktrise die Kokkette nur deswegen
mit so vieler Wahrheit hinstellt, weil sie das wirklich ist,
was sie spielt ... daß diese oder jene Schauspielerin aus
dem Hause der Freude zum Theater gekommen sei:
sind sehr gehässige und menschenfeindliche Anmerkungen, zu denen kein Kunstrichter das Recht hat, und
die schlechterdings in kein Buch gehören, in dem von
der Kunst des Schauspielers die Rede ist. Daß man dergleichen Dinge in allgemeinen Anmerkungen über den
Schauspieler rüge ... ist gut und löblich! Aber diese
Rüge darf nie personal sein, und ich mus nie, wenn ich
nicht anders mit den Haaren dazu gezogen werde, im
Angesicht des ganzen Publikums ... irgend ein Frauen-

zimmer geradezu eine Metze nennen. Es ist kein Grund
dergleichen zu tun, daß ... das Frauenzimmer, dem
diese Beleidigung zugefügt wird, diese Beleidigung verdient.« (Schink 1783/1910, S. Vf./172 f.)
Gegen diesen Einspruch wurde nun wiederum Peiba von einem anderen anonymen Autor in Schutz genommen, der in
einer Rezension des Buches von Schink schrieb: »Wo bleibt
nun Illusion, wo bleibt die Schauspielerin für's Herz ... wenn
eine als Emilia Galotti, oder als leidende unter ihrem Jammer
hinwelkende Tugend hintritt, von der jedermann offenbar
weis, daß sie zu jenen wohlfeilen Dirnen gehört, die sonst,
wenn Thalia ihren Vorhang sinken läßt, den ihrigen erst auf-
zuziehn pflegen.« ([v. H-n] Rezension von Schink: Zusätze
und Berichtigungen zu der Gallerie der Teutschen Schauspieler und Schauspielerinnen, Wien [Sonnleithnersche Buch-
handlung] 1783, in: *Litteratur- und Theaterzeitung*, Berlin
[Arnold Wever] No. 28, den 12. Juli 1783, S. 439.)

Gelegentlich verlangte man von den Schauspieldirektoren,
für die Moral ihrer Schauspielerinnen zu haften. Obwohl darüber Klage geführt wurde, die Direktoren selbst spielten häufig genug »die Rolle des Kupplers oder des ersten Liebhabers«, hieß es weiter: jeder Direktor solle

»ein wachsames Auge auf den moralischen Lebenswandel seiner Frauenzimmer haben, er wird keine Hure
dulden, und wäre sie ... die Abgöttin des Publikums;
und sollte ihm selbst ein Theil des Publikums darüber
gram werden – es wird ihm doch nachher gewiß wieder
Gerechtigkeit widerfahren lassen, und ihn seines Tu-
gendeifers wegen um so viel höher schätzen. Welch einen zweydeutigen Eindruck muß die Tugend einer Lu-
kretie oder Emilie auf den Zuschauer machen, welcher
überzeugt ist, daß diese felsenfeste Tugend nach einigen
Tagen, um den Preiß eines seidenen Kleides, eines Rin-
ges, einiger Leckerbissen, oder auch wohl gar nur um
einiger glatter Worte, welche man nur zum Schein, ihrer
Schönheit, ihrem Gesang, u.s.w. macht, wie Wachs am
Feuer zerrinnt; ist es also nicht unverzeihliche Sünde
des Direkteurs, wenn er uns die Tugend durch solch
eine Kreatur, statt liebenswürdig nur lächerlich und zur

Chimäre macht.« (Anon.: »Meynung über die Anfrage:
Was ist Ursache etc. im vorigen Theater-Kalender,
S. 93« in: *Theater-Kalender auf das Jahr 1796*, Gotha
[Carl-Wilhelm Ettinger] S. 92-94 hier 92 f.)
Schauspielerinnen waren jedoch nicht nur den Gefahren der
Verführung durch einzelne Mitglieder des überwiegend
männlichen Publikums ausgesetzt, sondern, wie man in vol-
lem Ernst glaubte, auch den Versuchungen ihrer Rollen. Da
von ihnen ein »natürliches Gefühl« verlangt wurde und kein
»künstliches«, standen sie vor der Schwierigkeit, Liebesszе-
nen glaubhaft darzustellen. Zwar sah man, daß eine Schauspielerin nicht verliebt sein mußte, um auf der Bühne Liebe
auszudrücken, aber man wandte zugleich ein: »der Keim zu
dieser und jeder anderen Leidenschaft muß in ihrer Seele
liegen und durch die Einbildungskraft hervorgerufen werden.« Denn bei einem Teil der Kritiker galt es als ausgemacht,
daß es unmöglich sei, »jemand durch raisoniren eine Leidenschaft fühlbar zu machen.« (Anon.: »Über die Art deutsche
Schauspielerinnen zu bilden«, a.a.O., S. 19.; vgl. Lessing:
1959, S. 341 f. und Diderot: 1968, s. 481-539.)
    Noch bis ins 18. Jahrhundert hinein wurde immer wieder
auf die stoischen Einwände zurückgegriffen, die schon die
Kirchenväter gegen die Erregung von Leidenschaften durch
die römischen Schauspiele formuliert hatten. Ihnen zufolge
wurde Leidenschaft nur durch Leidenschaft erregt. Tertullian
sprach sich *gegen* den »Wahnsinn« und die »Raserei«, gegen
die »Unfläterei« und »Grausamkeit« der römischen Spiele aus
(Tertullian: *De spectaculis*, 15, 2-6). Gegen die Veranstalter
von Gladiatorenkämpfen und Menschenopfern wendet er ein:
»Über den Tod trösteten sie sich durch Morde hinweg.« (12,3)
Dahinter stand ein naiver Glaube, der selbst in den Pornogra-
phiedebatten unseres Jahrhunderts gelegentlich zum Ausdruck gebracht wurde. Er unterstellt, die unmittelbar ban-
nende Macht einer Darstellung führe zwangsläufig zu einer
identischen Reaktion beim Darsteller *und* bei den Zuschauern. Nichts war nach diesem Glauben weniger vorstellbar als
Rollendistanz. Jede leidenschaftliche Erregung sollte fortlaufend und unablässig neue Erregungen der Leidenschaft be-
wirken.

Wenn nun eine Schauspielerin die Echtheit ihres Gefühls auf der Bühne unter Beweis stellte, so war man überzeugt, daß sie dieses Gefühl auch empfinden mußte. Man verlangte von ihr eine »fühlende Verstellung«. Abgelehnt wurde eine »kalte Verstellung«; denn die, so glaubte man, »läßt den Puls in ruhigen Schwingungen, sträubet niemals die Haare des Scheitels, macht die Oberfläche des Körpers niemals höckericht, läßt dem Auge seine Tränen, dem Zwerchfell das Schluchzen, hat hingegen die mächtige Wirkung auf den Zuschauer, ihn so recht aus der Tiefe der Brusthöhle gähnen zu machen.« (Mai: 1783, S. 67 ff.)

Folglich meinten manche Autoren, die Schauspieler seien durch die ihnen permanent abverlangte Gefühlsintensität psychisch überlastet. Man glaubte, sie vor ihren Rollen geradezu schützen zu müssen. Sehr schön wird das deutlich an einem Aufsatz »Ueber die Heilart der Schauspielerkrankheiten vom Hofrath Mai in Manheim«, der offenbar als so bedeutsam galt, daß er mehrfach zitiert und nachgedruckt wurde. Sein Verfasser, Professor der Medizin in Heidelberg und Hofarzt in Mannheim, verlangte für die Schauspieler

»Hochachtung und Mitleiden«, weil sie als »Nervenmärtirer ... zu unserer Unterhaltung, zu unserm Besten, sehr wohlfeile Schlachtopfer ihrer Kunst und unsers Vergnügens werden,« wenn sie »ihr ganzes Nervengebäude zur Mitleidenschaft erschüttern. Diese Kraft des Spiels ... nagt an den Nerven, an der Gesundheit ... Man hat hinreichenden Stoff, gute Schauspieler hoch zu schätzen, und dieselben als Leibeigene unsers Vergnügens zu bedauern.« Ihre »unbändigen Krankheiten« seien bedingt durch die übermäßige Erregung ihrer Nerven. »Fühlende Verstellung, nicht blosser Wortlärmen würkt sehr lebhaft auf die Nerven, wenn sie nur von weitem das Urbild der natürlichen Aufwallung nachahmen will. Sobald der Schauspieler die Mitleidenschaft der Nerven des Zuschauers fortreißt, so waren seine eigene Nervenfasern in dem Augenblicke der Überraschung in der selbigen Stimmung, welche von der abgemalten Leidenschaft unzertrennlich ist.«

Obwohl hier ausdrücklich nur von Schauspielern die Rede ist,
darf man wohl unterstellen, daß die Seelentätigkeit der
Schauspielerinnen als nicht weniger belastend galt. Auch sie
wurden nach den Vorstellungen dieses ärztlichen Autors von
ihren Rollen geradezu verzehrt. Er glaubte, der Zustand ihrer
leidenschaftlichen Erregung schwäche
»unendlich die Nerven, weil ihnen Gewalt geschieht.
Zwischen der wahren und verstellten Leidenschaft ist
der einzige Unterschied, daß bei der ersten die Wallun-
gen des Bluts und Erschütterungen der Nerven länger
als bei der zweiten dauern, weil der Gegenstand länger
gegenwärtig bleibt, und die erhitzte Einbildung mehr
teilnehmend ist. Das Nervengebäude guter Schauspieler
wird nach und nach ausserordentlich empfindlich.«
Daher nannte er sie die »Seelentaglöhner« und »Märtirer des
Publikums«. Wenn er sie gleichzeitig als »Seelenäskulape«
bezeichnete, läßt das erkennen, daß er als Mediziner ihrem
Spiel durchaus auch therapeutische Funktionen beimaß.

Doch selbst wo nicht medizinisch argumentiert wurde, galten besonders Schauspielerinnen als durch ihre Rollen gefährdet. »Leidenschaften zerstören jede Lebenskraft, und um so
schneller, wenn sie *erkünstelt* sind, wo es schon eine widerna-
türliche Anstrengung erfordert, sich hineinzuversezzen, und
die dabei nöthige Besonnenheit zu erhalten.« (Anon.: »An
eine junge Schauspielerin«, a.a.O., S. 55 sowie S. 28 für das
folgende Zitat.) Jede Rolle und vornehmlich die Nachahmung
intensivster Erregung schien unauslöschliche Spuren zu hinterlassen, schlimmer noch: sie schienen auf das Leben außerhalb der Bühne überzugreifen.

»Verschiedene Situationen in unseren Schauspielen machen einen freien, ungebundenen Ton wechselweise
nothwendig; dieser Ton muß bis in Ihr Herz wirken,
sonst geht über dem guten Mädchen die Künstlerin verloren! Die Empfindung gewöhnt sich daran, der Einbildungskraft zu folgen; das Gefühl ihres Werthes mindert
sich nach und nach, und wie wollen Sie dann noch im
täglichen Umgange die strenge Würde, die kalte Zurückhaltung, die allein Schuzzwehr weiblicher Tugend
sind, gegen ihre Kunstgenossen behaupten? Wie leicht

vermischen sich auch in einer unbewachten Stunde die
Gesinnungen Ihrer Rolle mit den Ihrigen und misleiten
Sie durch einen Selbstbetrug zu einem Schritte, dem
früh oder spät Reue folgt?«
Freilich wurden auch Stimmen laut gegen diese scheinbar
notwendige und unausweichliche Identifizierung der Schauspielerin mit ihrer Rolle. Und sie richteten sich interessanter-
weise nicht gegen die angeblich unmögliche Rollendistanz
von Schauspielerinnen, sondern verlangten sie gar von noch
empfindlicheren Geschöpfen. Johann Heinrich Campe hatte
im *Braunschweigischen Journal* 2.tes Stück, S. 206 f. die Frage
aufgeworfen: »Soll man Kinder Komödien spielen lassen?«
Seine Antwort war: Kinder sollten Theaterstücke zwar lesen,
aber nicht spielen, weil das Agieren auf der Bühne eine un-
streitig größere Identifizierung verlange als eine Lektüre. Ein
Kind, das einen Schurken habe spielen müssen, sei nicht mehr
dasselbe. Etwas von dem nachgeahmten Charakter bleibe an
seiner Seele haften. Dagegen wandte der Herausgeber der
Dramaturgischen Blätter ein, das Laster sei so wenig anstek-
kend wie die Tugend, also sollte die Bühne auch Kindern
zugänglich sein. (Anon.: »Noch etwas über die moralische
Seite der Schaubühne« in: *Dramaturgische Blätter*, 4. Stück
des zweiten Quartals, 23. Oktober 1788, S. 81-85.)
   Eine Anekdote im *Theater-Kalender auf das Jahr 1776* ließ
darüber hinaus schon relativ früh erkennen, daß das Publikum die fraglose Identifizierung von Schauspielerinnen mit
ihren Rollen auch außerhalb der Bühne als lächerlich anzuse-
hen begann. Das galt zumal dann, wenn sie von Angehörigen
der niederen Stände vorgenommen wurde. Denn auf deren
Kosten ließ sich gut lachen. Der Herausgeber des *Theater-
Kalenders*, Heinrich August Ottokar Reichard, berichtete von
einem Kammermädchen, das seine Stellung bei einer Schauspielerin, die gewöhnlich die Soubretten spielte, schon nach
zwei Tagen mit der Begründung kündigte, »sie hielte zu viel
auf sich, als daß sie jemandem dienen sollte, der so gut ein
Dienstbote wäre, als sie.« Reichard kommentierte, hier zeige
sich »der Einfluß des Karakters der Rolle auf die Person des
Akteurs selbst« einmal in ganz anderem Lichte. (Reichard:
1776, S. 48 f.)

Zunächst mußte das Publikum offenbar lernen, daß das bürgerliche Theater wesentlich davon lebte, auf der Bühne eine Welt in der Weise zu entwerfen, daß es die Differenz von Illusion und Wirklichkeit selbst Wirklichkeit werden ließ und allen vor Augen führte. Darum war naiv, wer es für bare Münze nahm, und borniert, wer ihm vorwarf, es sei unmoralisch. Erst wenn die Zuschauer von der umstandslosen Gleichsetzung auch von Darstellerinnen mit ihrer Darstellung absahen, war das Theater wirklich zu begreifen. Nur wenn die Ablösbarkeit des Dargestellten von den Darstellerinnen allgemein (an)erkannt wurde, wenn also Rollen als Rollen und nicht als die Wirklichkeit aufgefaßt wurden, konnte die besondere Perspektive des Theaters verstanden werden. –

Allerdings *beklagten* auch manche der in den Theaterzeitschriften zu Wort kommenden Kritiker, daß einige Schauspielerinnen sich einer Identifizierung mit ihren Rollen entzogen. Sie führten dafür gerade jene Gründe an, die zwar der moralischen Zweideutigkeit der Schauspielerinnen indirekt Vorschub geleistet haben mögen, die aber vielleicht auch direkt aus deren Angst herrührten, sich allzu sehr auf ihre Rollen einzulassen und dann am Ende in ihnen aufzugehen oder sich mit ihnen zu verlieren. Diese Klagen galten der Putzsucht und Eitelkeit der »Aktrizen«, die dazu führten, das die vierte Wand der Bühne zum Publikum durchbrochen wurde. »Eine Aktrize, die mit ihrem Blumenstrauß, ihrem Putz, ihren Bändern beschäftigt ist, oder die Augen nach ihren Bekanntschaften herumwandern läßt, hebt alle Täuschung auf und wird unausstehlich und kalt.« (Reichard: 1779, S. 5)

»Nicht selten rührt auch der Beyfall, der besonders jungen Aktrizen zutheil wird, mehr von der Situation und Kleidung, als von dem wirklichen Verdienst um die Rolle her, daher denn solche Frauenzimmer, die ihren Vortheil verstehen, durch allerley Machinationen jede Rolle von sich abzulehnen suchen, die sie in keinem vortheilhaften oder gar verhaßten Lichte zeigen würde, und worinn sie ihren Reizen durch Anlegung ihres besten Putzes nicht neue Reliefs geben können.« (Anon.: »Etwas über die Beifallsbezeigungen in den Schauspielhäusern« in: *Theater-Kalender auf das Jahr 1790*, S. 219.)

An anderer Stelle wird über die Unart Klage geführt, »die besonders so vielen Schauspielerinnen eigen ist, mehr mit dem Parterr, als mit ihren Nebenschauspielern zu sprechen. Sie möchten gern mehrenteils das ganze männliche Publikum durch ihre Minanderien für sich interessieren, und dabei verlieren sie unendlich viel. Zugleich rauben sie uns die Täuschung.« (Anon.: »Über Täuschung und Wahrscheinlichkeit« in: *Theater-Kalender auf das Jahr 1792*, S. 29 f.) Wenn Schauspielerinnen durch ihre Eitelkeit beifallsüchtig wurden, unterliefen sie, so wird unterstellt, jene Zurückhaltung, die zur Inszenierung einer täuschenden Illusion auf der Bühne unerläßlich schien. Und das wiederum führte sofort dazu, daß sie in den Verdacht moralischer Zweideutigkeit gerieten oder ihn gar von sich aus herausforderten. So bemerkt ein Autor des Theater-Kalenders über das »Unwesen, welches mit dem Applaudiren bei den Schauspielerinnen getrieben wird«:

> »Wie unlauter, wie unrein ist nicht die Quelle, aus der ihnen dieser Beifall zufließt! Eine hübsche Figur, ein leidliches blühendes Gesicht, ein kokettes Wesen – können unsere junge Herren schon in Bewegung setzen, und verzeihlich noch, wenn dieß bloß ihre Bewegungsgründe sind. Aber was soll man sagen, wenn man die Aktrize beklatschen sieht, bloß deshalb, weil sie feile Dirne ist, und nach geendigtem Schauspiel allen den Herren zu Dienste steht, die sie mit ihrem Beifall beehren?« (Anon.: »Etwas über die Beifallsbezeigungen in den Schauspielhäusern«, a.a.O., S. 217 f.)

Immer wieder klagen die Kritiker über das, was zugleich auch sie am Theater gereizt haben muß: die kaum verhüllte Darstellung der Sinnlichkeit durch die Schauspielerinnen. Die meisten jungen Frauen, so heißt es in einem Aufsatz »Ueber die Wahl des Schauspieler Standes«, seien »durch die Thür der Liederlichkeit auf die Bretter« getreten. Nicht, daß sie nicht tugendhaft sein wollten – sie seien dazu ganz einfach nicht in der Lage: »Ein Weib scheint schlechterdings die Bande der Natur und die Pflichten der künftigen Hausmutter von sich abzuschütteln, wenn sie aus dem Zirkel der Familie zu diesem Stande tritt.« (Grüner: 1788, S. 361 f.)

Doch die Emanzipation, für die sich die Schauspielerinnen durch die Wahl ihres Berufes gewollt oder ungewollt entschieden, wurde ihnen beiläufig gerade auf der Bühne bestritten. Denn dort verlangten ihre Rollen nur zu oft die liebende Unterordnung unter einen Mann. Wenn man Männern auf dem Theater einen probeweisen Zuwachs an Handlungsmöglichkeiten durch Übernahme fremder und anderer Rollen zugestand, so erwiesen sich diese Möglichkeiten bei Frauen als enger begrenzt. Wer als Mann zum Schauspieler wurde, konnte darauf hoffen, zumindest fiktiv (aber immerhin vor anderen) seinen Handlungsradius sozial zu erweitern, indem er buchstäblich die Rollen anderer übernahm. Über seine kleine Welt hinaus schien er auch die große darstellen zu können, wenn er sie anderen erfolgreich vorstellen konnte.

Asymmetrisch hingegen wurde Frauen als Schauspielerinnen oft nur die erweiterte Zurschaustellung ihrer auf einen Mann gerichteten Gefühle und Empfindungen zugestanden. Sie sahen, selbst wenn sie die Grenzen ihres Standes übertreten durften, nicht primär die Welt in ihren für sie neuen Möglichkeiten, sondern sie nahmen, zumal im bürgerlichen Trauerspiel, in erster Linie den Mann und die Probleme wahr, die *er* mit diesen Möglichkeiten hatte. Sie gewannen also nicht an Weltbezügen, sondern man wies ihnen lediglich eine gesteigerte Darstellungsmöglichkeit ihrer Empfindungsfähigkeit (und nur selten neue Handlungsdimensionen) zu. Gerade dadurch aber verschärfte sich die Zweideutigkeit, in die sie gerieten.

Konnte an den Handlungen der männlichen Schauspieler mit hinreichend geschärftem Blick stets abgelesen werden, daß sie nicht waren, was sie darstellten, so fiel diese Überprüfung angesichts der vorgeblichen Empfindungen ihrer weiblichen Kolleginnen ungleich schwerer, ja sie erwies sich als letztlich unmöglich. Das Schauspielerparadox, das eine Rollendistanz gerade dort voraussetzte, wo es unweigerlich hätte gelten müssen, sie aufzuheben, um zu einem angeblich reinen Ansich zu gelangen, warf für Schauspielerinnen schwierigere Darstellungsprobleme auf als für Schauspieler. Weil ihre Empfindungen zwar glaubhaft versichert, aber nicht ohne weiteres sichtbar gemacht (also in Handlungen auf der Bühne umgesetzt) werden konnten, unterlagen sie größeren Vorbehalten und Zweifeln. Die tiefe Zweideutigkeit eines nur gespielten Gefühlsausdrucks war ihnen leicht als Schuld anzulasten. Sie galten dann bestenfalls als kokett, schlimmstenfalls als falsch. Je mehr sie ihre Gefühlsintensität zu steigern trachteten, desto unglaubhafter erschienen sie. Koketterie war eben ein weibliches, kein männliches »Theaterfach«. Ebenso auch jene Naivität, die sich aus der Forderung nach unverfälschter Natürlichkeit ergab.

Darüber hinaus war die Darstellung von Gefühlen und die Prüfung ihrer Wahrhaftigkeit traditionell beschränkt auf die Sphäre des intimen Umgangs innerhalb einer persönlichen Beziehung. Wenn sie über ihn hinausgriff und vor einem Publikum geschah, trat sie an eine Öffentlichkeit, die an ihr zwar außerordentlich interessiert war, aber ihr eigentlich kaum gewachsen sein konnte. Denn durch die Darstellung ihrer Leidenschaft gab eine Schauspielerin sich, wie es schien, allen preis, ohne aber wirklich allen zugleich zugänglich zu sein. Sie stellte ihre Erregung vor allen zur Schau und lenkte deren Blicke auf sich.

Nicht zuletzt dadurch entstand der Anschein ihrer Hurenhaftigkeit. Denn jeder Zuschauer schien zu spüren, daß es keine wahrhafte Darstellung einer authentischen weiblichen Gefühlsintensität vor den Augen aller geben konnte, weil jeder einzelne im Publikum sich nur zu gern als ihren ausschließlichen Adressaten begreifen wollte, ohne dies im Ernst beanspruchen zu dürfen oder gar sein zu können. Die Folge war eine Art double-bind: eine Schauspielerin sollte durch die Darstellung ihrer Empfindungsfähigkeit verführen *und* durfte doch genau dies nicht tun. Denn nicht nur der Veranstaltungscharakter ihrer Empfindungen strafte deren Darstellung Lügen, sondern auch die anonyme Vielzahl ihrer Zuschauer. Wäre sie wahr gewesen, hätte sie vor nur einem stattfinden dürfen. (Die Sensibilität für diese Verletzung der Intimsphäre durch ihre massenhaft vervielfältigte Zurschaustellung hat in unserer global von den Medien dominierten Blickwelt erheblich abgenommen. Verschwunden aber ist sie noch immer nicht. Denn sonst wäre auch das Sehnen der Schaulust ver-

schwunden, aus dem sie in der Werbung oder als Indiskretion
selbst heute noch ihren Reiz gewinnt.) –

»Was für zärtliche Beweise ihrer Liebe giebt einem
Bräutigam unter vier Augen wohl eine Braut! – Welche
Schauspielerin aber würde sich unterstehen, auch in
diesem Fall, der Natur auf dem Theater, getreu zu bleiben?

Die Kunst muß zwischen die Natur eine zwar etwas
unmerkliche, doch gewissermaßen dennoch sichtbare
Linie, ziehen. *Nichts darf unnatürlich*, nicht aber *alles
ganz natürlich* auf dem Theater seyn.

In den Rollen der Koketten können Sie etwas über die
Grenzlinie gehen, denn in dem Fall, spielen Sie so wie
jedoch Schauspielerin [sic!] mehr mit dem Parterr, als
mit ihrem Liebhaber.« (Anon.: »Natur und Kunst [Aus
einem Briefe an eine Schauspielerin]« in: *Theater-Kalender auf das Jahr 1789*, S. 38.)

Weil jeder Betrachter meinen mochte, der einzige zu sein,
dem die Liebeserklärung einer Schauspielerin zu gelten hatte,
die er voller Spannung erwartete, und weil doch jeder zugleich
neben sich die gespannte Erwartung der vielen anderen
spürte, verwarfen dann alle zusammen die Schauspielerin als
Dirne. Und dies geschah mit desto größerer Sicherheit, je
glaubhafter sie die Intensität ihres Gefühls darstellte.

Darum fehlte unter den restriktiven Bestimmungen gegenüber Schauspielerinnen, die in den Theaterzeitschriften der
Epoche genannt werden, eine, die als so selbstverständlich
galt, daß man sie wohl aus Angst vor Peinlichkeit nicht erst
erwähnte: Schauspielerinnen durften nicht schwanger sein.
Denn das hätte die ihnen unbewußt von einem männlichen
Publikum abverlangte jederzeitige sexuelle Verfügbarkeit, die
als Voraussetzung und Ausrede für ihre Dirnenhaftigkeit her-
halten mußte, ausgeschlossen. Als Schwangere hätte sie eindeutig einem Mann (ganz gleich wem) zugehört und nicht
mehr potentiell allen zur Verfügung gestanden.

3.

Die Bürger waren in ihrer lebensgeschichtlichen Weltorientierung auf eine nicht mehr traditional durch Standesgrenzen vorgegebene kontinuierliche Selbstvergewisserung angewiesen, die ihnen personale Sicherheit gegenüber der Gesellschaft verleihen sollte. Ihre Identität glaubten sie zu finden im Vollzug der reflexiven Akte, die sie als ihr Selbstbewußtsein begriffen. Um sich fortlaufend über sie Rechenschaft ablegen zu können, mußten sie durch Selbstbeobachtung wie durch Beobachtung anderer ihr Handeln überprüfen. Vor allem aber mußten sie es im Hinblick auf die Darstellungen überprüfen, die sie selbst und ihresgleichen von sich gaben.

Daher waren ihnen Schauspieler als Selbstdarstellungskünstler interessant, aber auch verdächtig. Denn sie schienen in der Lage, immer wieder anders zu sein als sie selbst, ja solches Anderssein professionell zu praktizieren. Wo personale Identität durch Vollzug des Selbstbewußtseins den Substanzkern eines Menschen ausmachen sollte, mußten diejenigen attraktiv werden und zugleich in zweifelhaftem Licht erscheinen, die sie als jederzeit wandelbar vorstellten.

Nicht zufällig werden in ein und derselben Epoche die (als reflexives Selbstbewußtsein begriffene) Identität der Person und die (als anpassungsfähige Selbstdarstellung vorgeführte) Schauspielkunst zum Thema. Der Schauspieler erschien am Ende des 18. Jahrhunderts als Kulturheros, weil er augenscheinlich eine besondere, ja außerordentlich riskante Verarbeitung des Identitätsproblems anzubieten vermochte. Das Bürgertum, das sich mit diesem Problem konfrontiert fand, sah ihm zu und begeisterte sich für ihn. Seine Kunst faßte es auf wie eine Art Virtuosentum der Selbstdarstellung und (folglich!) des Selbstbewußtseins. An seinem Spiel wurde die Darstellung der Differenz von Darstellung und Wirklichkeit vor aller Augen sichtbar. Jedem konnten durch ihn die Chancen und Gefahren dieser für die Identitätsproblematik so ungemein wichtig erscheinenden Differenz des je Eigenen zum je eigenen Anderen augenfällig gemacht werden.

Denn Schauspieler waren gerade nicht jene Ein-Für-Allemal-Menschen, die die bürgerliche Anthropologie der Zeit

suchte, wenn sie die Identität als Zentralvermögen der Person
begreifen wollte, sondern sie traten auf als Je-Nachdem-Men-
schen. Und gerade als die konnten sie, wie Kant zeigte, von
besonderer Bedeutung sein. Denn Kant nahm sie in einer für
das 18. Jahrhundert überaus wesentlichen, nämlich der moralischen Dimension zum Modell für alle Menschen:

>»Die Menschen sind insgesamt, je zivilisierter, desto
mehr Schauspieler: sie nehmen den Schein der Zunei-
gung, der Achtung vor anderen, der Sittsamkeit, der Un-
eigennützigkeit an, ohne irgend jemand dadurch zu be-
trügen; weil ein jeder andere, daß es hiemit eben nicht
herzlich gemeint sei, dabei einverständigt ist, und es ist
auch sehr gut, daß es so in der Welt zugeht. Denn dadurch daß Menschen diese Rolle spielen, werden zuletzt
die Tugenden, deren Schein sie eine geraume Zeit hindurch gekünstelt haben, nach und nach wohl wirklich
erweckt, und gehen in die Gesinnung über.« (Kant:
1964, S. 442 f.)

Interessant ist diese Argumentation, weil sie einen Ausweg
suchte aus einer Schwierigkeit sowohl des Schauspielerberufs
wie der Moralbegriffe. Mit dem Hinweis auf eine allmähliche
Vervollkommnung der Menschen auch durch deren Verstellung sollte sie das bürgerliche Argument gegen die Schauspieler entkräften, das sich auf die Forderung nach moralischer
Aufrichtigkeit stützte. Jederzeit unverfälscht man selbst zu
sein, war das bürgerliche Identitätsideal, welches sich mit
größtem Nachdruck gegen die als gekünstelt empfundenen
Formen adeliger Lebensführung und Geselligkeit richtete.
Die Schauspielerei freilich verstieß gegen diese Forderung des
Bürgertums nach moralischer Aufrichtigkeit, und zwar durchaus im Namen jener Moral, die die Bühne propagieren wollte.

Darum war Kants Argumentation von besonderem Gewicht. Denn ohne sie gerieten sowohl die moralischen Ideal-
forderungen wie das Theater in eine tiefe Zweideutigkeit, ja in
ein Paradox. Wie sollte denn moralisch aufrichtig sein, wer
diese Aufrichtigkeit nur spielte? Und waren nicht Mimik und
Gestik, wenn sie einstudiert wurden, bloße Verstellung? Blieb
nicht, wer sich verstellte, lügenhaft und zutiefst unmoralisch?
Wie konnten, anders gefragt, Gemütserregungen zugleich

echt und scheinbar beliebig wiederholbar sein? Mußte sich
nicht eine Diskrepanz auftun zwischen dem unwillkürlichen
Ausdruck von Empfindungen und deren Inszenierung? Was
am Schauspieler war denn wahrhaftig? –

Da im 18. Jahrhundert mit der Identitätsproblematik die
Unmittelbarkeit der reinen Selbstreferenz problematisch
wurde, glaubte das bürgerliche Publikum, auf dem Umweg
über die Beobachtung des eigenen Verhaltens auf dem Theater zu einem neuen und verläßlichen Selbstverhältnis zu gelangen. In ihm sollten exemplarische und problematische
Identitätsentwürfe zurückbezogen werden auf die Allgemeinheit sittlicher Erwartungen und Normen. Lösungsvorschläge
konnten durch das Theater, so glaubte man, im Hinblick auf
eine allgemeine, für alle Menschen als Menschen (und keineswegs nur als Bürger) gültige Moral sinnfällig gemacht werden. Als moralische Anstalt sollte die Schaubühne den Menschen zeigen, wie sie sich zu anderen *und* zu sich selbst verhielten. Denn weil niemand sich mehr ungebrochen zu sich
schien verhalten zu können, mußte jeder sich mehr oder weniger an anderen orientieren. Darum wurde es nicht nur interessant, sondern ungemein wichtig, sich selbst aus Zusammen-
hängen zu abstrahieren *und* sich zugleich mit anderen auf der
Bühne zu identifizieren, die mit demselben Problem konfrontiert schienen. Die Moral bot allem Anschein nach eine
Chance, die Schwierigkeiten der Selbstreferenz abzufangen
durch eine Orientierung an der Allgemeinheit des Sittengeset-
zes. Diese Orientierung sollte erleichtert werden durch den
Umweg über die szenische Beobachtung anderer Gesell-
schaftsmitglieder.

Aus der Allgemeinheit der Moral ergab sich nun aber die
Frage, wie sie auf dem Theater glaubhaft auf Personen zu
beziehen und als deren eigenste Empfindung darzustellen sei.
Zugespitzt ließ sich diese Frage als das Problem formulieren,
ob die Moral denn in der Allgemeinheit ihrer Forderungen
ohne innere Anteilnahme der Schauspieler auf die Bühne zu
bringen sei. Wie sollten moralische Empfindungen inszeniert
werden, also beliebig wiederholbar sein, ohne an Glaubwürdigkeit zu verlieren? Lessing, der dieses Problem früh (und
das heißt: *vor* Diderot) mit aller Konsequenz begriff, gab dar-

auf die Antwort, daß Empfindung und Darstellung der Moral
bei Schauspielern nicht notwendig gleichzeitig vorhanden sein
müßten:

> »Alle Moral muß aus der Fülle des Herzens kommen,
> von der der Mund übergeht; man muß ebensowenig
> lange darauf zu denken als damit zu prahlen scheinen.
> Es verstehet sich also von selbst, daß die moralischen
> Stellen vorzüglich wohl gelernet sein sollen ... Aber die
> richtige Akzentuation ist zur Not auch einem Papagei
> beizubringen. Wie weit ist der Akteur, der eine Stelle
> nur versteht, noch von dem entfernt, der sie auch zu-
> gleich empfindet! Worte, deren Sinn man einmal gefaßt,
> die man sich einmal ins Gedächtnis geprägt hat, lassen
> sich sehr richtig hersagen, auch indem sich die Seele mit
> ganz anderen Dingen beschäftigt; aber alsdann ist keine
> Empfindung möglich. Die Seele muß ganz gegenwärtig
> sein; sie muß ihre Aufmerksamkeit einzig und allein auf
> ihre Reden richten, und nur alsdann –
> Aber auch alsdann kann der Akteur wirklich viel
> Empfindung haben und doch keine zu haben scheinen.
> Die Empfindung ist überhaupt immer das streitigste un-
> ter den Talenten eines Schauspielers. Sie kann sein, wo
> man sie nicht erkennet; und man kann sie zu erkennen
> glauben, wo sie nicht ist. Denn die Empfindung ist etwas
> Inneres, von dem wir nur nach seinen äußern Merkma-
> len urteilen können.« (Lessing: 1959, S. 341 f.)

Das Problem einer glaubwürdigen Präsentation von Empfindungen auf dem Theater bestand darin, daß mit ihnen die
bürgerliche Gefühls*kultur* dargestellt werden sollte, als wäre
sie schon die Gefühls*natur*, die sie doch nur vorstellen konnte.
Darum war Lessings Plädoyer zugunsten der täuschenden
Verstellung auf Kosten der notwendigen Glaubhaftigkeit bei
der Darstellung von Moral auf dem Theater zugleich eine
Entscheidung gegen den Anspruch auf eine nicht durchzuhal-
tende Wahrhaftigkeit von Seiten der Darsteller. Sie sollten
nicht empfinden müssen, was sie nur zu empfinden schienen.
Denn eine Nachprüfbarkeit ihrer Empfindungen war ohnehin
nicht möglich. Folglich war »mechanische Nachäffung«,
wenn sie nur gut gemacht war, so viel und mehr wert als eine

moralische Überzeugung, die ein Schauspieler dem Publikum nicht vermitteln konnte.

Am Problem der Empfindung stieß die Reflexivität des theatralischen Darstellungsverhaltens gleichsam an eine natürliche Grenze. Durch sie wurde ihre Wahrheitsfähigkeit in Frage gestellt. Das Sein des Menschen war augenscheinlich durch reflexive Selbstdarstellung nicht voll und spontan vorführbar, es schien nicht ohne Rest unter Kontrolle gebracht werden zu können. Das Risiko einer sinnlichen Darstellung von Empfindungen durchbrach notwendig und immer wieder die Reflexivität eines Selbstverhältnisses, das sich als moralische Selbstkontrolle begreifen wollte. War Glaubwürdigkeit beim selbstbeobachteten oder spontanen Spiel einer Rolle mehr auf seiten der Kunst oder der Natur? Sollte der Schauspieler wirklich empfinden, was er moralisch zu verkörpern beanspruchte, oder nur scheinen, was er nicht jederzeit sein konnte?

Auf jeden Fall ist es erstaunlich, daß selbst Lessing das Problem der Empfindungen auf dem Theater ausdrücklich nicht an denen darstellte, die Empfindungen zumeist darstellten – den Schauspielerinnen. Denn stärker als bei den Schauspielern stieß bei ihnen das Selbstverhältnis der Reflexivität an eine natürliche Grenze. Ihnen vor allem wurde die Darstellung von Empfindungen auf der Bühne traditionell abverlangt. Und gerade ihnen galten die Vorwürfe, wenn diese Darstellungen entweder zu gut oder zu schlecht gelangen. Denn so oder so – die Schauspielerin war die riskante Person in der moralischen Anstalt. Von ihr wurde erwartet, was sie zugleich nicht bieten durfte: eine über die bloße Darstellung hinausgehende Sinnlichkeit des Empfindens, die unvermittelt reizte und außer Kontrolle zu geraten oder zu bringen drohte. Darum wurde sie (anders und stärker als ihre männlichen Kollegen) zugleich verachtet *und* vergöttert.

Renate Möhrmann

Die Schauspielerin
als literarische Fiktion

Schauspielerinnen haben die Dichter zu allen Zeiten besonders beschäftigt. Sie erblickten in ihnen die greifbare Verkörperung ihrer Träume, die Hüterinnen ihrer heimlichen Wünsche und Hoffnungen, die einzigen Gefährtinnen ihrer unbürgerlichen Sehnsüchte. »Die Schauspielerin ist imstande, weiblicher zu wirken als jede gewöhnliche Frau, den Männern erscheint häufig in ihr das Geschlecht gesteigert, sie erliegen ihr leichter«, schreibt Heinrich Mann, der sich in seinem epischen und dramatischen Werk immer wieder mit dem Schauspielerinnen-Motiv auseinandergesetzt hat und damit einen deutlichen Hinweis gibt, warum die Aufmerksamkeit der Dichter nicht in gleicher Weise auch auf den Schauspieler gerichtet ist. (Mann: 1929, S. 274)

Seit dem Aufkommen des Komödiantenberufs haben Literaten die Schauspielerin in den üppigsten und vielfältigsten Farben beschrieben und Philosophen und Kulturhistoriker an ihrer Wesensbestimmung gearbeitet. Die Skala der Imagination ist auffällig bunt und breit. Doch bei aller Buntheit lassen sich doch bevorzugte Farben erkennen. Ganz deutlich überwiegen die leuchtenden, glänzenden Töne, oft die grellen. Grautöne fehlen fast völlig. So steht im Mittelpunkt der meisten literarischen Texte die Schauspielerin auf der höchsten Stufe ihres künstlerischen Erfolgs, im Glanz uneingeschränkter Bewunderung, im Triumph ihrer Macht und im Besitz der männlichen Zuschauerherzen. Es sind die gefeierten Primadonnen und umworbenen Diven, die Theaterprinzessinnen und Virtuosinnen, die in der Regel die Protagonistinnen in Künstlerdramen und -romanen abgeben. Die Vielzahl der anderen, das große Heer derer, die im Schatten stehen und, stets am Rande der existenziellen Notlage, zu jeder Saison um ein

neues Engagement zu kämpfen haben, findet weniger und
erst zu einem späteren Zeitpunkt literarisches Interesse. Fest
steht, daß die ästhetischen Repräsentationen der Schauspielerin wenig gemein haben mit der theaterhistorischen Wirklichkeit, in der die meisten von ihnen lebten. Der Mythos, der um
ihre Figur gewoben ist, ist aus zu festem Stoff, als daß er
mühelos von ihr abzutrennen wäre. Auch ist das Theater selbst
– lange Zeit der einzige öffentliche Ort, wo der an der Macht
nicht teilhabende Stand, das Bürgertum, seine Zukunftsvisio-
nen artikulieren konnte – zum Medium ästhetischer Gegen-
wirklichkeit hochstilisiert worden. Das gilt besonders für die
deutsche Klassik.

Aus diesem Grund quittiert auch Wilhelm Meister den
Kaufmannsstand und sagt sich los von aller bürgerlichen Ge-
schäftigkeit. Denn – so schreibt er seinem Freund Werner –
»mich selbst, ganz wie ich da bin, auszubilden, das war dunkel
von Jugend auf mein Wunsch und meine Absicht.« (Goethe:
1950, S. 290) Da er jedoch kein Edelmann, sondern bloß Bürger ist und ihm folglich das öffentliche Wirken verwehrt ist,
sucht er sich – gewissermaßen als Öffentlichkeitsersatz – die
Bühne als Werkstätte aus. So wird das Theater für den Bürger
der Ort zur Verwirklichung seiner Wünsche und die Schauspielerin zur Projektionsfigur, durch die er sich an sie heran-
träumt.

Zwar sind in Goethes ursprünglicher Fassung der LEHR-
JAHRE, in WILHELM MEISTERS THEATRALISCHER SENDUNG, die
Schauspielerinnen realistischer gezeichnet. Doch auch sie
fungieren, bei aller moralischen ›Liederlichkeit‹, als ideali-
sierte Kontrastfiguren zum Bürgertum. Das gilt insbesondere
für die Schauspielerin Philine. Allen gesellschaftlichen Anforderungen zum Trotz, innerlich unabhängig, verschafft sie sich
in kecker Leichtfertigkeit das, was sie gerade braucht: Männer, Juwelen und die allgemeine Aufmerksamkeit. Als eine
Art vorweggenommene ›femme libre‹ bewegt sie sich leichtfü-
ßig jenseits aller Fesseln der Konvenienzehe und hält ihr
Schicksal selbst in der Hand oder arrangiert es nach der Lage
der Dinge. Männer können sie zwar aufs höchste beglücken,
niemals jedoch ins Unglück stürzen. Wie sehr eine solche Gestalt Projektionsfigur bürgerlicher Männerphantasien ist, zeigt

ein Blick auf die Lebenserinnerungen einer wirklichen Schauspielerin aus derselben Epoche, nämlich auf Karoline Schulze-Kummerfeld. Sie beginnt mit ihren Aufzeichnungen im Jahre 1782, zur selben Zeit also, als Goethe an den Hauptteilen der THEATRALISCHEN SENDUNG arbeitete.

Liest man Schulze-Kummerfelds Memoiren im Hinblick auf Goethes Theaterroman, erhält man – so paradox das klingt – sein bürgerliches Gegenstück. Denn was Wilhelm die Bühne ist, sind Karoline die bürgerlichen vier Wände: die Zufluchtsstätte vor den Widrigkeiten des Alltags. Als Kind von Wanderschauspielern steht sie seit ihrem dritten Lebensjahr auf den Brettern, die dem Bürgertum die Welt bedeuten, und hilft mit, die Haushaltskasse aufzubessern. Von einem Ort zum anderen ziehend, als Sängerin, Tänzerin und Schauspielerin auftretend – so wie das damals üblich war –, hat sie die Mühen des Theateralltags hinreichend kennengelernt. Und als sich schließlich ein bürgerlicher Freier in der Gestalt des Hamburger Bankoschreibers Wilhelm Kummerfeld einstellt, gibt sie ihm willig ihr Jawort und kehrt dem Theater kurzerhand den Rücken.

Eine solche Betrachtungsweise entspricht nicht der Theatromanie einer Epoche, der die Bühne zum Ersatz für politisches Handeln geworden ist. In der symbolischen Überhöhung der Schauspieler schafft sie sich das Personenarsenal, das für ihre eskapistischen Träume taugt. Denn der Ernst des Lebens war schmutzig genug. Das war nicht immer so.

Theateralltag, so wie ihn die Wanderschauspieler tatsächlich in der Provinz erfahren, mit allen Widrigkeiten des Berufsstandes, insbesondere für seine weiblichen Mitglieder, wird in dem großen französischen Theaterroman des 17. Jahrhunderts, in Paul Scarrons DIE KOMÖDIANTEN (1651) festgehalten. Er berichtet aus einer anderen Perspektive als der Weimaraner. Weder sieht er zu den Schauspielern hinauf noch auf sie hinunter, um von dort ihre symbolische Überhöhung zu betreiben. Scarron erzählt aus ihrer Mitte, als einer der ihren sozusagen. Sachlich, unverblümt und das Unfeine auch im Umgang mit den Schauspielerinnen nicht aussparend. Die Ankunft einer kleinen Komödiantentruppe in der französischen Provinz beschreibt er wie folgt:

»Als unsere Schauspieler ankamen, füllten die ärgsten Süßholzraspler der Stadt bereits die Zimmer der Schauspielerinnen. Etliche von ihnen waren allerdings durch den kühlen Empfang, den sie gefunden hatten, schon bedeutend ernüchtert. Sie sprachen alle durcheinander, vom Theater, von guten Versen, von Dichtern und Romanen. Nie, ausgenommen bei Zank und Streit, ging es in einem Zimmer geräuschvoller zu. [...] Mitunter drückte oder küßte man Angelika die Hand, denn im Scharwenzeln und Tätscheln sind die Provinzler groß; mit einem Fußtritt ans Schienbein, einer Ohrfeige oder einem Biß – wie es gerade kam – entledigte sie sich jedoch alsbald dieser unverschämten Hofmacher.« (Scarron: 1983, S. 31 f.)

Und weiter heißt es:

»Kühn näherte sich Ragotin den Schauspielerinnen und ergriff, ohne um Erlaubnis zu bitten, ihre Hände und wollte sie ein wenig tätscheln. Fräulein von Etoile beschränkte sich darauf, ihre weißen Hände seinen schmutzigen und haarigen Klauen zu entziehen, während Fräulein Angelika ihm mit einer Miederstange tüchtig auf die Finger klopfte.« (Scarron: 1983, S. 54 f.)

Scarrons Komödianten-Roman ist in mehrfacher Hinsicht für unsere Untersuchung aufschlußreich. Zu einer Zeit, in der im höfischen Frankreich das Theater bereits in voller Blüte steht und Paris sich zur Theatermetropole Europas entfaltet hat – die wichtigsten Stücke von Corneille liegen bereits vor, und die Bühnen des Hôtel de Bourgogne und du Marais sind zu festen Theatern geworden – richtet Scarron sein Augenmerk auf das sozial deklassierte Wandertheater in der Provinz. Nicht die großen Aktricen des Hôtel de Bourgogne wie Mlle Françoise Le Noir, Mlle Marie Venier oder Mlle Marguerite Villiers inspirieren den Autor zu seinem Roman, sondern die kleinen Schauspielerinnen der fahrenden Truppen.

Damit besitzen wir eins der wenigen literarischen Dokumente, das die glanzabgewandte Seite des Theaters, das moralisch zwielichtige Milieu der fahrenden Leute festhält und die Schauspielerinnen in ihrem ganz gewöhnlichen Alltag zeigt.

Scarron erzählt nicht die so beliebte Komödiantinnen-Erfolgsstory. Er beschreibt, was er sieht und malt weder schwarz noch weiß. Insofern sind seine Schauspielerinnen gleich weit entfernt von den beiden gängigen Kontrast-Klischees, die ihnen im Verlauf der Kulturgeschichte immer wieder zuteil werden: sie erscheinen weder als höhere Wesen noch als niedrige Buhlerinnen, sondern als Frauen, die einen harten Beruf ausüben. Bedenkt man, daß die Wanderschauspielerin im 17. Jahrhundert – im Gegensatz zu ihrer hoffähigen Schwester auf den Pariser Bühnen – im Ruf stand, dem ehrlosen Gesindel zuzugehören, mit Landstreichern, Quacksalbern, Dirnen und Diebinnen verwandt zu sein, so wirken Scarrons Erzählungen wie die Ehrenrettung dieses ersten professionellen Komödiantentums. Aus den zitierten Passagen wird deutlich, wie die Schauspielerinnen in ihrem unsteten Wanderleben immer wieder Angriffen auf ihre Tugend ausgesetzt sind und in Situationen geraten, die den bürgerlichen Frauen in der Regel erspart bleiben, aber auch mit welch resoluten Abwehrmaßnahmen sie diese Attacken der Männer parieren.

Im Zusammenhang mit der europäischen Aufklärung und ihren rationalistischen Bildungskonzepten wird das Theater – insbesondere in Deutschland – zunehmend als ›moralische Anstalt‹ definiert und die Tugendfrage seiner weiblichen Mitglieder eingehend diskutiert. Vor diesem Hintergrund entstehen eine Reihe von Komödiantinnen-Dramen, die sich, je nach der ideologischen Herkunft ihrer Verfasser, in Beispiel- oder Warnliteratur aufgliedern lassen. Zu der ersten Gattung gehören Stücke wie Johann Ludwig Schlosser DIE KOMÖDIANTEN (1767), zur zweiten solche wie Joseph Freiherr von Petraschs DER HOF DER SCHAUSPIELER (1765). Umgibt Schlosser seine Heldin Wilhelmine mit einer Gloriole der Tugend, so zeigt v. Petrasch die erste Dame seines Stücks, Frau Zierlich, im Schlepptau des Lasters. Aufschlußreich ist, daß, ungeachtet ihrer charakterlichen Gegensätzlichkeit, beide Frauen die eigene Berufstätigkeit gänzlich negativ einschätzen. So würde Wilhelmine – obgleich von ihrem Autor als eine Darstellerin beschrieben, der es einzig um die Wahrheit der Kunst geht – nichts lieber tun, als dem »unglücklichen Schauspielerstand« endgültig den Rücken zu kehren. Denn beim Theater seien selbst unbescholtene Frauen vor den Nachstellungen der Männer nicht sicher.

So gesehen übt auch Schlossers Drama, das das Beispiel einer tugendhaften Künstlerin vermittelt, eher eine Warnfunktion aus, so wie ganz generell in dieser Epoche – jedenfalls in Deutschland – Schauspieler-Dichtungen überwiegen, die den Bürger vor dem Theater warnen möchten. Es war dies eine Gegenmaßnahme zu der aufkommenden Theatromanie des Jahrhunderts, die darauf hinzielte, die Bürgertöchter davon abzuhalten, in der freien Existenz der Schauspielerin eine mögliche Alternative zu der üblichen Konvenienzehe zu sehen und die geschützten Bürgerhauswände gegen die unsichere Plane des fahrenden Wagens einzutauschen.

Tatsache ist, daß sich seit dem 18. Jahrhundert das Schauspielerinnen-Motiv aus der europäischen Literatur nicht mehr wegdenken läßt und im 19. Jahrhundert geradezu ausufernde Formen annimmt. Versucht man, diese Fülle von Texten zu ordnen, so lassen sich folgende Schwerpunkte setzen: In deutscher Sprache sind zunächst einmal die Vormärzautoren und ganz besonders die Vormärz*autorinnen* zu nennen. Gewiß, auch noch in dem Jahrzehnt vor der Achtundvierziger Revolution bildet das Theater – schließlich hatte die Mehrzahl der deutschen Staaten noch immer keine Verfassung – »das einzige öffentliche Element«, um das sich »unser ganzes modernes Leben gruppiert«, schreibt August Lewald in seinem Theater-Roman von 1841. (Lewald: 1841, S. IIIf.)

Daß aber gerade die emanzipierte Phalanx der ersten deutschen Schriftstellerinnen-Generation – Frauen wie Fanny Lewald, Ida Hahn-Hahn oder Luise Mühlbach – der Bühnenkünstlerin ein gesteigertes Interesse entgegenbringt, liegt an der Sonderstellung der Frau innerhalb des Theaters. Schließlich darf nicht vergessen werden, daß den Töchtern der gehobenen Stände bis dahin nur zwei Erwerbsmöglichkeiten offenstehen, nämlich die Lehrtätigkeit und die Kunst. Wobei erstere zumeist in Form des Gouvernantentums praktiziert wurde und letztere in Form von Schauspiel- oder Gesangskunst sowie der Schriftstellerei erreichbar war. Die Schauspielkunst aber war der erste und lange Zeit einzige Frauenberuf, »in dem die Frau völlige Gleichberechtigung mit dem

Manne erlangt hat und dem Manne ebenbürtig zur Seite
steht.« (Stümcke: o. J., S. 113)

Insofern liegt es nahe, daß jene Gruppe der Vormärzautorinnen, welche die Frauenemanzipation auf ihr Panier geschrieben hat und in der Berufstätigkeit der Frau einen ersten
entscheidenden Schritt zu ihrer Verwirklichung sieht, sich
auch fiktional mit der Bühnenkünstlerin befaßt.

Doch welche Bilder der Schauspielerinnen entwerfen diese
Schriftstellerinnen in ihren Romanen? Ein erstaunlich ein-
heitliches. Es sind – wie bei den Werken der männlichen Kollegen – die *Erfolgreichen* unter den Bühnenkünstlerinnen,
diejenigen, die auf der höchsten Stufe ihrer Laufbahn stehen
und die Gunst des Publikums besitzen. Gleichzeitig läßt sich
in diesen fiktiven Lebensläufen eine gemeinsame Grund-
struktur erkennen. Sie alle sind Aufsteigerinnen. Frühzeitig
verwaist, sind sie darauf angewiesen, selber für ihren Lebensunterhalt zu sorgen. Die Schauspielkunst dient ihnen als Brot-
erwerb. Sie alle erklimmen die Stufenleiter des Erfolgs bis zur
höchsten Sprosse und schaffen den Aufstieg fast mühelos.
Herausgetreten aus der drückenden Beengung ihrer Herkunft, gelingt es ihnen binnen kurzem, in »stattlichen Häusern« und »elegant eingerichteten Zimmern«, von »fürstli-
chem Luxus umgeben« zu residieren und »Empfangsaal« und
»galonierte Diener« ihr eigen zu nennen. Die Mühseligkeiten
des Schauspielberufs bleiben durchgehend ausgespart. Alle
Protagonistinnen werden ohne besondere Hürden zu hervorragenden Bühnendarstellerinnen, zu den größten Künstlern
ihres Fachs und schaffen in kürzester Zeit den Durchbruch
zur Berühmtheit. Verträge mit nationalen und internationalen
Bühnen fallen ihnen gleichsam in den Schoß. Der Leser gewinnt auf diese Weise den Eindruck, als wäre der Aufstieg zu
den Höhen der Bühnenkunst – sofern es sich um junge und
schöne Frauen handelt – kein sonderlich schwieriges Unterfangen.

Allen von weiblichen Autoren geschilderten Schauspielerinnen dieser Epoche ist außerdem gemeinsam, daß sie sich
zwar auf der Höhe der Kunst befinden, diese ihnen aber nicht
das Höchste ist. Denn über allem Glanz der Künstlerin thront
in ihnen das liebende Weib. Und dieses will nicht so sehr die

Gunst des Publikums gewinnen als vielmehr das Herz des
Geliebten. Vor die Entscheidung gestellt, zwischen der Kunst
und dem Mann ihrer Sehnsucht zu wählen, entscheidet sich
die so beschriebene Schauspielerin bedenkenlos für letzteren.
Die Ausrichtung auf den ›Einzigen‹ bleibt, trotz aller unbürgerlichen Lebenshaltung in anderen Bereichen, lebensbestimmend für sie.

»Den Tod zu überwinden«, verkündet die Schauspielerin Sophie Harkourt, »das ist leicht, aber wie erträgt
man das Leben mit dem Tode im Herzen? – Ich habe
viele Tage und Nächte daran gedacht wie ich leben soll
ohne Julian's Liebe [...]. Und was bin ich ohne Julian?
Was bleibt mir, wenn ich ihn verliere?« (Lewald: 1845,
Bd. 1, S. 185 f.)

Doch auf die naheliegende, ihr von ihrem Gesprächspartner
entgegengehaltene Antwort: »Die Kunst« – erwidert Sophie
mit apodiktischer Strenge: »Ich werde nicht wieder die Bühne
betreten.« (Lewald: 1845, S. 186) Das bleibt keine bloße Rhetorik. Sophie verläßt mit »an hoffnungsloser Liebe verblutendem Herzen« die Bretter, die ihr nun nicht mehr die Welt
bedeuten, entsagt allem Glanz, der nichts Glänzendes mehr
für sie hat und wird – mit dem Segen der Autorin – barmherzige Schwester im ›Hôpital de Dieu‹. Auch an anderen Stellen
finden sich ähnliche Bewertungen der Autorin über die Hierarchie von Herz und Kunst. Letztere – so urteilt Lewald entgegen ihrer eigenen Erfahrung – vermag eine Frau wohl eine
Weile auszufüllen. *Erfüllen* kann sie sie nicht. Das vermag nur
die Liebe. Und so sind alle ihre Schauspielerinnengestalten in
erster Linie große Liebende mit weiten, edlen Herzen. Sie
können Passionen erliegen, aber niemals Affairen haben. Zumeist sind sie außerdem ›Erstliebende‹. Die unordentliche,
dem Glanz abgewandte Seite des Berufs, bleibt unerzählt.

So werden Schauspielerinnenschicksale entdornt und nach
dem Muster von Entsagungsromanen beschrieben. Die schillernde, widersprüchliche Vielfältigkeit des Schauspielerdaseins dient lediglich als Folie, um die bekannten Geschichten
der weiblichen Herzen in neuer Drapierung zu bieten. Die
Unabhängigkeit der Schauspielerin, der Freiraum, den ihr
ihre Tätigkeit gewährt, bleibt fiktional ungenutzt. Auch die

Bühnenkünstlerinnen in den Romanen von Luise Mühlbach, Emilie Minden aus DIE KÜNSTLERIN (1839) und Catharina aus DER ZÖGLING DER NATUR (1842), verkörpern Gipfelleistungen ihrer Kunst, haben kaum Aufstiegsschwierigkeiten gehabt und erfreuen sich anhaltender Publikumsgunst. Auch sie sind jung, schön und von edler Gesinnung. In bezug auf die Präferenz von Liebe und Beruf unterscheiden sie sich allerdings von den Lewaldschen Bühnenkünstlerinnen. So stellt z. B. Catharina, die Prima Donna aus DEM ZÖGLING DER NATUR, die Liebe als die höchste Erfüllung des Weibes grundsätzlich in Frage. Ihre Glückserwartungen sind nicht mehr ausschließlich am männlichen Prinzip orientiert. Sie hat eigene Wünsche, Vorstellungen und Hoffnungen, die sie um der Liebe willen nicht aufgibt. Darin, daß Mühlbach eine solche Gestalt weder als kalte Karrierehyäne noch als leichtfertige femme fatale interpretiert, liegt das Neue in der Darstellung der Schauspielerin.

Die weniger glänzende Seite der Bühnenkünstlerinnenexistenz, der allmähliche Abstieg und die materielle Verelendung finden sich erstmals bei den französischen Realisten des 19. Jahrhunderts, bei Honoré de Balzac, den Brüdern Goncourt und Emile Zola dargestellt. Gleichzeitig wird das Theaterkolorit konkreter. Spielten in den Romanen der Vormärzautorinnen große Schauspielerinnen glänzende Rollen, so erfährt der Leser fortan Genaueres über die besonderen Aufführungsmittel, den Typ von Theater, auf dem die Künstlerin auftritt und die Kritikrezeption. Balzac z. B. lokalisiert in den VERLORENEN ILLUSIONEN (1839) seine Schauspielerinnenhandlung in das Vaudevilletheater und damit in die niedrigsten Ränge der Schauspielkunst. Zwar wird Coralie von ihrem Liebhaber, dem Journalisten Lucien Chardin, für die schönste Frau von Paris gehalten, doch das verschafft ihr noch lange nicht das Entree zu den Pariser Prachttheatern. Angefangen haben die sechzehnjährige Coralie und ihre Freundin Florine als kleine Statistinnen in der Gaîté, einem Unterhaltungsetablissement ohne besonderes Renommee. Erste Rollen bekommen sie im Panorama Dramatique, einem Boulevardtheater mittleren Rangs, das sich durch häufige Bankrotts und den Mangel an guten Stücken auszeichnet. Ihren Durchbruch bewerkstelligen andere. »Zwei Kaufleute haben, um Coralie und Florine einen Triumph zu verschaffen, jeder hundert Karten gekauft und an Bekannte verteilt« (Balzac: 1953, S. 327), die feindlichen Claqueure bestochen und den beiden Schauspielerinnen befohlen, Busen zu zeigen und kurze Röcke zu tragen. Das wirkt.

Balzac führt dem Leser die ganze Skrupellosigkeit der Restauration unter Ludwig XVIII. vor Augen, deckt die Verquikkung von Kapital, Presse und Theater auf, beschreibt, wie Erfolge gemacht oder verhindert werden und die Schauspielerinnen in unmittelbarer Abhängigkeit von den Journalisten stehen. Seit dem Aufkommen des Pressewesens in den beginnenden 20er Jahren des 19. Jahrhunderts ist das Theater die Traumfabrik, die den Herren Kritikern die Maitressen liefert. Finanziert wird diese Liaison von den Kaufleuten. So bezahlt der 56jährige Seidenhändler Camusot seiner Geliebten Coralie 2000 Franken im Monat, alle Kostüme und Accessoires, eine Equipage und dazu noch die Claqueure. Um seinem biederen Familien- und Kaufmannsleben auch nach Coralies ›Verrat‹ nicht allen exotischen Glamour zu nehmen, hält er sogar noch ihren Liebhaber aus.

Soweit also ist Coralies Existenz als Schauspielerin gesichert. Doch an dieser Stelle der Geschichte findet ein Wechsel der Perspektive auf die Bühnenkünstlerin statt. Ähnlich wie die Vormärzautorinnen beginnt auch Balzac sich von nun an mehr für Coralie als die große Liebende zu interessieren, für das Geschöpf, das bei ihrem Journalisten erstmals die wahre Liebe erfährt und keine Minute zweifelt, auch seine Mißerfolge mit ihm zu teilen. So entpuppt sich Coralie – ganz nach bekanntem Muster – als die kleine Schauspielerin mit dem großen Frauenherzen, für die nicht die Kunst, sondern der Geliebte das Höchste ist. Damit ist ihr Untergang besiegelt, denn die Widersacher Luciens verschonen auch sie nicht. Coralie verliert ihre Rolle und stirbt in Armut.

In ähnlich korrupter Gesellschaft, doch ohne den Glanz des Herzens von Coralie, entwerfen die Brüder Goncourt die Schauspielerin Marthe in ihrem Roman DIE LITERATEN (1860). Sie wird zum Inbegriff des Negativbildes der Schauspielerin herabstilisiert. Unbedeutend, dumm, launisch, intrigant und bis zur Grausamkeit egoistisch, richtet sie, nachdem ihr Mann, der Schriftsteller Charles Demailly, sie verlassen hat, ihre ganze Energie darauf, ihn zu vernichten. Zusammen mit seinen neidischen Redaktionskollegen initiiert sie wahre Hetzkampagnen gegen ihn, die ihn gänzlich zugrunde richten und schließlich in den Wahnsinn treiben. Hier wird die Schauspielerin als rasende Rächerin dargestellt, die ihr Leben als elisabethanisches Theater inszeniert. Die Bühnenkünstlerin als solche scheint die Autoren offenbar nicht sonderlich zu interessieren.

Als erste literarische Darstellung, die die Berufs- und Lebensproblematik der Schauspielerin zu ihrem eigentlichen Thema macht, ist der 20 Jahre später von Edmond de Goncourt allein verfaßte Theaterroman LA FAUSTIN (1882) zu bezeichnen. Schon im Vorwort nennt der Autor seine Arbeit eine psychologische und physiologische Studie über die Schauspielerin und weist darauf hin, daß er wie ein Historiker gearbeitet und seinen Roman sozusagen auf menschlichen Dokumenten aufgebaut habe. (Goncourt: 1882, S. 9)

Er und sein Bruder sind wahre Theatermenschen. Zu ihrem Freundeskreis gehören Sarah Bernhardt, Rachel und die Duse, zu ihren Gewohnheiten der Besuch in der Schauspielgarderobe vor der Aufführung und das Theatersouper danach. Ein Großteil ihres schriftstellerischen Oeuvres ist Kunstfragen gewidmet. Dazu gehören auch Biographien von Schauspielerinnen und Opernsängerinnen, wie die der berühmten Pariser Sopranistin Madeleine Sophie Arnould und La Saint-Huberty. Außerdem interessieren sie sich – das zeigt ihre großangelegte Studie DIE FRAU IM 18. JAHRHUNDERT – in besonderem Maß für die weibliche Psychologie.

Dabei ist sich Edmond de Goncourt der Gefahr der Verfälschung, die solche Darstellungen von weiblicher Vita aus männlicher Feder zur Folge haben können, durchaus bewußt. Geradezu inständig und mit Verweis auf die Verlagsadresse bittet er im Vorwort zu LA FAUSTIN seine Leserinnen um Mitarbeit, Ergänzung und Korrektur der von ihm entworfenen Frauenbilder. Denn es geht ihm um Genauigkeit. Das ganze Spannungsfeld von Öffentlichkeit und Privatheit, von Spiel und Leben, von dargestellter und erlebter Liebe, in dem sich die Schauspielerin bewegt, möchte er ausloten, wie es vor ihm noch keiner versucht hat. Ihn interessiert die Identität der Schauspielerin. Was ist Wirklichkeit, was ist Rollenspiel? Wo beginnt das eine, und wo hört das andere auf? Ist die Schauspielerin von Natur aus leidenschaftlich veranlagt, eine Frau mit gesteigerten Gefühlen, die nur auf der Bühne zum Ausdruck kommen können, weil die Wirklichkeit keinen Raum für sie hat? Oder, gerade umgekehrt, ist sie eine Schauspielerin, weil ihr die eigenen Gefühle fehlen und sie alles nur darstellt? Es sind die gleichen Fragen, die rund 30 Jahre später auch ein deutscher Schriftsteller – Heinrich Mann nämlich – aufwirft und literarisch verarbeitet und die in England von Somerset Maugham in dem Schauspielerroman THEATER (1937) behandelt werden. Edmond de Goncourt hat mit LA FAUSTIN die Diskussion um die moderne Bühnenkünstlerin eröffnet und den Konflikt, der der Schauspielerinnenexistenz zugrunde liegt, erstmals zu einem psychologischen Roman ausgebaut. Er beschreibt nicht bloß die gefeierte Komödiantin an der Seite eines interessanten männlichen Charakters wie noch Balzac in VERLORENE ILLUSIONEN oder die der Bühne entsagende Künstlerin, die erst als Gemahlin eines Adligen von besonderem Interesse ist wie Fontane in GRAF PETÖFY. Goncourt setzt sich mit der Problematik auseinander, die für die Schauspielerin als Frau bzw. für die Frau als Schauspielerin von Bedeutung ist.

Seine Demonstrationsfigur ist die gefeierte Tragödin Juliette La Faustin, die an dem ältesten und renommiertesten französischen Staatstheater, dem Théâtre français, die PHÄDRA von Racine spielt. Der Autor beschreibt ein Jahr aus dem Leben dieser Künstlerin, das vor allem durch zwei Ereignisse bestimmt wird: ihre Erarbeitung und Darstellung der Rolle der Phädra und ihre Liebe zu dem Engländer Lord Annandale, wobei beide in einem unmittelbaren Zusammenhang miteinander stehen. Denn es geht Goncourt um die Gretchenfrage der Schauspielkunst, darum, ob Gefühle erlebt oder gemacht werden sollen, ob die distanziert beobachtende Schauspielerin die bessere Darstellerin großer Leidenschaften ist oder die Schauspielerin, die selbst liebt. Mit dieser Frage ist der Bühnenkünstler um die Mitte des 18. Jahrhunderts erst-

mals zum Gegenstand theoretischer Abhandlungen und thea-
terästhetischer Überlegungen gemacht und damit als entscheidender Bestandteil der Inszenierung gewürdigt worden.
Wie lassen sich theatralische Effekte am besten erzielen?
Durch Empfindung oder durch Berechnung? Die unterschiedlichen Antworten hierauf kennzeichnen die Stationen in
der Geschichte der Schauspieltheorie. Die ersten Kontrahen-
ten in dieser theatralischen Grundsatzfrage waren der französische Gelehrte Rémond de Ste. Albine, der vom Bühnenkünstler die völlige Identifikation mit der Rolle gefordert
hatte, und der italienische Schauspieler Riccoboni, der, gerade
umgekehrt, die Glaubwürdigkeit des Spiels durch eigene
Empfindungen beeinträchtigt sah. Goncourt vertritt den
Standpunkt von Rémond de Ste. Albine. Für beide Schauspie-
lertypen allerdings gilt seiner Meinung nach – und das schildert er mit einer bisher nicht gekannten Genauigkeit –, daß
der Erwerb einer Rolle mühsamste Arbeit ist.

Damit fällt ein wichtiges Stichwort. »Schauspielerinnen
sind Arbeiterinnen«. Mit diesem Satz hatte auch Heinrich
Mann 1926 seinen programmatischen Essay SCHAUSPIELERIN-
NEN eingeleitet und das Talent der Bühnenkünstlerin als das
Ergebnis von Arbeit definiert. Goncourt macht die Arbeit der
Schauspielerin zum Teil seiner Romanhandlung. Er beschreibt die einzelnen Stationen ihrer Tätigkeit von der Rol-
lenübernahme, der ersten Leseprobe, der Kostümprobe bis
zur Premiere mit all den Spannungen und Schwierigkeiten,
die damit verbunden sind. Er schildert, wie sich in Juliette,
von dem Augenblick an, da sie sich mit der Rolle der Phädra
auseinandersetzt, eine spürbare Wandlung vollzieht und die
Passion der antiken Königswitwe allmählich auf sie übergeht.
Sie, die als Maitresse eines verläßlichen Börsianers in quasi
eheähnlichen Verhältnissen lebt, fühlt sich plötzlich von einer
Art Ehebruchslust getrieben und meint, daß sie ohne eigene
Passion die Phädra nicht darstellen kann. Das Rollenspiel
fängt an, für die Tragödin Wirklichkeit zu werden und die
Wirklichkeit die Kulisse, vor der die Rolle erprobt wird.

Um seiner These von der größeren Überzeugungskraft der
erlebten Rolle zum Sieg zu verhelfen, schildert Goncourt zwei
Phädra-Vorstellungen der Tragödin, die Premiere und die ihr

folgende Aufführung. Beide sind ein Erfolg, die erste als das Ergebnis konzentriertester Rollenarbeit und sichersten Stilwillens – seit eh und je das Markenzeichen des Théâtre Français – die zweite durch das bis zur Raserei gesteigerte Spiel der Faustin, welches das Publikum geradezu in Trance versetzt und der Tragödin, die bisher eher als actrice d'art eingeschätzt wurde, das Attribut der actrice de sentiment einbringt.

Wie kommt es zu diesem Unterschied?

Durch einen ideologischen Trick des Autors. Goncourt läßt nämlich, um seine These eindrucksvoll zu untermauern, Juliettes lange für verschollen gehaltenen Liebhaber, Lord Annandale, wie einen deus ex macchina, zwar nicht mehr rechtzeitig zur Premiere, aber immerhin noch rechtzeitig zur zweiten Vorstellung erscheinen, um in der Schauspielerin jenes Liebesfeuer zu entfachen, welches ihr Rollenstudium ihr nicht verschafft hatte. Jetzt erst, durchglüht von der eigenen Passion, ist sie in der Lage, die antike Figur in ihrer ganzen emotionalen Spannweite zu zeigen.

Goncourt kommt mit diesem Roman der Theaterwirklichkeit erstaunlich nah. Es ist an erster Stelle die Schauspielerin, die ihn interessiert, auch dort, wo Juliette der Bühne bereits entsagt hat und ihr Leben als Geliebte von Lord Annandale weiterführt. Denn all ihren Schwüren zum Trotz, von nun an nur noch für den Geliebten zu leben, erblickt Goncourt weiterhin die große Tragödin in ihr und erzählt auch im Rahmen ihrer Liebesromanze – quasi als Gegengeschichte – die Weiterentwicklung der Schauspielerin. Juliette La Faustin bleibt Künstlerin, und die Wirklichkeit ist der Stoff, aus dem sie ihren Rollen das Kolorit gibt. Auch der Tod ihres Geliebten ist von diesem Stoff. Denn bei aller Trauer, die sie an seinem Sterbebett durchdringt, kann sie nicht umhin, sich in nervöser Gebanntheit seine Todesagonien imitatorisch anzueignen. Damit ist das Urteil über sie gefällt. Annandale schlägt noch einmal die Augen auf und erkennt die seinen Tod nachahmende Geliebte. »Bloß eine Komödiantin also und der Liebe nicht fähig«, ist sein letzter Satz und der Schluß des Romans. Trauer als schauspielerische Verstellung. Damit entlarvt sich aber auch der Autor Goncourt. Denn bei aller Akribie, die er seiner Studie hat zugute kommen lassen, teilt er letztlich doch

die Ansicht seiner Zeitgenossen, daß Schauspielerei und Verstellung ganz nah beieinander liegen.

Interessant in diesem Zusammenhang ist, daß Heinrich
Mann seine Novelle Schauspielerin (1906) mit fast dem gleichen Satz beendet, diesmal allerdings von der Protagonistin
selbst geäußert und ohne das einschränkende »bloß«. »Ich bin
eine Komödiantin«, sagt Leonie im Triumph über ihre erarbeitete Unabhängigkeit und in Abgrenzung zu der von ihr als
dürftig erfahrenen bürgerlichen Wirklichkeit. Der Status der
Schauspielerin wird höher von ihr bewertet als die Weiblichkeitsmuster, die die damalige Gesellschaft offerieren kann.

Heinrich Mann hat sich – wie kaum sonst ein Autor – von
seinen frühesten literarischen Arbeiten an bis hin zu dem
posthum veröffentlichten Romanfragment Die traurige Geschichte von Friedrich dem Grossen immer wieder mit
Schauspielerinnen auseinandergesetzt. Dafür sind seine Romane Die kleine Stadt, In einer Familie, Die Jagd nach
Liebe, Die Göttinnen, ja selbst Professor Unrat, der die
Schauspielerin in ihrer schäbigsten Form, der animierenden
Cabaret-Sängerin, zeigt, aber auch seine Erzählungen Pippo
Spano, Schauspielerinnen oder die Die Branzilla sowie
seine Dramen Varieté, Schauspielerin und Mme Legros
eindrucksvolle Beispiele. Hinzu kommen Essays und Portraits
von Schauspielern wie das z. B. von Tilla Durieux. Allerdings
ist es nicht immer eine so eindrucksvolle Schauspielerin wie
die Leonie seiner Novellen, die im Mittelpunkt der Handlung
steht. In seinem Drama Schauspielerin (1911), deren Protagonistin ebenfalls Leonie heißt, unterbreitet Mann quasi einen Gegenentwurf zu der Novellen-Figur. Doch nicht genug
der Parallelität: Die Leonie des Dramas triumphiert in der
Rolle der Clarissa und trägt somit im Spiel den gleichen Namen, den auch die Bühnenkünstlerin in Thomas Manns Dr.
Faustus-Roman, Clarissa Rodde, trägt. Beide, Leonie und
Clarissa, beenden ihr Leben durch Freitod, da sie die Identitätsproblematik der Schauspielerin nicht bewältigen können.
Hier spielt zweifellos das Familienschicksal der Manns in die
Fiktion hinein. Denn die Brüder hatten die besondere Gefähr-
dung der Schauspielerin aus nächster Nähe an ihrer Schwe-
ster Carla erlebt, die Schauspielerin war, und 1910 aus dem

Leben schied. Besonders Heinrich Mann hat der Schwester sehr nahe gestanden. Carlas Freitod wird von ihm als theatralische Identitätskrise, als Zeichen dafür interpretiert, daß sie Leben und Bühne nicht mehr trennen konnte.

Das Gleiche gilt für die imaginierte Schauspielerin Leonie. Nach acht Jahren härtester Bühnenarbeit will sie nun »im Ernst leben«, »Ehrgeiz« und »Eigensucht« aufgeben zugunsten von »Frieden«, »Wärme« und »Eheglück«, weil sie das Ganze »zum Sterben satt« hat.

»Die Gefühle, die man nur hat, um damit zu spielen. Nicht zu leben, nur zu spielen. Die Leidenschaften, von denen man im vornhinein weiß, daß sie nur so lange dauern, bis man was daraus gemacht hat. In solch ein Glück wie ich's kenne, bricht man ein wie in einen Kassenschrank. Dann wird verschwendet, vierzehn Tage lang – und man ist wieder fertig.« (Mann: 1955, S. 88) In diesem Drama erinnert nichts mehr an das selbstbewußte Bekenntnis in der Novelle: »Ich bin eine Komödiantin.« Die Kunst hat ihre befreiende Wirkung verloren. Sie wird nicht mehr als der bessere Gegenpart zum Leben empfunden, sondern bloß noch als Täuschung. Der Ernst hat sich auf die Seite des Lebens geschlagen. Die Kunst ist zur Hülse geworden, die Leonie nicht mehr will. Doch so leicht lassen sich die Positionen nicht austauschen. Das muß Leonie sehr bald erfahren. Im Gespräch mit der Mutter ihres Verlobten kann sie nicht umhin, mit Erschrecken festzustellen, daß sie bereits eine neue Rolle spielt. Das Rollenspiel ist zu *ihrer* Wirklichkeit geworden. Eine andere gibt es für sie nicht mehr. Nur noch in der Rolle kann sich Leonie beweisen, daß sie fühlt. Und so nimmt sie Gift, um ihren Verlobten, dem Industriellen Harry Seiler, zu demonstrieren, wie sehr sie ihn geliebt hat. »Das ist kein Spiel, was so endet«, behauptet sie. »Sie hat sich ihren Tod gespielt«, behauptet ihre Freundin Bella. (Mann: 1955, S. 139 f.)

Auch in DIE JAGD NACH LIEBE (1903) beschäftigt sich Heinrich Mann mit dem Gegensatz von Bühne und Leben, von erarbeiteten und erlittenen Gefühlen, mit der Schauspielerin als Produkt angespanntester Willensleistung und ihrem Gegenpart, dem sogenannten natürlichen Talent. Nur zeigt er diesmal – anders als in seinem Drama – Schauspielerinnen, die den Durchbruch nicht schaffen, deren Talent nicht ausreicht und die ständig mit den Schäbigkeiten des Theaters zu kämpfen haben. Schauspielerinnen im zermürbenden Rollenkampf, als Opfer nie endender Intrigen, auf der Jagd nach dem Geld für ihre teuren Kostüme, Schauspielerinnen, die ihr Talent für die Bühne vorab im Bett unter Beweis stellen müssen, die »für fünf Mark zu haben sind« und sich dennoch wie Übermenschen fühlen, weil sie sich im Bund mit der Kunst wissen, die sie allemal dem Bündnis mit dem bürgerlichen Ehemann vorziehen. »Meine ganze Kunst, meine Arbeit, meine gepflegte, mühsam erarbeitete Persönlichkeit einem einzelnen Bürger in die täppischen Hände zu werfen!« (Mann: 1970, S. 6) Es wäre das letzte, wozu sich Ute Ende, die Romanheldin, die Repräsentantin der erarbeiteten Schauspielkunst, je entschließen könnte.

Doch Heinrich Manns Interesse an der Schauspielerin beschränkt sich nicht bloß auf die Frage nach ihrer künstlerischen Identität. Er schildert auch die besondere Notlage der Bühnenkünstlerin, ihren fortwährenden Kampf um ein Engagement, ihren Status als ›Freiwild‹. Das verbindet ihn mit einem anderen Schriftsteller der Jahrhundertwende, in dessen Werk das Schauspielerinnenmotiv gleichfalls eine dominierende Rolle spielt, nämlich mit Arthur Schnitzler. Auch ihn verbinden zahlreiche Fäden mit dem Theater. Durch seinen Vater, den berühmten Kehlkopfspezialisten, dessen Klientel sich hauptsächlich aus Burgtheaterschauspielern rekrutiert, kommt Schnitzler schon als sehr junger Mann mit zahlreichen Bühnenkünstlern in Berührung: Marie Glümer, Marie Elsinger, Adele Sandrock und Marie Reinhard. Olga Gussmann, eine angehende Schauspielerin, wird seine Frau. Aus persönlicher Erfahrung also weiß er, was das Theater für die Frau um die Jahrhundertwende – der das Hochschulstudium noch immer versagt ist – bedeutet: eine der wenigen Möglichkeiten zu beruflicher Selbständigkeit. Das gilt für Carla Mann genau so wie für Olga Schnitzler. Wie sehr Schnitzler diese Probleme beschäftigt haben, zeigen die zahlreichen Fassungsänderungen seiner Schauspielerinnen-Dramen, insbesondere die des Märchens, die die ganze Spannweite der Lebenssituation der

Bühnenkünstlerin umfassen: von der auf dem Theater Begehrten zur gesellschaftlich Verstoßenen, von der Gefeierten zur Gefallenen. Nirgendwo, so zeigt Schnitzler, ist die Doppelmoral der Jahrhundertwende krasser zum Ausdruck gekommen als in der Behandlung der Schauspielerin durch das männliche Publikum.

Doch trotz aller Sozialkritik steht auch bei diesem Autor die junge Schauspielerin im Mittelpunkt seiner Darstellung. Der Verlust von Schönheit und Jugend – für die Bühnenkünstlerin mit besonders gravierenden Folgen verbunden –, die Probleme, die Krankheiten und Älterwerden aufwerfen, ja Alter ganz generell, all das bleibt auch bei Schnitzler ausgeblendet. Das Thema der alternden Schauspielerin stößt erst im Verlauf des 20. Jahrhunderts auf schriftstellerisches Interesse. Den Auftakt setzt wortgewaltig und pathetisch der italienische Dichter Gabriele D'Annunzio mit dem Roman FEUER (1900), der auf seinen eigenen Liebesbeziehungen mit Eleonora Duse basiert. Das bestimmt die Erzählperspektive. Altern wird nicht aus sozialkritischer Sicht beschrieben, sondern als Erlebnis zweier großer – wenn auch ungleicher Individuen, nämlich eines jungen, aufsteigenden Dichters und einer weltberühmten Tragödin. Doch während sich die Gefühle der alternden Schauspielerin vorwiegend im Rahmen des üblichen weiblichen Hingabewillens und traditionellen Entsagungspathos artikulieren – »Ich habe meinen flüchtigen Ruhm nur deshalb geliebt, weil er eines Tages dem Ihren dienstbar werden könnte« (D'Annunzio: 1900, S. 278) – zieht der junge Poet einen erhöhten Genuß aus der Kombination von weiblichem Altern und Darstellungskunst. Sie steigert seine Wollust.

>»Das Bild der Foscarina leuchtete in einem Augenblick vor seiner begehrlichen Seele, vergiftet durch die Kunst, wollüstigen Wissens voll, mit einem Zug von Reife und Verderbtheit um den beredten Mund [...], mit den Spuren der hundert Masken auf dem Gesicht, das die Gewalt der tödlichen Leidenschaften geheuchelt hatte. So stellte er sie sich in seiner Begehrlichkeit vor«. (D'Annunzio: 1900, 48 f.)

D'Annunzios Dichter sucht in Foscarina – ähnlich wie Dorian Gray in Sibyl Vane – nicht die Frau in der Schauspielerin,

sondern die Frau als Darstellerin tausendfältiger Liebe und
unzähliger leidenschaftlicher Situationen, um seine eigene
begrenzte Erfahrung ins Unermeßliche zu steigern. Jedes ihrer abgelebten Jahre fügt seiner emotionalen Gigantomanie
bloß neue Nahrung zu, erhöht in seiner Vorstellung die Zahl
ihrer gespielten und erlebten Leidenschaften und stachelt
seine Männerphantasien an. Hier wird die alternde Schauspielerin zur Liebesdroge für angehende Dichter.

Sehr viel mehr aus der Perspektive der Bühnenkünstlerin
erzählt Somerset Maugham in seinem Roman THEATER (1937)
die Lovestory zwischen der 46jährigen Erfolgsschauspielerin
Julia Lambert und ihrem 20 Jahre jüngeren Liebhaber. Denn
auch wenn diese Liebesbeziehung Julia zeitweise sehr zusetzt,
obsiegt am Ende die professionelle Bühnenkünstlerin über
alle Wirrsale des Herzens. Und so bleibt die einzige Wirklichkeit, die letztlich für sie zählt, die auf dem Theater hergestellte
Gefühlswelt. Dafür aber – so zeigt Maugham – sind gelebte
Emotionen bloß hinderlich. Denn in der einzigen Aufführung,
wo Julia ihre Rolle mit ihren persönlichen Liebesempfindun-
gen ausstattet und innerlich bloß für ihren jungen Geliebten
spielt, spielt sie schlecht. Damit stellt sich in der uralten Streitfrage über die Wirkung der Schauspielkunst erstmals ein Autor auf die Seite von Diderot, der in seinem PARADOX ÜBER DEN
SCHAUSPIELER (1770) nachdrücklich betont hatte, daß nicht
die Stärke der gelebten Empfindungen, sondern die Distanz
zur Rolle die Darstellungskunst ausmache und daß »Lachen
und Weinen« dem guten Schauspieler niemals aus »dem
Herzens«, sondern stets aus »dem Kopf« kommen müsse. Denn
die ästhetische Wirklichkeit der Bühne unterscheidet sich,
selbst bei größter realistischer Darstellung, immer von der sozialen Realität. Das zeigt Maugham wie kaum ein Autor vor
ihm.

Porträtieren D'Annunzio und Maugham eine Schauspielerin an der Schwelle des Alters, so schildert der französische
Schriftsteller Blaise Cendrars in dem Roman MADAME THE-
RESE (1956) das turbulente letzte Jahr aus dem Leben einer
79jährigen Pariser Bühnenkünstlerin und entwirft damit die
wohl älteste Schauspielerin in der literarischen Fiktion. Bei
Cendrars erinnert nichts mehr an die glänzenden Virtuosin-

nen des 19. Jahrhunderts. Therese Eglantine, Absinthtrinkerin, mehrmals verheiratet, verwitwet und geschieden, ist ordinär, häßlich, eigensinnig, ohne jedes Schamgefühl und, noch als Greisin, lüstern bis zum Exzeß. In intellektuellen Kreisen ebenso zu Hause wie in der Pariser Unterwelt sucht sie sich die Schar ihrer Liebhaber unter den führenden Poeten Frankreichs wie auch unter den vaterlandslosen Gesellen, den Soldaten der Fremdenlegion. In ihrem hohen Alter hat sie sich selbstbewußt von allen Konventionen befreit. Die körperlichen Entstellungen des Greisentums empfindet diese Aktrice-Kanaille nicht so sehr als schmerzliche Reduzierung ihrer Persönlichkeit, sondern vielmehr als eine Möglichkeit der Befreiung von allen Schönheitsdiktaten und gesellschaftlichen Zwängen.

Und so erlebt Therese den Höhepunkt ihrer Bühnenkarriere als fast Achtzigjährige, indem sie sich die Rolle schafft, mit der sie – nach dem Willen ihres Schöpfers Blaise Cendrars – als größte Komödiantin aller Zeiten, Sarah Bernhardt und Eleonora Duse weit hinter sich lassend an Kühnheit, in die Theatergeschichte Europas eingeht. Denn, einem plötzlichen Einfall folgend, gibt sie dem Schauspiel eine spektakuläre Wendung. Ganz nah an der Rampe, mitten im unbarmherzigen Scheinwerferlicht, läßt sie alle Hüllen fallen und präsentiert sich dem Publikum in ihrer achtzigjährigen Nacktheit. Dazu rezitiert sie die Jammerballade der alten Helmschmiedin von François Villon.

»Die Zuschauer aber, zunächst erstarrt und befremdet, ließen sich an den äußeren Rand des Enthusiasmus tragen, wo man weiter nur noch den Verstand verlieren kann«. (Cendrars: 1956, S. 237, Übersetzung von mir) Cendrars zeigt die Schauspielerin nicht mehr in ihrer gesteigerten Weiblichkeit, sondern ihre Weiblichkeit in schonungsloser Zerstörung. Und wenn das Publikum auf diese unerhörte Herausforderung mit rasendem Beifall reagiert, so deshalb, weil es die Kühnheit einer Darstellerin honoriert, die die Zerstörungsarbeit des Lebens nicht – wie erwartet und schicklich – ängstlich kaschiert, sondern grell ins Rampenlicht setzt.

Zum Abschluß dieser Ausführungen soll eine Schauspielerin selbst zu Wort kommen, Madeleine Renaud, die große alte Dame des französischen Theaters. Auch sie steht, dreiundachtzigjährig, am Ende ihrer Karriere und noch auf der Bühne des Théâtre du Rond-Point, ihrer und Jean Louis Barraults Compagnie. Auch sie will noch etwas für ihren Nachruhm tun und sich fest einschreiben in das – was den Mimen betrifft – so ungenaue Gedächtnis der Nachwelt. Madeleine Renaud möchte in die Literatur eingehen, möchte ihr Leben und Wirken aufbewahrt wissen im Text eines Dichters, möchte Unsterblichkeit erlangen als literarische Fiktion.

»Schreib mir ein Stück, das letzte«, bittet sie ihre Freundin Marguerite Duras. Und die große alte Dame der (Post)Moderne erfüllt ihren Wunsch und schreibt SAVANNAH BAY (1983), einen dramatischen Text über die Schauspielerin in der »hohen Pracht ihres Alters«. Doch wie stets bei Duras geht es um mehr als die Lebensgeschichte eines einzelnen, um mehr als die Theatervergangenheit der Madeleine Renaud. Es geht ihr um die verschiedenen Wirklichkeitsebenen des Menschen, um seine erlebte und erinnerte Vergangenheit, um die durch die Vergangenheit geprägte Gegenwart und um seine Wirklichkeit als Konstruktion der Phantasie, um das Paradox des Lebens am Beispiel der Schauspielerin, die aufgrund ihres Alters und ihres Geschlechts all diese Ebenen vollkommen miteinander vereint. »Du bist die Theaterschauspielerin, die Pracht des Zeitalters, seine Vollendung, die Unermeßlichkeit seiner letzten Sendung.«

III

ZWISCHEN PROSTITUTION UND REPRÄSENTATION: BÜHNENKÜNSTLERINNEN IM 19. JAHRHUNDERT

Jan McDonald

Die Schauspielerin wird Unternehmerin
Frauen im britischen Theater

1. Kein Gewerbe für Frauen?

Ein Theaterlexikon aus dem Jahre 1838 definiert die Schauspielerin als eine »Dame mit mehr Ehrgeiz als Weiblichkeit – als eine Frau ohne Mann, von Männerkleidung fasziniert – zweibeinige Schmuckstücke, die die Theater sich zu Preisen einkauften, die, je nach Güteklasse, zwischen 9 Pence und 2 Guineas lagen – geschminkte Geschöpfe, die stets lächelten und ihre Wangen zum Kusse reichten – Damen, die für ein Erröten Bußgeld entrichteten.« (*Actors by Daylight*, 12.5.1838)

So spöttisch solche Beschreibungen auch klingen mögen, eins jedenfalls wird deutlich: das ehrbare Publikum dachte nicht besonders hoch von den Damen des Theaters. Die bloße Existenz der Schauspielerin bedeutete einen Affront gegen das viktorianische Weiblichkeitsideal, demzufolge die Frau bescheiden, häuslich, zurückhaltend, gehorsam und unauffällig zu sein hatte.

Es war das »öffentliche Zur-Schau-Stellen und die Gewalt, die damit weiblicher Würde und Zierde angetan wurde«, die Frances Anne Kemble, eine Schauspielerin, deren Karriere ihr genügend finanziellen Rückhalt sowie Zutritt zu den aristokratischen Kreisen verschafft hatte, dazu brachten, ihr eigenes Gewerbe zu verachten. Es sei nicht wert, daß eine Frau sich darauf einließe. Eine Frau, die sich auffällig gebe, beschreite unweigerlich den Weg des moralischen Verfalls, insbesondere, da sie allein von Berufs wegen intensive Gefühle simuliere, statt sie zu unterdrücken. Fanny Kembles Vorbehalte gegen die Schauspielerei steigerten sich hoch, als sie die letz-

ten Tage ihrer gefeierten Tante Sarah Siddons hautnah miter-
lebte. Sie führte Mrs. Siddons »innere Erstarrung und ihre
Gleichgültigkeit gegen alles« auf »den Entzug der aus Emotionen, Erregungen und Verehrungen gemischten, stimulie-
renden Atmosphäre der Bühne« zurück. Öffentlich »eine
Schau abzuziehen«, Bühnenleidenschaften zu durchleben und
sich künstlich in Erregung zu versetzen bedeutete für eine
Frau, als ausfallend und in psychologischer Hinsicht gefährlich eingestuft zu werden. Zu solchen abwertenden Einschätzungen trat die Gewohnheit, den Begriff ›Schauspielerin‹
alternativ für ›Hure‹ zu verwenden und den Damen vom
Theater einen lockeren Lebenswandel zuzuschreiben, solange
nicht das Gegenteil bewiesen war. Folgendes spielt hier hinein: Erstens, daß die Prostituierten tatsächlich die Theater
aufsuchten, besonders solche, die in übelbeleumdeten Gegen-
den lagen. Zweitens, daß viele der auf den Strich gehenden
Frauen, die gar nichts mit der Bühne zu tun hatten, als Beruf
Schauspielerin angaben. Drittens, daß in den Augen eines
Engländers der Viktorianischen Ära eine Frau, die ihr Talent
und ihre körperliche Anwesenheit gegen Bezahlung einem
Publikum ›anbot‹, gleichzusetzen war mit einer Frau, die sexuelle Gefälligkeiten verkaufte. Vermutlich stimmt es, daß
einige der Darstellerinnen aus den Niederungen der Theaterhierarchie – und das viktorianische Theater hatte dieselbe
hierarchische und patriarchalische Struktur wie die viktorianische Gesellschaft – tatsächlich Prostituierte waren. Auf den
Rummelplätzen beispielsweise, oder in verlotterten Provinz-
theatern lockten die Darstellerinnen die männliche Kundschaft mit eindeutigen Angeboten in die Shows. Theaterunternehmer beuteten die attraktiven, jungen Frauen, die in ihren
Truppen eine Anstellung suchten, skrupellos aus, indem sie
sie als begehrenswerte Sexualobjekte anpriesen und obendrein die männlichen Verehrer ermutigten, die Künstlergarderoben und die Umkleideräume der Schauspielerinnen auf-
zusuchen. Als eine der vielen »Absurditäten des Theaterlebens« wird in *Actors by Daylight* (24. 11. 1838) die Geschichte
eines Theaterleiters zum Besten gegeben, der einige Mode-
gecks und kleine Lords hinter die Kulissen führte und sich
wegen Kuppelei hinter Schloß und Riegel wiederfand.

Die Frauen aus den niederen Rängen der Schauspielerei
waren von sexueller und finanzieller Ausbeutung gleichermaßen betroffen. Noch 1912 hielt J. T. Grein den Theaterdirektoren vor, die Unterbezahlung der weiblichen Bühnenkräfte mache sie zu einer Art weißer Sklavinnen.

Doch der Vorwurf der Prostitution, der ja auf eine Frau, die
die Unterstützung eines wohlhabenden Verehrers genießt,
gar nicht zutrifft, war wahrscheinlich auch, was die Mehrzahl
der Schauspielerinnen in renommierten Theatern betrifft, unberechtigt. In den THESPIAN PAPERS beschuldigt Neville Lynn
die Presse, anzügliche Geschichten aus dem Privatleben
der Schauspielerinnen zu verbreiten, lediglich, um »den fau-
ligen Gaumen einer bestimmten Gattung von Zuschauern
zu kitzeln«. Wie auch immer die Wahrheit im einzelnen
ausgesehen haben mag, der Ruf des Theaters jedenfalls war
der einer Brutstätte von Unmoral und Laster, und jede
Frau, die im Bereich dieses Sündenpfuhls Arbeit suchte, lief
Gefahr, mißachtet und von der Gesellschaft ausgeschlossen
zu werden.

Wollte eine Frau trotz der Tatsache, daß sie im Bühnenbereich tätig war, gesellschaftlich akzeptiert werden, mußte sie
den Vorstellungen, die dem Berufsbild der Schauspielerin an-
hafteten, so unähnlich wie nur möglich sein. Harriot Mellon
z. B. wurde allgemein bewundert, weil sie nicht die geringste
Ähnlichkeit mit einer Schauspielerin hatte, sondern eher einer
Dorfschönheit glich. Crabb Robinson rühmte an Fanny Kelly,
sie habe weder die Eitelkeit noch die Arroganz einer Schauspielerin. Weder ihre Manieren noch die Art, wie sie Konver-
sation pflege, ließen den Verdacht zu, sie sei eine Theaterdame. Elizabeth Robins beschreibt in ihrem BOTH SIDES OF
THE CURTAIN die Sorgfalt und Mühe, die sie aufwandte, um
ihren Namen nicht in einen Skandal verwickelt zu sehen; eine
Mühe, die, wie sie sagte, unnötig gewesen wäre, hätte sie sich
nicht einem Gewerbe verschrieben, das mit jenem ältesten der
Welt beständig in Verbindung gebracht wurde. Ihre Damen-
haftigkeit, die ihr einen Platz in der High Society sicherte,
zerstörte, George Bernard Shaw zufolge, ihre künstlerischen
Fähigkeiten. Shaw meinte, sie hätte eine bessere Schauspielerin abgegeben, wäre sie weniger damit beschäftigt gewesen,

die Lady zu spielen. Die Trennung von Bühnenwelt und sozialer Wirklichkeit war nur schwer aufrechtzuerhalten; so naiv die Identifikation der Darstellerin mit ihrer Rolle auch sein mag, sie war weit verbreitet.

Paradoxerweise wurde von den Frauen, die dem gültigen Sittenkodex qua Berufstätigkeit zuwider handelten, erwartet, daß sie auf der Bühne die ›ideale Frau‹ verkörperten, ein Weiblichkeitsmuster, das allein schon durch die Existenz derjenigen, die es bühnenwirksam präsentierten, in Frage gestellt wurde, oder daß sie Zuflucht zu den Hosenrollen nahmen, bei denen die Aufrechterhaltung weiblicher Bescheidenheit im Verhalten und in der Kleidung nicht nötig war. Die meisten Bühnenschriftsteller waren Männer und brachten in der Regel den herkömmlichen Frauentypus auf die Bühne, die Heroine des zeitgenössischen Melodramas zum Beispiel, passiv, eine bloße Spielfigur im elementaren Kampf zwischen Held und Bösewicht. Während ihre Reinheit, ihre Treue und Häuslichkeit über jeden Verdacht erhaben waren, blieb ihre Fähigkeit zu eigenständigem Handeln so gut wie unausgeprägt. Treffend definierte Edward Gordon Craig: »Melodramen sind Männersache.«

Bewußt oder unbewußt neigten die Schauspielerinnen dazu, alle Charaktere, die sie darstellten, so zu spielen, als wären sie mit den positiven Eigenschaften der viktorianischen Lady ausgestattet. Helen Faucits Erfolg lag in erster Linie in ihrer Fähigkeit, auf der Bühne »viktorianische Weiblichkeit« darzustellen, eine Eigenschaft, die die weiblichen und männlichen Zuschauer gleichermaßen ansprach. So wird ihr Spiel in den entsprechenden Rezensionen beständig mit Attributen wie »erhabene Seele«, »Reinheit des Gefühls«, »ein Emporschwingen des Gedankens«, »Zartheit«, »Hingabe«, »Feingefühl«, »Kraft der Leidenschaft« beschrieben.

Helen Faucit wollte, wie sie selbst zugibt, Frauen ansprechen – ihnen widmete sie ihr Buch SHAKESPEARE'S FEMALE CHARAKTERS –, und die Anwesenheit eines weiblichen Publikums im Zuschauersaal des 19. Jahrhunderts erhöhte den sozialen Status des Theaters. Die Faucit war das augenfälligste Beispiel. Doch die Tendenz ließ sich bei allen »Leading Ladies« der Zeit feststellen – sogar die unkonventionelle Ellen

Terry mochte keine Rollen, in denen sie ihren weiblichen Charme nicht spielen lassen konnte – und wurde nirgends deutlicher, als in den Interpretationen der Shakespearschen Heldinnen.

Wie Russel Jackson in seinem Artikel *Perfect Types of Womanhood* gezeigt hat, beruhte die von Shakespeares Frauentypen ausgehende Faszination auf dem verbreiteten Glauben, sie seien Verkörperungen exemplarischer Weiblichkeit, diese Unschuldigen, die trotz ihrer Tugend leiden mußten, wie Cordelia, Desdemona, Imogen und Perdita, die Beliebtesten. Rosalind und Viola dagegen demonstrierten zuviel geistige Unabhängigkeit und einen bedauerlichen Hang zu männlichem Kostüm, ein Einwand, der mit dem Hinweis auf die außerordentliche Unwilligkeit, mit der die Damen den Kleidertausch praktizierten, entkräftet werden konnte. Im übrigen kam es nur in den seltensten Fällen zu einem wirklichen Transvestismus. Dabei wurde die männliche Verkleidung mittels schenkellanger Stiefel, Gamaschen, Tuniken in Kleiderlänge oder kleiderartiger Roben so unauffällig und verhüllend wie möglich gehalten. Schließlich sollten die Trägerinnen nicht mit Darstellern von Burlesken und Pantomimen verwechselt werden. Die Tatsache, daß die Schauspielerinnen darauf bestanden, diese Rollen mit Sittsamkeit, Reinheit und Empfindsamkeit auszustatten, ist auf ihre Sorge um ihren Status außerhalb des Bühnenbereichs zurückzuführen. Unweibliche Rollen zu übernehmen, hatte gravierende Folgen und konnte dazu führen, daß die Darstellerin um der Sünden ihrer Rolle willen verurteilt wurde.

Das wurde nirgends deutlicher als in der Einstellung der Schauspielerinnen zu der Figur der Lady Macbeth, eine Rolle bar jeder weiblichen Tugend. Sogar Sarah Siddons, die bedeutendste Interpretin dieser Rolle, schrieb einen Essay, REMARKS ON THE CHARAKTER OF LADY MACBETH, der die »teuflische Königin« in eine weibliche, zarte, ihrem Gatten ergebene Frau umzudeuten suchte. Die Vorführung, die im Theater die Zuschauer fasziniert, gebannt und mit ihrer eiskalt passionierten Personifikation des Ehrgeizes in Schrecken versetzt hatte, wurde in ihrem Essay zu einem dünnen Aufguß konventioneller Ideologie. Helen Faucit verbannte Lady Macbeth in den

Anhang ihres Buches über SHAKESPEARE'S FEMALE CHARAK-
TERS, weil ihr eine detaillierte Betrachtung dieser Figur zu
qualvoll war. Bevor Ellen Terry die Rolle einstudieren konnte,
mußte das Publikum durch die Presse beruhigt werden, daß
Lady Macbeth als liebende, sanfte und wahrhaft weibliche
Ehefrau präsentiert werden würde. Mary Anderson meinte,
Lady Macbeth sei die dem Publikum unsympathischste und
am schwierigsten »natürlich« zu spielende Frauengestalt Shakespeares, und sie sprach damit die allgemeine Ansicht der
Schauspielerinnen aus. Um wieviel mehr zogen die Schauspielerinnen und ihr Publikum Frauen wie Portia vor, die
»Zierde reiner Weiblichkeit« (Helen Faucit), deren Hingabe
an Bassano als das »lieblichste, zarteste, bescheidenste, wür-
devollste Beispiel echten weiblichen Gefühls, dem je eine
Frau Ausdruck verlieh« (Fanny Kemble), gesehen wurde, oder
die »echte Dame und Prinzessin« Imogen, die »in ihrem Höh-
lenheim den Segen einer edlen Frau verbreitete« (Helen Faucit), oder die Frauen aus dem WINTERMÄRCHEN, »drei in jeder
Hinsicht vorbildliche Frauengestalten – die Mutter, das Mädchen, die Freundin.«

Angesichts des Mangels an solchen Frauenrollen gingen
viele Schauspielerinnen dazu über, männliche Charaktere
darzustellen, was ihnen größere künstlerische Möglichkeiten
bot, gleichzeitig jedoch eine Anerkennung männlicher Überlegenheit bedeutete. Frauen wie Madame Vestris, die berühmte Hosenrollen wie Captain McHeath oder Don Giovanni spielte, brachten sich durch Übernahme solcher Rollen
unweigerlich in die Schützenlinie der prüden Zensur. Doch
gingen nur wenige so weit, das Feuer auf die Damen realiter
zu eröffnen, wie ein Bewunderer Fanny Kellys, dessen Ekel
über ihr Erscheinen in männlichem Aufzug ihn so sehr ab-
stieß, daß er auf sie schoß.

Die Einführung der »second woman's role« durch
T. W. Robertson, einer speziell für Marie Wilton entworfenen
Gegenfigur zur viktorianischen Heroine, setzte eine Revolution in der Darstellung weiblicher Charaktere auf der englischen Bühne in Gang; eine Revolution, die sich durch das
Erscheinen von Ibsens Stücken auf der britischen Szene stärken und festigen konnte und die durch die Pionierarbeiten der

Frauen, die Ibsens Werke vorführten, noch weiter vorangetrieben wurde.

Zur gleichen Zeit, als man sah, daß die Schauspielerin nicht dem romantisierten Idealbild weiblicher Tugend entsprach, da sie »unbescheiden«, »überemotional« und »wahrscheinlich promiskuitiv« war, sah man auch, daß sie in der Erfüllung ihrer hausfraulichen Rolle der Gattin und Mutter versagte. Die Schauspielerinnen selber kannten das Problem, eine berufliche Karriere mit den Pflichten der Mutterschaft zu vereinen, nur allzugut. »Ich weiß nicht, wie man das Baby wiegen, die Welt beherrschen und Ophelia perfekt spielen soll, und alles an einem Tag«, schrieb Ellen Terry. Fanny Stirling glaubte, daß die Schauspielerin häusliche Verantwortlichkeiten lieber ganz und gar meiden und sich einer Art von künstlerischem Priesteramt verschreiben sollte.

In jeder Hinsicht brach die Schauspielerin den Sozialkodex der Zeit, und es ist daher kein Wunder, daß Frauen von allen Seiten entmutigt wurden, eine Bühnenkarriere anzustreben, und zwar nicht nur von den Moralaposteln der Gesellschaft, sondern auch des Theaters. Im Vorwort zu ihrem Buch THE TRUTH ABOUT THE STAGE beschreibt die Autorin, die sich mit dem Pseudonym »Corin« schützt, den gar nicht ungewöhnlichen Fall eines romantischen jungen Mädchens, das zur Bühne will, ohne über ausreichende finanzielle Mittel zu verfügen. Mit einer unzulänglichen Ausbildung bei einem sich in Zoten ergehenden Schauspiellehrer nimmt die Geschichte ihren Anfang. Bald danach, so malt die Erzählerin weiter aus, findet sich die junge Debütantin dürftig bekleidet in den Kulissen wieder, wo sie, vom Souffleur und dem Regisseur körperlich bedrängt, genötigt wird, sich mit Alkohol Mut anzutrinken. Damit, so die Warnung, sei der Weg in die Gosse angetreten.

Es war damals die Ausnahme, daß Frauen, die nicht aus einer Schauspielerfamilie kamen, sich einem Stand einzugliedern suchten, der normalerweise den Nachwuchs aus den eigenen Reihen rekrutierte. Wie Michael Baker und Michael Sanderson in ihren Analysen der sozialen Herkunft der Berufsschauspieler gezeigt haben, war die Mehrheit der Frauen der Bühne in der Viktorianischen Ära, wo nicht gerade im

Reisekoffer geboren, so doch seit frühester Jugend mit dem
Theater vertraut. Sie entstammten einer ganzen Dynastie von
Schauspielerfamilien: den Kembles, Comptons, Websters, den
Terrys und Robertsons. Auch die Wandertruppen und Jahr-
markttheater bestanden oft aus Familien, die zusätzlich Gele-
genheitsarbeiter angestellt hatten.

Frauen, deren Familien vom Fach waren, hatten es also
einfacher, wollten sie im selben Berufszweig Fuß fassen. Zunächst einmal gab es kaum elterlichen Einspruch. Roger
Kemble z. B. war zwar anfangs unwillig, als seine Tochter Sarah in seine Fußstapfen treten wollte. Aber als sie den jungen
Schauspieler William Siddons heiratete, stellte er beide in seinem Theaterunternehmen an. Als Fanny Kemble, um das zer-
rüttete Familienvermögen aufzubessern, Gouvernante werden
wollte, schlug ihre Mutter, selbst ehemalige Schauspielerin,
ihr vor, doch ihr Glück auf der Bühne zu versuchen. In vielen
Fällen waren die Mädchen als Wunderkinder in den Fami-
lienunternehmen aufgetreten. Sarah Siddons wurde bei ihrem
allerersten Auftritt ausgepfiffen, weil sie zu jung sei, als daß
man ihr zuhören könne. Marie Wilton war bei ihrem Debut
fünf Jahre alt, und Ellen Terry spielte im zarten Alter von
neun Jahren den Puck vor der Königin Victoria. Diese Mädchen, wie das Wunderkind der Vincent Crummles Company
in Charles Dickens Roman NICHOLAS NICKLEBY, konnten dem
Himmel dankbar sein, daß sie als Theaterkinder geboren worden waren. Sie erhielten früh intensives Training, erbten die
Kontakte ihrer Eltern und profitierten von deren beruflicher
Erfahrung. Es kamen ihnen regelmäßig die Ratschläge über
nächste Engagements, über den Status einer Truppe oder wie
man die günstigsten Bedingungen für sich aushandelte, zugute. Doch das wichtigste Erbe war vermutlich die altherge-
brachte Bühnenerfahrung, die dem Neuling, ungeachtet seines Talents, unzugänglich blieb. So wurde Gertrude Kingston
sowohl von George Alexander als auch von Ellen Terry nachdrücklich davor gewarnt, Schauspielerin zu werden. Für eine
Debütantin, die nicht aus einer Theaterfamilie kam, nicht von
klein an für die Bühnenkunst erzogen war, so hielt man ihr
vor, bedeute die Schauspielerei gesellschaftliche Isolation, unter der Frauen in der Regel stärker litten als Männer.

Im Verlaufe des Jahrhunderts änderten sich die Einschätzungen des Schauspielerberufs. Königin Viktorias Interesse am Schauspiel ermutigte nun auch angesehene Mitglieder der Gesellschaft, sich dem Theater zuzuwenden, und in den Jahren, die ihrer Thronbesteigung (1837) folgten, gewann der Schauspielerstand merklich an sozialer Anerkennung. Dies äußerte sich auch in den erheblichen Anstrengungen etlicher Theaterdirektoren, die Zuschauerräume neu auszustatten und das Repertoire dem Geschmack eines potentiellen neuen Publikums anzupassen. Maßgeblich aber war der Versuch, ein regelrechtes Ausbildungsprogramm für Bühnenkünstler zu entwickeln und – gegen Ende des Jahrhunderts – das naturalistische Drama auf der englischen Bühne durchzusetzen. Bei all diesen Bemühungen spielten Frauen eine bahnbrechende Rolle.

2. Heilige Johannas des Theaters: Madame Vestris und Maria Wilton, zwei Theaterdirektorinnen

Auch wenn es schon im 18. Jahrhundert Frauen gegeben hat, die in Edinburgh an der Spitze von Theatern standen, so gilt doch in der Regel Madame Vestris als die erste Theaterdirektorin im Londoner Theater. Sie leitete das Olympic Theatre – wohl ihr erfolgreichstes Unternehmen – von 1831 bis 1839, das Covent Garden Theatre – zusammen mit ihrem Ehemann Charles Mathews – von 1840 bis 1842 und das Lyceum Theatre von 1845 bis 1852. Marie Wilton, verheiratete Bancroft, war die Frau, die ihr Erbe antrat. Fünfzehn Jahre lang leitete sie das Prince of Wales' Theatre und – von 1865 an – das Haymarket Theatre, von 1880 bis 1885 zusammen mit ihrem Ehemann.

Es gibt viele Ähnlichkeiten in der Karriere der beiden Frauen. Beide waren Pionierinnen, nicht nur, weil sie in die ureigenste Domäne der Männer – Direktion und Regie – eindrangen, sondern auch in der Art, wie sie die Schauspieler und ihre Theater führten, ein Vorgehen, das deutlich von der im 19. Jahrhundert sonst üblichen Theaterpraxis abwich.

Beide trugen auf ihre Weise dazu bei, den Theaterbesuch zum
schicklichen Ereignis zu heben: durch die Texte, die sie aus-
wählten, durch die Sorgfalt, die sie der Inszenierung und den
Kostümen widmeten, durch die Behandlung der Schauspieler,
die Verschönerung der Zuschauerräume und durch eine neue
Preispolitik, die den Pöbel fernhalten sollte, der in den ersten
drei Jahrzehnten die Herrschaft im Zuschauersaal besessen
hatte. Durch alle diese Maßnahmen gewannen Vestris und
Wilton dem Theater ein neues Publikum: die gehobenen
Schichten wie auch den neuen Mittelstand.

Ihrer beider Herkunft war unbürgerlich. Madame Vestris,
geborene Eliza Bartolozzi, kam aus einer artistischen Bo-
hème-Familie. Ihr Großvater war ein gefeierter italienischer
Graveur. Mütterlicherseits stammte sie von einem Kapell- und
Tanzmeister ab. Offenbar hatte sie eine sehr gute Erziehung
genossen, wenn auch kein regelrechtes Bühnentraining, und
besuchte häufig die Theater. Mit 16 Jahren heiratete sie einen
französischen Tanzlehrer, Armand Vestris, der sie 1815 ermutigte – möglicherweise auch zwang –, Sängerin zu werden. Als
die Ehe zerbrach, blieb ihr nichts anderes übrig als ihre Bühnenkarriere fortzusetzen.

Einen ersten Erfolg hatte sie mit DON GIOVANNI IN LONDON,
ein Verschnitt von Mozarts Oper DON GIOVANNI. Doch wurde
sie nicht nur ihrer schönen Stimme wegen gefeiert, sondern
vor allem wegen ihrer außerordentlichen Persönlichkeit, ihrer
Vitalität, ihres guten Aussehens und ihrer legendären Beine.
Nach DON GIOVANNI trat sie in einer weiteren Hosenrolle als
Captain McHeath in THE BEGGAR'S OPERA auf. Trotz der zu
erwartenden Kritik, daß sie damit gegen weibliche Bescheidenheit und Sittsamkeit verstieße, stieg ihre Popularität. Das
ging so weit, daß in London Gipsabdrücke ihrer gefeierten
Beine verkauft wurden. Und so inspirierte sie als frühes vikto-
rianisches Sexidol sowohl die Balladendichter als auch die
männlichen Vertreter der Aristokratie, ihr Loblied zu singen.

What a breast – what an eye!
What a foot, leg and thigh.
Round hips, swelling sides, masculine strides –
Proclaim her an English Adonis.   (Pearce: 1969, S. 54)

Doch die Vestris fand es immer schwieriger, mit den Theaterdirektoren zusammenzuarbeiten, die in ihren Augen geldgierig und unverzulässig waren, und deren Methoden, ein Stück
auf die Bühne zu bringen, willkürlich und schlampig waren.
So pachtete sie – gewissermaßen aus Rebellion – kurzent-
schlossen das Olympic Theatre und übernahm selbst dessen
Leitung.

»Madame Vestris wird, unterstützt von Miss Foote und –
so hoffen wir – von allen anderen hervorragenden
Schauspielern und Schauspielerinnen, denen gegenwärtig das Erscheinen vor ihrem Schutzherrn, dem Publikum, durch das Monopol der beiden großen Theater
(Covent Garden und Drury Lane) verboten ist, in Kürze
das Olympic eröffnen, in elegantem Stil, verbunden mit
attraktiven Stücken und Aufführungen, die der britischen Metropole würdig sein werden. Man wird zuge-
ben müssen, daß diese vorzüglichen Darsteller zu einer
solchen Maßnahme der Selbstverteidigung durch das
herrschende Monopolgesetz gezwungen wurden, ein
Gesetz, das sich ebenso gegen sie selbst wie auch gegen
das Interesse des Publikums richtete.« (Pearce: 1969,
S. 161)

Das Geld für dieses Unternehmen kam höchstwahrscheinlich
von Madame Vestris' reichen Bewunderern, dem Herzog von
Brunswick, Lord Chesterfield, Graf D'Orsay und Lord Har-
rington, alles Persönlichkeiten, die später das Olympic mit
ihren Besuchen in den Künstlerinnengarderoben beehren
sollten. So übernahm »die erste Heilige Johanna des Theaters« – wie sich Vestris selbst in ihrer Eröffnungsrede nannte –
»die erste, die jemals ein Theaterunternehmen leitete, ihre
neue Aufgabe in der Hoffnung, ihr Publikum davon überzeu-
gen zu können, daß Frauen schließlich doch die besten Thea-
terdirektorinnen abgäben«. Die Presse änderte ihren Tonfall
in bezug auf Madame Vestris, nachdem sie die Leitung des
Olympic übernommen hatte. Dadurch, daß sie eine männliche Führungsposition hinter der Bühne eingenommen hatte,
wurde sie weniger als Sexualobjekt betrachtet, und die Anspielungen auf ihr Privatleben, ihre Anatomie nahmen im selben Maße ab, in dem das Lob ihrer Leitung zunahm.

Marie Wilton war die Tochter eines Schauspielers, der seiner angesehenen Familie entflohen war, um zum Theater zu gehen. Schon als Kind gab sie Rezitationen zum Besten, zum Beispiel die Gerichtsszene im MERCHANT OF VENICE oder die Balkonszene zwischen Romeo und Julia. Sie spielte auch den Fleance in der MACBETH-Aufführung mit dem großen Macready, der sich sehr beeindruckt zeigte und ihr prophezeite, ihre Zukunft läge in der Komödie. Ihr Debüt als Erwachsene gab sie 1858 im Strand Theatre, als sie die Rolle des Pippo in THE MAID AND THE MAGPIE spielte. In dieser Hosenrolle beeindruckte sie Charles Dickens als das gerissenste und originellste Mädchen, das er je gesehen hatte. Einer der Rezensenten verglich sie sogar mit Madame Vestris: »Der Triumph der Vestris als Don Giovanni nahm um 30 Jahre den vergleichbaren Erfolg von Miss Wilton als Pippo vorweg.« Die Tatsache, daß beide Frauen ihren ersten Erfolg mit Hosenrollen errangen, mag einfach im Mangel an guten Frauenrollen begründet liegen, doch trat mit Sicherheit zu ihrer künstlerischen Leistung die Fähigkeit hinzu, als *Frauen* die Männer zu kommentieren, die sie darstellten. Marie Wiltons Auftreten war zweifelsohne weniger geschlechtsbetont als das der Vestris, aber die Ambivalenz der Geschlechtlichkeit gab auch ihrem Spiel eine ganz besondere Note.

Marie Wilton setzte ihre Karriere in der Burleske fort. Doch genau wie Madame Vestris, die die Unzulänglichkeiten der gängigen Theaterpraxis zunehmend frustriert hatten, begann auch Marie Wilton sich beim Spielen der immergleichen Rollen in schlecht inszenierten, schwachen Dramen zu langweilen. Und so lieh sie sich 1865 von ihrem Schwager £ 1000,– und wechselte kurzerhand auf eigene Rechnung ins Theatermanagement über und erwarb das Prince of Wales' Theatre in der Tottenham Court Road.

Beide Frauen waren also mit herabgekommenen Theatern von äußerst schlechtem Ruf konfrontiert. Das Olympic Theatre der Vestris, aus den Balken eines französischen Kriegsschiffes gebaut und mit einem Blechdach versehen, hatte nicht einmal einen Orchesterraum und war bekannt für Reiterstücke und Melodramen grellster Couleur.

Das Prince of Wales', früher Queen's Theatre genannt, spä-

ter spöttisch »das Staubloch«, bot billige Schaustücke, Pantomimen, Jahrmarktspossen. Bei einem Besuch vor Übernahme
der Leitung befiel Marie Wilton fast Furcht angesichts des
Publikums. »Mir rutschte das Herz in die Hose! einige Inha-
ber von Parkettplätzen – ich glaube, der Eintrittspreis betrug
einen Schilling – waren damit beschäftigt, zwischen den Auftritten Orangen zu verschlingen, ihre Gesichter fast hinein-
fressend, und dabei Ingwerbier zu trinken. Babies wurden in
den Schlaf gewiegt oder mit Klapsen zur Ruhe gebracht, was
in etlichen Fällen den gegenteiligen Effekt hatte.« (Bancroft:
1891, S. 86) Glücklicherweise schreckte sie die Aussicht, eine
dieser Apfelsinen an den Kopf geschleudert zu bekommen,
nicht. Ein Besuchsverbot für alle Kinder unter sechs Jahren
allerdings war eine ihrer ersten Reformen.

Beide Frauen begannen als erstes mit der Renovierung der
Zuschauerräume. Dabei verwandelte Madame Vestris ihr
Theater in ein elegantes Boudoir. Mrs. Wilton machte aus
ihrem einen viktorianischen Salon. Goldene Gips-Kupidos
stützten die seidenbespannte Decke im neudekorierten Olympic. Das Licht war so angebracht, daß es die Damen in ihren
Logen mit Leuchtkränzen umgab. In den Nischen zu beiden
Seiten der Bühne prangten Blumen, und Reproduktionen der
Kupferstiche von Madames Bartolozzi-Großvater schmückten
die Wände. Im Prince of Wale's ließ Marie Wilton die Sitze in
den Rängen mit Kattun im Ton zarter Rosenknospen beziehen, und die Parkettsitze, alle neu aufgepolstert, wurden mit
blauem Leder überzogen und mit weißen Emailleknöpfen
verziert. Alle Sitze bekamen spitzenbesetzte Rückenlehnen,
und im Zuschauerraum wurde überall Teppich ausgelegt. Sie
schuf ein Ambiente, in dem das neue, sich aus dem Mittelstand rekrutierende Publikum, das sie für sich zu gewinnen
suchte, sich wohlfühlen sollte.

Auch entschlossen sich beide Direktorinnen, das normale
5-Stunden-Programm von 18.30 Uhr bis Mitternacht, wie es
im 19. Jh. üblich war, zu verkürzen. In der Regel wurden ein
ernstes Stück, ein Melodrama, eine Farce und eine Pantomime geboten. Einmal, als einer der Darsteller erkrankte, war
Madame Vestris gezwungen, schon um 23 Uhr ihr Abendpro-
gramm zu beenden.

Dieses ungeplante, vorzeitige Fallen des Vorhangs wurde so wohlwollend aufgenommen, daß Madame Vestris aus der Not eine Regel machte. Marie Wilton ging sogar noch weiter und bot jeweils nur ein einziges Stück pro Abend, das schon um 19.15 Uhr begann, womit sie sich zeitlich den herrschenden Essensgewohnheiten anpaßte. Später verschob sie das Heben des Vorhangs sogar auf 20 Uhr. Eine der Folgen dieser Veränderungen war, daß die Eintrittskarten zum halben Preis, die oft genug Unruhe in die Vorstellungen getragen hatten, abgeschafft wurden. Außerdem sorgte Marie Wilton für eine drastische Erhöhung der Eintrittspreise, um die »Apfelsinenfressenden Klassen« auszuschließen. Der 1-Schilling-Platz des alten Queen's Theatre kostete jetzt, im neuen Prince of Wales', sechs Schilling. Die Eintrittspreise – und damit auch die neue Klientel – wurden bald als »aristokratisch« beschrieben. Beiden Theaterleiterinnen gelang es also, sich ein neues Publikum heranzuziehen, indem sie ihre Räumlichkeiten so attraktiv gestalteten, daß, wer genug Geld besaß, dort einen angenehmen Abend in Gesellschaft Gleichgesinnter verbringen konnte.

Nicht nur die allgemein übliche Mißachtung der Theaterdirektoren für das Publikum und dessen Bequemlichkeit hatten Madame Vestris und Marie Wilton abgestoßen und dazu gebracht, ihre eigenen Theater zu gründen, sondern auch die schlechten Stücke, in denen sie auftreten sollten und die, wie sie sehr wohl fühlten, ihren vielseitigen Talenten gar nicht angemessen waren. Doch hatten sie beide das Glück, Dramatiker zu finden, deren Arbeiten sie bewunderten und deren Geschmack mit ihrem eigenen übereinstimmte. Diese Autoren waren sehr unterschiedlich in ihrem dramatischen Stil, wie ja auch die Frauen sehr unterschiedlich als Darstellerinnen waren.

Madame Vestris arbeitete viele Jahre lang mit dem Dramatiker und Altertumsforscher J. R. Planché zusammen. Seine Burlesken und Extravaganzas erlaubten es ihr, ihr ganzes Talent zu entfalten, ihre Stimme, ihren Witz und vor allem ihre legendären Beine zur Geltung zu bringen. Planché schrieb die meisten seiner Dramen speziell für das Olympic Theatre, klassische Burlesken, in denen die griechische Götterwelt in mo-

derner Umgebung erschien, Stücke, gespickt mit Witzen über
das Olympic und seine Leitung. Er adaptierte auch eine Reihe
französischer Märchen, eine Gattung, die die Pantomime im
ausgehenden 19. Jahrhundert erheblich beeinflussen sollte.
Die wichtigsten stilistischen Merkmale dieser Unterhaltungs-
stücke waren eine Fülle von Wortspielen und Kalauern,
leichter Spott über törichtes gesellschaftliches Verhalten, zahlreiche Liedeinlagen – Schlager oder Nachahmungen und Ver-
schnitte zeitgenössischer Opernarien.

Planché bestand darauf, daß das Bühnenbild und die Kulisse mit großer Sorgfalt entworfen würden, da ohne akkurate
Präsentation einer modernen Umgebung die Komik seiner
Stücke, die darin bestand, daß griechische Gottheiten sich im
London des 19. Jahrhunderts zurecht zu finden suchten, verloren ginge. Mit seiner Arbeit an Charles Kembles Darbietung
des KING JOHN im Jahre 1823 begründete Planché die Tradition historisch getreuer Shakespeare-Inszenierungen in England. Unter der Ägide von Madame Vestris nutzte er seine
Altertumskenntnisse auch zur Abfassung frivolerer Stücke,
was ebenfalls eine ganz neuartige Wirkung hatte. Die Behut-
samkeit und Kunstfertigkeit, die Planché und Vestris auch bei
einem solchen trivialeren Genre entfalteten, war von erhebli-
chem Einfluß, nicht zuletzt auf die spätere Theaterarbeit der
Marie Wilton.

Deren ›Hausdramatiker‹ war T. W. Robertson, der einstige
Souffleur bei Vestris und Mathews im Lyceum. Seine Stücke
waren damals revolutionär, da er weniger spannungsgeladene
und – dem Geschmack der Zeit entsprechend – episodenhafte
Handlungen entwarf, als vielmehr Themen bearbeitete. Die
Titel seiner Werke zeigen dies deutlich: CASTE, PROGRESS,
WAR, SOCIETY. Robertson steuerte zwar nicht viel Neues zu
diesen Themen bei, denn er war in vielerlei Hinsicht ein typi-
scher Vertreter der viktorianischen Ära, der mehr über die
Gesellschaft nachzudenken als sie zu ändern suchte. Aber
indem er sie zum Gegenstand theatralischer Darbietung
machte, führte er der Bühne ganz neue Stoffe zu.

Während Planchés Extravaganzas nach einer verschwenderisch gestalteten, elegant hergerichteten Bühne verlangten,
forderten die Stücke von Robertson einen krassen Realismus,

daher der Spitzname »cup-and-saucer-drama«, mit dem man seine Arbeiten belegte. Robertson wollte gebaute, nicht bloß gemalte Kulissen, Türen und Fenster, die man tatsächlich schließen konnte, echte Requisiten wie Tee und Speisen, echtes Wasser im Flußbett, gewachsenes Gras auf der Bühne als Rasen, wirklichen »Regen«, der Regenschirme und Schauspieler durchnäßte, »Schnee«, der am Fenster vorbeiwirbelte und durch die offene Tür stob. Den Schauspielern wurde ein Grad an Wahrhaftigkeit in ihrem Spiel abverlangt, der nicht zu vereinen war mit der konventionellen, stereotypen Spielweise, wie sie in den Melodramen üblich war.

Aus Marie Wiltons Sicht allerdings war Robertsons bedeutendste dramaturgische Innovation die Einführung der zweiten Frauenrolle (»second woman's role«). Robertsons Heroinen mit ihrer Bescheidenheit, Reinheit, Duldsamkeit und Häuslichkeit entsprachen mehr oder weniger dem viktorianischen Frauenideal. Dagegen nun führte er eine zweite Frauenfigur ein, die – ohne diese Modellfunktion – eher der wirklichen Frau entsprach. Sie war intelligent, unabhängigen Geistes und zeigte eine gesunde Tendenz dazu, Sentimentalitäten und Konventionen zu parodieren. Sie durfte sogar über Frauenrechte und Suffragetten debattieren, sich über die magere Alternative ärgern, entweder abhängig und verheiratet zu sein, oder Lehrerin irgendwelcher wohlhabender Debütantinnen.

Marie Wilton brillierte mit solchen Rollen wie Polly Eccles in Caste, Mary Netley in Ours und Cecilia in Mp. Ihre Erfahrung mit Burlesken kam ihr zugute, und sie konnte ihre Talente im Singen und Tanzen und ihre Fähigkeit, spritzigwitzige Repliken mit satirischem Unterton anzubringen, zu voller Geltung bringen, und all das in Dramen, die, wenn auch behutsam, versuchten, die Zuschauer mit zeitgenössischen Gesellschaftsproblemen zu konfrontieren. Was hieraus erwuchs, war eine gelungene Zusammenarbeit zwischen Autor und Schauspielerin: *er* verwandte seine Fähigkeit dazu, ein realistischeres, wenn nicht sogar radikales Frauenbild auf die Bühne zu bringen; *sie*, die selbst eine solche unabhängige Frau war, steuerte die nötigen Charaktereigenschaften bei, wobei sie ihr Talent zum größten Vorteil auszunützen verstand.

Stücke wie die von Robertson und Planché, die nicht mehr

bloß auf eine einzelne Zentralfigur hin angelegt waren, kamen dem neuen Theaterverständnis der beiden Direktorinnen sehr entgegen. Sie ermöglichten ihnen ein besseres Ensemblespiel und damit eine erste demokratische Basis für ihre Arbeit mit der Truppe. Sie selber hatten unter der willkürlichen und schlampigen Probenarbeit patriarchalischer Bühnenleiter zutiefst gelitten.

Gegen Ende ihrer Spielzeit im Covent Garden verlieh Vestris ihrer Hoffnung Ausdruck, ihre Leitung möge den Stand der Dinge zum Besseren hin beeinflußt haben und betonte, daß ihr selber stets mehr an einem guten Ensemblespiel gelegen hätte als an Starkult und Virtuosentum. Sie hatte sich immer wieder für stimmige Inszenierungen eingesetzt und schon so etwas versucht, wie eine Regiearbeit im modernen Sinn zu leisten. Ein höchst ungewöhnliches Unterfangen in einer Zeit, in der zwei oder drei Proben pro Inszenierung – wenn überhaupt welche angesetzt wurden – die Regel waren. Planché bewunderte ihre Sorgfalt in allen Detailfragen, ihre aufmerksame Überwachung jeder Aufführung von ihrer Privatloge aus und ihr ständiges Bemühen um Verbesserung der Bühneneffekte. Auch das Wohlbefinden ihrer Schauspieler lag ihr am Herzen. George Vandenhoff, Mitglied der Truppe in der Covent Garden-Zeit, sang ein Loblied auf die Bequemlichkeit der Künstlergarderoben, die Höflichkeit der Theaterleitung und ihre Sorge um das Wohlbefinden der Darsteller, was alles in scharfem Kontrast zum üblichen Theaterbetrieb stand, in dem diese Dinge nicht eben zum Besten geregelt waren. Vestris sah, welches Risiko das Benefiz-System* für die Schauspieler bedeutete, das den Theaterdirektoren oft die Möglichkeit bot, die Schauspieler unterzubezahlen. Im Gegensatz dazu zahlte sie die Gehälter eine Woche im voraus und kümmerte sich darum, daß alle Darsteller das Lebensnotwendige hatten.

---

* »benefits« = ein in der 2. Hälfte des 17. Jahrhunderts entstandenes Zahlungssystem, demzufolge dem einzelnen Schauspieler aus der Reihe der vielen Aufführungen während einer Spielzeit *eine* zugesprochen wird, die in seinem Namen stattfindet (›for the benefit of –‹) und deren Ertrag ihm auch ganz zukommt. Da die Chance bestand, hohe Einnahmen zu erzielen, nahmen viele Schauspieler niedrige Fest-Gagen in Kauf.

Marie Wilton war ähnlich darum bemüht, ein künstlerisches Team zu schaffen und war entsetzt über die Veränderungen im Verhalten ihrer Mit-Schauspieler, als sie Theaterleiterin wurde:

> »Als meine kleine Truppe das erstemal zur Probe zusammenkam, bemerkte ich eine Änderung im Benehmen meiner Schauspielerschwestern und -brüder. Weil ich die Leiterin geworden war, schienen sie zu erwarten, daß ich ihnen gegenüber von nun an anders wäre. Ich bat sie, dies nicht zu denken, bat sie um ihre guten Wünsche und ihre freundliche Hilfe, und versicherte ihnen, daß ich, ungeachtet der Tatsache, daß ich nun die Zügel in der Hand halten würde, niemals aufhören würde, sie als meine Freunde zu betrachten und daß wir Seite an Seite arbeiten sollten, nicht gegeneinander. Ich hoffe, ich habe während meiner zwanzigjährigen Tätigkeit als Theaterdirektorin mein Versprechen gehalten.« (Bancroft: 1891, S. 85)

Die Frauen waren entschlossen, ihre Theaterkompanien so zu organisieren, daß das persönliche Verhältnis zwischen Schauspieler und Bühnenleiter der gemeinsamen Produktion förderlich war und die Fallgruben des Startums sowie Unterdrückung der Angestellten vermieden werden konnten. Die Tatsache, daß unter Marie Wiltons Leitung zum erstenmal die Kosten der Kostüme für die Schauspieler vom Theater übernommen wurden, ist bezeichnend für ihre Haltung.

Diese Politik trug ihre Früchte. Gestandene Schauspieler wollten lieber für Vestris und Wilton arbeiten, als andere, lukrativere Angebote wahrzunehmen. Charles Mathews, der Sohn des berühmten Schauspielers, schrieb:

> »Die leichte Komödie, die mehr die natürliche und weniger stilisierte Seite des modernen Lebens zeigt, die der Natur den Spiegel entgegenhält ohne Rücksicht auf theatralische Konventionen war das, was ich im Auge hatte. Das Olympic war das einzige Haus, in dem so etwas möglich war, und daher verband ich mich sofort mit dem Olympic.« (Watson: 1926, S. 197)

Wie der naturalistische Stil der Vestris und ihre Rebellion gegen herkömmliche Theaterpraktiken Mathews anzogen, so

zog auch Marie Wiltons Zukünftiger, Squire Bancroft, das
Theaterunternehmen seiner Frau angeseheneren Schauspielhäusern vor, dies sogar gegen den Rat seiner Freunde, die
fürchteten, das Haus der Wilton sei zu sehr im Abseits der
eleganten Welt gelegen, um jemals ein erstklassiges Theater
zu werden.

Das Schicksal der beiden Vorkämpferinnen gestaltete sich
recht unterschiedlich, entsprechend den jeweiligen Wider-
ständen, mit denen sie fertig werden mußten. Vestris und ihr
Mathews, die verschwenderisch und extravagant waren und
zudem durch das Monopol der beiden großen Schauspielhäuser in ihrer Spielplangestaltung sehr eingeschränkt, waren beständig verschuldet. Es klingt wie ein zeitgenössisches Melodram, wenn man von Madame Vestris' Anstrengungen hört,
wie sie, selbst todkrank, versuchte, ihren Mann im Schuld-
turm zu besuchen. Nachdem ihre Bemühungen, ein eigenes
Theater zu leiten, nicht an Talentlosigkeit, sondern schlichtweg an Geldmangel gescheitert waren, waren sie gezwungen,
zu dem hierarchischen Schauspieler-Regisseur-Verhältnis zu-
rückzukehren, was sie als eine Beleidigung ihrer Fähigkeiten
empfanden. Im Gegensatz dazu schritten die Bancrofts von
Erfolg zu Erfolg, so daß sie sich später finanziell abgesichert
zurückziehen konnten. 1897 wurde Squire Bancroft zum Rit-
ter geschlagen, der zweite Schauspieler, dem eine solche Ehre
widerfuhr. So wurde Marie Wilton wenigstens in Stellvertre-
tung geehrt.

Beim Versuch, die Gemeinsamkeiten in Zielsetzung und
Erreichtem herauszuarbeiten, darf der grundsätzliche Unterschied in der Theaterästhetik der beiden Pionierinnen nicht
übersehen werden. Obwohl beide sich um authentische Darstellung wirklichen Lebens auf der Bühne bemühten, mithin
Vorläufer des Realismus waren, präsentierte Vestris im Olympic den Realismus eines eleganten Salons, einer Welt der Bildung und des guten Geschmacks. Sie und ihr Mann wurden
als »Lady und Gentleman, so wie man sie im Salon antrifft«
beschrieben, als »reizend, ruhig, wohlerzogen, wie selbstverständlich sich im Rampenlicht bewegend«. Die gebotenen
Stücke dagegen waren trivial. Man sagte vom Olympic, es sei
»wie eine exquisite Konditorei, wo man zwar nicht gerade zu

Abend essen konnte, jedoch an den ansprechendsten Erfrischungen sich ergötzen konnte, die aus Gelees, Quarkkuchen,
süßen Soßen und lauter leckeren Kleinigkeiten bestanden und
auf dem feinsten Dresdner Porzellan in bestem Stil serviert
wurden.« (Cook: 1883, S. 280)

Marie Wilton und T. W. Robertson boten eine avancierte
Bühne, ein Wagnis, das sie nur unternehmen konnten, da die
Reformen der Vestris bezüglich Schauspielkunst, Bühnenbild
und Ausstattung des Bühnenraumes, Regiearbeit, Organisation und Leitung des Theaters den Boden dafür so gut bereitet
hatten. Wilton und Robertson leisteten einen der Hauptbei-
träge zur Durchsetzung und Etablierung des naturalistischen
Theaters in England, das die Blüte ähnlicher Bewegungen auf
dem Kontinent um etwa zwei Jahrzehnte vorwegnahm.

Vestris und Wilton waren Vorkämpferinnen einmal darin,
daß sie in einer Zeit, in der Frauen die untergeordneten Rollen zugewiesen wurden, leitende Positionen einnahmen, und
zum anderen durch ihre Weigerung, die ästhetische und ad-
ministrative Theaterpraxis ihrer männlichen Kollegen nach-
zuahmen, wodurch sie die Revolutionierung eben dieser Praxis im 19. Jahrhundert einleiteten.

Viele auf der Bühne erfolgreiche Frauen scheuten sich
selbst dann, die Regie zu übernehmen, wenn sie ihnen angeboten wurde. Teils aus künstlerischen Gründen – Helen Faucit glaubte, die Übernahme der Leitung des Drury Lane
würde ihre schauspielerischen Ambitionen behindern; teils
aus Temperamentsgründen – Ellen Terry war ihrem Sohn
Edward Gordon Craig zufolge nicht gerade eine Organisa-
tionslöwin; teils, weil sie zögerten, eine maskuline Rolle außerhalb des eigentlichen Bühnenbereichs einzunehmen. Das
Ergebnis war, daß viele talentierte Frauen auf Gnade und
Ungnade den Schauspielregisseuren ausgeliefert waren, die
ihren Status innerhalb der Truppe sicherten und ihre finanziellen Interessen wahrten, indem sie ihre Partnerinnen in un-
tergeordnete Rollen drängten. Die Londoner Theaterleiter
»überschminkten« die Schauspielerinnen nach ihren eigenen
Vorstellungen, wie Gertrude Kingston das nannte, und erwar-
teten sogar von den Hauptdarstellerinnen, daß sie etwaige eigene Ideen entsprechend zurechtstutzten. Ellen Terrys Portia,

ihre Beatrice und ihre Ophelia mußten sich Irvings idio-
synkratischem Shylock, Benedick und Hamlet anpassen.
Der große Macready förderte zunächst das aufstrebende Genie
der jungen Helen Faucit, aber als sie ein Star geworden war
und das Publikum ihren eigenen, naturalistischeren Stil bevorzugte, weigerte er sich, sie nach der Vorstellung vor den
Vorhang zu führen, als sie vom Publikum herausgerufen
wurde.

Was bei den Frauen erwünscht war, was sie »raushaben«
sollten – zu Haus wie auf der Bühne –, das war, wie Elizabeth
Robins nicht als einzige klar erkannte, der »Kniff der Gefällig-
keit«. Einige der Frauen, die in den Berufsstand der Regieführenden hineinheirateten, hatten in der Folge die Leitung
gemeinsam mit ihren Ehemännern inne. Im 19. Jahrhundert
findet man zahlreiche Beispiele solcher Partnerschaften: die
Keeleys, die Keans, die Alexanders, Julia Neilson und Fred
Terry und andere, weniger bekannte Paare. Während manche
Frauen lediglich ihren Monopolanspruch auf die besten Rollen zur Leitung beitrugen, sehr zum Ärger der anderen Theaterdamen, wurden andere, wie z. B., Ellen Terry zufolge, Mrs.
Kean, zur eigentlich treibenden Kraft der Truppe. Die in der
provinziellen Wanderschauspielertruppe der Provinz vorherr-
schende Familienstruktur wiederholte sich im »Guv'nor and
Missis«-Syndrom des Londoner West End – den übrigen
Schauspielern wurde nicht mehr Gelegenheit zur eigenständi-
gen Mitarbeit gegeben als den viktorianischen Kindern, die
man zwar sehen, aber nicht hören sollte.

3. Frauen als Schauspiel-Lehrerinnen

Einer der Gründe, die die Schauspielerei im 19. Jahrhundert
nicht als vollwertigen Beruf erscheinen ließ, war das Fehlen
jeglicher regulären Ausbildung. Der Weg zur Bühne lief in der
Regel durch die Provinz, oft genug mit drittklassigen Schau-
spieltruppen, von denen man wenig wirkliche Technik, dafür
sehr viele schlechte Angewohnheiten sowohl in schauspielerischer wie in moralischer Hinsicht übernehmen konnte. Für
die »respektable« Aspirantin und ihre Familie waren diese

Zustände ein weiterer Abschreckungsgrund bei der Erwä-
gung, eine Bühnenkarriere anzusteuern – eine Tatsache, die
die Schauspielerin Fanny Kelly dazu führte, in den 1830er
Jahren die erste Schauspielschule Englands zu gründen.

Fanny Kelly kam aus einer Theaterfamilie. Ihr Onkel war
der berühmte Sänger Michael Kelly, der ihr von ihrem 7. Lebensjahr an Unterricht gab und sie in seiner Oper BLAUBART
im Drury Lane debütieren ließ. In der Folge spielte sie mit
John Philip Kemble und mit Mrs. Siddons. Doch ihr eigener
privilegierter Werdegang hinderte sie nicht daran, die Schwierigkeiten der weniger begünstigten Lehrlinge der Schauspielkunst wahrzunehmen.

»Ich war kein kleines Schauspielhauswunder, das man aus
ehrbarer Armut herausgerissen, um es, wie's so oft geht, ohne
Instruktionen oder Protektionen kopfüber in ein Leben voll
Gefahr für Gesundheit und Moral zu werfen.« (Holman:
1935, S. 75)

Ihr Erfolg in späteren Jahren als natürliche Schauspielerin
und als Lady – sie war gesellschaftlich akzeptiert und bekam
einen Heiratsantrag von Charles Lamb, den sie zwar mit größter Güte, jedoch genauso entschieden zurückwies wie den
weitaus weniger ehrenvollen Antrag von Lord Essex – erwies
sich als ideale Voraussetzung, um ihr Anliegen, das Los junger
Frauen zu verbessern, die ihre Theatererfahrungen bisher unter moraluntergrabenden Bedingungen machen mußten, in
die Tat umzusetzen.

Sie begann ihr Unterfangen mit Einzelschülern. 1830 pachtete sie das Strand Theatre trotz der Schwierigkeiten, die die
Direktoren der Monopoltheater ihr machten, und die sie der
Öffentlichkeit in aller Deutlichkeit vor Augen führte. Und
kraft der Popularität, deren sich ihre Ein-Frau-Shows erfreu-
ten, hatte sie binnen zweier Jahre genügend Kapital angesam-
melt, um eine offizielle Schauspielschule mit einem festen
Ausbildungsteam zu starten. 1834 verließ sie nach 37 Jahren
endgültig die Bühne, um sich nun mit ihrer ganzen Kraft auf
die Schule zu konzentrieren, die sich weiter zum größten Teil
aus den Solodarbietungen finanzierte. Der Stundenplan gibt
einen guten Überblick über die angebotenen Kurse: Vortragskunst montags und donnerstags; Instrumental- und Vokal-

musik dienstags; Tanz, Fechten, Gymnastik mittwochs und sonnabends. Der moralische Aspekt wurde ebenfalls nicht vergessen, ebensowenig wie die ursprüngliche Intention, »die Bühne aus dem Zustand der Verwahrlosung heraus- und zu intellektueller und moralischer Brauchbarkeit emporzureißen«.

1840 ließ sie, ermutigt durch den Herzog von Devonshire, hinter ihrem eigenen Heim in der Dean Street, Soho, ein kleines Theater für ihre Schüler mit knapp über 200 Sitzplätzen bauen. Dieses wurde als Miss Kellys Theater bekannt. Es war das erste Theater, das nach einem Schauspieler benannt wurde. Die Anzeigen für dies neue Unternehmen trugen die Überschrift »Royal Dramatic School and Theatre« und versprachen Vortragskurse, tägliche Leseproben und Bühnenübungen. Auch diese Schule war für jene bestimmt, die sich Privatunterricht nicht leisten konnten, und sollte die Schauspielschüler, zumal die weiblichen, davon befreien, sich den Greueln des provinziellen Theaterlebens stellen zu müssen.

Unglücklicherweise entsprachen Fanny Kellys technische Erfahrungen nicht ihren Fähigkeiten als Lehrerin und Schauspielerin. Kurz nach der Eröffnung ihres Theaters mußte die gesamte Ausrüstung erneuert werden, was alle ihre bisherigen Ersparnisse, etwa £ 17 000,– verschlang. Das Theater mußte fast zwei Jahre lang geschlossen werden und konnte erst im Februar 1841 mit herabgesetzten Eintrittspreisen und einer neuen Version der Ein-Frau-Show seine Pforten wieder eröffnen.

Wegen ihrer geschwächten Gesundheit vermochte Kelly in der Folge die für die Finanzierung der Schule und des Theaters notwendige Zahl an Solodarbietungen nicht mehr durchzuhalten. Und so wurde das Theater schließlich im Jahre 1849 von den Gerichtsvollziehern einkassiert. Es wurde umbenannt, hieß fortan das Royalty und wurde 40 Jahre später Schauplatz eines anderen, durch eine Frau initiierten bahnbrechenden theaterhistorischen Ereignisses: Janet Achurchs Darstellung der Nora in Ibsens NORA ODER EIN PUPPENHEIM.

Es war Sarah Thorne, die in ihrem Theater in Margate

1885 die von Fanny Kelly entzündete Fackel weitertrug. Ihre
Schüler wohnten bei ihr zu Haus und bekamen täglich Schau-
spiel- und Stimmunterricht. Hinzu kamen Kurse für Gestik,
Mimik, Dialekt und Schminken. Daneben durften sie abends
in Thornes Truppe, die aus sechs oder sieben professionellen
Schauspielern bestand, mitspielen und konnten schon die Erfahrung des Auftretens vorm Publikum machen. Da die Unterrichtsgebühren £ 20 für drei Monate und £ 30 für sechs
Monate betrugen, mußten die Schüler einigermaßen wohlha-
bend sein und waren folglich im allgemeinen Kinder von An-
wälten, Schriftstellern, erfolgreichen Schauspielern oder kamen aus der Aristokratie. Unter ihnen waren zukünftige Stars
wie z. B. Irene von Violet Vanbrugh, Gertrude Kingston, Edward Gordon Craig, Ben Greet und Granville Barker.

1906 etablierte sich Herbert Beerbohm Tree's Academy of
Dramatic Art nach dem Muster des Pariser Konservatoriums
und der American Academy. Damit begann eine neue Phase
der Schauspielausbildung. Zu den talentiertesten Ausbildern
Trees gehörte z. B. Rosina Filippi, eine Halbschwester der
Duse, die mit Granville Barker im Court Theatre zusammen-
gearbeitet hatte. Ihre Spezialität war Stimmausbildung. Kate
Rorke, eine andere Court-Schauspielerin, erfüllte eine ähnliche Funktion in der Guildhall School of Musik, nachdem sie
sich von der Bühne zurückgezogen hatte.

Im 20. Jahrhundert war Elsie Fogerty die erste Englände-
rin, die eine Schauspielschule gründete. Von ihren Eltern
daran gehindert, den ersehnten Beruf selbst auszuüben,
wurde sie Schauspiellehrerin. Ihre Ziele glichen denen ihrer
Vorläuferin Fanny Kelly, nämlich natürlichere und wirkungs-
vollere Sprechweisen im Theater durchzusetzen und das Studium von Dialog und Drama auf Universitätsniveau zu heben,
um die Schauspielerei zu einem angesehenen Beruf zu machen, so daß selbst die »penible Vorstadtwelt« keinen Grund
mehr fände, ihren Töchtern und Söhnen das Streben zur
Bühne zu untersagen. Mit Frank Bensons Hilfe entwickelte
sich aus ihrem Sprechunterricht in der Albert Hall im Jahre
1906 die Central School of Speech training and Dramatic Art.
Auf dieser Schule konnte man ein volles Ausbildungsprogramm mit Abschlußprüfung absolvieren, und das Zertifikat,

das Elsie Fogertys erfolgreiche Schüler erwarben, wurde nun sogar von der University of London anerkannt – ein erster Schritt in Richtung ihres Ziels, Theaterstudien zu einer akademischen Disziplin zu machen.

Fogertys Technik zur Ausbildung der Stimme war stark von ihrer Arbeit mit William Poel und der Elizabethan Stage Society beeinflußt. Wie die Schauspieler Granville Barker, Lillah McCarthy und Lewis Casson die Lehre von Poel dadurch verbreiteten, daß sie seine Anweisungen in ihren Vorführungen anwandten, so bildete Elsie Fogerty die nächste Generation der Schauspielrekruten, einschließlich des jungen Laurence Olivier, dazu aus, die Bedeutung der Kunst der Bühnendiktion zu erkennen. Ihre Arbeit an der Sprechausbildung entwickelte sich in therapeutische Richtungen weiter, und 1914 eröffnete sie eine Sprechtherapieklinik im St. Thomas-Krankenhaus.

Als Fogerty ihre Schule für Sprechunterricht und Schauspielkunst aufmachte, betrugen die Unterrichtsgebühren elf Guineas pro Semester. Die Studentenschaft rekrutierte sich vor allem aus dem bürgerlichen Mittelstand und zum größten Teil aus Frauen. Jenen vielversprechenden Schülern, deren Eltern eine Ausbildung fürs Theater nicht gestatten wollten, wurde ein Stipendium angeboten, da Elsie Fogerty verständlicherweise Sympathie für solche Unglücklichen hegte. Die erfolgreich Graduierten neigten zum Anschluß an das naturalistische Drama und pflegten ihn – bei Granville Barker im Court Theatre oder im Savoy Theatre oder bei einer der neu entstehenden »repertory companies« – auch zu finden.

Die Gründung angesehener Schauspielschulen, in denen diese Frauen auf entscheidende Weise mitwirkten, hob das Ansehen des Schauspielerstandes insgesamt. Für die Frauen aus dem Mittelstand waren die Schulen ein wahrer Segen, der ihnen in einer Zeit, in der immer mehr Frauen ihre Unabhängigkeit durch bezahlte Arbeit zu erlangen suchten, ermöglichte, eine Theaterkarriere zu starten.

4. Die Frauen und das naturalistische Drama

In den 1890er Jahren bot das Theater im Londoner West End dem Bürgertum die angenehmste Abendunterhaltung, denn die Bühne spiegelte seine Lebensgewohnheiten und Wertvorstellungen auf die geschmackvollste Weise wieder. Man war ganz unter sich. In den Rezensionen und Kritiken nahmen die Beschreibungen der rauschenden Garderoben und Kostüme, in denen die Schauspielerinnen schillerten, ebensoviel, wenn nicht mehr Platz ein wie die Besprechung der Inszenierung. Diesem schiefen Verhältnis entsprach die flache Beliebigkeit im verfügbaren Angebot an Frauenrollen, die – egal, ob die Schauspielerin eine reuige Magdalena oder eine tugendhafte Gattin darstellen sollte – in der Mehrzahl Karikaturen echter Frauengestalten waren, bloße Abziehbildchen, »ausgeschnitten« von männlichen Dramatikern für ein Publikum, dem das Theater gleichwertig mit einem guten Brandy nach einem opulenten Mahl war. Doch die Verheißungen des anbrechenden neuen Jahrhunderts im Verein mit der Theaterrevolution auf dem Kontinent durchdrangen das englische Theater, und bei der Entstehung der New Drama-Bewegung – dem Durchbruch des naturalistischen Dramas –, die gleichzeitig die Erneuerung des Theaters forderte, spielten Frauen eine zentrale Rolle.

Den größten Einfluß auf das britische Theater zu dieser Zeit hatte der norwegische Dramatiker Henrik Ibsen, dessen Werk wie ein Wirbelwind durch die bestehende englische Theaterlandschaft fegte. Vor allem zwei Frauen haben sich um die Aufführung seiner Stücke in London verdient gemacht, Janet Achurch und Elizabeth Robins, die von der Zeitschrift *The Era* »die Hohepriesterinnen Ibsens« getauft wurden. Janet Achurch, deren Großeltern das Royal Theatre in Manchester geführt hatten, verbrachte ganz normale Lehrjahre am Theater bei Sarah Thorne in Margate und mit Frank Bensons Truppe. Sie war 25, als sie und ihr Mann, Charles Charrington, mit der Hilfe des Ibsen-Übersetzers und -kritikers William Archer die erste ernsthafte Produktion eines Ibsen-Stückes in Großbritannien unternahmen: NORA ODER EIN PUPPENHEIM im Londoner Royalty Theatre 1889. Sie finanzierten das Unternehmen durch Vorschüsse auf die Gelder, die sie für eine Tour nach Australien und in den fernen Osten bekommen sollten. Janet Achurchs Darstellung der Nora machte sie zu einer der führenden seriösen Schauspielerinnen ihrer Zeit. Doch das Ereignis überstieg den Rahmen rein biographischer Bedeutsamkeit, denn im Parkett saß die amerikanische Schauspielerin Elizabeth Robins, für die diese Inszenierung des PUPPENHEIMES mit seinen unbekannten Schauspielern und dem armseligen Bühnenbild nicht nur die »spannendste, sondern auch die zufriedenstellendste« war, die sie jemals gesehen hatte.

Voller Begeisterung war Elizabeth Robins entschlossen, mit Hilfe ihrer Landsmännin Marion Lea weitere Ibsen-Stücke auf die Londoner Bühnen zu bringen. Was sie an diesem Autor faszinierte, waren seine differenzierten und psychologisch begründeten Frauenfiguren, die der Schauspielerin ganz neue Darstellungsmöglichkeiten boten. Kommerzielle Theaterunternehmen sperrten sich gegen die Initiative der beiden Frauen, Ibsen war ihnen zu obskur, zu langweilig, nicht absatzträchtig genug, und – dies ist vielleicht am bezeichnendsten – seine Dramen, soweit sie übersetzt waren, boten den Schauspieler-Regisseuren nur zweitrangige und ziemlich unsympathische männliche Rollen. So verschafften sich die beiden Frauen durch Verkauf von Marion Leas Armband und eines Familienerbstückes von Elizabeth Robins das nötige Kapital für eine unabhängige Produktion von HEDDA GABLER im Vaudeville Theater 1891. Die moralische Entrüstung des Publikums bei der Aufführung war nur um weniges geringfügiger als der durch die Independent Theatre Society ausgelöste Skandal bei der Aufführung der GESPENSTER einen Monat vorher. Hedda wurde als »Teufel«, als »Monster« und »unweibliches Weib« abgelehnt. Dennoch war Robins Darstellung – sie hatte norwegisch gelernt, um die greifbaren Übersetzungen verbessern zu können – ein persönlicher Triumph. Damit hatten die beiden Frauen von der künstlerischen und persönlichen Freiheit gekostet, und das erschwerte ihnen die Rückkehr zur Kleinarbeit der normalen West End Bühnen, wo sie dazu verdammt werden würden, die Rollen zu spielen, die die regieführenden Schauspieler ihnen zuwerfen würden.

Trotz der fast unüberwindlichen Schwierigkeiten (Geldmangel; das Problem, ein Theater zu mieten; das Problem,
kurzfristig eine Truppe aus Schauspielern zusammenzustel-
len, die anderweitig engagiert waren; kein zusätzliches Personal, weder für die Verwaltungsangelegenheiten noch für die
Kostüme oder das Bühnenbild und überhaupt keine technischen Assistenten) gelang es Elizabeth Robins 1893, eine
Theatersaison auf Subskriptionsbasis zu initiieren, in der BAU-
MEISTER SOLNESS, ROSMERSHOLM, HEDDA GABLER und der
4. Akt von BRAND gespielt wurden. 1896 trat sie mit Janet
Achurch und Mr. Patrick Campbell in KLEIN EYOLF auf. Bei
dieser Gelegenheit sprach sie aus, was alle ihre Mitdarstelle-
rinnen dachten: daß nämlich noch nie ein Dramatiker den
Frauen vom Theater soviel bedeutet hatte wie Ibsen. Allerdings brachte ihre Arbeit, so befriedigend sie in künstlerischer
wie intellektueller Hinsicht auch sein mochte, ihnen nur geringen finanziellen Erfolg und kaum öffentliche Anerkennung
ein, außer von denen, die sich bereits der theatralischen Revolution zugewandt hatten. G. B. Shaw lobte »diese fähigen und
dynamischen Frauen, die für die neue Bewegung wegweisend
waren und die bisher wenig vom Theater gehabt hatten, abgesehen von den unbegrenzten Möglichkeiten, sich die Mode-
dramen anzuschauen, in denen hübsche und liebenswürdige
Schauspielerinnen sich im Glanze des Erfolges sonnten, indem sie sich selbst in teuren Damenkleidern ausstellten.«
(Shaw: 1909, S. 5)

Da sowohl Janet Achurch wie auch Elizabeth Robins nicht
willens waren, sich den entwürdigenden Zwängen, denen die
erfolgreichen wie die erfolglosen Theaterdamen unterlagen,
weiterhin auszusetzen, strebten sie beide danach, die Position
einer Theaterdirektorin einzunehmen. Doch beide scheiterten
bei diesem Versuch. Nachdem Achurch und ihr Ehemann,
Charles Charrington, aus Australien zurückgekommen waren,
übernahmen sie 1892 die Direktion des Avenue Theaters und
1893 die des Royalty. Beide Unternehmungen erwiesen sich
finanziell als untragbar. Mangel an finanziellem Sachverstand
und der schlechte Gesundheitszustand der Achurch, der möglicherweise auf Morphiumsucht zurückzuführen war, mögen
dazu beigetragen haben. Elizabeth Robins gelang es gar nicht

erst, eine eigene feste Truppe zu gründen. Sie war auf fremde
Förderung einzelner Aufführungsvorhaben, bestenfalls kurzer
Spielzeiten, angewiesen. Beide wandten sich den privaten
Theatergesellschaften zu, die in den 1890er Jahren, als direkte
Herausforderung des in den großen Theaterhäusern walten-
den Kommerzialismus und der Zensur, gegründet wurden.
1897 schlossen sich Elizabeth Robins und William Archer zur
Gründung des New Century Theaters zusammen, das während der kurzen Zeit seiner Existenz JOHN GABRIEL BORKMAN
und Gilbert Murrays Übersetzung von Euripides HIPPOLYTOS
produzierte. Janet Achurch verband sich, als Schauspielerin
wie als Produzentin, mit der erfolgreicheren Stage Society, die
1899 ins Leben gerufen wurde und die Nachfolgeorganisation
der Independent Theatre Society war.

Mit dem beginnenden 20. Jahrhundert lockerte sich die
Bindung der beiden Frauen ans Theater. Janet Achurch, die
Shaw als die ideale Schauspielerin für seine revolutionären
Heldinnen bezeichnet hatte, wurde drogenabhängig. Elizabeth Robins wandte sich der Schriftstellerei zu. Ihr erfolgreichstes Stück, eine Bearbeitung ihrer Novelle THE CONVERT,
hieß VOTES FOR WOMEN! und wurde 1906 aufgeführt.

Obwohl keiner aus der Ibsen-Vorhut bisher am Royal Court
aufgetreten war, wurden die in den 90er Jahren von den
Schauspielerinnen und anderen Theatertruppen entwickelten
avantgardistischen Initiativen unter der Direktion von Barker
(1904-1907) für dieses Theater nutzbar gemacht. Die Arbeit in
den alternativen Theatern hatte die Theaterleute auf den Geschmack gebracht, und Granville Barker spürte das wach-
sende Bedürfnis der Schauspieler, sich an Aufgaben zu versuchen, die ihre Kräfte zur Entfaltung bringen würden. »Unsere
Schauspieler – und mehr noch unsere Schauspielerinnen –
werden langsam aber sicher durch den Mangel an intellektueller Arbeit und durch diese ewigen, nichts anderes als
Schlagfertigkeit und gutes Aussehen erfordernden Stücke de-
moralisiert«, schrieb er an William Archer. Barkers radikale
Ablehnung des Starsystems sowie seine besondere Spielplan-
strategie am Royal Court gaben Frauen die Möglichkeit, in
intellektuell interessanten Rollen ihre Talente zu entwickeln.
Auf dem zu Ehren der Direktion veranstalteten Galadinner

erwiderte die Schauspielerin Edith Wynne Matthison den Toast auf das Ensemble mit dem Hinweis darauf, wie sehr sie alle den modernen Bühnenschriftstellern verpflichtet seien. »Unsere Autoren haben uns eine brandneue Galerie dramatischer Porträts beschert, die uns aus dem konventionellen Rollenschematismus befreit hat, der die englische Bühne solange beherrscht und jeglicher Menschlichkeit Hohn gesprochen hat.« (Dinner zu Ehren von J. E. Vedrenne und Granville Barker, Criterion Restaurant, 7. July 1907. Eine Aufzeichnung der Rede befindet sich in der British Library, 010825ff 503.)

Ihre Kollegin Lillah McCarthy hob unter den neuen Dramatikern besonders G. B. Shaw hervor, dessen Stücke den größten Teil des Court-Repertoires ausmachten. Shaw habe, so McCarthy, mit der Anne Whitefield aus seinem Stück MENSCH UND ÜBERMENSCH eine Hauptfigur entworfen, die alle Konventionen weiblichen Verhaltens sprenge, und damit ein Darstellungsmodell geschaffen, das auf alle Schauspielerinnen befreiend wirkte.

Selbst Schauspielerinnen, die schon den Status einer Hauptdarstellerin an einem der West End-Theater erlangt hatten, wie Lillah McCarthy, wiesen die hohen Gagenangebote kommerzieller Theaterunternehmen zurück, um im Court naturalistische Frauenrollen zu spielen. Edith Wynne Matthison schrieb die Loyalität der Schauspieler gegenüber dem Court Theatre den dort gebotenen künstlerischen Möglichkeiten und der Fairness in finanziellen Dingen zu. Matthison war, neben einer Reihe anderer Court-Schauspieler, eine der prominenten Persönlichkeiten in der Reformpartei, die die Actor's Association, eine Schauspielervereinigung, die früher nichts weiter als ein besserer Klub gewesen war, in eine wirksame politische Vereinigung umwandeln und deren Hauptaugenmerk auf die problematische finanzielle Lage des Schauspielerstandes lenken wollten.

Das politische Engagement der Frauen des Court Theatre Ensembles wurde auch in ihrer Beteiligung an der Actresses' Franchise League (Schauspielerinnen-Stimmrecht-Liga, kurz AFL), dem »theatralischen« Flügel der Kampagne für das Wahlrecht der Frau, deutlich. Die Feministinnen des

19. Jahrhunderts hatten in der Regel den Frauen vom Theater wenig Beachtung geschenkt; in erster Linie deshalb, weil sie sich um jeden Preis den Eindruck von Anstand und Schicklichkeit erhalten wollten, den die Bühne mit ihrem zweifelhaften Ruf damals hätte ruinieren können. Zum zweiten in dem naiven Glauben an die finanzielle Gleichgestelltheit weiblicher und männlicher Darsteller, wodurch die Schauspielerinnen obendrein als verhältnismäßig privilegiert im Vergleich zu weniger begünstigten Frauen erschienen. Doch die Stimmrechtfrage brachte eine neue Solidarität zustande. So wurde 1908, bei einem Treffen im Criterion Restaurant, die AFL gegründet. Obwohl ein Mann den Vorsitz hatte, der Schauspieler Johnston Forbes-Robertson, waren bedeutende Schauspielerinnen wie Ellen Terry, Magde Kendal und Violet Vanbrugh sowie viele weniger bekannte Bühnenmitglieder dabei. Die Schauspielerin und Dramatikerin Cicely Hamilton hielt die entscheidenden Reden. Die AFL sah ihre wesentliche Aufgabe darin, die politischen Aktivitäten der Frauenbewegung insgesamt zu unterstützen, und zu diesem Zweck sprachen und rezitierten die Schauspielerinnen auf öffentlichen Veranstaltungen und unterrichteten andere – unerfahrenere – Sprecherinnen im richtigen Gebrauch der Stimme. Neben ihrer politischen Öffentlichkeitsarbeit entfalteten die Bühnenkünstlerinnen regelrecht subversive Tätigkeiten. So bewahrten sie so manche exponierte Suffragette vor der drohenden Verhaftung, indem sie sie fachgerecht verkleideten.

Die Teilnahme von Theaterfrauen wie Lillah McCarthy, die im Vierspänner in der Sommerprozession im Hyde Park mitfuhr, begleitet von einer Schar ihrer Kolleginnen, alle in weißen Kleidern und mit ausladenden Hüten, an denen die grünviolette Schleife der Suffragetten-Bewegung prangte, vergrößerte natürlich die Pracht und den Aufwand bei den öffentlichen Demonstrationen. Zweiundfünfzig Schauspielerinnen spielten in dem spektakulären, von der AFL 1909 aufgeführten Stück PAGEANT OF GREAT WOMEN mit: darunter Marion Terry als Florence Nightingale, Lillah McCarthy als Justitia und Ellen Terry als sie selbst. Die Tätigkeiten der Liga beschränkten sich nicht darauf, die schauspielerischen Fähigkeiten ihrer Mitglieder einzusetzen, um die Sache der Frauen

farbenfroher zu gestalten. Eine Reihe von Vorträgen, die gezielt gesellschaftsverändernd wirken sollten, wurde im Crite-
rion-Restaurant gehalten: über Frauen in der Theatergeschichte, über allgemeine soziale Fragen und vor allem über
die Auswirkungen der gegenwärtigen Arbeitsbedingungen am
Theater auf die weiblichen Darsteller, zum Beispiel »Das
Frauenbild, dem die Bühne heute nachhängt, ist konventio-
nell und unangemessen«, oder »Politisches Engagement ist
der Schauspielkunst nicht abträglich«. Eine weitere wichtige
Errungenschaft der Liga war eine eigene, von Inez Bensusan
organisierte dramatische Abteilung, das Play Departement.
Zwischen 1909 und 1913 wurden 58 neue Dramen über das
Thema des Frauenwahlrechts geschrieben, viele von den
Frauen selbst, die in allen möglichen Orten aufgeführt wurden, von einer Eisbahn in Knightsbridge bis zu einer Exerzier-
halle in Manchester. Die Stücke waren sämtlich offensichtli-
che Propagandastücke, die meist einen Dialog zwischen einer
konvertierten und einer nicht-konvertierten Frau oder einem
Mann enthielten, und, obwohl nicht eben Meisterwerke dra-
matischer Kunst, den didaktischen Intentionen Genüge taten.
Trotzdem war, wie Julie Holledge hervorhob, eine weitere
Auswirkung all dieser Anstrengungen die, daß Frauen sich in
zunehmendem Maße in der bisher männlichen Domäne der
Bühnenschriftstellerei, der Theaterleitung, Regieführung,
Bühnenbildnerei und Verwaltung bewegten. Sie spielten gelegentlich auch vor proletarischem Publikum, das bis dahin wenig Erfahrung mit ernsten Dramen hatte. 1912 gründete Inez
Bensusan eine unabhängige Frauentheatertruppe, die von der
Frauenbewegung durch Einzelspenden und Gruppenabonne-
ments finanziert wurde und im Coronet-Theater zwei Stücke
aufführte: Björnsons EIN HANDSCHUH und Brieuxs EINE AL-
LEINSTEHENDE FRAU. Obwohl die Aufführungen ein finanzieller Erfolg wurden, waren die Frauenrechtlerinnen insgesamt
enttäuscht, da beide Dramen aus männlicher Feder stammten
und mehr die *Probleme* der Unabhängigkeit suchenden
Frauen zeigten als ihre Triumphe. Ein ähnliches Unternehmen waren die 1911 von Ellen Terrys Tochter Edith Craig
gegründeten Pioneer Players. Zur Eröffnung wurde THE
FIRST ACTRESS von Chris St. John aufgeführt, ein Stück, das

Madame Vestris (1797-1856) als Don Giovanni.

Fanny Kemble (1809-1893)
als Porzia in Shakespeares
Der Kaufmann von Venedig.

Lady Bancroft, geb. Wilton
(1839-1921), Gründerin des
Prince of Wales Theatre.

Ellen Terry (1847-1928) als Imogen in Shakespeares *Cymbeline*.

Elizabeth Robins (1862-1952) als Hilde in Ibsens *Baumeister Solness*.

Charlotte Wolter (1834-1897)
Gemälde von Hans Makart im Arbeitszimmer der Künstlerin. (*oben*).

Charlotte Wolter als Poesie, geleitet von Sonnenthal als Genius des alten
Hauses in das neue Burgtheater am Ring, Eröffnungsveranstaltung 1888.
Zeichnung von Leopold Burger. (*unten*)

das Gebot ›Weg mit der Diskriminierung der Schauspielerinnen‹ feierte.

Der Ausbruch des Krieges beendete die Aktivitäten der
Frauentheatertruppe und zwang die Pioneer Players, ihre
Stoßrichtung zu ändern. Die Energien der Schauspielerinnen,
wie die vieler anderer Suffragetten, wurden auf die Erforder-
nisse des Krieges umgelenkt: Die Organisation von Wandertruppen, die vor den Soldaten in England und Frankreich
spielen sollten.

Die Frauen vom Theater im späten 19. und frühen 20. Jahrhundert leisteten einen entscheidenden Beitrag sowohl zur
Theater- wie zur sozialen Revolution ihrer Zeit. In den Bestrebungen, ein neues, auf künstlerischer Gleichberechtigung be-
ruhendes Theater zu schaffen und für gute Aufführungen sozialkritischer Dramen zu sorgen, spielten sie eine wichtige
Rolle. Ihr Wille, das Theater zu verändern, ging Hand in
Hand mit ihrem Willen, die Gesellschaft im Ganzen zu verändern.

Georg M. Blochmann

Der Tod der Messalina
Burgschauspielerin und Gründergeist

Der 14. Dezember 1874 ist ein Festtag in Wien, ein Tag, an dessen Abend man sich einig ist, daß er Theatergeschichte machen wird. Im Burgtheater, dem alten Burgtheater am Michaelerplatz, hatte die Uraufführung des jüngsten Stückes von Adolf Wilbrandt stattgefunden, Arria und Messalina, ein Historiendrama aus römischer Kaiserzeit. Die Handlung ist einfach und effektvoll: Messalina, die hetärenhaft-verderbte erste Gemahlin des philosophierenden Kaisers Claudius, hat ihrem Liebhaber Gajus Silius den Laufpaß gegeben. Sie begehrt Marcus, den Sohn des Cäcina Prätus und der Arria, die in Zeiten dekadenten Niedergangs die alten römischen Bürgertugenden wahren. Messalina wirbt um Marcus, betört, verführt ihn. Von seinen Eltern zur Rede gestellt, nimmt er Gift. So wie sie Marcus liebt, haßt Messalina dessen Mutter Arria von Jugend an wegen ihrer Tugendhaftigkeit. Die Hochverratsanklage gegen ihren Gatten nimmt die Kaiserin zum Anlaß, die alte Konkurrentin zu demütigen. Doch auch das tugendhafte Elternpaar entzieht sich dem Zugriff dämonisch-machtbesessener Weiberwillkür durch gemeinsamen Selbstmord. Zu spät erscheinen die rettenden Boten des Kaisers auf der Bühne, denen nichts zu tun bleibt, als dem wollüstigen Weib seine verdiente Strafe zukommen zu lassen. Würdelos um Gnade winselnd stirbt Messalina.

Der Uraufführungserfolg des Stückes ist unbeschreiblich. Als einer der Kassenschlager des Burgtheaters geht es bis 1894 mehr als 70mal in Szene. Heute ist es verdienter Vergessenheit anheim gefallen, seinen Autor kennt man zumeist nur noch von Straßenschildern. Auch der Name der umjubelten Darstellerin der Messalina ist nur noch wenigen geläufig: Charlotte Wolter (1834-1897). Wie keine andere weibliche

Darstellerin hat Charlotte Wolter den Stil des Burgtheaters der Gründerzeit geprägt. Für ihre Zeitgenossen wurde sie zur Burgschauspielerin schlechthin, zur Mustertragödin der schon damals ängstlich beschworenen Musterbühne.

Lebhaftes Interesse zeigte die Öffentlichkeit damals wie heute am Privatleben der von ihr vergötterten Lieblinge. So sind uns detaillierte Beschreibungen der Wohnungen aller bekannten Künstler jener Zeit erhalten geblieben. In der anläßlich des 25jährigen Burgjubiläums der Wolter erschienenen Biographie der Tragödin von M. Ehrenfeld findet sich in diesem Zusammenhang die Beschreibung ihrer »geradezu feenhaft eingerichteten Villa in Hietzing« (Ehrenfeld: 1887, S. 94). (Die Künstlerin besaß darüber hinaus eine Stadtwohnung am Lobkowitzplatz und ein Bauernhäuschen in Weissenbach.)

»Unser Fuß stockt an der Schwelle, ehe wir das Allerheiligste – das Studierzimmer Charlotte Wolters – betreten [...] Nur schwer trennen wir uns von hier; doch was schimmert dort milchweiß durch das Dunkel – an der Wand scheint eine weiße Flamme zu zucken; das Ganze nimmt allmählich feste Gestalt an, und wir neigen uns in doppelter Scheu vor zwei Meisterwerken – Messalina – von Hans Makart gemalt. Das herrliche Bild ist am Eingange placiert; von ihrer Lagerstätte herab scheint die Herrin auf ihr Reich behütend und schützend zu blicken.« (Ehrenfeld: 1887, S. 95 f.)

In der Tat, Hans Makart hat Charlotte Wolter gemalt, nicht nur einmal, mehrfach sogar, und er war auch nicht der einzige. Alle sind Rollenbilder, doch keines wurde bekannter als jenes, selbst nicht das Bildnis als Maria Stuart von Gustav Gaul, das die Porträtgalerie des Hofburgtheaters ziert.

Als Motiv wählte Hans Makart die Verführungsszene des oben erwähnten Dramas (2. Akt, 4. Szene). Zur Beschreibung des Bildes genügen die Regieanweisungen des Stückes:

»Prunkgemach im Gartenhaus Messalinas. Kein sichtbarer Eingang; nur links eine geheime Tür. Im Hintergrunde, nach links ein vorspringender kleiner Raum, ganz durch Vorhänge verhüllt; nach rechts ein gleichfalls verhängtes großes Fenster, durch dessen Teppich ein gedämpfter Schimmer hereinfällt, die Dunkelheit

des Gemachs nur wenig aufhellend. Weiche träumeri-
sche Flötenmusik hinter der Szene [...] Marcus geht
nach hinten. Der verhüllte Raum erleuchtet sich, ein
starker Glanz schimmert durch die Vorhänge hindurch.
Marcus steht still, ergreift dann den Vorhang, zieht ihn
zurück. Man erblickt Messalina auf einem prunkvoll ge-
schmückten Lager in phantastischer Kleidung ausge-
streckt, wie schlafend; ein magisches Licht fällt auf sie
herab.«

Ein typisches Makart-Bild, wird man sagen, wenn man seiner
heute im Historischen Museum der Stadt Wien ansichtig
wird, wohin es nach dem Tode der Künstlerin gelangte. Grün-
derzeit-Erotik, wie sie uns auf den Riesengemälden gerade
jenes Malers immer wieder begegnet, salonfähige Sinnlichkeit
im historischen Kostüm. Doch im Unterschied zu den großen
skandalträchtigen Historienbildern des Malers ist die Protagonistin dieser schwülen Szene eine eindeutig bestimmbare lebende Person, zum Zeitpunkt der Entstehung des Bildes seit
einem halben Jahr vermählt mit dem Grafen O'Sullivan de
Grass und damit unübersehbar in die Spitze der Gesellschaft
aufgerückt. Wie vereinbart sich die gesellschaftliche Stellung
der Tragödin mit dieser Darstellungsweise?

Seit seiner Gründung durch Kaiser Joseph II. ist das Wiener
Burgtheater eine Stätte der Stars gewesen. Zwar beruhte das
schon in der zweiten Hälfte des 19. Jahrhunderts legendär
hohe Niveau der Bühne ganz fraglos auf jahrzehntelanger,
kontinuierlicher Regiearbeit mit einem festen Ensemble, dessen Mitglieder dem Haus in der Regel bis zu ihrem Tod treu
blieben. Doch sind es die großen Namen, die die Wiener Gesellschaft ins Theater locken und jenen Theaterenthusiasmus
entfachen, um den so mancher Direktor die Donaumetropole
beneidet. So stellt sich dem Betrachter die Geschichte der
Wiener Burg als eine fast lückenlose Folge gefeierter Schau-
spielerpersönlichkeiten und ihrer Rollen dar.

Die Qualität der Theaterleitung ist eher wechselhaft, was
nicht weiter verwunderlich ist in Anbetracht der Tatsache, daß
die Berufung und die Arbeit des Direktors des Hof- und Mu-
stertheaters der k. u. k. Reichshauptstadt ganz anderen Bedingungen unterworfen ist als die eines Schauspielers. Auf dieser

Ebene werden immer wieder politische Auseinandersetzungen ausgetragen, hier finden die Kämpfe mit der Zensur statt, hier ist der Austragungsort für Hofintrigen, denen schließlich und endlich die meisten verantwortlichen Leiter des Hauses zum Opfer fallen.

An der Theaterleitung entzündet sich auch das Feuer der Kritik viel schneller als an den Akteuren. Zwar reagiert die Wiener Presse durchweg zurückhaltend auf Neuzugänge im Ensemble. Hat eine Schauspielerin aber erst einmal das Herz des Publikums gewonnen, ist ihr Stern am Wiener Theaterhimmel aufgegangen, so kann man fast sicher sein, daß ihre Stellung auch nicht mehr angezweifelt wird – in der Regel bis zum Tode der Betreffenden. Dasselbe gilt für männliche Kollegen. Obwohl man am Burgtheater nicht von einem Virtuosenkult im strengen Sinne sprechen kann – denn es sind und bleiben die durchaus an der literarischen Vorlage orientierten Ensembleleistungen, die für die Zeit ungewöhnlich intensive Probenarbeit und Regie, die den Vorbildcharakter der Bühne im deutschsprachigen Raum ausmachen –, bestätigen doch fast alle zeitgenössischen Stimmen: Das Burgtheater steht und fällt mit seinen Stars, vorzüglich den weiblichen.

»Alle diese Mängel [in den Inszenierungen Heinrich Laubes in den 50er Jahren] hätten wenig verschlagen, wenn eine imponierende weibliche Persönlichkeit auf der Szene gestanden hätte. Diese braucht der Wiener: So viel er vom Ensemble sprechen mag, er legt mehr Wert auf künstlerische Individualität, und diese wiederum schätzt er höher in der Frau als im Manne. Frau Rettich und die Surrogatheroine Fräulein Schäfer oder die ihre Kräfte überspannende Bognar konnten nicht genügen. Versuche mit Fräulein Berndorf, Wilhelmine Seebach, Frau Versing-Hauptmann, Fräulein von Bulyovsky mißglückten. Da erschien im Jahr 1861 Charlotte Wolter.« (von Weilen: 1896, S. 190)

Bis zu ihrem Tode 1896 sollte Charlotte Wolter der Burg treu bleiben, und die Burg und das Wiener Publikum ihr. Zwar bewahrheitet sich auch in ihrem Fall im Laufe des 20. Jahrhunderts das berühmte Wort, daß die Nachwelt dem Mimen keine Kränze flicht, doch bleibt ihr Name dennoch ungewöhn-

lich lange auch im Gedächtnis der Nachgeborenen haften,
erstaunlich deshalb, weil sie nicht wie z. B. ihre auch heute
noch populäre Zeitgenossin Sarah Bernhardt den in die Jahrhundertwende vorausweisenden nervös-exaltierten Schau-
spielerinnen-Typus vertrat, sondern mit ihrer Kunst und ihrem Lebensstil vollständig den Bedürfnissen und Anforderungen ihrer Zeit entsprach.

Als Heinrich Laube 1862 Charlotte Wolter vom Hamburger
Thalia-Theater an die Burg holte, setzte in Wien wie in den
großen Städten des nachmaligen deutschen Reiches gerade
jene Entwicklung ein, die binnen eines Jahrzehntes unge-
ahnte gesellschaftliche Veränderungen mit sich bringen sollte:
Die Gründerzeit hob an. Mehr noch als in den wachsenden
deutschen Metropolen manifestierte sie sich in der Hauptstadt
der Donaumonarchie an der Börse. Spekulanten und Börsen-
jobber – so klagt man seit den 70er Jahren vielerorts – sitzen
auf »jenen Plätzen [...], die in anderen Städten die gebildeten
Stände einnehmen, d. h. jene Kreise der Bevölkerung, die einen bürgerlichen Beruf ergriffen haben, die Kaufleute, Gelehrte, Professoren und Lehrer, Privat- oder Staatsbeamte geworden sind« (Müller-Guttenbrunn: 1885, S. 17). Kurz, das
bis dahin kulturtragende Bildungsbürgertum der Stadt, das
neben dem gesellschaftlich auch weiterhin tonangebenden
Adel die Hauptmasse der Theaterbesucher ausgemacht hatte,
war abgewandert. Besonders laut werden diese Klagen im
Hinblick auf den Umzug der Bühne vom Michaelerplatz, wo
sie seit 1741 zu Hause war, in dem in bestem Gründerstil
ausgestatteten Repräsentationsbau am Ring: »... eine Gesellschaft von Millionären, die ein Theater [...] wieder nur für
Millionäre bauen will« (Müller-Guttenbrunn: 1885, S. 35).
Durch die Übersiedlung werde das Burgtheater »den Todes-
stoß« (Czartoryski: 1876, S. 13) erhalten. In der Tat findet der
neue Geist in dem Theaterpalast, als der sich die Burg noch
heute darstellt, seinen bezeichnenden Ausdruck. Inhaltliche –
hier funktionale – Kriterien können vor der sich im Dekora-
tiven und formal Frappierenden äußernden Sensationslust
kaum mehr bestehen: Der lyraförmige Zuschauerraum muß
wegen seiner unzulänglichen Akustik und der von einem
großen Teil der Plätze deutlich eingeschränkten Sicht bald

unter horrenden Investitionen wieder umgebaut werden. Innerhalb von 20 Jahren war in diesem Theater die Entwicklung der Geschmackskultur in einen schieren Gründergeist kulminiert.

Schon unter Heinrich Laube (Direktion 1849-1867), dem engagierten Dichter des Vormärz, dem das Verdienst zukommt, das Niveau von Repertoire und Ensemble in den schwierigen Jahren nach dem Scheitern der 48er Revolution auf der vorbildhaften Höhe der ersten Jahrzehnte des Jahrhunderts (Direktion Schreyvogel, 1815-1832) gehalten zu haben, wurden die Grundlagen für die spätere Entwicklung geschaffen. Sicher nicht ohne Gespür für das, was man heute Zeitgeist zu nennen pflegt, verpflichtete er jene Schauspieler, die zu Kristallisationspunkten des Geschmacks der 70er und 80er Jahre wurden, allen voran Adolf Sonnenthal und Charlotte Wolter. Kongeniale Theaterleiter aber fanden diese erst in den beiden folgenden Direktoren Franz Dingelstedt (1870-1881) und Adolf Wilbrandt (1881-1888): Ersterer gewann das Wiener Publikum durch einen bis dahin unbekannten Ausstattungsluxus im Stil und mit Hilfe des von der Hauptstadt der 70er Jahre vergötterten Hans Makart; letzterer profilierte sich gleichzeitig, also eigentlich vor der Berufung auf den Posten seines Vorgängers, als Autor zeitgemäßer Erfolgsstücke.

Ein Beobachter des Wiener Theaterlebens bemerkte dazu: »Mehr als irgendwo in deutschen Landen, herrscht in Wien in der Kunst wie im Leben das Weib. [...] jetzt sitzt auf dem Throne des Burgtheaters derjenige Dramatiker der Wiener Schule, der fast ausschließlich Weiberstücke schreibt.« (Müller-Guttenbrunn: 1885, S. 20 ff.) Und diese schrieb er vornehmlich für Charlotte Wolter.

Was aber sind es nun für Stücke, die, von Wilbrandt für Charlotte Wolter geschrieben, von Dingelstedt inszeniert, von Makart ausgestattet, Publikum und Kritik zu wahren Begeisterungsstürmen hinreißen? ARRIA UND MESSALINA wird gemeinhin und zurecht der Kategorie ›Römerdrama‹ zugeschlagen, dem vielleicht beliebtesten Genre der Zeit. Stoffe boten die antiken Geschichtsschreiber in ausreichender Anzahl, Römisches kam der oberflächlich ehrlich gemeinten Absicht der

Autoren entgegen, vermeintlich unbezweifelbare Siege der
Moral über die Verderbtheit zu exemplifizieren, wie man sie in
den Quellen bereits vorformuliert fand. Daß die Darstellung
solcher Triumphe dieselben eher zu Pyrrhussiegen machte,
läßt sich wohl an keinem Stück besser belegen als an dem
oben zitierten, spielt doch der Star der Bühne – und nach den
Worten des Dichters auch seine Muse – die negative Hauptrolle. Zitieren wir einmal ausführlich die Kritik:

»In über den Genuss hinausschweifender, wilder und
stolzer Sucht der Anerkennung liegt die poetische Ret-
tung der Messalina, wie in der sinnlichen Entartung ihre
concrete Wahrhaftigkeit. Der fortwährende fieberhafte
Drang, die Tugend nicht nur materiell zu besiegen, sondern auch moralisch vernichtet vor sich zu sehen, adelt
das ungeheure Laster der Messalina, macht sie zur tragischen Heldin, deren Untergang nothwendig ist, aber
uns noch Theilnahme abgewinnen kann. Frau Wolter
ist in diesem Punkte eine Interpretin des Dichters, welche mit dem Poeten und für denselben denkt. Sie hat,
wie jede grosse, dem tragischen Zuge folgende Künstler-
natur es soll und muss, in alle Tiefen und Abgründe des
Lebens geblickt. Mit seltener Kühnheit vergegenwärtigt
sie die Entartung der weiblichen Natur; das sprunghafte
Wesen der sinnlichen Zerrüttung, die nervöse Zerfah-
renheit der tollgewordenen Begierde, die Rücksichtslo-
sigkeit der sich zur Schau tragenden Verderbniss. Sie
spielt das Fieber der durstigen Genusssucht, sie deutet
in unbeschreiblichen Lauten, Stellungen und Geberden
den Taumel der selbstherrlichen Sinnlichkeit an. Sie
geht darin beispielsweise im ersten und zweiten Acte so
weit, als sie eben nur gehen darf. Denn ihr ist es zugleich
gegeben, in der realistischen Darstellung dieser Entartung nicht nur die Linien der äusseren berückenden
Schönheit, sondern auch die seelischen Züge der starken großen Leidenschaft, die rettenden, das Laster zur
Tragik erhebenden Merkmale der herrschsüchtigen
souveränen Natur überzeugend hervorzukehren. Das
Laster, das sie darstellt, ist nicht stumpf und kleinlich, es
ist dämonisch grossartig, werth der Vernichtung, aber

auch werth der erschütternden Theilnahme, die es findet. Wie die Courtisane, die in dieser Messalina unzweifelhaft zu Tage tritt, immer noch königlich bleibt, wie
das gebietende Cäsarenweib in der Aufwallung ihres
höchsten Stolzes noch Courtisane ist, das muss man sehen und miterleben, um den überzeugenden Eindruck
zu empfangen.« (Ehrenfeld: 1887, S. 45 f.)
Selbst dem unbefangen-wohlwollenden Leser werden die
Mißtöne auffallen. Die tragische Heldin also »vergegenwärtigt
die Entartung« der weiblichen Natur«, welche in extenso zu
beschreiben der Kritiker sich nicht nehmen läßt. Die Moralität
des Stückes – Wilbrandt selbst glaubte allen Ernstes, Arria
und ihre Familie in den Mittelpunkt des Geschehens gesetzt
zu haben – entpuppt sich als applizierte Fassade. Sein Erfolg
legt Beweis ab für das, was die herrschende Auffassung der
Epoche Moral nennt – womit in aller Regel Sexualmoral gemeint ist – und was mit ›doppelbödig‹ sicher nicht erschöp-
fend beschrieben ist. Sein uneingestandener Voyeurismus
bannt den Zeitgenossen vor der Entartung des vermeintlichen
Römerweibes, wie es ihn zu Zehntausenden in die abgedun-
kelten Ausstellungsräume der erotischen Sensationsbilder
Hans Makarts (DIE PEST IN FLORENZ; EINZUG KARLS V. IN ANT-
WERPEN) zieht. Betrachtet man vor diesem Hintergrund das
Repertoire der Wolter, so lassen sich eine ganze Reihe mehr
oder weniger ähnlicher Frauengestalten ausmachen (das lite-
rarische Niveau der Vorlagen einmal völlig außer acht gelas-
sen): Kriemhild (Hebbel); Gräfin Orsina (Lessing); Sappho
(Grillparzer); Phaedra (Racine); Lady Macbeth (Shakespeare);
Medea (Grillparzer); Judith (Hebbel); Popäa (Wilbrandt);
Kleopatra (Shakespeare); Elektra (Sophokles); noch einmal
Kriemhild (Wilbrandt); Thusnelda (Halm). Die Weiblichkeit,
die Charlotte Wolter verkörpert, ist nicht die (nach Goethe)
hinanziehende, sondern im Gegenteil die in verschiedenen
Ausformungen bedrohliche, dämonisch-entartete, ihre gesellschaftlich sanktionierte Stellung verleugnende und – zwangsläufig – scheiternde. Noch der Nachruf auf Charlotte Wolter
in der Kölnischen Zeitung vom 15. 6. 1897 hebt die Darstellung der »heroischen Entartung weiblicher Natur« als die
größte Leistung der Künstlerin hervor. Jedem ihrer Auftritte

wird eine außerordentliche Überzeugungskraft nachgerühmt, als deren Bedingungsfaktoren mit schöner Regelmäßigkeit aufgeführt werden: die ›klassische‹ Schönheit ihrer Erscheinung, ihre wohltönende Stimme, ihre differenzierte Gebärdensprache, ihr gleichermaßen wohlgewähltes wie wohlgeschneidertes Kostüm – die Waffen des ›schwachen‹ Geschlechtes.

Knapp ein halbes Jahr vor der Uraufführung der Messalina heiratet Charlotte Wolter den Grafen O'Sullivan de Grass, der »einer der bedeutendsten und ältesten Regentenfamilien Irlands [entstammt], dessen Ahnen bis in die Zeit vor Christi Geburt zurückreichen« (Ehrenfeld: 1887, S. 92). Diese Adelsheirat einer Schauspielerin stellt für das gründerzeitliche Wien keinen Einzelfall dar. Mehr als zehn solcher Ehen sind allein in der Zeit zwischen 1857 und 1877 nachweisbar (Fuhrich: 1976, S. 344, Anm. 22). Die Künstlerin ist zum Zeitpunkt ihrer Eheschließung bereits über 40 Jahre alt (geb. 1. 3. 1831), und ein verhaltenes Aufatmen über diesen Entschluß können ihre Biographen nicht unterdrücken. Der Graf »hat auf die Künstlerin einen veredelnden mächtigen Einfluß geübt [...]. Und so sehen wir in Charlotte Wolter nicht allein die vollendete Kunst verkörpert, sondern auch die Personifikation echter und wahrer Weiblichkeit, die treue, liebende Gattin, die sorgfältige biedere Hausfrau.« (Ehrenfeld: 1887, S. 92) »Kühlend legte er seine aristokratische Hand auf die glühende Stirne der Schauspielerin, und sie empfand dankbar die Labung. Er hat sie nicht nur äußerlich geadelt.« (von Weilen: 1898, S. 167) Dies muß offenbar einmal gesagt werden, vor allem vom ersten der zitierten Biographen: Nachdem er sich über 90 Seiten mehr oder weniger ausführlich mit jeder einzelnen der dämonischen Rollen der Wolter befaßt hat und ihr wiederholt das uneingeschränkte Vermögen zur Darstellung der verderbten Weiblichkeit zuerkennen konnte, widmet er – bezeichnenderweise außerhalb der Lebenschronologie – Heirat, Familie und Häuslichkeit die letzten Seiten seines Buches.

Denn von jeher steht die Schauspielerin in dem Ruf, auch im Privatleben eine allzu freizügige Moral zu praktizieren.

Zwar ist eine Burgschauspielerin, die mit wahrlich fürstlichen Gagen entlohnt wird, die als Arbiter elegantiarum der Gesellschaft gilt, die uneingeschränkt gesellschaftsfähig, weil durch den alljährlichen Empfang des Ensembles beim Kaiser hoffähig ist, sicher über alle Zweifel erhaben. Doch niemand beginnt seine Karriere als Burgschauspielerin – auch Charlotte Wolter nicht.

Details aus den Anfangsjahren der Schauspielerin, als sie mit Wanderbühnen vor allem in Ungarn umherreiste, sind so gut wie unbekannt. Berta Niederle berichtet und kommentiert: »Alles, was ihre bitteren Anfänge und ihr früheres Leben beleuchtete, hat sie vernichtet [...]. Ein interessantes Privatleben hatte sie nicht. Sie fand sich ebenso selbstverständlich mit der Stellung einer Gräfin O'Sullivan ab, wie sie früher die mannigfachen Anfechtungen des Komödiantentums kennengelernt hatte.« (Niederle: 1948, S. 9)

Völlig unbefangen kolportiert eine andere Chronistin zum gleichen Thema:

»Die Wolter galt dem Direktor mehr als die Gallmeyer, denn sie war bedeutend hübscher, und man durfte sicher sein, daß, wenn sie spielte, die Offiziere der Garnison die Logen alle besetzten. Bei einer sogenannten Anstandsvisite, die einer der Offiziere unternahm, um der schönen Schauspielerin den Dank auszusprechen, passierte es, daß er in der Eile seinen weißen Mantel vergaß. Dieser Mantel blieb lange Zeit hindurch das stolzeste Stück von Charlotte Wolters Garderobe.« (Stigler-Fuchs: 1943, S. 72)

Lassen wir es einmal dahingestellt sein, ob die Anekdote authentisch ist oder nicht. Sicher aber beleuchtet sie trefflich die materielle Situation derjenigen Schauspielerinnen, die nicht oder noch nicht zu Ruhm und Ansehen gelangt sind. Man muß im Zwischen-den-Zeilen-lesen nicht sonderlich begabt sein, um herauszuhören, worauf solche Geschichten zielen. Mit einiger Sicherheit kann man davon ausgehen, daß – in Kenntnis der Repräsentations- und Profilierungszwänge, denen die Schauspielerin ausgesetzt ist, um Publikum und Kritik auf sich aufmerksam zu machen – die Zeitgenossen grundsätzlich jeder Bühnenkünstlerin Verstöße gegen den bürgerlichen Moralkanon unterstellten. Wer, wie Charlotte Wolter, auf der Höhe seines Ruhms fortgesetzt in mehr oder weniger ›fatalen‹ Rollen glänzt, muß der Konfrontation mit solchen Vorstellungen ständig gewärtig sein. So lesen wir bei Ehrenfeld als abschließende Bemerkung zu den mehrseitigen Messalina-Ausführungen:

> »Als Charlotte Wolter eines Tages von einem Schriftsteller ersucht wurde, demselben ›Etwas‹ über ihre lange theatralische Laufbahn mitzuteilen, sagte dieselbe: ›Meine ganze Theatercarrière liegt vor den Augen des Publikums. Sie ist ein offen aufgeschlagenes Buch – lesen auch Sie daraus.‹ Und wenn diese Worte der großen Tragödin irgendwo Anwendung finden konnten, so sei es hier und mit Hinweis darauf erwähnt, daß Charlotte Wolter vor unseren Augen aufwuchs und sich zu dieser Höhe erhob.« (Ehrenfeld: 1887, S. 46)

Diese apodiktische Bemerkung anläßlich des 25jährigen Burgjubiläums der Künstlerin spricht für sich. Das gewisse ›Etwas‹ wird einfach vorausgesetzt, zumindest von allen, die sich nicht – wie der mehrfach herangezogene Biograph – zu Apologeten der Schauspielerin aufschwingen. Was aber spricht deutlicher gegen all diese Unterstellungen als das Eingehen einer Ehe, das Ziel »echter und wahrer Weiblichkeit«. Nur wenige Zeilen weiter muß es noch einmal bekräftigt werden: »Charlotte Wolter hängt an ihrem Lebensgefährten mit der ganzen Macht weiblicher Liebe und Zärtlichkeit ...« (Ehrenfeld: 1887, S. 93)

Und es ist – wohlgemerkt – nicht irgendeine Ehe, die die Künstlerin eingeht. Mit ihrer späten Heirat war es ihr schließlich doch noch gelungen, »in die Schicht der oberen Zehntausend einzudringen. Die gesellschaftliche Stellung war ihr fast noch wichtiger als der künstlerische Erfolg«, bemerkt Berta Niederle. Man glaubt es ihr gern. »Die ›Frau Gräfin‹ wurde vom Inspizienten auf die Bühne gerufen, die ›Frau Gräfin‹ fuhr an der Seite ihres Gatten in der Equipage nach Hause.« (Niederle: 1948, S. 17) Doch diese Beschreibung des gesellschaftlichen Aufstiegs der Wolter datiert rund ein halbes Jahrhundert nach dem Tod der Künstlerin. Die guten alten k. u. k.-Zeiten gehören fast ebenso lange der Vergangenheit an, und es scheint angebracht, aus diesen Worten eher die ungebrochene Faszinationskraft des adeligen Namens als eine im Detail realistische Wiedergabe der gesellschaftlichen Stellung der Künstlerin zu lesen. Zwar sind Adelsheiraten von Schauspielerinnen, wie bereits erwähnt, durchaus keine Seltenheit, doch einiges spricht dafür, daß sie von beiden Seiten – den Standesgenossen des Gatten und den im weitesten Sinne Berufskollegen der Künstlerin – durchaus skeptisch aufgenommen wurden. Hingewiesen sei in diesem Zusammenhang einerseits auf die von Fuhrich mitgeteilte Nachricht, daß ein Stück Gustav Freytags (GRAF WALDEMAR) beim Wiener Publikum durchfiel, weil besagter Graf am Schluß die Tochter eines Gärtners heiratet. (Fuhrich: 1976, S. 344) Die andere Seite gibt eine zeitgenössische Karikatur von Carl von Stur aus den letzten Jahren des Burgtheaters mit dem Titel »Aus dem Circus am Michaelerplatz« wieder: Umgeben von ihren berühmten Kollegen ist Charlotte Wolter als Hochseilartistin im Zentrum des Blattes dargestellt. Die Bildunterschrift lautet: »Frau Wolter in ihren unübertrefflichen Exerzitien auf gespanntestem Titu[l]ationsseil.«

Charlotte Wolters Stellung in der Wiener Gesellschaft des letzten Drittels des 19. Jahrhunderts ist unumstritten – ebenso wie die ihrer weiblichen und männlichen Kollegen. Doch darf ihre Adelsheirat mit Sicherheit nur als abrundendes Moment, gewissermaßen als das i-Tüpfelchen angesehen werden. Die eigentlichen Bedingungsfaktoren ihres Status sind anders geartet.

Grundsätzlich nämlich nimmt das bürgerliche Publikum der Gründerzeit den Künstler, jedweden Künstler, sei er nun Maler, Dichter, Musiker oder Schauspieler, gern in seine Reihen auf, sofern seine Kunst systemkonform und affirmativ ist, sofern seine Kunst dem Bürger das bietet, was er erwartet und braucht: Repräsentationsprunk und Nervenreiz, letzteres zumeist in Form von historisch verbrämtem erotischem Stimulans. Mit Künstlern kann man sich schmücken, seine Bildung und Weltgewandtheit dokumentieren, seit der Salon vom Diskussions- zum Repräsentationsforum geworden ist. Über kleinere moralische Bedenklichkeiten sieht man hinweg – in gewissen Grenzen, versteht sich –, solange Karriere und aktuelle

Lebensführung den Künstler zum Vertreter derselben Idee machen, deren Anhänger auch sein Publikum ist: Gründergeist. Die Epoche feiert den großen Einzelnen, den Selfmademan, der sich aus eigener Kraft aus dem Dunkel der Masse an die Spitze der Gesellschaft emporkämpft: Männer machen Geschichte, Männer machen Wissenschaft, Männer machen Kunst. Und Frauen?

Auch sie können sich offenbar bewähren in dieser Gesellschaft, die den männlichen Einzelkämpfer zum Idol erhoben hat, wie keine andere vor ihr – auf dem Felde nämlich, das ihr schon seit Jahrhunderten die Möglichkeit geboten hat, ihre kreativen und produktiven Fähigkeiten eigenverantwortlich in die Tat umzusetzen: eben als Schauspielerin.

Charlotte Wolter ist der Prototyp der Gründerzeit-Schauspielerin. Als Kind ihrer Zeit war sie in der Lage, intuitiv – ebenso übrigens wie ihr Porträtist Hans Makart – die bewußten (Kostüm- und Bildungsprunk) und unbewußten (urweibliche Dämonie) Anforderungen ihres Publikums voll und ganz zu erfüllen. Ihr Erfolg öffnet ihr den Weg in die Gesellschaft, die sie als ihresgleichen willig aufnimmt. Denn sie ist (man möge mir die paradoxe Fügung nachsehen) ein weiblicher Selfmademan: aus eigener Kraft und allen Widrigkeiten zum Trotz aus den Niederungen der Gesellschaft an ihre Spitze aufgestiegen. Als authentisch kann man hier wieder das Urteil Ehrenfelds zitieren. Was für ihn zählt, ist Charlotte Wolters

> »gewaltiges, hochanstrebendes Talent, gepaart mit eiserner, unbeugsamer Willensstärke [...]. Sie hatte stets ihr hohes Ziel im Auge und ging schließlich – eine früh erprobte Heldengestalt – siegreich, hundertfach gekrönt mit dem selbsteroberten Diadem aus dem Kampfe hervor. Was Charlotte Wolter geworden, verdankt sie ihrer ureigensten Kraft.« (Ehrenfeld: 1887, S. 5) Und an anderer Stelle: »Niemals in ihrem Leben [...] hat Charlotte Wolter versucht, Persönlichkeiten um deren Protektion oder Gunst anzusuchen, da sie das, was sie geworden, durch eigene Kraft [...] zu Wege gebracht hat.« (Ehrenfeld: 1887, S. 7)

Solche Stereotypen, »das Curriculum des armen Kindes«
(Haider-Pregler: 1982, S. 47), liebt die Gründerzeit. Sie finden
sich, mutatis mutandis, in Biographien zu allen Bereichen des
öffentlichen Lebens. Doch nur als Schauspielerin kann die
Frau aus ihrer dienenden Zuträgerrolle als Mutter, Schwester
oder Gattin heraustreten und zur Protagonistin von Gründer-
ideologie werden, sich neben den ›großen Männern‹ behaupten, sie vielleicht sogar übertreffen. Dazu ein später Nach-
klang von Gründergeist: »... ihre [Charlotte Wolters] männlichen Partner hatten jederzeit Mühe, sich nicht bloß als Künstler, sondern auch als Männer neben ihr zu behaupten.« (Lothar: 1934, S. 196)

Doch noch einmal zurück zur Ehe der Künstlerin. Das
Adelsprädikat ist das erklärte Ziel des Gründermenschen:
Charlotte Wolters Kollege Sonnenthal erhielt es, ihr Dichter
Wilbrandt erhielt es, ihr Regisseur Dingelstedt erhielt es (ihr
Ausstatter Makart erstaunlicherweise nicht). Für die persönliche Nobilitierung einer Frau ist mir hingegen kein Fall bekannt. Hier stoßen wir offenbar an die Grenzen gesellschaftlicher Aufstiegsmöglichkeiten: nicht Charlotte von Wolter, sondern Gräfin O'Sullivan de Grass. Mag man an dieser Stelle
sicher Einschränkungen machen müssen, was die Anerkennung der (Burg-)Schauspielerin als Selfmadewoman angeht,
im Kern bestätigt diese Feststellung unsere These jedoch eher
als sie in Frage zu stellen. Die Chronistin berichtet: »Die Kaiserin [Elisabeth] stellte dem Zarenpaar ›Frau Wolter‹ vor, anstatt der Künstlerin offiziellen Namen ›Gräfin O'Sullivan de
Grass‹ zu nennen. Sie sagte dann [...]: ›Ich habe Sie mit Absicht bloß als Frau Wolter vorgestellt und bin stolz darauf, Sie
als solche zu empfangen. Denn Gräfinnen gibt es ohnedies
genug, Wolter aber gibt es nur eine.‹« (Stigler-Fuchs: 1943,
S. 76) Was sich hier auf den ersten Blick wie eine Hommage
an die Schauspielerin liest, entpuppt sich bei näherem Zuse-
hen als die verbindliche Formulierung von Gründergeist: Die
Künstlerin ist hoffähig als herausragende Einzelpersönlich-
keit, ihr adeliger Gatte ist, gründer-ideologisch gesehen, eine
Marginalerscheinung.

Nicht so moralisch. Denn es ist nicht von der Hand zu weisen, eine ›anständige‹ Frau wird Charlotte Wolter erst durch

die Heirat. Adelsheirat und Messalinen-Kult stellen sich von daher nicht mehr als Widersprüche dar, sondern gewissermaßen als ergänzende Faktoren. Auch das klingt wieder paradox. Doch wie sonst sind Formulierungen wie die eingangs zitierte Beschreibung des Makart-Bildes zu erklären: »... von ihrer Lagerstätte herab scheint die Herrin auf ihr Reich behütend und beschützend zu blicken.« (Ehrenfeld: 1887, S. 95)

Öffentlich vorgelebte Normenaffirmation der allein schon durch ihren Erfolg die Vorstellung ihrer Zeitgenossen bestätigenden Schauspielerin macht offenbar die moralischen Bedenken gegenstandslos, die ihren weniger erfolgreichen Berufskolleginnen entgegengebracht werden. Als Messalina (oder Popäa usw.) darf sie in kostspieligen, opulent-gewagten Toiletten überzeugend den lustvoll-todbringenden Sinnenreiz der Femme fatale darbieten, solange sie dem Mann, der sie geadelt hat, als liebevolle Gattin treu zur Seite steht.

Doch auch auf der Bühne gibt es eine andere Charlotte Wolter, eine, die dem pseudo-idealistischen Frauenbild der Epoche wie keine andere entspricht: Iphigenie, in treuem Gehorsam »das Land der Griechen mit der Seele suchend«. Dazu ein Gedicht:

An Charlotte Wolter

Du solltest nicht, ob auch die Andern lachen,
Den Ehebruch, der Demimonde Gelage,
Der Messalinen, der Popäen Plage
Zum Hintergrunde deines Spieles machen! –
An's Land der Griechen treibe Deinen Nachen,
Zu all' den Meistern, die von Ihrem Schlage!
Nur reinem Kunstwerk weihe Deine Tage
Zu reiner Kunst sollst Du auch uns entfachen!
Wer, so wie Du, hoch über dem Gemeinen,
Der darf auch nimmermehr sich mit ihm einen!
Sein Weg führt einsam – doch im Sonnenglanz.
So geh' den Weg! Du bist ihn längst gegangen!
Dich zog der Zeitgeist ab, nicht Dein Verlangen, –
Die stillen Musen wahrten Deinen Kranz! –
(M. Frappard zit. nach Ehrenfeld: 1887, S. 46)

(Man denke in diesem Zusammenhang auch an Anselm Feuerbach, der dieses bildungsbürgerliche Frauenideal mit seinen gleichzeitig entstandenen monumental-grauen Iphigenien-Darstellungen Bild werden ließ.

Die Rolle der Iphigenie rahmt das Lebenswerk der Charlotte Wolter. Sie spielt sie bei ihrem Debüt an der Burg am 12.6.1862 und auf dem gesellschaftlichen Höhepunkt ihrer Laufbahn, der letzten Vorstellung im alten Haus am Michaelerplatz 1888.

»Ihre Iphigenie ist eine Gestalt, in der die ruhevolle, unter der keuschen Strenge ihres künstlerischen Maasses fast kühle Plastik antiken Frauenthums, durch die Sonne eines hochmodernen Bühnen-Temperaments beschienen, zu neuem Leben erwärmt, voll und überzeugend genug wirkt«, vermerkt die Kritik. »Die ergreifende Sehnsucht nach dem ›Land der Griechen‹, der tiefe Schauder vor den Greueln, die das Schicksal dem Tantalidengeschlecht zu verüben zugesponnen, die ehrliche Dankbarkeit gegen Thoas und die übermächtige Liebe zu Vater und Bruder, finden bei ihr Töne von gleich unabweislicher Echtheit.« (Zit. nach Ehrenfeld: 1887, S. 24 f.)

Ein Abglanz der Schlichtheit und Würde, die die Zeitgenossen sowohl in der Antike als auch in der Weimarer Klassik zu finden glaubten, fällt auf die Schauspielerin. Sie hat ebenso teil am Genie des Dichters wie an der moralischen Erhabenheit der Figur, als deren Verkörperung sie ihre künstlerische Vollendung erfährt.

Wen wundert es, daß sie solche Identifikation mit idealischer Weiblichkeit willig annimmt, denn hier vollzieht sich ihre Apotheose, die Apotheose zur Muse der Poesie(!). Der Gründergeist liebt Apotheosen von verquaster Symbolik. In trivial-verbindlichen Bildungschiffren kann der große Einzelne so seine Vereinigung mit dem Weltgeist feiern, um sich als Produkt des Zeitgeistes vergessen zu machen: Als Muse der Poesie im Gewand der Iphigenie weiht Charlotte Wolter 1888 das neue Haus gemeinsam mit ihrem Kollegen Sonnenthal.

Am Gewand war der Künstlerin immer sehr gelegen, sei es

nun der Prunk des zeitgenössischen Kostüms oder die Urständ echten Griechentums im authentischen Faltenwurf. So rühmt man ihr nach, sie habe »den Faltenwurf der alten Römer und Griechen, wie derselbe von den berühmtesten Bildhauern und Malern gedacht und in wahrhaft echt klassischer Weise entworfen wurde, für unser Theater erst erfunden . . .« (Ehrenfeld: 1887; S. 56) Ganze Tage verbringe sie damit, vor dem Spiegel große Stücke Stoff mit Stecknadeln zum klassischen Gewand zu drapieren. Dies ist nun ein beachtliches Lob in einer Zeit, der die historische Authentizität ein entscheidendes Kriterium bei der Beurteilung von Kunst ist – für das Parvenü-Publikum im Parkett wichtiger (da leichter faßbar) als ihr Gehalt.

So ist Charlotte Wolter für das Wiener Publikum der Gründerzeit nicht nur Bestätigung seiner Gesellschaftsideologie und Manifestation seiner uneingestandenen erotischen Wünsche, sondern auch Projektionsobjekt eines vermeintlich elitekonstituierenden Bildungsbewußtseins. Wenn der Bürger die Immoralität der Messalina bei aller Faszinationskraft, die sie auf ihn ausübt, nach außen hin auch geißeln muß, Iphigenie kann er bedenkenlos verehren.

Die dem Zeitgeschmack entsprechende Darstellung dieser Rolle durch Charlotte Wolter gibt ihr gewissermaßen den Freibrief für die Skandalstücke. Als Iphigenie stellt sie die ›Reinheit‹ ihrer Begabung unter Beweis, so daß sie als integre Künstlerpersönlichkeit akzeptiert wird. Sie wird ihrem Publikum zur Muse der Poesie (!), da sie dessen Vorstellungen von und Erwartungen an Kunst bestätigt.

Sie selbst gefällt sich in dieser Funktion. Hans Makart malt sie so: Der Sappho, die sie selbst auf der Bühne verkörperte, steht sie inspirierend zur Seite. Das Gemälde schmückte den Plafond ihres eigenen Salons: der klassische Ort der barocken Apotheose. Der Ruhm der Künstlerin wird gründergeist-verbindlich ins Überzeitliche gesteigert. Als Produkt und Interpretin des Zeitgeistes findet sie hier die Möglichkeit zu eindeutiger Selbstdarstellung. Mag auch die Erinnerung an all ihre Glanzrollen verblassen und schließlich vergehen, diese eine – Iphigenie und Muse der Poesie – soll dem Gedächtnis der Nachgeborenen erhalten bleiben: Dem letzten Willen der

Künstlerin getreu Folge leistend, wird Charlotte Wolter bei ihrem Tod im Gewand der Iphigenie aufgebahrt – letztgültige Fixierung der Rolle, die, aller Bühnenwirksamkeit Messalinens zum Trotz, ihre gesellschaftliche Stellung im Gründerambiente Wiens bestimmte und bestätigte.

Matthias Müller

Sarah Bernhardt – Eleonora Duse
Die Virtuosinnen
der Jahrhundertwende

1. Begegnung

Im März des Jahres 1891 weilt der Wiener Schriftsteller und Theaterkritiker Hermann Bahr mit einem Ensemble des Burgtheaters zu einem Gastspiel in Petersburg. Eines Abends besucht er in Begleitung der Schauspieler Kainz und Mitterwurzer die Vorstellung einer zur gleichen Zeit in Petersburg gastierenden italienischen Truppe und hat ein außergewöhnliches Erlebnis:

»Plötzlich packte mich Kainz am Arm, er klammerte sich an mich und ich höre Mitterwurzer aufstöhnen; und ich selbst sagte mir aber nur in einem fort: Du darfst nicht laut heulen, du machst dich nur lächerlich! Unvorbereitet, ganz ungewarnt, gar nicht darauf gefaßt, die Duse plötzlich erleben, in Erwartung irgendeiner begabten Komödiantin sich plötzlich vor der Duse finden, zum erstenmal angesichts der Duse – was das ist, geht über alle Kraft des Worts.« (Zit. nach Segantini, Mendelssohn: 1926, S. 16 f.)

Was Bahr hier wie den wuchtigen Zusammenprall mit einer metaphysischen Größe erlebt, hat für die Theatergeschichte weitreichende Folgen: es vollzieht sich der Durchbruch eines nationalen ›Sterns‹ zum internationalen Bühnenstar. Kurze Zeit später berichtet Bahr aus Petersburg von seiner Begegnung mit der Schauspielerin Eleonora Duse und schließt seinen Bericht mit den Worten: »Ihr Ruhm ist in Italien ohnegleichen, sie will ihn jetzt durch Europa verbreiten. Es ist zu hoffen, daß sie bald nach Deutschland kommt: es wird ein gewaltiges Erlebnis der deutschen Bühne sein, eine Offenbarung verschwiegener Mächte, um die sie lange schon in herben Qualen ringt.« (Bahr: o. J., S. 10)

Da die Mitwelt ihre Erzählungen für die Nachwelt allemal lieber nach den beteiligten Personen als nach ihnen zugrundeliegenden abstrakten Gesetzen ordnet, gilt Bahr seither als der Entdecker der Eleonora Duse. Tatsächlich gastiert die Duse bereits im folgenden Jahr in Wien; freilich nicht im Burgtheater, sondern im sehr viel unbedeutenderen Carltheater.

Und merkwürdig: es wiederholt sich hier ein Muster, das schon das Petersburger Gastspiel geprägt hatte. Wie dort gibt die Duse auch jetzt in Wien am ersten Abend die Marguerite Gautier in der KAMELIENDAME von Alexandre Dumas d. J. – und wieder vor erschreckend leerem Haus. Ganze 800 Kronen beträgt die Abendeinnahme, doch am Ende der Vorstellung haben jene, die das Glück hatten, ihr beizuwohnen, das Gefühl, etwas Außerordentliches erlebt zu haben. Am folgenden Abend – die Duse gibt die *Fédora* im gleichnamigen Stück von Victorien Sardou – steigen die Einnahmen auf 9000 Kronen, und wieder einmal hatte die Duse ihr Publikum gefunden.

Der junge Hugo von Hofmannsthal resümiert emphatisch den Eindruck, den das einwöchige Gastspiel bei den Zuschauern hinterlassen hat: »Ist es ein Wunder, wenn sie Gewalt hat über unsere erstaunten Sinne und wenn die Menschen in der ganzen großen Stadt kein größeres, kein persönlicheres Ereignis wissen als die Gegenwart dieser Frau, von der niemand wußte und die keiner ergründet ...?« (Zit. nach Segantini-Mendelssohn: 1926, S. 42).

Zunächst hatte er sich in seiner Kritik entschieden geweigert, »eine geniale Künstlerin wie die Duse, mit einer großen Virtuosin, wie die Sarah Bernhardt, zu vergleichen« (S. 32), um allerdings im Folgenden höchst ausführlich die in ihrer Natürlichkeit als bahnbrechend empfundene Darstellungsweise der Duse scharf abzugrenzen gegen den Stil der Bernhardt. Während diese mit höchster technischer Raffinesse doch immer nur sich selbst als Inkarnation des Weiblichen darstelle, gebe jene mit psychologischer Einfühlungskraft den individuellen Charakter der vom Dichter vorgezeichneten Figur. Damit waren die Rivalinnen benannt: ›La divine Sarah‹,

Sarah Bernhardt ›die Göttliche‹ und Eleonora Duse, ›primadonna assoluta‹, die führende Schauspielerin Italiens; auch
die Wahl der Waffen oder besser deren Zuteilung durch die
Sekundanten hatte stattgefunden. Hier wahrhaft künstlerische Empfindung, – dort raffiniertes Virtuosentum, ja Künst-
lichkeit – die nun von wahrer Kunst abgelöst werde.

Für die folgenden Jahrzehnte waren beide Künstlerinnen
im Bewußtsein der Zeitgenossen untrennbar verbunden, so,
wie sie nach ihrem Tode gemeinsam in der Erinnerung fortle-
ben. Wien galt fortan als letzte Station auf dem Weg der Duse
zum Weltruhm, ähnlich wie zwölf Jahre zuvor London der
Sarah Bernhardt den Weg zum internationalen Erfolg ermöglicht hatte.

2. Stars

Das 19. Jahrhundert ist das Jahrhundert der Schauspieler. An
seinem Ende ist das Theater fest in bürgerlicher Hand, ja es ist
unbestrittener Mittelpunkt des bürgerlichen Kulturbetriebs.
Die genialen Operetten Offenbachs, deren brisante Gegen-
wartsbezüge die Zeitgenossen geflissentlich übersahen, sowie
die monumentalen Gedenkfeiern zu Ehren eines Goethe oder
Molière markieren jene Extreme, zwischen die die Vielfalt
seiner Erscheinungsformen gespannt ist: Unterhaltung und
Repräsentation. In nahezu allen seinen Spielarten und in allen
europäischen Ländern ist dieses Theater jetzt Geschäftsthea-
ter, Objekt finanzieller Spekulation hinter den Kulissen, Ort
der schärfsten Konkurrenz auf der Bühne.

Überall in Europa entsteht in der zweiten Hälfte des
19. Jahrhunderts im Gefolge der durch die Industrielle Revolution mit Macht herbeigeführten gesellschaftlichen Umwäl-
zungen ein neues, bürgerliches Publikum – anonym, schaulu-
stig und unterhaltungssüchtig, das nun die Darsteller und
Darstellerinnen zum Idol erhebt. *L'Etoile* – so kennzeichnet
das französische Publikum die von ihm bevorzugten Bühnen-
lieblinge, und in seiner englischen Variante reist der Begriff
um die Welt. So wird bereits im 19. Jahrhundert auf dem
Theater der *Star* geboren – er ist keineswegs erst das Ergebnis

des Massenmediums Film – wie auch sein negatives Pendant, der Virtuose. Das Anrüchige der Virtuosen beginnt dort, wo der ›Stern‹ die übrigen Gestirne neben sich zur bloßen Lichtquelle degradiert; noch in Joseph Kainz, Agnes Sorma oder Albert Bassermann lebt zu Beginn des 20. Jahrhunderts etwas von solchem Virtuosentum. Das 19. Jahrhundert kennt eine Vielzahl reisender Star-Virtuosen europäischer wie amerikanischer Herkunft; in allen Theatermetropolen Europas wie auf dem amerikanischen Kontinent gleichermaßen in ihrer Muttersprache sich behaupten können allerdings nur fünf: Die internationalen Schauspielerinnen der ersten Generation, die Französin Rachel Félix (1821-1851) und ihre italienische Gegenspielerin Adelaide Ristori (1822-1906), sowie, neben der Bernhardt und der Duse, zur Jahrhundertwende dann der Italiener Tommaso Salvini (1829-1915), der ihr Zeitgenosse war.

Die Photographien seiner Stars trägt das Publikum nach Haus, um dort im Abbild des Idols noch einmal jenes Erlebnis wiederzubeleben, an dem es teilgenommen hat. Ihren sagenhaften Verdienst – die Rachel erhält 1846 an der Comédie Française 42000 Francs im Jahr sowie, als Gesellschafterin, 250 Francs garantiertes Spielhonorar pro Auftritt – nehmen die Zuschauer voll Bewunderung zur Kenntnis. Nicht immer aber sind es notwendig auch die Besten, die zum Star erklärt werden. Der Star braucht sein Gegenüber, das Publikum, das ihm erst seine Leuchtkraft verleiht; am hellsten aber leuchtet, wer am besten verkörpert, was das Publikum will.

Schon die berühmten Theater-Stars des 19. Jahrhunderts sind dem Publikum vor allem Symbol seiner Macht: jeder Schauspieler kann zum Star werden, weil das Publikum die Macht hat, ihn zum Star zu krönen. So schafft sich das bürgerliche Publikum im Star den ihm gemäßen Gegenpart zur alten Aristokratie, die noch immer im Zuschauerraum wie hinter den Kulissen ihren Einfluß zu behaupten trachtet. Der Luxus, mit dem die illustren Persönlichkeiten der Bühne sich auch in ihrem Privatleben umgeben, nimmt es mit dem der Aristokraten lange auf, aber – die Sterne leuchten nur, solange das Publikum sie gewähren läßt.

Freilich hängen die reisenden Stars nicht nur vom Publikum ab; sie sind zunächst, wie dieses, Ergebnis der Industriellen Revolution. Das vorindustrielle Reisen in der Kutsche ließ die schnelle Überwindung weiter Strecken nicht zu, und erst die Dampfkraft, die Eisenbahnen und Ozeandampfer antreibt und so den Raum zwischen den großen Städten und den Kontinenten aufhebt, ermöglicht ihre internationale Präsenz. Zum Star gehört Bekanntheit, mehr – sein Ruhm; aber dessen massenhafte, rasche Verbreitung, die erst zur Nachfrage nach dem Idol führt, wird möglich nur durch die Industrialisierung des Presse- und Verlagswesens, die seit 1836, von Frankreich ausgehend, die Zeitungen zum Massenkommunikationsmittel werden läßt. Und erst die revolutionäre Verkleinerung des Photos auf das Format der ›carte de visite‹ und die Einführung des billigeren, mehrfach nutzbaren Glasnegativs durch den Franzosen Disderi 1854, die das photographische Abbild zum begehrten Massenartikel werden läßt, gibt dem Publikum mit dem Starphoto jenen Fetisch in die Hand, der Besitz und Verfügungsgewalt über das dargestellte Objekt verheißt.

Diese alles überschattende Präsenz der Schauspieler bedeutet nun freilich nicht, daß hier ein Medium zu gleichen Teilen in männliche wie weibliche Hände gelangt sei. Vielmehr ist das Theater jetzt weitaus mehr als im 18. Jahrhundert Angelegenheit der Männer. Zwar vollzieht sich im 19. Jahrhundert die endgültige gesellschaftliche Anerkennung der Schauspielerin, und nichts vermag die Bedeutung einer Komödiantin zu ihren Lebzeiten besser zu spiegeln als ihr Begräbnis: 1730 wird Adrienne Lecouvreur, die bedeutendste Schauspielerin ihrer Zeit, zur Nacht und ohne christlichen Beistand verscharrt, so, wie dreißig Jahre später mit der Neuberin die letzte große deutsche Prinzipalin unter ähnlich unrühmlichen Umständen zur ewigen Ruhe gebracht wird. Die Begräbnisfeierlichkeiten hingegen, die die Mitwelt 1923 und 1924 den Toten Sarah Bernhardt und Eleonora Duse bereiten, gleichen Staatsbegräbnissen, bei denen die Anwesenden Abschied nehmen zumindest von einer *Theater*epoche – die Zeit hält scheinbar den Atem an beim Defilee am Sarg der Verstorbenen.

Dennoch bringt die bereits seit dem 18. Jahrhundert sich abzeichnende Verbürgerlichung des Theaters auch hier die Arbeitsteilung zwischen Männern und Frauen. Dort, wo die

Komödianten auf festen Bühnen gesellschaftliche Reputation erlangen, ist nunmehr der Wirkungsort der Frau vor den Kulissen. Sie erlangt ihren Ruhm fortan als Interpretin der vom männlichen Genie geschaffenen Figuren. Hinter den Kulissen aber, in Verwaltung wie künstlerischer Direktion, bestimmen seither die Männer das Geschehen. Schon die Schauspielerin Christiane Neumann kennt man nur, weil der Geheime Rat und Theaterdirektor Goethe 1798 in der *Euphrosyne* ihr Lied gesungen hat – da war sie freilich schon tot.

In den letzten Jahrzehnten des vorigen Jahrhunderts aber sind es zum ersten und zugleich letzten Male die berühmten Theaterschauspielerinnen, die weit mehr als ihre männlichen Kollegen vor *und* hinter den Kulissen im Bewußtsein der Zeitgenossen die Epoche prägen, deren Darstellungen auf dem Theater nicht nur zum Wesentlichen der Kunstproduktion des eigenen Landes, sondern des ganzen Europa gerechnet werden. Betty Hennings (1850-1939), Helena Modjeska (1840-1909), Olga Knipper-Tschechowa (1870-1959), Suzanne Després (1875-1951), Agnes Sorma (1865-1927) und andere waren berühmt nicht nur im eigenen Land; die berühmtesten aber, und die einzigen, die in dieser Zeit tatsächlich Weltgeltung erlangen konnten, sind Sarah Bernhardt und Eleonora Duse.

Keine Schauspielerin hat auf dem Theater vor und nach ihnen jemals ihre Bedeutung erlangt, und der Kult, den die Zeitgenossen um beide veranstalteten, nahm bis dahin ungekannte Ausmaße an. Er ist auf den ersten Blick nur schwer zu erklären; widerspricht er doch scheinbar der gesellschaftlichen Ausgrenzung, die die Frau außerhalb des Theaters erfährt, und steht er doch in krassem Gegensatz zur Gleichgültigkeit desselben Publikums gegenüber den vielen Schauspielerinnen, deren Weg anstatt ins Licht aus Existenznot oft genug in den Dunkelbereich der Prostitution führt.

3. Bildnisse

> Eine große Schauspielerin [...] überschreitet das
> Gegebene durch die Art, wie sie es ausdrückt, sie
> wird wirklich zu einem Künstler, einem Schöpfer,
> der seinem Leben dadurch einen Sinn gibt, daß er
> der Welt einen solchen verleiht.
>
> (Beauvoir: 1968, S. 657 f.)

Beide, sowohl Sarah Bernhardt als auch Eleonora Duse, haben viele bildende Künstler ihrer Zeit inspiriert, und viele Maler haben beider Bild gemalt.

So porträtiert Georges Clairin ›die Bernhardt‹ um die Mitte der 70er Jahre als unbestrittenen Star der Pariser Theater – so, wie sich die Bernhardt gesehen wissen wollte, zwischen jenen Versatzstücken, die fortan immer wieder auftauchen werden, wenn die Bernhardt sich selbst inszeniert: exklusive Menagerien der ausgefallensten Hunde und Raubkatzen, üppige Blumenarrangements, schwere, samtene Draperien. Inmitten eines exotisch-orientalischen Ambiente liegt der Körper, ganz in Weiß und von rauschenden Spitzen und Rüschen umgeben, zerbrechlich hingestreckt auf dem legendären Diwan. Es dominiert bei Herrin und Hund die geschlängelte Linie, die Schleppe schafft die aufreizend-skandalöse Komplizenschaft zwischen beiden. Zarter Fuß, der kokett den Schuh schwingen läßt und Blume in der rechten Hand bringen den Körper begehrenswert nahe, aber das Gesicht hält im Dunkel der umgebenden Haarpracht die Distanz zum Betrachter. Im vollendeten Oval ein sinnlicher Mund und unergründliche Augen – die Inszenierung eines beständigen, atemberaubenden Wechselspiels zwischen Nähe und Ferne schafft unendliche, nie erfüllte Begehrlichkeit.

Rund ein Jahrzehnt später zeichnet Franz von Lenbach nach einem Photo die Duse, die zu dieser Zeit bereits die führende Schauspielerin Italiens und auf dem Weg zum Weltruhm ist, und er gibt ihr Bild – so, wie die Welt sie fortan sehen will. Das Gesicht wird von jeder Umgebung befreit und so in eine zeitlose Sphäre gehoben; ins Profil gewendet und geglättet, verliert es seine persönlichen Züge, um sodann mit jenem pastosen Kitsch überzogen zu werden, der so manches

Lenbachsche Frauenporträt versilbert – ganz Hinwendung, Sehnsucht, Erwartung. ›Bildnis der Liebenden‹.

Noch andere Bildnisse überdauern, wie das bronzene Selbstporträt der Bernhardt als Sphinx – eine zarte, filigrane Gestalt mit den Flügeln der Fledermaus; oder die marmorne Büste der Duse von Sarti, steingewordene, unnahbare Erhabenheit.

Beide Schauspielerinnen haben vielen Schriftstellern Anregungen zu ihrem Werk gegeben: die erfolgreichen Stücke Victorien Sardous (1831-1908) – FÉDORA, THÉODORA, LA TOSCA, GISMONDA – sind der Bernhardt auf den Leib geschrieben; und ohne das künstlerische Vorbild der Duse ist weder das Bühnenschaffen Gabriele D'Annunzios (1863-1938) denkbar noch sein Roman IL FUOCO (DAS FEUER, 1900). Beide Autoren leben, wenn überhaupt, für die Nachwelt fort, weil diese Schauspielerinnen ihre Gestalten verkörpert haben. Und von vielen Dichtern wurden beide in ihren Werken besungen: fasziniert gestaltet Oscar Wilde, ein großer Verehrer der Bernhardt, in seinem Sonett PHÈDRE (1881) ein komplexes Bild aus Gegenwart und mythischer Vergangenheit, Bühnenfigur und realer Existenz der Schauspielerin. 1908 gibt Rainer Maria Rilke in seinem Gedicht BILDNIS der Duse die Züge der Mater dolorosa, der das Leid an der persönlichen Existenz zur Quelle ihrer schöpferischen Kraft wird.

Andere ›Bildnisse‹ erzählen in Bild *und* Wort vom Lebensstil der berühmten Schauspielerinnen: Sarah Bernhardts frühes photographisches Porträt von Nadar, dem Pionier der Photokunst; die Bernhardt 1877 in der Gondel eines Ballons über Paris; zu Anfang des neuen Jahrhunderts im Automobil – immer unbestritten »l'impératrice des aventuries de l'idée moderne.« (Bergerat: 1882, S. 22) Dagegen Eleonora Duse, die scheinbar nach ›innen‹ lebt, wann immer es möglich ist, sich in die beschützende Enge kleiner Häuser verbirgt – in solcher Atmosphäre entstehen Briefe, die ihre Biographen immer wieder als Zeugen aufrufen, wenn es gilt, ›Leben und Leiden‹ der großen Schauspielerin zu zeichnen:

> »Spielen? Welch häßliches Wort! Wenn es sich nur darum handelte, zu spielen! Ich spüre, daß ich es nie verstanden habe und es nie verstehen werde, zu spielen!

Die armen Wesen aus meinen Komödien sind ganz in
mein Herz und in mein Bewußtsein übergegangen
(...).« (Zit. nach Signorelli: o. J., S. 48)
Die große Schauspielerin – Biographien berichten in impres-
sionistischen Schlaglichtern von ihrem Erfolg vor gekrönten
Häuptern gleichermaßen wie von der weltweiten Verehrung
durch das große Publikum; Zaren und Zarinnen, Könige und
Königinnen gehörten zu ihren glühendsten Bewunderern, und
nur weil der alte Adel Europas sie in seinen Glanz nahm,
konnten sie dem bürgerlichen Publikum als Märchenprinzes-
sinnen strahlen. Als märchenhaftes Wesen kommt die berühmte Schauspielerin von weit her – im eigenen Pullmanwa-
gen erobert die Bernhardt die Welt, umgeben von Sekretären,
Schneidern, Maskenbildnern, Schauspielern, Dutzenden von
Koffern voll der erlesensten Kostüme – und die Begegnung
mit ihr läßt nichts mehr sein, wie es vorher war.

»Sie kam, umgeben von ihrer großen Aureole, ihrem
weltweiten Ruhm. Und wie durch Zauberkraft war das
Theater plötzlich von Bewegung und Leben erfüllt. ...
Es erschien mir, als wären mit ihrer Ankunft all die
alten, gespenstischen Schatten der in der Tradition ge-
fangenen Kunst ins Nichts zerstoben. Es war wie eine
Befreiung. Sie war da, sie spielte, sie triumphierte, ergriff Besitz von uns allen und verschwand ... aber wie
ein großes Schiff hinterließ sie eine Woge ... und für
lange Zeit blieb in dem alten Theater die Atmosphäre
zurück, die sie mit sich gebracht hatte. *Eine Frau hatte
das alles erreicht!* (...)« (Zit. nach Le Gallienne: 1966,
S. 35 f.)
So erlebt 1881 die junge Eleonora Duse ein Gastspiel der
Sarah Bernhardt in Turin; und ein Jahrzehnt später wird auch
sie ihr Publikum bezaubern.

Die große Schauspielerin – in ihr sieht die Mitwelt zugleich
stets auch die Große Geliebte; die Bernhardt hatte zahllose
Liebhaber, aber keiner trat jemals aus ihrem Schatten hervor.
Schon die Mitwelt indessen kennt die Namen der wenigen,
aber desto berühmteren Männer, deren Geliebte die Duse war
– unter ihnen der Komponist Arrigo Boito und ›ihr‹ Dichter
D'Annunzio. ›O grande amatrice!‹ soll er sie genannt haben,

und als ›große Liebende‹ wurde sie wenigstens so berühmt
wie als Schauspielerin.

Die Bedeutung der berühmten Schauspielerin überdauert
in Zahlen – beide haben Hunderttausende von Kilometern
bereist, haben Millionen verdient und wieder ausgegeben,
unzählige Rollen in ungezählten Aufführungen gespielt. Marguerite Gautier, die *Kameliendame,* war als Kurtisane und
liebende Frau zugleich die berühmteste der von beiden verkörperten Rollen; sie war der Inbegriff des Bildes von der ›gefallenen Frau‹, das in wechselnder Gestalt ein Jahrhundert
lang die Zeitgenossen faszinieren konnte.

Auch bleibt die Erinnerung an die Zaubermacht ihrer Darstellungskunst, die um so eindrucksvoller wirkt, wo die Schauspielerin im Glanz der Bühne über das Leben triumphiert – so
wie es der Bernhardt 1909 in Berlin mit der Kameliendame
gelingt:

> »Und nun trat eine Frau auf, die immer nahe an 70 war
> und sich jung geschminkt hatte. [...] Man fühlte die
> ganze widerliche Unnatur einer gewaltsamen Verstel-
> lung. Aber dann tat Sarah Bernhardt den Mund auf und
> begann sich zu bewegen, und da endete die ›Verstel-
> lung‹ und die *Schauspielkunst* begann. Und es war viel-
> leicht das größte Wunder der Schauspielkunst, das ich je
> erlebt habe. Die alte Frau war verschwunden, und da
> oben stand die junge Marguerite Gauthier und liebte
> und litt und zwang uns, mitzuleiden.« (Bab: 1926,
> S. 244)

Beide waren *stars*, die dem Begriff bis dahin ungekannte Bedeutung verliehen, und beide waren doch viel mehr. Sie waren
zweifellos Virtuosinnen ihrer Kunst und wurden oft kopiert,
indessen nie erreicht. Beide galten als moderne Frauen; und
auf der Bühne wie im Leben setzten sie die Maßstäbe, nach
denen andere beurteilt wurden. Der um sie veranstaltete Kult
in seinen verschiedenen Facetten schuf dabei jene Bilder, die
schon ihr Leben zur Legende werden ließen – Legenden haben bekanntlich einen wahren Kern, der jedoch unter den
vielen Schichten ihrer Überlieferung nicht mehr eindeutig be-
stimmbar ist. Diesen ›wahren Kern‹ bildet gewissermaßen die
physische Existenz der Schauspielerin, tritt sie aber als *die*

Berühmte aus den Kulissen in das Licht der Bühne, so wird ihre körperliche Gegenwart überlagert von eben diesen Bildern; mit ihrem Tod schließlich werden solche Bild-Reste zu Reliquien, die vom Kult erzählen, der die berühmte Schauspielerin einst umgab.

Sie waren, was Simone de Beauvoir eine »große Schauspielerin« nennt: Produzentinnen, die der Welt Sinn verliehen. Und doch bedarf diese Sichtweise einer Ergänzung – denn beide waren im wirklichen Sinne *be-deutend.* Die Schauspielerin stiftet Sinn nur, wenn ihre Bedeutung auch *gelesen* wird; damit aber ist sie immer Interpretierende und Interpretierte zugleich. Soll ihre Bedeutung sich erschließen, braucht sie das Publikum, das aber liest in der Schauspielerin vieles, was über die Repräsentation der jeweiligen Rollenfigur hinausreicht. Es ist diese komplexe Vielfalt möglicher Bedeutungen, die die Faszination der berühmten Schauspielerin im ausgehenden 19. Jahrhundert bewirkt; in ihr liegt jenes *mehr* an Repräsentanz beschlossen, das den Schlüssel zum Verständnis von Ruhm und Nachruhm bildet.

4. Produzentinnen

Beide waren Produzentinnen, und in diesem Sinne wollen sie betrachtet werden; das meint mehr als nur die zeitgemäße Neufassung des Begriffs vom ›künstlerischen Individuum‹. Viele Faktoren gilt es in den Blick zu nehmen, will man das Phänomen ihrer Weltgeltung auf mögliche Ursachen hin befragen.

Zunächst waren beide: Künstlerinnen und – Unternehmerinnen, und ihr Weltruhm erklärt sich zu allererst aus dieser Verbindung zweier widersprüchlicher Motive. Schon den Zeitgenossen allerdings erschien nichts natürlicher, als aus diesem Zusammenhang die ›Künstlerin‹ herauszulösen, womit freilich die Modernität beider Frauen auf ihre Existenz vor den Kulissen reduziert wurde. Noch die Nachwelt führt, wo sich die Möglichkeit dazu bietet, diese Reduktion fort:

Sarah Bernhardt war bekanntlich sehr vielseitig – sie malte, hatte Erfolg beim Publikum als Bildhauerin, war bisweilen in

Personalunion Darstellerin, Regisseurin, Autorin und Produzentin ihrer Stücke, »nur muß man betonen, daß sie in jeder ihrer hundert anderen Beschäftigungen dilettantisch blieb und daß alle Kräfte zu einheitlicher Wirkung konzentriert wurden nur in dem Augenblick, wo sie auf der Bühne stand.« (Bab: 1954, S. 138) Solche Vereinseitigung ist keine Ausnahme, in ihr wirkt etwas nach von jener Irritation, die schon die Zeitgenossen angesichts der berühmten Schauspielerin empfanden, verkörperte diese doch einen weiblichen Lebensentwurf, der die radikale Verfügungsgewalt über den eigenen Körper voraussetzte und die Grenzen der bloß künstlerischen Existenz zu überschreiten schien. Sarah Bernhardt »hat uns gezeigt, daß sie eine Direktheit der Entschlußkraft besitzt, die bemerkenswert wäre in einem Mann, die noch bemerkenswerter ist in einer Frau und außergewöhnlich in einer Schauspielerin.« (Balance: 1908, S. 71) – so beschreibt 1908 ein Zeitgenosse fasziniert die große Künstlerin.

Vor allem aber hat solche Betrachtungsweise, das wieder zeigt der Blick auf die zahllosen Lebenserzählungen der Duse, Methode: »Die ganze Welt wird nach und nach ihr Zuschauer.« (Signorelli: o. J., S. 74) Solche Sätze sagen viel über das Interesse der Biographen, sie vermitteln jedoch kein oder nur ein unzulängliches Bild der internationalen Schauspielerin im späten 19. Jahrhundert. Deren Geschichte wie Geschichtlichkeit liegt zwischen den Zeilen, in dem, was verschwiegen wird: Damit die Welt ihnen zuschauen konnte, mußten beide Schauspielerinnen mit ihren Truppen reisen – von den Wandertruppen des 18. Jahrhunderts aber trennen beide Welten. Dem isolierten Blick auf die Schauspielerin erscheint deren Tätigkeit durch die Jahrhunderte stets gleich und zur Blütezeit des Kapitalismus am Ende des vorigen Jahrhunderts scheinbar unentfremdet wie ehedem. Indessen deutet hinter den Kulissen alles auf industrielle Produktion hin; zwar entzieht sich die Darstellende Kunst weitgehend der Rationalisierung, innerhalb der Grenzen des Möglichen aber vollbringen beide Frauen die letzte Steigerung der Produktivität, die der Schauspielkunst vor der Einführung des neuen Mediums Film möglich ist. Wenn die ganze Welt bereist wird, ist die größtmögliche räumliche Ausdehnung der Kunst

ereicht; die ›Rationalisierung‹ der einzelnen Vorstellung gelangt im 1700 Plätze fassenden Théâtre des Nations, das die
Bernhardt 1899 pachtet und als Théâtre Sarah Bernhardt wie-
dereröffnet, an ihre Grenzen.

Bewegung bestimmte das Leben beider, und minutiös läßt
sich – von den ersten internationalen Auftritten der Jahre
1889/90 bis zu ihrem vorläufigen Rückzug von der Bühne
1909 – das ›Bewegungsprofil‹ der Duse quer durch Europa
und die Vereinigten Staaten nachzeichnen. Innerhalb eines
Jahres etwa (1895) bereiste sie Amsterdam, Rotterdam, Arken,
Aja, Bremen, Brüssel, Düsseldorf, Elberfeld, Köln, Mainz,
Straßburg, Mannheim, London, Wien, Budapest, Wien, Kopenhagen, Stockholm, Göteborg, und Kopenhagen. Indessen
bleibt dieses Motiv in den Biographien der Duse sorgfältig
ausgespart; man feiert in ihr den geradezu ins Mythische
überhöhten Typ der erdenfernen Künstlerin – sie überdauert,
wie es sich für eine Schauspielerin geziemt, als organisches
Naturwesen:

> »Das Phänomen schildern wollen, wie hier ein Mensch
> (...) aus unerschöpflicher Zeugungskraft sich selbst er-
> schafft, bildet, erweitert und übermütig wieder zerbricht
> (...) hieße versuchen, das Wachsen eines wunderbaren
> weiten Baumes Ast für Ast, Blatt für Blatt und Frucht für
> Frucht durch alle Jahreszeiten des Blühens, Reifens und
> Wiedervergehens in Frost und Tod aufzuzählen.« (Se-
> gantini/Mendelssohn: 1926, S. 6)

Beide waren Künstlerinnen und Unternehmerinnen, das heißt
aber auch: beide lebten zwei widersprüchliche Berufe, und
zwischen den Zeilen der Lebenserzählungen der Duse blitzt
gelegentlich etwas auf von den Konsequenzen, die dieser Zu-
sammenfall zweier Existenzen in einer Person bewirkt haben
muß: Entfremdung. Als Unternehmerinnen waren beide für
die Finanzierung ihrer Inszenierungen und den Unterhalt ihrer Truppen verantwortlich, mußten also auf größte Effektivität beim Vertrieb ihres Produktes setzen – ein fest umrissenes
Repertoire war möglichst oft zu zeigen. Die Bernhardt praktizierte seit den achtziger Jahren diese Effektivität mustergültig.
Ein Stück wurde zunächst in Paris gezeigt, wo um 1890 kein
Stück als erfolgreich galt, das nicht mindestens 100 Vorstel-

Sarah Bernhardt (1854-1923) als Phädra.

Sarah Bernhardt, »La femme électrique et chimérique« (Lemaître).
Radierung von A. Salmon, nach Porträt von Georges Clairin, 1876.

Eleonora Duse (1858-1924), »O grande amatrice!« (D'Annunzio).
Heliogravure von E. Albert, Vorlage von Franz von Lenbach, 1887.

Eleonora Duse in *Rosmersholm*.

lungen erlebte, und Laufzeiten von 200 und 300 Aufführungen waren keine Seltenheit; danach schloß sich die weitere Verwertung auf einer Tournee an. Von der Künstlerin andererseits erwartete das Publikum stets die einzigartige Leistung – jede Vorstellung war zu spielen, als wäre es die einzige und wichtigste.

Vollends unmöglich wurde beiden Frauen die Organisation solcher Tourneen; beide waren auf ihren Theatermanager angewiesen, der für diese Effektivität zu sorgen hatte. Ihm übergab, unsichtbar für das Publikum, die Unternehmerin sich selbst als Künstlerin und machte so sich selbst zur Ware. Das 19. Jahrhundert war nicht nur das Jahrhundert der Schauspieler, sondern auch die Entstehungszeit der großen internationalen Bühnenmanager, ohne die die Schauspielerinnen nicht zu dem geworden wären, was sie wurden.

Natürlich hätte die Duse auch ohne Hermann Bahr zum Weltruhm gefunden, und nicht notwendigerweise war Wien ihr ›Tor zur Welt‹; daß Bahr sie für Wien entdeckte, und daß sie hier seit 1892 die Verehrung durch ein intellektuelles Publikum genoß wie in keiner anderen europäischen Hauptstadt, war ein günstiges Zusammentreffen verschiedener Faktoren – mit dem Fortgang ihrer Karriere jedoch hatte es wenig zu tun. Ihr Wiener Erfolg verdankte sich wesentlich dem publizistischen Echo, das die Männer des Wiener Kreises ihr widmeten; sie, deren Spiel in seiner Natürlichkeit zugleich von großem Stilwillen zeugte, schien die ideale Sendbotin der bereits 1891 von Bahr prophetisch proklamierten ÜBERWINDUNG DES NATURALISMUS zu sein – aber wenn nicht in Wien, so wäre sie mit Sicherheit in London, wahrscheinlich von G. B. Shaw, entdeckt und dem europäischen Publikum vorgestellt worden. Beider Aufstieg an die Spitze des Theaters verläuft nach parallelem Muster: die nationale Berühmtheit wird innerhalb Europas ausgebaut, anschließend findet die erste von vielen Amerikatourneen statt. 1878 offeriert Edward Jarrett, einer der wichtigsten Bühnenmanager seiner Zeit mit Büros in London, Paris und New York, der Bernhardt zum ersten Mal eine Tournee durch Amerika, doch noch lehnt sie diese ab. Sie ist zu diesem Zeitpunkt bereits ein Star an der Comédie, aber erst nachdem ihr die Londoner Gastspiele sowie sich anschließende Auftritte in Brüssel, Kopenhagen und zahlreichen französischen Städten europäisches Renomee gesichert haben, nimmt sie Jarretts Angebot an. Sie ist nun eine europäische Berühmtheit, die sich durchaus spektakulär in Szene zu setzen versteht und – die Rolle der primadonna assoluta del mondo, die die Ristori innehatte, ist vakant. ›Die Bernhardt‹ – das ist jetzt nicht mehr nur ein künstlerischer Begriff, sondern auch die Garantie für immense Einnahmen; die Zahlen, die Jarrett ihr offeriert, sprechen eine deutliche Sprache:

»5000 Francs pro Vorstellung und die Hälfte der Einnahmen, die über 15 000 Francs lagen; das heißt, wenn an einem Tag die Einnahmen 200 000 Francs erreichten, würde ich 7500 Francs verdienen. Außerdem: 1000 Francs pro Woche für meine Hotelkosten; außerdem einen Pullman-Sonderwagen für meine Reisen, ausgestattet mit meinem Schlafzimmer, einem Salon, in dem ein Klavier stehen sollte, vier Betten für mein Personal, und mit zwei Köchen, die während der Fahrt für mich kochten. Monsieur Jarrett sollte zehn Prozent meiner sämtlichen Einnahmen erhalten ... ich war mit allem einverstanden.« (Bernhardt: 1983, S. 347)

Ganz ähnlich die Karriere der Duse: mit ihren italienischen Erfolgen wird sie gegen Ende der achtziger Jahre zunehmend von Kritikern angehalten, innerhalb Europas zu gastieren; nach ihren europäischen Erfolgen schließen sich die Tourneen nach Amerika an. In der Mitte der neunziger Jahre ist sie dann unbestritten die zweite internationale Schauspielerin; obwohl in ihrem Charakter scheinbar völlig verschieden von der Bernhardt – publikumsscheu, zurückgezogen – wird auch sie von ihrem Manager José Schurmann, der bereits die Italientournee der Bernhardt geleitet hatte, höchst erfolgreich betreut, gilt sie doch jetzt in den Augen der Kritik als einzige Rivalin der Französin.

5. Parisurteil

Immer wieder werden beide mit einander verglichen, und immer wieder treten beide gegeneinander an. Seit ihren frühen europäischen Erfolgen gehört es zum Management Schurmanns, für die Duse in jenen Städten Auftritte zu ermöglichen, in denen auch die Bernhardt spielt, ja möglichst zur gleichen Zeit wie diese zu gastieren; und Schurmann weiß, was er tut: Es kann nur eine primadonna assoluta geben, die aber braucht ihre Herausforderin, um Gestalt anzunehmen, bedarf der Konkurrentin, um sich zu behaupten. Die Göttlichkeit der Bernhardt mußte stets aufs Neue bewiesen werden.

1894 treten beide in London zum ersten Mal gleichzeitig um die Gunst von Publikum und Kritik an, und eine Reihe weiterer, spektakulärer Begegnungen folgt, bis schließlich 1897 die Duse bereit ist, auch in Paris, dem künstlerischen Zentrum Europas und der Heimatstadt der Bernhardt, gegen diese zu spielen.

Beide bilden in ihrer Widersprüchlichkeit im Bewußtsein der Mitwelt eine Einheit, und der Gedanke ihrer Rivalität lebt fort; kaum einer ihrer Biographen vermag die eine darzustellen, ohne sie zugleich gegen die andere abzugrenzen. Formuliert wird diese Rivalität durch die überwiegend männliche Theaterkritik ihrer Zeit, und deren Wertungen – vorgeblich objektiv im Namen der Kunst und im Auftrag des Publikums vorgenommen – bestimmen beider Profil auch für die Nachwelt. Viele Kritiker geben, wie Hofmannsthal, vor, nicht vergleichen zu wollen und messen dann doch; andere erklären ausdrücklich den Kampf zwischen beiden: So beobachtet Bernard Shaw als Theaterkritiker 1895 das gleichzeitige Gastspiel beider in London und notiert in seiner Besprechung:

»Nichtsdestoweniger sind wir heute in der Lage, unsere Rezensionslust und -Kunst an größeren Rivalen zu üben als unsere Vorfahren, denn wir haben Gelegenheit gehabt, die Duse und die Sarah Bernhardt in der Cameliendame und in Sudermanns Magda gegeneinander spielen zu sehen, und können nun abwägen und vergleichen.« (Zit. nach Segantini/Mendelssohn: 1926, S. 48)

Wieder andere blicken, wie der Berliner Theaterkritiker Alfred Kerr, im neuen Jahrhundert auf die einstige Rivalität zurück, aus der die Duse scheinbar als Siegerin hervorgegangen ist, und für die Verliererin bleibt nichts als krudeste Verachtung. Immer aber gehorchen die Vergleiche zwischen beiden eigenen Gesetzen, die berühmte Schauspielerin wird genauer betrachtet als ihre Kolleginnen, ihr Körper wird zum Schlachtfeld, auf dem die Betrachter um Bedeutungen ringen.

»Sie ist klein, ein bischen plump und ihren schweren, trägen Geberden fehlt die Anmut. Ihre Augen sind groß und schön, aber wehmütig und verzagt: sie haben eine flehentliche Demut; kräftige Leidenschaft kann in ihnen nicht vermutet werden. Die Nase ist klein und stumpf, wie von einem verwundeten Pierrot. Die Wangen hängen schlaff herab, ohne einen persönlichen Zug. (...) Es ist immerhin ein Gesicht, bei dem man verweilen muß; aber schön darf man es nicht nennen und mit dem suggestiven Profil der *Bernhardt*, welches wie ein arabisches Märchen ist, kann man es nicht messen.« (Bahr: o. J., S. 3 f.)

So las Bahr in Petersburg das Gesicht der Duse; andere gingen weiter – die Figur zu klein, die Taille unförmig, die Stimme bisweilen schrill. Das alles aber in bester Absicht wohlverstanden, schließlich sollte die Duse den Fortschritt der Schauspielkunst demonstrieren, das hieß: Rücktritt der Individualität der Künstlerin hinter den Rollenentwurf des Dichters. Darin bestand ja ihre Größe: Selbst *klein, plump, schlaff*, erlangte sie auf der Bühne eine neue Schönheit in metaphysischem Sinn, die sich jetzt aber wesentlich der Mitwirkung des Betrachters verdankte. Die neue Schönheit der Duse wollte entdeckt und beschrieben werden; der alles überwältigende persönliche Glanz der Bernhardt schien endlich überwindbar.

1895 geht Shaw mit der äußeren Erscheinung der Bernhardt mit beißendem Sarkasmus ins Gericht: Ihr Auftreten sei grandios, ohne Zweifel – die großartigen Kostüme, die vollendete Maske – verführerisch und doch nur Talmiglanz, im Grunde falsch.

»Sie schminkt sich die Ohren hochrot und läßt sie zwischen ein paar losen Flechten ihres kastanienbraunen

Haares entzückend hervorlugen. Jedes Grübchen hat
sein rosa Kleckschen (...). Ihre Lippen sind wie ein
frisch angestrichener Briefkasten; ihre Wangen haben
bis hinauf zu den schmachtenden Wimpern den feinen
Hauch und das Äußere eines Pfirsichs; sie ist schön im
Sinne des Schönheitsbegriffs ihrer Schule und unglaub-
würdig im Sinne bloßer Menschenhaftigkeit.« (Zit. nach
Segantini/Mendelssohn: 1926, S. 50)
›Menschenhaftigkeit‹ – darin liegt die Zusammenfassung jener zunächst von den deutschsprachigen Kritikern angeschla-
genen Werturteile, die in den neunziger Jahren kontinuierlich
in Europa Raum greifen. Für Shaw und viele andere wird die
Duse zur idealen Repräsentantin jenes neuen Schauspielstils,
den die gesellschaftsbezogene Dramatik seit dem Naturalismus und seinen europäischen Spielarten erfordert. Die Bernhardt »dringt nicht in den Charakter ein, den sie darstellt, sie
setzt sich an seine Stelle«. (S. 50) Damit gehörte sie scheinbar
einer vergangenen Epoche der Darstellungskunst an; »Vernichtung« sei, so Shaw, »das einzige Wort für die Niederlage
der französischen Tragödin.« (S. 58)
  Zur Jahrhundertwende schließlich ist die Duse für viele europäische Intellektuelle zum Inbegriff der modernen Schauspielerin geworden; in seinen Betrachtungen zur SCHAUSPIEL-
KUNST, die Alfred Kerr der Italienerin widmet, scheint deren
Sieg über die Bernhardt einer längst vergangenen Zeit anzu-
gehören: »Ohne Nachbarschaft leuchtet sie und verglüht.«
(Kerr: o. J., S. 50) Die Knochen ihrer einstigen Rivalin aber
vermodern, so will es Kerr, auf dem Schlachtfeld von ehedem:

  »Das Wrack Sarah kennenzulernen ist ein Stoß der Ent-
  täuschung (...). Sie mit der Duse vergleichen zu wollen
  – ach Gott. Und sollte die Duse nicht sechzig-, sondern
  hundertzwanzigjährig sein, man würde noch erkennen,
  daß sie ein Naturspiel ist, wie man bei der Bernhardt
  erkennt, daß sie eine berückende Macherin ist.« (ebd.,
  S. 47 ff.)
Viele Kritiker wurden so zum Paris von eigenen Gnaden; jenseits aller künstlerischen Differenzierungen repräsentierten
beide Frauen als widersprüchliche Einheit Konkurrenz, ja Rivalität. Die *soeurs rivales*, wie ein Pariser Kritiker sie nannte,

standen für das Prinzip, nach dem das bürgerliche Publikum sein Leben wie seine Kunst organisierte: erbitterter Kampf des Einzelnen um Sieg oder Niederlage, höchsten Triumph oder absolute Vernichtung. Das war die Kehrseite ihres Ruhmes, so wie ihr Ruhm die logische Entsprechung der vielen namenlosen Schauspielerinnen des Geschäftstheaters bildete.

6. FrauenRollenBilder

Möglich war ihnen der Zugang zu den Bühnen der Welt aber auch durch ihre Herkunft wie durch die Eigenart ihres Repertoires, mit dem sie international gastierten – mit dem die Bernhardt außerhalb von Paris bis zuletzt identifiziert wurde, und dem die Duse seit dem Ende der achtziger Jahre Stücke zunächst von Ibsen, dann von D'Annunzio hinzugefügt hatte.

›Wie? Sie haben italienisch gespielt?‹ soll Félix Faure, der Präsident der Republik 1897 nach dem Gastspiel der Duse in Paris entzückt ausgerufen haben – ›Ihre Kunst ist von wahrer Leidenschaft so erfüllt, ich habe nicht einmal bemerkt, daß Sie nicht französisch sprachen.‹ Die Anekdote mag erfunden sein, dennoch liegt in ihr eine Erklärung auf die Frage, warum im 19. Jahrhundert die internationalen Theaterkarrieren den Italienerinnen und Französinnen vorbehalten waren. Französisch war die Kultursprache des Jahrhunderts und Italienisch die Sprache der Oper; beide Sprachen vereinten damit die in ganz Europa respektierte kulturelle Bedeutung mit jenem Wohlklang für ausländische Ohren, der die Überschreitung der nationalen wie kulturellen Grenzen ermöglichte. Auch deutsche Schauspielerinnen, von Fanny Janauschek bis Agnes Sorma, hatten internationale Karrieren versucht und waren nicht zuletzt an ihrem Akzent gescheitert; Helena Modjeska immerhin gelang es, zu einem Gastspiel an die Comédie Française eingeladen zu werden, aber eine Weltkarriere in polnischer Sprache war ihr nicht möglich. Nachdem sie in der Emigration Englisch gelernt hatte, blieb sie in ihren Erfolgen auf Amerika beschränkt – hier wurde sie zum nationalen Star und galt beim ersten Gastspiel der Bernhardt 1880 als deren wichtigste Konkurrentin.

Das 19. Jahrhundert hatte eine starke Affinität zur Musik, und lange blieben die Grenzen zwischen der Primadonna der Oper und der des Sprechtheaters fließend; viele Schauspielerinnen begannen, wie auch die Rachel und die Ristori, ihre Karrieren als Sängerinnen. Die meisten Dramatiker der Zeit waren zugleich Librettisten, auf deren Stückvorlagen die Komponisten gerne zurückgriffen: Verdis LA TRAVIATA (1858), bekanntestes Beispiel für diese enge Allianz zwischen Theater und Oper, verarbeitet die Kameliendame von Dumas. Das Publikum war fremdsprachige Vorstellungen durchaus gewohnt, vorausgesetzt, sie fanden in italienischer oder französischer Sprache statt. In der Oper waren sie die Regel, und das Virtuosentheater stand der Oper hier in nichts nach. Das Repertoire, auf das sich beide Schauspielerinnen stützten – von Scribe und Legouvé ADRIENNE LECOUVREUR über die Stücke von Dumas bis hin zu den erfolgreichen Melodramen von Sardou – war das des französischen Boulevard, das seinerseits eine starke Nähe zur Oper in sich trug: nicht das Verständnis der Sprache garantierte das Verständnis der Handlung, diese vermittelte sich weit mehr auf nicht-sprachlichem Wege, im wesentlichen durch die Schauspielkunst der Hauptdarstellerin. Schönheit der Stimme und Ausdruckskraft des Spiels entschieden vor dem fremdsprachigen Publikum über den Erfolg der Darstellerin, und tatsächlich war es die Auseinandersetzung mit diesem Repertoire, der beide Schauspielerinnen die Profilierung ihres Darstellungsstils verdankten. Die Stücke verlangten große Bühnenpräsenz und boten den Schauspielerinnen vielfältige Möglichkeiten zum stummen, pantomimischen Spiel; seit der FÉDORA, die 1882 den Beginn seiner Zusammenarbeit mit der Bernhardt bildete, hatte Sardou begonnen, systematisch solche stummen Momente in die Rolle der Hauptfigur einzuarbeiten.

Neben dieser dramaturgischen Voraussetzung des Repertoires aber waren es vor allem die von beiden verkörperten – soll man tatsächlich sagen: Frauencharaktere? – die in aller Welt das Publikum faszinierten. Die Stücke von Dumas und Sardou bestimmten seit den achtziger Jahren mit einigen Ergänzungen das Repertoire der Bernhardt, und noch 1892 machten sie beim Berliner Gastspiel der Duse den Hauptanteil ihrer

Darstellungen aus: von insgesamt sechzehn Stücken stammten vier aus der Feder Sardous und drei von Dumas.

Nur scheinbar Sozialcharaktere, beschwören doch die meisten dieser Rollen unter der Oberfläche der an verschiedenen
Orten und zu verschiedenen Zeiten angesiedelten aktionsge-
ladenen Handlung ein Bild der Frau als Inbegriff des Vielge-
staltigen:

> »Eine Slavin – das ist das Ideal des Weibes, das wahre
> Weib mit allen seinen plötzlichen Sprüngen und Gegen-
> sätzen, mit seinen Schwingen und Tatzen – und kosend
> und streichelnd, und heuchelnd und schmeichelnd, und
> schmiegsam und biegsam, und hinterlistig und ergeben,
> wild im Haß, heldenhaft in der Liebe, mit dem Verstand
> eines Mannes und dem Aberglauben eines Kindes. Au-
> gen abgrundtief, bei denen einen der Schwindel erfaßt,
> wenn man hineinblickt – eine Stimme, deren zauberhaf-
> ter und lieblich erzitternder Klang Unbekanntes in uns
> aufwühlt – die Schlaffheit der Orientalen und die frische
> Ungezwungenheit der Pariserinnen.« (Sardou)

So schildert der junge Graf Loris Iapanoff die Gräfin Fédora,
und solche ›idealen Weiber‹ hatten beide in ihrem Repertoire,
ganz wie sie das Publikum liebte: trivial, fatal und überaus
erfolgreich. Sie alle lassen sich auf eine gemeinsame Vorfah-
rin zurückführen, die geheimnisvoll lächelnde Mona Lisa von
Leonardo.

In der zweiten Hälfte des 19. Jahrhunderts waren durch den
Gang der Geschichte die ehedem gültigen Frauen- wie Män-
nerbilder problematisch geworden; vor allem hatten die
Frauen überall, in Europa wie in Amerika, begonnen, für ihre
eigenen Belange einzutreten – sie forderten gleiches Stimm-
recht und Zugang zu ›männlichen‹ Berufen. Der Blick auf das
Rätsel der Mona Lisa, wie ihn Walter Pater 1873 in seinen
Renaissancestudien auf kunsttheoretischem Niveau program-
matisch für die folgenden Jahrzehnte formuliert hatte, reflek-
tiert diese Verunsicherung. Zugleich aber wird, indem die
Mona Lisa kurzerhand zur überzeitlichen Verkörperung
männlicher Wünsche und Phantasien erklärt wird, der unbedingte Wille des männlichen Blickes bekräftigt, an der Schaffung von Frauen-Bildern festzuhalten.

Seine Interpretation der Gioconda, die ihn in deren ge-
heimnisvoll-vieldeutigem Lächeln die Züge der dämonischen
Frau erkennen ließen, machte die Gioconda, oder besser: ihre
Deutung, zum wirkungsmächtigsten Frauenbild des ausgehenden 19. Jahrhunderts, dem es sich anzunähern galt, wollte
man als Frau in den Augen der Männer bestehen; die Dirnen
im Paris der Dritten Republik wie die adligen Damen im Viktorianischen London studierten das Lächeln der angeblich so
rätselhaften Schönen. Oscar Wildes Märchen SPHINX OHNE
RÄTSEL berichtet augenzwinkernd von dieser Trivialisierung
der Gioconda zur Sphinx, und auch die bürgerlichen Autoren
des Boulevard-Melodrams profitierten von diesem trivialisier-
ten Bildkomplex, der dann in den verschiedenen Stücken und
doch immer gleich von den berühmten Schauspielerinnen in
aller Welt getragen wurde. Im Paris des 19. Jahrhunderts –
man denke etwa an *Césarine*, das von Dumas beschworene
teuflische WEIB DES CLAUDIUS – wie im fernen Byzanz der
legendären Kaiserin *Théodora* oder im zaristischen Rußland
der Gräfin *Fédora*, stets ist die Heldin umgeben von einem
Netz aus Liebe, Eifersucht, Erpressung, Betrug, Mord,
schließlich eigenem Tod und – Geld. Denn einzig das Geld
erweist sich in denkbar allen Inkarnationen als dramaturgi-
sches Äquivalent zur furiosen Liebesleidenschaft, die die Heldin umgibt. Vermischt in einer wahrhaft obszönen Direktheit,
sind beide der Zündstoff, der die Handlungsmaschinerie antreibt und ihren Fortgang garantiert. Während dabei scheinbar die Autoren der Sphinx hinter ihr Antlitz blicken, wird
deren Rätsel aber nur gelöst, indem ihr Geheimnis aufs neue
beschworen wird: die weibliche Figur erweist sich als gefähr-
lich-schönes, faszinierendes Gefäß, das alles zu enthalten
scheint; sie ist Hure und Liebende zugleich und zu allem fähig. Was die Messalinen, Salomés und Judiths den bildenden
Künstlern wurden, das waren die Césarines und Fédoras dem
bürgerlichen Melodram; hier wie dort aber blieb jene Ambivalenz, die schon Pater im Anblick der Gioconda gespürt hatte,
erhalten – versprach ein *Typus* zugleich Erlösung, wo bürgerliche Moral die Erotik verdammte, wie auch die angemessene
Bestrafung für derart unangemessene Wünsche. Letztere freilich erreichte im *pièce bien faite* den männlichen Helden prak-

tisch nie – vielmehr fanden die Frauen zumeist gegen Ende
der Aufführung den Tod; so wurde deren Schrecken gebannt,
nachdem die Autoren ihn zuvor ausgiebig beschworen hatten.
Gelegentlich gerieten einem Dumas oder Sardou derartige
Todesszenen regelrecht zu rituellen Hinrichtungen, und die
Bernhardt pflegte in ihnen auf der Bühne wahre Triumphe zu
feiern. Noch Ibsens Frau vom Meere Ellida Wangel, mit der
die Duse im neuen Jahrhundert oft assoziiert wurde – in dieser
Rolle gab sie 1909 ihren Abschied von der Bühne und in ihr
kehrte sie 1921 aufs Theater zurück – kann jenseits aller lite-
rarischer Wertungen ihre Abkunft aus diesem Geschlecht
nicht verleugnen:

> Wangel: (...) Aber hinter allen ihren Stimmungen ist
> etwas verborgen, über das ich mir durchaus nicht klar
> werden kann. Und dann ist sie so unbeständig, – so un-
> berechenbar, – so überraschend veränderlich. (...) Im
> letzten Grunde ist ihr das angeboren. Ellida gehört zum
> Meervolk. Das ist die Sache. (Ibsen: o. J., S. 186)

Es dauert fort das Bild der Frau als la belle inconnue – vielge-
staltiges Wesen von Natur aus, dessen Gefahr allerdings jetzt
gebannt wird nicht durch den Tod der Heldin wie im französischen Melodram, sondern durch deren Heimkehr in die bürgerliche Familie. Dem Meervolk entrissen, entscheidet sich
Ellida Wangel im milden Licht der Sommernacht des fünften
Aktes für eine Existenz als Mutter.

Beide Schauspielerinnen liehen diesen Frauenfiguren ihren
Körper und stellten ihre Geschichten dar; damit wurde, was
die Autoren imaginiert hatten, plötzlich zur scheinbar realen
Gestalt. In der Bühnenexistenz der Schauspielerin verbanden
sich reale und imaginierte Frau zu einem neuen Ganzen, dessen Faszination die Phantasie ihrer Interpreten beflügelte und
ihnen die Gunst des Publikums sicherte. Denn beide hatten
ihre Welterfolge nur mit jenem dramatischen Repertoire, das
aus der Zeit vor der vom Naturalismus begonnenen litera-
risch-künstlerischen Revolution stammte, und das dennoch
die Spielpläne bis weit ins 20. Jahrhundert bestimmte. Dort,
wo sie versuchten, sich den verschiedenen Strömungen der
Moderne anzunähern, drohte das breite Publikum, ihnen die
Gefolgschaft aufzukündigen; war es dennoch bereit, wie im

Fall der Duse, einen Ibsen, Sudermann oder Marco Praga im
Repertoire zu dulden, so nur dank der engen Verwandtschaft
dieser Autoren zu Figurenpersonal und Dramaturgie des *pièce
bien faite*.

7. Modernität

»Sarah Bernhardt regiert im Zeichen der Widersprüche.«
(Bang: 1909, S. 39) Mit diesen Worten eröffnete Herman
Bang 1909 sein Porträt der Künstlerin, und tatsächlich war
deren Position im ersten Jahrzehnt des neuen Jahrhunderts
eine von keiner Schauspielerin zuvor jemals erreichte. 1891-
93 hatte sie während einer zweijährigen Tournee, die ihr einen Ertrag von 3 500 000 Francs brachte, buchstäblich die
halbe Welt erobert, hatte in Montreal gespielt und in Mel-
bourne, in Honolulu und in Moskau. In Paris war sie, seit sie
1899 im Alter von fünfzig Jahren das Théâtre Sarah Bernhardt
eröffnet hatte, Direktorin, Schauspielerin und Produzentin an
einem der größten Theater. Sie gab hier bis 1923 über vierzig
verschiedene Rollen, darunter neben ihren bekannten Darstellungen der Fédora, der Kameliendame und ihres zeitlebens größten künstlerischen Erfolges – der Phädra von Racine
– auch die Hauptrollen in neuen Stücken von Edmond Ro-
stand, Emile Moreau, sowie 1920, fünf Jahre nach der Ampu-
tation ihres Beines, mit der *Athalie* im gleichnamigen Stück
von Racine noch einmal eine tragische Rolle, die als großer
künstlerischer Erfolg galt. Sie war für kurze Zeit Professorin
am Conservatoire, der Schule der Comédie Française, gründete dann aber ihre eigene Klasse an ihrem Theater; seit 1908
hatte sie begonnen zu filmen, und zumindest in Amerika galt
sie als ewig jung; wann immer sie den Ozean überquerte, eil-
ten ihr die Schlagzeilen voraus: ›Die göttliche Sarah kommt!‹
Ihre überwältigenden Erfolge in der Neuen Welt – eine
Amerikatournee brachte ihr gewöhnlich einen Reinerlös zwischen 500 000 und 700 000 Francs – verdanken sich sowohl
der hier zwischen 1890 und 1920 entstehenden gigantischen
Vergnügungs- und Unterhaltungsindustrie wie auch dem starken Zuwachs der Frauen zum Publikum der Theaterveran-

staltungen: Die Bernhardt war groß genug, um 1905 unter
dem Management der Gebrüder Shubert das Klaw-Erlanger-
Syndikat in die Knie zu zwingen – sie mußte, da den Shuberts
der Zugang zu allen vom Syndikat kontrollierten Theatern
und Opernhäusern versperrt war, in Zelten und Eisstadien
spielen, und ihr Erfolg war so gewaltig, daß das Syndikat sich
schließlich genötigt sah, ihr die Theater zu öffnen – und sie
war klug genug, den wachsenden Einfluß des weiblichen Publikums nicht zu unterschätzen.

»Als sie versuchte, sich aus dem Theater zu entfernen,
wurde sie buchstäblich umlagert, und zwar in der
Hauptsache von hysterischen Frauen, die versuchten,
ihre Hand zu ergreifen, ein paar Worte mit ihr zu wechseln, sie bloß zu berühren. Eine riß sich ihre goldene
Brosche ab und steckte sie Sarah an. Eine andere fuch-
telte mit der Schere herum und wollte Sarah eine Locke
abschneiden, erwischte aber ein Stück Straußenfeder
von ihrem Hut. Ein überreiztes Mädchen verlangte ein
Autogramm und biß sich in die Hand, bis Blut floß, als
sie merkte, daß sie zwar einen Federhalter, aber keine
Tinte hatte.« (Otis-Skinner: 1988, S. 165)

Solche Szenen begleiteten ihre Gastspiele immer wieder, und
vermutlich waren die wenigsten ihrer Verehrerinnen tatsächlich hysterisch und überreizt: Seit 1890 war die Bernhardt der
amerikanischen Frauenbewegung kontinuierlich zum Symbol
geworden, verkörperte sie doch in ihrem Lebensstil Freiheit,
Unabhängigkeit und – beruflichen Erfolg; schließlich war das
Theater einer der wenigen Orte, an denen die Frauen sich den
Männern gleichwertig, ja überlegen zeigen konnten. Sehr
sorgfältig hatte sie mit ihren Managern auf diesen Status zu
antworten versucht, hatte zunehmend die Vorauswerbung ihrer Tourneen auf das weibliche Publikum, die ›New Woman‹
und das ›Matinee-Girl‹ abgestellt. ›Can the American Woman
Design Her Own Clothes? By Sarah Bernhardt‹ – fragt 1910
im Vorfeld ihrer Tournee ein Artikel in einem amerikanischen
Magazin, und für jede Leserin authentisch, weil neben dem
Text in einer ihrer teuren Roben abgebildet, antwortet die
Verfasserin enthusiastisch ›Ja, tausendmal ja!‹, um sodann in
eine überschwengliche Huldigung der grazilen, charmanten

Erscheinung der amerikanischen Frau auszubrechen, der jedermann sofort Selbstbewußtsein und Unabhängigkeit ansehe. So verbeugte sich die Bernhardt vor den amerikanischen Frauen, und die wiederum dankten es ihr in einem symbolischen Akt: bei ihrer Ankunft in New York wurde sie von einer Abordnung der ›Joan of Arc – Frauenstimmrechtsbewegung‹ empfangen, ein großer Blumenstrauß mit der Fahne der Bewegung wurde der Künstlerin übergeben und beide Seiten waren zufrieden.

Unzweifelhaft war sie die Königin des Theaters – aber: es blieben Widersprüche, die ihre Kunst wie ihr Leben bestimmten. In Europa war vielen Zeitgenossen – Hofmannsthal, Shaw und Kerr stehen für zahlreiche andere Kritiker – der bisweilen mechanische Charakter ihrer Tätigkeit nicht verborgen geblieben, das Virtuosenleben forderte seinen Tribut, und die Bernhardt stand in den neunziger Jahren weniger für modernen Schauspielstil als für modernes Management. 1893 war Marie Colombiers Buch ›Die Memoiren der Sarah Barnum‹ erschienen, eine böswillige Kolportage auf den Erfolg der Künstlerin, der angeblich einzig ihrer gleichermaßen hemmungslosen Publizität wie Geschlechtlichkeit zuzuschreiben sei; auf dem Titelblatt befand sich eine Karikatur der Bernhardt, die, einer rasenden Hexe nicht unähnlich, in einem Zirkusreifen durch die Wolken rauscht und mit ihrem Flug jenen Namen in den Himmel schreibt, der den Zeitgenossen Signal war: Barnum. Phineas T. Barnum, der legendäre amerikanische Manager und Unterhaltungsimpresario, dessen ›Greatest Show on Earth‹ (1883) 1 419 498 Dollar eingespielt hatte – er stand für das Anrüchige des Weltruhms der Künstlerin: als ›Reklamemonster‹, über dessen skandalträchtiges Leben die Magazine in der Neuen Welt jahrzehntelang berichtet hatten, das zum Modeidol der Frauenzeitschriften geworden war, dessen Name Parfüms, Zigarren und Brillen verkaufen half, hatte sie eine gefährliche Idolatrie erlangt in einer Zeit, die in der Schauspielerin am liebsten die erdenferne Künstlerin verehrte, wie sie der Kritik seit Anfang der neunziger Jahre in Gestalt der Duse erschienen war. Deren Stil galt nunmehr als zukunftsweisend; die Kunst der Bernhardt hingegen schien dem 19. Jahrhundert verhaftet.

Im Rückblick freilich erscheint solche Wertung – hier 20., dort 19. Jahrhundert – müßig; nicht vertikal zwischen beiden Schauspielerinnen verläuft die Epochengrenze, vielmehr zieht sich horizontal durch beider Leben hindurch jene Entwicklung, die die Moderne des Theaters genannt wird. Beide nehmen Entwicklungen des 20. Jahrhunderts vorweg, und dennoch gehören beide auch ins 19. Jahrhundert; in ihnen erlebt das Phänomen des internationalen Bühnenstars seinen glanzvollen Höhepunkt wie auch sein Ende. Nach ihnen kommen die frühen Stars des Films, und diese folgen den Schauspielerinnen in vielem lediglich nach; die Aura aber, die beide umgab, gehört im »Zeitalter der technischen Reproduzierbarkeit« ihrer Kunst dann endgültig der Vergangenheit an.

Nicht zu übersehen ist die enge Verbindung der Duse zu markanten Stationen der europäischen Theatermoderne, die sie in den Augen des intellektuellen Publikums in den europäischen Theatermetropolen scheinbar zur Überwinderin der Bernhardt machte: 1884 verhilft sie durch ihre Darstellung der Santuzza in Vergas CAVALLERIA RUSTICANA dem italienischen Verismo auf dem Theater zu seinem Durchbruch; 1891 fasziniert der realistische Charakter ihrer Schauspielkunst bei ihrem Gastspiel in Petersburg den jungen Anton Tschechow gleichermaßen wie auch Konstantin Stanislavskij, aus dessen Schauspieltheorie ihr Einfluß nicht wegzudenken ist – und für E. Gordon Craig war sie einer der wenigen Menschen der Bühne, der die Erneuerung der Kunst des Theaters hätte verwirklichen können, vorausgesetzt sie wäre bereit gewesen, sich einem Regisseur unterzuordnen. Dazu aber war sie nur einmal gewillt – während ihres Gastspiels in Paris 1905 arbeitete sie unter der Leitung von Lugné-Poe, dem künstlerischen Direktor des Théâtre de l'Oeuvre und Regisseur der ersten Generation. Gleichzeitig aber war sie selbst in ihrer eigenen Arbeit bereits »Instruktrice« (Bang), die die Entwicklung des Regiegedankens im europäischen Theater mit durchzusetzen half:

»Der Zusammenklang der Stimmen, der Wechsel des Tempos, die verschiedene Stimmung der einzelnen Auftritte erregt Bewunderung. Aber am meisten bewundert

man, wie genau sie, um die sich alles dreht, in jeder
Szene jedem Einzelnen seinen Platz im Ganzen gibt –
auch den ersten Platz einem andern, wenn der Platz
diesem zugehört.« (Bang: 1909, S. 71)
Zur Jahrhundertwende veränderte sich ihr Darstellungsstil
unter dem Einfluß D'Annunzios, wurde statuarischer, und sie
begann ihre Verse zu rezitieren; in der Darstellung seiner
Hauptfiguren verkörperte sie nun Tendenzen der Stilbühnen-
bewegung. Wie die Bernhardt, erforschte auch sie das neue
Medium Film – ihre Mitwirkung in CENERE (Asche, 1916) war
ihre einzige schauspielerische Betätigung zwischen 1909 und
1921 – und obwohl CENERE ihr einziger Film blieb, ist sie doch
vergleichsweise tief in die Bedingungen dieser neuen Kunst
eingedrungen. Ihre Briefe aus jener Zeit berichten staunend
und zugleich irritiert von den Veränderungen, die die Pro-
duktionsbedingungen des neuen Mediums ihrer Darstellungskunst auferlegen, gleichzeitig aber erfaßt sie sehr genau, wie sie selbst auf solche veränderten Voraussetzungen
reagieren muß. Vorschläge, die sie zur Gestaltung bestimm-
ter Szenen macht, zeigen deutlich, wie sehr sie bemüht war,
sich in das durch die Kamera konzipierte Bildganze einzu-
ordnen.

Und doch umschreiben solche Einschnitte eine Chronolo-
gie der Theatermoderne als diskontinuierlichen Prozeß; bestimmte Stilformen wie Naturalismus und Symbolismus lösen
einander ab, bestimmte Phänomene wie das Ensemble und
sein Gegenüber, der Regisseur, profilieren sich. Von der Gegenwart ausgehend, ordnet so der Blick zurück Theatergeschichte nach Prinzipien. Es läßt sich aber Moderne auf dem
Theater auch verstehen als ein kontinuierlicher Prozeß: seit
der Romantik besteht im europäischen Theater ein Bedürfnis
nach gesteigerter szenischer Illusion. Bei den Meiningern wie
auch in den historisch detailgetreuen, opulenten Ausstattungen seiner eigenen Stücke, die Sardou mit der Bernhardt als
Hauptdarstellerin in Paris unternimmt, gewinnt es deutlich
Profil. Im Naturalismus und seinen Varianten dann erstmals
als künstlerisches Programm formuliert und durch die Technisierung der Bühne im ausgehenden 19. Jahrhundert unterstützt, bestimmt dieses Bemühen um Perfektionierung aller

Mittel im Dienst größtmöglicher Bühnenillusion – sei es als Mimesis der Natur oder als Illusion des Raumes – alle aufeinanderfolgenden Stile. Noch dort, wo zu Beginn des 20. Jahrhunderts Programme zur Bühnenreform entworfen werden, bedienen sich deren Autoren aller zur Verfügung stehender technischer wie darstellerischer Mittel zur Illusionssteigerung – der Film schließlich überführt diese Illusion in der Darstellung in neue, dem Theater unerreichbare Dimensionen.

So gesehen gehört auch Sarah Bernhardt zur Theatermoderne – auch ihr Darstellungsstil galt seit den siebziger Jahren in Frankreich als modern. Tatsächlich war sie nicht die ›Tragödin‹, als die sie Shaw abwertend bezeichnet; die Rachel war die größte Tragödin Frankreichs, die Bernhardt aber galt, wie später auch die Duse, als artiste dramatique, an kein Theater und kein Rollenfach gebunden. Sie verband die klassischen Traditionen der Comédie mit den neuen Anforderungen, die das Repertoire des Boulevard stellte; ihre Stimme, die voix d'or, wie Victor Hugo sie nannte, war, wie ihr ganzer Stil, von der Comédie geschult worden, was sie nicht daran hinderte, die Traditionen dieses ehrwürdigen Theaters der Weiterentwicklung ihres Schauspielstils zu opfern. Die an der Comédie gültige darstellerische Grundregel – eine einfache, unterstützende Geste hatte dem gesprochenen Wort voranzugehen – eignete sich für das klassische Repertoire, nicht aber zur Darstellung der feineren Psychologie, die Figuren und Handlung des Melodrams erforderten. Die unterstützende Geste ihrerseits mußte, so erkannte die Bernhardt, vorbereitet werden durch ihr vorausgehende Veränderungen der Mimik: So schuf sie einen neuen Darstellungsstil; und auch sie ›psychologisierte‹ ihre Figuren, freilich in höchst artifizieller Weise: oft genug erstarrte in Momenten der émotion forte, in denen die Heldin ihre höchste Leidenschaft äußerte, das szenische Arrangement zum Tableau, sorgfältig inszeniert, jedoch allemal illusionsdurchbrechend.

›Blick – Geste – Wort‹, dieses Prinzip mag heute banal anmuten, dennoch wurde ihre Schauspielkunst von den Zeitgenossen als neu empfunden. »Darin aber liegt die größte, ganz und gar persönliche Eigenart dieser Künstlerin«, schrieb Jules Lemaître in einer Besprechung ihrer Théodora,

»sie spielt mit ihrem ganzen Körper. Das ist, wohlgemerkt, einzigartig. Das emanzipierteste junge Mädchen
gibt, wenn es auf dem Theater eine Liebesszene spielt,
sich niemals ganz und gar (...). Die Frau steht auf der
Bühne, aber nicht sie ist es, die spielt, sondern die
Schauspielerin. Im Gegensatz dazu ist es bei Mme. Sarah Bernhardt stets die Frau, die spielt. Sie gibt sich
wirklich ganz. Sie umarmt und umschlingt, sie wird
ohnmächtig, sie windet sich und stirbt, umhüllt den Geliebten mit den Windungen der Natter. Selbst in jenen
Szenen, wo sie andere als die Leidenschaften der Liebe
ausdrückt, fürchtet sie sich nicht, wenn ich so sagen
darf, das Allerintimste, Geheimste ihrer weiblichen Person zu enthüllen. Darin besteht wohl, denke ich, die
erstaunlichste Neuartigkeit ihrer Darstellungsweise: sie
gibt in ihren Rollen (...) auch ihr ganzes Geschlecht.«
(Lemaître: 1902, S. 205 f.)
Tatsächlich hatte es die Bernhardt schon früh verstanden,
auf die Bedürfnisse ihres Publikums zu antworten. Immer
wieder war die besondere weibliche Anziehungskraft ihres
Spiels bemerkt worden, und nach und nach hatte sie sich
bemüht, durch die Entwicklung signifikanter Darstellungs-
mittel – darunter auch die berühmte Schlangenlinie, die ihre
Phädra gleichermaßen bestimmte wie die Fédora – diese
Faszination auf der Bühne zu verstärken. Die Schauspielkunst, so schreibt sie kurz vor ihrem Tod in ihrem Buch L'Art
du Théâtre, sei eine eher weibliche Kunst, gekennzeichnet
durch jene »Kunstgriffe, die in das Gebiet der Frau fallen: der
Wunsch zu gefallen, die Fähigkeit Gefühle auszudrücken
und körperliche Mängel zu verbergen, die Gabe der Anpassung, die das wahre Wesen der Frau ausmacht.« (Bernhardt:
o. J., S. 144)
   Das mag zunächst verwundern und ist doch nur die Quint-
essenz aus ihrer mehr als sechzigjährigen Bühnenerfahrung.
Sehr genau hatte sie registriert, daß der Erfolg einer Schauspielerin davon abhing, ob es ihr gelang, mehr zu inszenieren
als nur die jeweilige Rolle. Charme vor allem müsse die
Schauspielerin haben, so rät sie allen jungen Mädchen, stets
müsse sie bereit sein, mehr zu geben als ihr Kollege; zu gefal-

len sei oberste Notwendigkeit, verlangten doch die Zuschauer
von der Schauspielerin stets mehr als vom Schauspieler.

Zu faszinieren war sie bestrebt, und zu diesem Zweck schuf
sie jene öffentliche ›Sarah Bernhardt‹, deren Privatleben seit
den siebziger Jahren zum Stadtgespräch von Paris wurde und
die in den achtziger Jahren als bekannteste Frau Frankreichs
galt, Inkarnation der belle epoque, deren rauschhafte Theatra-
lik und mühsam gebändigte Widersprüche eine explosive Mischung bildeten, die niemand besser zu leben schien als sie.
Sie faszinierte, weil sie aufregend war und skandalträchtig,
chimärisch nah und fern zugleich. Die Mise-en-scène ihres
Lebens schien die Weiterführung ihrer Rollen – oder war es
umgekehrt? – und nie war die Bernhardt in den Augen ihrer
Kritiker besser als in jenen Momenten, da Lebensrolle und
Bühnenfigur zusammentrafen, sich ergänzten und in ein irri-
tierendes Wechselspiel traten; was entstand, war mehr als
Theater und mehr als ein Frauenleben.

»Und unwillkürlich steigert sich der Eindruck, den Sarah Bernhardts Kunst auf unsern Sinn hervorzubringen
weiß noch durch all die Erinnerungen aus ihrem Leben,
die ihr so dicht auf dem Fuße folgen. Die Legenden von
dem Fieber ihres Lebens schlagen denen entgegen, die
angespannt der Künstlerin lauschen (...). Aber eben das
Temperament unserer Zeit heißt in Frauengestalt Sarah
Bernhardt: die Sphinx hat ihr Antlitz.« (Bang: 1909,
S. 40 ff.)
Auch die Duse gab zu Beginn ihrer Karriere dieselben Rollen
im Stil der émotion forte; als Meisterin des verhaltenen Stils,
der feinen Nuancen, wurde sie berühmt für ihren wahrhafti-
gen Stil. Und trotzdem folgte sie hierin der Bernhardt nur
nach – sie konnte ›unterspielen‹, weil bei ihrem Auftreten auf
den internationalen Bühnen die großen Rollen ihres Repertoires durch und durch bekannt waren, und die von Publikum
und Kritik gepriesene größere Wahrhaftigkeit ihrer Darstellung verdankte sich einer Vereinseitigung der Figuren: sie gab
nicht mehr deren ganzes Register der Leidenschaften, sondern spielte schon im Beginn das Ende mit; von ihren dämonischen Zügen befreit, wurden die liebenden Frauen dem Mit-
leid des Publikums anvertraut, sie wurden zu Menschen. »In

dem verschieden Grade der ›Modernität‹ dieser beiden
Schauspielerinnen beruht eben der gewaltige Unterschied ihrer Spielweisen«, heißt es in einer zeitgenössischen Betrachtung über moderne Schauspielkunst; das Neue im Stil der
Duse bestehe »in dem höheren Grade von Illusion«, den sie
vermittle.

> »Erst in uns – vers la fin du siècle – machte sich eine
> Unzufriedenheit mit dem traditionellen Spiel geltend,
> die Sehnsucht nach einer Neuerung ward in uns leben-
> dig, und wir riefen: mehr Natürlichkeit! – meinten aber:
> mehr Illusion!« (Moldauer: 1988, S. 106 f.)

Der Durchbruch der Duse kam scheinbar über Nacht und mit
Vehemenz, und bald war sie für ihre Zeitgenossen die »Frau,
von der niemand wußte und die keiner ergründet«. Sie wurde
den Kritikern zum Rätsel, zur unergründlichen Person, die,
wie Hofmannsthal schrieb, keine oder aber alle Individualitä-
ten zu besitzen schien. Ihre frühen europäischen Erfolge verdanken sich in nicht unbeträchtlichem Maße jener Faszination, die von ihr als einer solchen ›Unbekannten‹ ausging.
Auch bei ihr versuchten die Betrachter: hinter der Maske der
Rolle die Individualität der Schauspielerin aufzuspüren und
beide in Beziehung zu setzen – doch wer war die Duse?
Scheinbar ohne eigene Gestalt, irritierte sie in immer neuen
Verwandlungen das Publikum.

Erst durch den Roman IL FUOCO, in dem D'Annunzio sein
Liebesleben mit ihr schamlos ausgebeutet und vor ihrem europäischen Publikum ausgebreitet hatte, sollte sie endlich ihre
lang gesuchte Gestalt erhalten; sie war das Vorbild für die
alternde Tragödin *Foscarina*, angebetet und verachtet zugleich
vom Helden Stelio Effrena, hinter dessen Titanenmaske die
Leser unschwer D'Annunzio erkennen konnten. Die Foscarina bestimmte von nun an im Bewußtsein der Mitwelt die
Gestalt der Duse; Fetzen der fiktiven Biographie der Tragödin
galten jetzt als wahre Geschichte der Schauspielerin – die
Duse trug fortan in den Augen ihres Publikums deren Züge.

> »Das bleiche Gesicht der Tragödin auf dem Hals, den
> kein Geschmeide zierte, und der reinen Form der nack-
> ten Schultern hob sich von dem Ringe mit dem Zeichen
> des Tierkreises ab. Stelio bewunderte das Künstlerische

dieser Erscheinung. Und aus der Ferne seine anbeten-
den Blicke auf sie heftend, begann er mit abgemessener
Langsamkeit zu sprechen ...« (D'Annunzio: 1900,
S. 57 f.)

Diese Ferne, in die D'Annunzio die Foscarina immer wieder
rückt, sie blieb der Duse von nun an bis zu ihrem Tode erhalten, ja wurde von ihr sogar bisweilen in die Stilisierung der
eigenen Person mit aufgenommen – vor der photographischen
Kamera steht sie in mancher Rolle wie aus Meißener Porzellan gegossen. »Sie scherzt und spaßt und wirft sich in einen
Stuhl und stemmt die Arme in die Seiten – und über ihr
schwebt doch ein Ewigkeitsschimmer« (Kerr: o. J., S. 25) – so
feierte sie Kerr im neuen Jahrhundert. Aber ›Ewigkeit‹ ist mit
den bloßen Mitteln der Schauspielkunst längst nicht mehr
herstellbar. Schon zu Lebzeiten war Eleonora Duse zur vollkommenen Allegorie geworden.

Moderne Allegorien aber waren letztlich beide; sie verkörperten weit mehr als nur die Figuren, die sie spielten; sie
repräsentierten, was *außer ihnen war*: den Geist der Zeit im
Bild der Frau. Zwar hatte die Bernhardt bereits zu Lebzeiten
versucht, ihren ›allegorischen Gehalt‹ so weit als möglich
selbst zu bestimmen, doch wie die Duse blieb auch sie auf ihre
Betrachter angewiesen. *Wie* aber diese mit ihnen verfuhren,
entzog sich weitgehend ihrem Einfluß – so war beider Leben
glanzvoll und gefährlich zugleich.

Malte Möhrmann

Die Herren zahlen die Kostüme
Mädchen vom Theater am Rande der Prostitution

> Der Gedanke daran, Schauspielerin zu sein, weckt
> wahrscheinlich bei den meisten sofort die Vorstel-
> lung einer so zauberhaften und glänzenden Le-
> benslage, daß darüber die Dornen gewöhnlich
> ganz vergessen werden...
> *Kierkegaard*

»Schauspielerinnen sind Arbeiterinnen.« Unermüdlich proben sie, haben im harten Konkurrenzkampf des ausgehenden
19. Jahrhunderts immer mehrere Rollen parat, jagen von einem Engagement zum nächsten – die Kontrakte gelten meist
nur für eine Saison.

Sie führen ein Nomadenleben, reisen in ganz Deutschland
herum, bis in die kleinsten Käffer, denn selbst dort schießen
seit Gewerbefreiheit (1869) und Reichsgründung (1871) die
Theater und Theäterchen, die Prunkbauten und die Klitschen
empor. Sie fahren 3. Klasse, alles so billig wie möglich, solang
sie keiner sieht; und wäre das Trampen schon erfunden, sie
täten auch das, trotz Schleppe, trotz bodenlangem, den Dreck
mitfegenden Saumkleid.

Sie wohnen zur Untermiete, in karg möblierten Zimmern,
und kriegen beim Kaufmann keinen Kredit. Sie hungern,
schneidern Kostüme bei Kerzenlicht und sparen selbst die
Kohlengroschen. Die Gage ist so gering, bei Anfängerinnen
zwischen 30 und 80 Mark monatlich, daß sie sich das Vergnügen, das sie allabendlich dem wohlhabenden wilhelminischen
Bürgertum bieten, selbst nicht leisten könnten. Ein halbwegs
guter Platz in einem der größeren Theater kostet um die 3
Mark. Jeden verfügbaren Pfennig müssen die jungen Schauspielerinnen für Kostüme verwenden, auch dann noch, wenn

die Gage nach einigen Spielzeiten gestiegen ist. Reichen wird
es nie. Denn die Schauspielerin geht nicht *mit* der Mode, sondern weist ihr die Richtung. Das ist eine ihrer wesentlichen
Aufgaben in dieser Zeit. Und so müssen die Theaterdamen
der Wirtin und dem Krämer gegenüber den Groschen dreimal
umdrehen, während sie zu äußerlichen Zwecken die Mark
hinauswerfen: in den Rachen von Schneiderbetrieben, Friseu-
ren und Hutmachern, von Trikot- und Leibwäschelieferanten;
für Schuhe, Mäntel und Umhänge, für Schleier und Strümpfe,
Gürtel, Bänder und Blumen, für Schmuck und für Stoffe, die
sie selbst vernähen.

Das Leben einer Schauspielerin in dieser Zeit ist heute
kaum mehr vorstellbar. Allein die Anreise zum Vorsprechen
oder Vorspielen wäre uns Qual.

In einem Kleid, das nach hinten in eine lange Schleppe
ausläuft und das Hinterteil mit einigen Kilogramm Turnüre
belastet; oder in einem Kleid, das nur Trippelschritte erlaubt,
da es bis zu den Knien herunter eng anschließt und erst knie-
abwärts sich glockenförmig öffnet; von einem hoch- und fest-
geschnürten Mieder beengt, mit Schirmchen oder Fächer,
Täschchen oder Stola in den ein müßiges Spiel damit entfal-
tenden Händen, so reist die junge Theaterdame.

Eine solche, auf den Müßiggang einer grande dame zuge-
schnittene Toilette ist nicht eben das, was man eine Berufs-
kleidung nennen würde. Doch die Schauspielerin unterliegt
den Erfordernissen gesellschaftlicher Repräsentation und
muß sich durch hohe Frisuren, die sich im Gepäcknetz des
benutzten Eisenbahncoupés verheddern, durch weite Hüte,
die an die Abteiltüren und die daran lehnenden, einer Schauspielerin gegenüber meist wenig chevalresken Herren stoßen,
und durch enggeschnittene Ärmel, die beim Aufheben eines
schweren Koffers bisweilen an den Nähten platzen, weiterhin
behindern lassen.

Ihr Gepäck wächst und schwillt auf diesen Reisen durch die
provinzielle Theaterlandschaft von Engagement zu Engagement. Ein Kostüm kommt zum nächsten, denn die Anforderungen sind hoch, und gerade zu Beginn einer Theaterkarriere, in der Provinz, braucht man mehr Kostüme, als an den
großstädtischen Theatern, da geringere Zuschauerzahlen ein

vielseitigeres Repertoire mit häufiger wechselnden Stücken
verlangen.

Die Kosten für diese Anschaffungen muß die Schauspielerin sämtlich selber tragen. Den männlichen Kollegen werden
die historischen Kostüme von allen Theatern gestellt, und der
Aufwand, den sie mit moderner Garderobe treiben müssen, ist
gering. Zwei, drei Anzüge, Schuhe, Unterwäsche, fertig.

Von den Frauen dagegen wird schier Unmögliches verlangt.
Allein die Grundausstattung an historischen Kostümen besteht für die junge Schauspielerin aus mindestens fünf Varianten:

1. griechisches Kostüm, ärmellose Tunika in blaßrosa, hell-
blau oder weiß, Sandalen und Armspangen,
2. spanisches Kostüm mit langer, schmuckbesetzter Plüsch-
schleppe, Stuartkragen, Mantilla und Haarkämmen,
3. Gretchenkostüm mit Haube,
4. Rokokokostüm mit allem Schnickschnack
und noch ein bescheidenes Biedermeierkleidchen.

Doch das ist längst nicht alles. Zum historischen Grundstock
kommen die Gesellschaftskleider. Stadttoiletten, Strandtoilet-
ten, Besuchstoiletten, Bummeltoiletten, Dinertoiletten, Ball-
toiletten, Toiletten für Konzert, Oper oder Pferderennen, See-
bad- und Landsitztoiletten und solche für die Reise oder die
diversen Sportarten. Die Schauspielerin muß immer comme il
faut sein. Auch die Auswahl der Stoffe ist keineswegs beliebig.
Billiger Atlas beispielsweise schimmert nicht und ist steif. Für
den richtigen Faltenwurf taugt nur echte Seide und so fort.
Blendwerk läßt sich kaum noch verwenden, seitdem die
Bühne bei den Aufführungen nicht mehr im weichen, manche
Mängel verdeckenden Licht der Gaslampen liegt, sondern in
der unerbittlichen Helligkeit elektrischer Beleuchtung.

Abend für Abend spielt die Schauspielerin im Lichtkegel
der Öffentlichkeit den schönen Schein vor. Das ist ihre Aufgabe, ihr Beruf, ihre Leidenschaft. Doch wieviel Arbeit geht
dem voran. Zunächst muß sie sich ihre Rolle erkämpfen, muß
sich gegen Konkurrentinnen durchsetzen oder gar die er-
sehnte Besetzung durch ein Rollenspiel ganz anderer Art beim
Theaterleiter ›erkaufen‹. Dann folgen die Proben und vor allem die Herrichtung oder Beschaffung der erforderlichen Ko-

stüme, wozu modisches Fachwissen und handwerkliches Können gehören. Zwar sind in dieser Zeit, in der es ein Regietheater im modernen Sinne noch nicht gibt, meist viel zu wenig Proben pro Inszenierung angesetzt, die zudem oft flüchtig genug ausfallen, doch der rasche Wechsel der Stücke steigert die Arbeitsbelastung noch mehr.

Die Schauspielerin memoriert, organisiert, probt, übt und – schneidert. Denn dies ist für die meisten von ihnen, sofern sie weder über privates Vermögen oder Star-Gagen noch über zahlende Herren verfügen, der zweite Beruf, den sie in ihrer kalten Wohnung, bei schlechtem Licht und magerem Speiseplan praktizieren.

Nach der Aufführung – mit dem Senken des Vorhangs ist das Spiel der Schauspielerin nicht beendet, und sie ›darf‹ auch nicht gleich an die nächtliche Näharbeit – muß sie ihre dritte berufliche Verpflichtung erfüllen, die zum amourösen Amüsement. Sie muß Entertainerin sein oder bei irgendwelchen wichtigen Leuten, die sich mit ihr zeigen wollen, Parade sitzen. An Schlaf ist nicht zu denken. Die Nacht ist anderen Dingen vorbehalten. Sie soupiert mit dem Theaterdirektor oder den entscheidenden Rezensenten in einem Restaurant, welches Haute Cuisine à la Escoffier zu speisen erlaubt, unterhält die Leutnants der Garnison im kleinen Salon eines animierend anrüchigen Etablissements, oder spielt die Spielchen des Mäzens beim dîner de séducteur im chambre separée, wenn es nicht gelingt, sich um sie herumzuspielen. Ist es der Theaterdame gelungen, allen dezenten oder derberen Annäherungen ohne zu brüskieren auszuweichen, und ist sie leicht berauscht nach Haus gerauscht, dann beginnt gleich wieder die Arbeit.

Nur zwei Wege führen aus der Zwangslage, zwei volle Berufe gleichzeitig auszuüben, tags und abends zu schauspielern, nachts zu schneidern.* Die Verringerung des Aufwandes gehört nicht dazu.

Der Zwang zur Repräsentation ist allgegenwärtig und übermächtig. Gerade in den kleinen deutschen Städten, in denen die Schauspielerin meist ihre Laufbahn beginnt, wird genau

---

* Den tödlichen schildert eine Wiesbadener Hofschauspielerin in dem heute verschollenen Roman »Reinheit«.

beobachtet, und man erwartet neben einem affärenreichen
Leben, über das man sich die Mäuler zerklatschen kann, von
den Schauspielerinnen vor allem teure und elegante Kleidung. Daß die von den niedrigen Gagen kaum bezahlt werden
kann, erhöht in den Augen des kunstgenießenden Publikums
nur die Pikanterie der Angelegenheit.

»Das Theaterpublikum sieht den Toilettenaufwand der
Schauspielerinnen, und es findet Vergnügen daran, zu
konstatieren, daß derselbe unmöglich von der Gage bestritten werden könne, also muß doch wohl usw. usw.«
(Gallwitz: 1904, S. 731)

Das heißt aus der Not eine Sensation machen.

Die Presse berichtet Fabelhaftes vom Lebensstil großer
Schauspielerinnen, von deren Repräsentationsaufwand, den
Garderoben, ja im Falle der Sarah Bernhardt machen selbst
die Unsummen, die ihre Toiletten allein an Zoll verschlingen,
Schlagzeilen. Doch denjenigen Schauspielerinnen, die keine
Stars sind, hinterlassen die Gastspiele der Bernhardt und anderer Theatergöttinnen lediglich einen gesteigerten Anspruch
des Publikums an ihre eigenen Aufwendungen. Das bedeutet
eine Verlagerung des Konkurrenzkampfes. Zusätzlich zum
künstlerischen Wettkampf und zum Intrigenspiel hinter den
Kulissen gilt es den Wettlauf der Toiletten.

»Merson: (...) Bei Dir hat die Schneiderin zuviel mitge-
spielt.

Leonie *verlegen:* Nun ja.

Fork: Leonie will sagen, daß sie sich Talent genug zu-
traut, um die Konkurrenz ihrer Schneiderin nicht fürchten zu müssen.«
(H. Mann: 1955, S. 81)

Das Theaterspielen wird zum Modevorführen, die Bühne zum
Laufsteg. Künstlerische Ambitionen und theaterästhetische
Interessen verblassen vor der Farbenpracht einer solchen
theatralischen Modeshow. Schon in den 50er Jahren des
19. Jahrhundert wird, Friedrich Hebbel zufolge, die Frage
laut, warum man die Theaterfachleute noch ins Theater bittet,
statt nicht lieber gleich die Modedesigner und Haute Coutu-
riers herbeizurufen. Der Theaterkritiker Herbert Ihering wird
drei Generationen später das gleiche beanstanden und die

Schneiderinnen als die eigentlichen Stars des Theaters bezeichnen.

Die Schauspielerinnen, so muß die von heute in diese Zeiten zurücktastende Feder schreiben, suchten mit ihrem Toi-
lettenluxus nicht eigene, eitle oder ehrgeizige Ansprüche zu
befriedigen, sondern die des Publikums. Vornehmlich die der
Zuschauerinnen, die sich im Theater über die neuesten Berliner oder Pariser Modelle informieren wollten und weniger das
aufgeführte Stück, als vielmehr Eleganz und Gewagtheit der
vorgeführten Garderoben beklatschten und, im Falle, daß
eine Schauspielerin mehrmals hintereinander dasselbe trug,
in anonymen Beschwerdebriefen an die Theaterdirektion mo-
nierten, daß sie »für ihr teures Eintrittsgeld sich gestern bereits zum dritten Male die nunmehr vollständig unmodern
gewordene blaue Gesellschaftstoilette des Fräulein X. ansehen mußten.« (Scharfenstein: 1912, S. 167)

Sie nährten nicht mehr eigene, früher bezüglich ihres Berufes und seinen Versprechungen gehegte Illusionen vom Theater als einer Versorgungsanstalt, die dem Körper schmei-
chelnde Kleider und Schmuckstücke sowie die dazugehörigen
Ehemänner und den entsprechenden Lebensdekor bereit-
stellte, sondern die des Publikums. Vor allem die der Männer,
die die wildesten Vorstellungen vom Sexualleben einer Schauspielerin hatten. Gerade die Raffinesse, mit der eine sich klei-
dete, und der trotz aller Grandedamerie über ihrer Garderobe
liegende Hauch von Halbwelt scheint ein Aphrodisiakum von
unglaublicher Potenz gewesen zu sein. Manche Männer sehn-
ten allein den Schein eines Verhältnisses mit einer Schauspielerin herbei und imaginierten, sie habe Verhältnisse mit der
halben Stadt, oder sei gar »die Geliebte der ganzen«.
(H. Mann: 1903/1970, S. 312)

Dieses übersexualisierte Bild der Schauspielerin blendete
ihren harten, arbeits- und entbehrungsreichen Berufsalltag
restlos aus. Man glaubte »die ganze Atmosphäre der Bühne
von unzähligen erotischen Einflüssen geradezu geschwän-
gert«. (Bauer: 1927, S. 326) Von Phantasien getrieben entwik-
kelten die Männer ein Sensorium für alle Sensitivationen,
die aus den »Niederungen« der Kulissenwelt der weiblichen
Bühnenkräfte entstiegen. »Diese schwüle erotische Wolke«

(Bauer: 1927, S. 326), in die man die Schauspielerin gehüllt sah, verdichtete sich zu einem Mythos vom grenzenlose Lust spendenden, nie ganz erreichbaren Leib der Mimin; und der wurde zusätzlich gespeist von den Bildern großer, allesverschlingender Kurtisanen und männerbeherrschender Hetären wie Zola sie beschrieb, Makart sie malte.

Die Legendenbildung ist Legion, und ihr Weg läßt sich von unten nach oben und zurück nachzeichnen. »Allerdings ist jetzt eine da, die hält mit ihren Liebesgeschichten die ganze Stadt in Atem... Die Polizei sogar.« (H. Mann: 1903/1970, S. 297 f.) Das war keine Seltenheit. Die Schauspielerin Emilie Tureczek beispielsweise, berühmt geworden als »Fiakermilli«, wurde nicht von den Behörden als Schauspielerin, sondern von der Polizei als Prostituierte geführt. Die reale Prostituierung der Schauspielerin tat ihrem Nimbus auf der Bühne keinen Abbruch, kühlte die von ihr ausgehenden Verheißungen nicht ab, denn schließlich öffnete sich im Schoß der Schauspielerin dem Manne eine Zuflucht vom Ennui des ehelichen Beischlafs, die weder die Gefahr der Syphilis, oft genug Folge eines Bordellbesuchs, noch die des Duells mit enragierten Ehegatten heraufbeschwor. Kurz, die Schauspielerin auf der Bühne und in der Imagination bot ein Bild, das Männerherzen höher schlagen ließ. Doch »in welchem Ton die sogenannten Herren der sogenannten guten Gesellschaft im allgemeinen von Schauspielerinnen reden« (Bab: 1915, S. 56), möchte ich hier nicht im einzelnen skizzieren. Mißbilligend, um das Wenigste zu sagen, wurde es vom gehobenen Bürgertum registriert, wenn einer der ihren die Schauspielerinnen nicht zum FREIWILD abwertete, wie Schnitzler bezeichnenderweise sein 1896 geschriebenes Stück nennt, sondern ihnen auf gleichem gesellschaftlichem Niveau begegnete: »Verkehrt hat er mit ihnen – wie mit wirkliche Leut'.« (Schnitzler: 1978, S. 12)

In der eigenen Familie wollte niemand eine Schauspielerin haben, und die Tochter, die zum Theater ging, war so gut wie abgeschrieben. Man schimpfte, tobte und trennte sich – oder drohte zumindest damit. Die Schauspielerin, Tänzerin, Kabarettistin und spätere »Hexe« Valeska Gerts berichtet in ihrer Autobiographie von der Reaktion ihres Vaters auf ihre Theaterleidenschaften und -pläne, der, eine besonders perfide Variante, die Trennung von der Ehefrau und Mutter, als derjenigen, die für diesen Wechselbalg von Tochter verantwortlich zu machen war, für nötig hielt: »Wenn sie ernst macht, lasse ich mich von Dir scheiden. Ich möchte eine bürgerliche Tochter haben und keine Theaterdame.« (Gerts: 1978, S. 30)

Unabhängig davon, ob die würdigen Herren des Hauses ihre Macht nun spielen ließen oder nicht, die Aura der Wohlanständigkeit, die ihre Familien vorher umschlossen hatte, hatte einen Riß bekommen, der Ruf der Tochter war zerstört und deren Einstufung als Prostituierte schon auf dem Vorwege vollzogen. »Schauspielerin will sie werden? Kommödiantin? Du mein Gott, so eine!« (Voß: 1883, S. 54 f.) riefen die näher und ferner Stehenden, und man empfahl denjenigen der jungen Mädchen, die ohne Begabung, Einfluß oder finanziellen Rückhalt zum Theater wollten, zynischerweise, doch gleich in ein Bordell einzutreten.

Woher, muß man sich angesichts solcher Verunglimpfungen und angesichts so zahlreicher äußerer Widrigkeiten fragen, rührte der Drang so vieler Frauen, unzähliger Frauen, zur Bühne zu wollen wie an ein rettendes Ufer. Antwort gibt die Bühnenstatistik. Die meisten Schauspielerinnen waren mittellos oder stammten aus kleinbürgerlichen Verhältnissen. Das Theater verhieß sozialen Aufstieg, Befreiung aus kleinbürgerlicher Enge und die Erfüllung des Wunsches nach einem selbständigen Leben. Das Theater bot den Frauen die Chance, ihr Leben und ihren Weg selbst zu bestimmen, vielleicht Karriere zu machen, und vor allem, ihre verschiedenen körperlichen und geistigen Fähigkeiten ins Spiel zu bringen, ohne in typisch weibliche Rollenmuster zurückzufallen. Was blieb ihnen denn sonst noch viel an beruflichen Möglichkeiten in diesen Zeiten, in denen ihnen andere intellektuelle Berufe in der Regel verwehrt waren, und in denen die miserable Ausbildungssituation der jungen Frauen und Mädchen meist nur den Weg in die ungelernten Berufe offen ließ? Die Entfaltung des freizügigen Charmes einer Kellnerin, krankenschwesterliche Aufopferung, das Dienstmädchendasein im Hängeboden, der Weg in die Heim-, Saison- und Fabrikarbeit, oder – oh bonheur des dames – die Verkäuferinnentätigkeit.

Aber das vom Theater erhoffte Wunder blieb oft genug aus, der erwartete Aufstieg ließ auf sich warten, und handfeste existentielle Not bestimmte das Leben der Schauspielerin, besonders der älter werdenden.

Wir befinden uns im Berlin des 19. Jahrhunderts, der erstaunlichsten Stadt des Universums, der neuen europäischen Theatermetropole. Bühnenneugründungen in nie gekannter Zahl werden von einem Schauspielerstrom von nie gekannter Breite umbrandet. Millionen werden seit der Gewerbefreiheit in Theaterunternehmungen investiert. Bis zum Ende des Jahrhunderts wird sich die Zahl der Theater im Deutschen Reich verdreifacht haben. Himmelhoch spekulierende Theaterunternehmer riskieren – und erleben – niederschmetternde Theaterkräche. Eine riesige Theaterindustrie belebt den Markt, die Anzeigen- und Feuilletonteile der Zeitungen und die Gemüter. Des Bürgers erster Blick gilt den Theaternachrichten. Im Schatten der dramatischen liegt die politische Bühne, auf der im wilhelminischen Deutschland sowieso nur ein kleiner Teil des Bürgertums, und nur begrenzt, agieren kann. Nüchtern Gebliebene schimpfen auf diese Theatro-Manie.

Theatersucht benebelt alle, die zur Bühne drängen; vor sie und auf sie. Der Geschäftssinn der Magnaten hinter ihr bleibt kühl und kassenorientiert. Im Auf und Ab der unordentlichen Theaterwelt teilen die Herren Kritiker, Bühnenleiter und Agenten die Gewalten unter sich.

Die Rezensenten, deren Macht einen Redakteur von heute vor Neid erblassen ließe, haben das Reden im Reich der vielen Rollen und bestimmen über Erfolg oder Mißerfolg der Produktionen und ihrer Darsteller, aus deren weiblicher Schar sie sich die Begehrtesten herausangeln. Suchen diese sich einem solchen Konkubinat zu entziehen, wie z. B. im Jahre '89 die Schauspielerin Elsa von Schabelsky, werden sie, den Traditionen männlicher Herrscherallüren gemäß, des Landes verwiesen. Der Theaterkritiker Paul Lindau befiehlt Frau Schabelsky, die er seit ihrer Verselbständigung als Ex-Mätresse betrachtet, »binnen 24 Stunden, spätestens in 48 Stunden« Berlin zu verlassen. (Mehring: 1890, S. 9)

Neben diesem »schmutzigen Cartell journalistischer Theaterpaschas« (Kraus: 1899, S. 6) gibt es jenes verschwiegenere und für die Schauspieler weitaus gefährlichere der Theaterdirektoren: den DBV. Diese Initialen stehen für den harmlos genug klingenden Namen »Deutscher Bühnenverein«, hinter dem sich nichts geringeres als ein Unternehmerschutzverband, ein regelrechtes Theaterkartell verbirgt. Der DBV, dessen Anfänge in die 40er Jahre des 19. Jahrhunderts zurückreichen, sieht eine seiner wesentlichen Aufgaben im Kontraktbruchschutz. Kontraktbrüchig gewordenen Schauspielern – keine Seltenheit in diesen Zeiten der Hungergagen: sie greifen zu, wo sich Besseres bietet – soll die Möglichkeit genommen werden, auf den Bühnen der im DBV zusammengefaßten Theater zu spielen. Es kursieren schwarze Listen, die sich die Theaterleiter zuschicken und die die jeweiligen Namen der unliebsam gewordenen und zu strafenden Schauspieler verzeichnen.

Die Theaterdirektoren legen auch die vertraglichen Bedingungen fest, nach denen ihre Bühnenangestellten gering bezahlt werden, viel zu arbeiten haben und leicht zu kündigen sind. Einige Klauseln der Engagementsverträge sind nur für resp. gegen das weibliche Personal gedacht. Ein uneheliches Kind z. B. ist ein sofortiger Kündigungsgrund. Der Moral wegen. Aber auch Heirat ist ein Kündigungsgrund. Der Zuschauer wegen, denen eine verheiratete Schauspielerin in erotischer Hinsicht nicht mehr so interessant ist. Der größte Mißstand jedoch ist nach wie vor die Bestimmung, daß das weibliche Bühnenmitglied alle Kostüme nebst Zubehör auf eigene Rechnung zu beschaffen hat, deren Höhe zu ihrer Gage in krassestem Mißverhältnis steht. Lediglich die fürstlich finanzierten Hofbühnen beschaffen für alle Angestellten die historischen Kostüme, doch die modernen Toiletten bleiben auch hier für die Frauen ein Problem. Nur wenn die Damen androgyne Anwandlungen haben, sind sie aller Nöte enthoben: Hosenrollen zahlt das Theater.

Einer der harmloseren Auswüchse der Theaterindustrie ist das Geschäft mit dem Erfolg auf Bestellung, das bisweilen groteske Formen annimmt und dementsprechend karikiert wird. Der Erfolgsschriftsteller der Wilhelminischen Ära Old

Shatterhand alias Kara Ben Nemsi alias Karl May (der auf seine Art auch ein genialer Komödiant war) gibt in einem Roman aus seiner frühen Phase folgendes Verzeichnis der »Preise der Beifallsbezeugungen am hauptstädtischen Theater« zum Besten:

»Einmaliges Händeklatschen	pro Person 10 Kr.
Beifälliges Nicken des Kopfes	pro Person 10 Kr.
Lauter, wohlgefälliger Seufzer	pro Person 15 Kr.
Vergnügtes Stöhnen	pro Person 15 Kr.
Staunendes Emporfahren	pro Person 20 Kr.
Lautes ›Ach‹ oder ›Oh‹	pro Person 30 Kr.

...

Sensationelles in Ohnmacht fallen   pro Person 5 Gldn.«
(May: 1883-85, S. 1185)

Doch nicht nur gewinngierige Branchen, all die Erfolgs- und Seelenverkäufer, die Claque-Organisateure, Theateragenten, Kritikerkönige finden ungeahnten Aufschwung, auch bedeutende Theaterbewegungen, die das gesamte moderne Theater prägen werden, nehmen hier in Berlin ihren Ausgang.

Das naturalistische Theater erobert gegen Ende der 80er Jahre die deutschen Bühnen und verändert Spiel- und Sehgewohnheiten.

Berlin wird vorbildhaft. Wer wirklich Theater sehen will, reist hin. Wien, die alte Theaterhauptstadt der deutschsprachigen Lande, hat abgedankt. Sein überaristokratisiertes, nur noch mit verfeinerten ›Feudalismen‹ kokettierendes Theater ist im herabrieselnden Talkpuder muffiger, weißer Zopfperücken verkalkt.

Das moderne Berlin, die neue Reichshauptstadt, tritt die Nachfolge an und lockt nicht nur ein internationales, theaterenthusiastisches Publikum an, sondern natürlich auch die Theaterspielenden selbst. Dort, wo der Erfolg hoch im Kurs steht, will man beklatscht werden. Ziel der ehrgeizigen Bemühungen von Schauspielern und Schauspielerinnen ist Berlin, und da es hier um die letzteren geht, sollen sie auch gleich wieder zu Wort kommen:

»Du weißt, ich will nach Berlin. Nur dort ist man auf der Höhe, als Schauspielerin.« (H. Mann: 1903/1970, S. 353)

Doch der Weg auf die gehobenen Berliner Bühnen führt durch die Niederungen provinzieller Theater und prominenter Betten...

»Nackt?

Ich?!

Ich soll mich nackt ausziehen!?!«

So hallt nächtlicherweise die sich steigernde Stimme der jungen Schauspielelevin durch die Gänge, Flure und Hinterzimmer des verlassen daliegenden Theaters, nur um dann, heroinenfachgerecht, ins Resignierende dumpf abzusacken: Das ist doch nicht möglich.

Und die empörte Debütantin schickt sich drein ins Unmögliche, schon zu Beginn ihres Aufschreis verzweifelt gewiß, daß es doch möglich, ja notwendig, und vor allem unumgänglich sei, und dreht und wendet sich, schält sich heraus aus dem schicken Reisekleid, dem dernier cri der mode parisienne, in dem sie zur Probe respektive Begutachtung hergereist, läßt Fischbeinstäbe springen, das stolze Korsett zu ihren Füßen sinken, desgleichen die verbleibenden »Inexpressibles«, von deren Existenz die Frau von Wohlerzogenheit in ihrem Wortschatz nichts weiß. Alles vor den Augen dieser in Modesachen wie in Lustspielangelegenheiten frankophilen, Parisorientierten Kulturherren, dieser Möchtegern-parigots, wie sie degoutiert denkt, denen nur das voyeuristische Wohl des hofierten Publikums am begehrlichen Busen liegt.

Für diese Theaterindustriellen gilt als Motto:

Nur ein volles Haus ist ein gutes Haus!

Und für volle Häuser gibt es nur eine Sorte unüberbietbarer Zugpferde, die selbst den phlegmatischsten Bierbauch vom Stammplatz in den Parkettsitz hieven: attraktive Schauspielerinnen in entsprechender Verpackung.

Wie oft mögen sich ähnliche Szenen abgespielt haben, das strip tease privatim, zu einer Zeit, als dieses neueste Gesellschaftsspiel die allerersten Klubkellerblüten treibt, vom Gesetz, das jede Nacktheit in Bewegung unter Strafe stellt, streng geahndet, doch selbst im prüden Preußen in privaten Herrensalons zu später Stunde seit den 90er Jahren praktiziert. Bisweilen reicht ein Rock-Anheben. Beim Theateragenten zum Beispiel, der der Schauspielerin gegen Gagenbeteiligung die

Toilettenaufwand.

Souperstimmung im Chambre Separée.
Gemälde von J. Grün, 1905.

9ᵉ ANNÉE. — Nᵒ 25   Prix : 10 centimes.   23 JUIN 1899.

RÉDACTION & ADMINISTRATION
23, rue de Provence, Paris

ABONNEMENTS :
GIL BLAS Quotidien
Trois mois { Paris .... 13 fr 50
            Départements 15 fr »
Prix du Numéro :
Paris et Province : O fr 15

GIL BLAS
ILLUSTRÉ HEBDOMADAIRE
Amuser les gens qui passent, leur plaire aujourd'hui et recommencer
le lendemain. — J. Janin, préface de GIL BLAS.

RÉDACTION & ADMINISTRATION
33, rue de Provence, Paris
Toute la Correspondance doit être
adressée à l'Administrateur.

ABONNEMENTS :
GIL BLAS Illustré
                 Paris et départ   Usage.
Trois mois ...... 1 fr 50   3 fr 50
Six mois .... 3 — »   6 — »
Un an .... 9 — »   10 — »

ON DEMANDE DES PETITES FEMMES!... par LUCIEN PUECH

Beim Theateragenten: Bisweilen reicht ein Rockanheben…

Chambre Separée-Stimmung im fortgeschrittenen Stadium. Zeichnung von Peter Fendi.

»Wem gehört denn dieses hübsche, kleine Mädchen?« – »Mir, mein Fräulein.« – »Aber es scheint mir, daß Sie dennoch nicht verheiratet sind?« – »Nein... aber ich bin vom Theater.«

Engagements verschafft. Dabei prüfen diese Seelenhändler – so geschmacklos das unserer moralischen Zunge auch sein mag – noch etwas anderes: Trägt sie das Richtige drunter? »Meine praktische und solid bürgerliche Wäsche mit den selbstgehäkelten Einsätzen und selbstgestrickten Kanten genügt für die Bühne lange nicht«, seufzt eine bis auf den heutigen Tag hinter undurchdringlichem Pseudonym verborgene Schauspielerin. (Scharfenstein: 1912, S. 167 f.) –

Kaum hatte die Frau einen Weg aus der von Männern beherrschten Welt gefunden, wurde sie aufs Neue umstellt, nun von anderen Männern, denen vom Theater, und verhedderte sich in den Stoffmassen aus Samt und Seide, den Atlasschleifen, den frou-frou-knisternden Unterröcken, die finanzkräftige Verehrer um sie drapierten, die Theaterdirektoren verlangten, auf denen ein modesüchtiges Publikum bestand.

Die Schauspielerin war vom Beginn ihrer Laufbahn an auf Männer angewiesen. Abgesehen von der schauspielerischen Bühnenarbeit, bei der eben für die weiblichen Rollen Frauen gebraucht wurden, waren alle anderen Bereiche nach wie vor männliche Domäne.

Die Arbeit vermittelte ein Mann – der Theateragent.

Die Arbeit gab und bezahlte ein Mann – der Theaterdirektor.

Ihre Arbeit bewertete – der Theaterkritiker.

Und die für ihre Arbeit benötigte Ausrüstung verschaffte ihr der Mäzen, Kunstfreund oder sonst irgendein Liebhaber.

Kostüme und Engagements stellten die Schauspielerinnen immer wieder vor die Alternative der »beiden gottverfluchten Hu«, wie sie unter sich sagten, Hungern oder Huren. Das Angebot zum letzteren gehörte zu ihrem Alltag: »›Und dann wollen Sie mir Engagements verschaffen, nur weil ich Ihre Geliebte bin?‹ (...) rufe ich, und mache mich los. Es war Zeit. Ich hatte einen gräßlichen Schreck bekommen. (...) Dann schrie ich weiter: ›So etwas gibt es? Das kommt nicht nur in schlechten Stücken vor?‹« (H. Mann: 1903/1970, S. 40 f.) Heinrich Manns Heldin Ute, die hier empört feststellt, daß sie in ihrem realen Berufsalltag mit Fiktionen aus dem Unterhaltungsgenre konfrontiert wird, dient ihm dazu, die literarischen Topoi von der Sinnlichkeit der Schauspielerin und dem Affärenreichtum ihres Lebens in Frage zu stellen. Ute ist eine harte Arbeiterin und sucht sich durch die Theaterhierarchie hindurchzukämpfen, möglichst ohne Verhältnisse einzugehen. Mann kannte die Theaterverhältnisse seiner Zeit sehr genau und hat sich in theoretischen, dramatischen und novellistischen Texten mit ihnen auseinandergesetzt. Der Hinweis auf die »schlechten Stücke«, in denen »das« vorkam, läßt sich als eine Warnung an das Theaterpublikum lesen, als eine Aufforderung, sich darüber bewußt zu werden, daß das, was in seiner fiktionalisierten Form dem Publikum zur Unterhaltung diente, finsterste und bitterste Wirklichkeit der Schauspielerin war.

Den Theaterdirektoren war die Zwangslage ihrer weiblichen Angestellten gleichgültig. Sie sahen es nicht einmal ungern, wenn diese gezwungen waren, die körperlichen Gelüste eines Kavaliers zu befriedigen, um ihre Schneiderrechnung begleichen zu können, denn der gesteigerte Kostümaufwand lockte die Zuschauerinnen, und der zahlende Verehrer brachte weitere männliche Kundschaft. Freunde, die die von ihm Ausstaffierte bewundern sollten, eine Schauspielerin als Mätresse war ein Prestigeobjekt, und Konkurrenten, die sie ihm abjagen wollten.

Für die Theaterleitung bedeutete eine attraktive, modern, elegant und abwechslungsreich gekleidete Schauspielerin mit Affären volle Kassen. Der Inhalt der Stücke spielte demgegenüber keine große Rolle mehr. Die Schauspielerinnen selber klagten über den Unsinn, den sie spielen mußten und waren sich darüber bewußt, daß ihr modisches und erotisches Agieren dem Publikum wichtiger war, als ihre dramatischen Leistungen und oft ein flaches Stück vor dem Durchfall bewahrte, der ihm unweigerlich zuteil geworden wäre, hätte man sich auf die abgedroschenen Dialoge, die verwelkten Geistesblüten und gewollten Wortwitze verlassen.

Jahrzehntelang lag die deutsche Theaterlandschaft brach. Es wurden französische Lustspiele und Ehebruchsdramen, Salon- und Boulevardkomödien gespielt, sowie triste deutsche Remakes davon. Machwerke in aller Regel – gelegentliche Lichtblicke bestätigen diese –, die dem Kulissenbombast, dem Deklamationspathos und der Kostümpracht den zweifelhaften

Reiz eingestreuter An- und Auskleideszenen hinzufügten. Von einer Theaterkultur im heutigen Sinne konnte keine Rede sein, von einer bedeutenden deutschen Dramatik noch viel weniger.

Erst vor diesem Hintergrund wird die Aufregung verständlich, die der Durchbruch des naturalistischen Theaters in Deutschland verursachte, und die Bedeutung, die man ihm beimaß. Hier entstand ein Theater, das ein Programm hatte, das Inhalte vermitteln wollte. Es verzichtete auf ›glamour and glitter‹ und setzte völlig neue Akzente. Die Notlagen der untersten Gesellschaftsschichten wurden in sozialen Dramen einem staunenden, ganz andere Bilder gewöhnten und dementsprechend zu den unflätigsten Verbalinjurien Zuflucht nehmenden Publikum vorgeführt.

Die naturalistische Ästhetik machte die Inszenierung zur Kunst. In ihrer Folge entstanden das moderne Regietheater und Ensemblespiel. Alle der Bühne zur Verfügung stehenden Mittel wurden eingesetzt, um die Verhältnisse, das Milieu, das dargestellt werden sollte, einzufangen. Auch diejenigen Schauspieler, die gerade nicht im Mittelpunkt standen, mußten ihrer Rolle gemäß weiterspielen. Statisten und Nebenrollen wurden mit derselben Sorgfalt wie die Hauptdarsteller in die Inszenierung integriert, die eine Einheit bilden sollte, so als wär's ein Stückchen Wirklichkeit und die Zuschauer gar nicht da. Es wäre in einer naturalistischen Inszenierung für eine Schauspielerin undenkbar gewesen, ihr Spiel einfach zu unterbrechen, an die Rampe heranzutreten und ihr neues Kleid dem Publikum von allen Seiten vorzuführen, wie dies in Reiz- und Reißerstücken Theaterbrauch geworden war.

Die naturalistische Spielweise lief darauf hinaus, ›Mannequins‹ und Mode von der Bühne zu verbannen und durch lebende Menschen, so wie sie wirklich herumliefen, zu ersetzen. Die naturalistischen Stückeschreiber entwarfen Dienstmädchen, Bäuerinnen, Kleinbürgerinnen und Arbeiterinnen (nebst dazugehörigen Männern) für die Bühne und wollten sie auch als solche gespielt sehen: in gebrauchten Alltagsklamotten oder abgenutzter Arbeitskleidung.

Die Schauspielerinnen spielten ein Dienstmädchen als ein Dienstmädchen und suchten eine Nebenrolle nicht mehr durch Diamantklunker in den Ohren oder extravagant modischen Zuschnitt eines Hauskleidchens aufzuputzen. Als Bauersfrau trugen sie keine Schleppkleider mehr, und wurde grauer Kleinbürgeralltag gespielt, gingen auch die Schauspielerinnen grau und unauffällig.

Diese Ästhetik kokettierte weder mit der Eleganz der Kostüme noch mit der Sinnlichkeit ihrer Trägerinnen. Damit wurde der Emanzipation der Schauspielerin der Boden bereitet und der Kostüm-Prostitution die Grundlage entzogen.

Man mag den naturalistischen Dramatikern vorwerfen, was man will, sie seien »verbrecherisch«, weil sie gesellschaftliche Zustände als natürliche und somit unveränderbare schilderten (Brecht), sie seien anti-feministisch, weil sie zwar moderne Frauencharaktere entwarfen, diese aber, da sie mit dem Aufbruch ihrer eigenen Heldinnen nichts anzufangen wußten, im 4. Akt »mordeten«. Doch die naturalistische Bühnenästhetik, ob dies nun von ihren Initiatoren gewollt war oder nicht, öffnete den Schauspielerinnen einen Weg, der sie aus den Fangnetzen der Kostüm-Prostitution herausfinden ließ.

Eines darf bei diesen Überlegungen allerdings nicht vergessen werden. Diese Entwicklungen überlappen sich. Die Mißstände im Bühnenbereich setzen sich trotz des Beginns der Theatermoderne noch lange Zeit fort, ja werden eingehend erst nach der Jahrhundertwende diskutiert, nachdem die Frauen vom Theater schon begonnen hatten, sich selbst zu helfen. Sie fanden endlich Anschluß an die Frauenbewegung und richteten Verleihstellen für Kostüme ein. Die erste dieser Kostümzentralen wurde 1899 in Berlin gegründet und verlieh gegen einen Jahresbeitrag von 3 Mark die notwendigen Kostüme, vor allem die modernen Toiletten, an die Schauspielerinnen.

Nun treten sie wieder ab, die meist anonym gebliebenen und vergessenen Mädchen vom Theater.

Sie sind alt geworden. Alt? Dreißig Jahre, vielleicht ein wenig darüber – kaum zu glauben, daß sie ihre Rollen schon ausgespielt haben sollen. In noch einmal soviel Jahren erwartet sie eine bescheidene Auszahlung aus der Pensionskasse. Vielleicht gerade genug, in einem Dachkämmerchen nicht

Hungers zu sterben. Oder die Prostitution in der Gosse, die alternde Hure. Schon die Vorstufen dahin zeichnen sich durch beispiellose Härte aus. Denjenigen Mädchen, die den Sprung ins Virtuosinnentum, in die Sphäre der kleineren, größeren oder ganz großen Stars nicht geschafft haben und dem Theater trotzdem nicht den Rücken kehren, stehen schlimme Jahre bevor. Sie sind Anfang bis Mitte Dreißig. Über die Hälfte der Berufskolleginnen sind jünger. Dies Mißverhältnis wird mit den Jahren noch krasser werden. Hinzu kommt der Kampf untereinander um die wenigen, älter werdenden Schauspielerinnen noch offen stehenden Rollen. Doch bleiben, so hoffen sie, bei bescheidener gewordenen Ansprüchen, Möglichkeiten der ›Verwertung‹ ihrer Person. Die Direktoren werden ein Einsehen haben. Man muß ein wenig nach oben buckeln und sich die »Krallen kürzen«, die man früher den Kritikern zum Trotze wachsen ließ, die meinten, man würde »einer häßlichen Mode frönen oder einer Fachkollegin die Augen auskratzen« wollen. (Schlenther: 1895, S. 39 f.)

Anstelle tätiger Auseinandersetzung tritt Leerlauf. Man muß schon mal einige Aufführungen abwarten, bis wieder eine Rolle anfällt. Man wird schon wieder auf die Füße fallen und ist ja Härten gewohnt.

Die Jahre gehen über derlei Gedanken hinweg und die ersehnten Möglichkeiten werden geringer, denn die jugendlichen Fächer, über deren Besetzung Publikum und Kritiker unerbittlich wachen, fallen weg. Als Naive, als jugendliche Heldin oder als Liebhaberin kann die älter werdende Schauspielerin nicht mehr glänzen. Und nicht jede findet sich so ohne weiteres damit ab, fortan als Heldinnenmutter oder als komische Alte zu agieren. Zumal diese ruhmvollen Rollen durchweg schlechter bezahlt werden; und die Gage wird mit zunehmendem Alter noch mehr sinken. Die zeitgenössischen Untersuchungen der wirtschaftlichen Lage der Bühnenangehörigen von Tony Kellen oder Charlotte Engel-Reimers konstatieren lakonisch die bittere Not und elende Lage der alternden Schauspielerin und empfehlen Heirat. Engel-Reimers' Arbeit, ein Standardwerk von 800 Seiten, das im Vergleich zu anderen, sich mit den Theatermißständen befassenden, meist 20- bis 60seitigen Pamphleten und Broschüren geradezu als

Mammutunternehmen bezeichnet werden muß, widmet dem Problem des Alters bescheidene vier Seiten.

Die wenigen ›kleinen‹ Schauspielerinnen, die im Kampf um Brot und Anerkennung Zeit fanden, über ihr Dasein zu berichten, befleißigen sich in ihren Memoiren meist eines harmonisch glättenden und anekdotischen Stils. Nichts darf dem Nimbus der Schauspielerin Abbruch tun, und so wird, statt dem Mythos Einhalt zu gebieten, ihm allerorten neue Nahrung zugeführt. Gerade der alternden Schauspielerin bleibt wenig mehr als der Abglanz ihrer Profession und ungeschminkte Prostitution. Dennoch glaubt man ungeachtet der bitteren Realität der erzwungenen Prostitution im geheimen nichtsdestoweniger an die zahlreichen, teils angedichteten Affären im öffentlichen Glanze und an die ungeheure Sinnlichkeit der Schauspielerin, die man sogar entgegen der sonst in der Wilhelminischen Gesellschaft üblichen frauenfeindlichen Ideologie nicht für einen »moralischen Defekt« hält, sondern für den »natürlichen Ausfluß einer starken Sinnenmacht«. (Schlenther: 1895, S. 40)

Ohne nun den Finger auf ein exaktes Entstehungsdatum legen zu wollen, ja nicht einmal auf ein bestimmtes Jahrzehnt, glaube ich sagen zu können, daß der Mythos von der Sinnlichkeit der Schauspielerin und ihrer ausschweifenden, höchste Lust spendenden Sexualität zu einer Zeit entsteht, in der das Schauspielerinnenproletariat am größten, seine Not und sein Elend am schärfsten, der Konkurrenzkampf am härtesten ist, und in der zugleich die Anforderungen an die Ausstattungen der Aufführungen und die Ausstaffierungen der Darstellerinnen am höchsten sind. Zur zeitlichen Eingrenzung läßt sich sagen, daß dieser Prozeß, die Entstehung zunächst eines Bühnenproletariats, dann speziell eines Schauspielerinnenproletariats, das Anschwellen des äußerlichen Aufwandes bei den Aufführungen und die Mythisierung des Intimlebens der Schauspielerin in der 1. Hälfte des 19. Jahrhunderts Schwung aufnimmt, allmählich momentum bekommt und gegen Ende des Jahrhunderts akzeleriert. Um die Jahrhundertwende und zu Beginn dieses Jahrhunderts werden die mythischen Vorstellungen bezüglich der Schauspielerin und ihres Leibes gar in Aussagen, die theoretischen Anspruch erheben, einem geschätzten Publikum dargeboten, das seine Augen in geflissentlicher Lust auf Scharfsicht einschraubt.

Verschiedenes ist hier eingeflossen.

Der eigentümliche Glaube des männlichen Geschlechts an die Ohnmacht der Frau gegenüber einer in ihr tief verborgenen Triebhaftigkeit, der in diesem spezifischen theaterhistorischen Kontext neue Farbgebung in der Nachfolge des Theaterhistorikers Eduard Devrient erfährt. Devrient hatte der männlichen Argumentation einen Markstein gesetzt mit seinem berühmt-berüchtigten Verdikt über das Auftreten der Frau auf der Bühne. Er hatte hier seinem Bedauern darüber Ausdruck verliehen, daß seither zugunsten einer aus unedleren Quellen gespeisten Aufmerksamkeit des männlichen Publikums fürs theatralische Geschehen das reine Wohlgefallen an der hehren dramatischen Kunst als der goldenen Vergangenheit zugehörig betrachtet werden müsse. Mit anderen Worten: Geilheit reißt des Mannes Auge auf, nicht mehr ästhetisches Interesse. Immerhin hatte Devrient in seiner Verdammnis der Okkupation weiblicher Rollen durch die Frauen (auch die weiblichen Charaktere wurden bis ins 17. Jahrhundert in Deutschland, von wenigen Ausnahmen abgesehen, durchweg von Männern gespielt) den Ort, an dem Geschlechtliches unbefleckter Schönheit drohend näher tritt, noch in die Männer selbst hineinverlegt. Erst den nachfolgenden Autoren geriet der durchs »Geschlechtsinteresse getrübte« männliche *Blick* zum gefährlichen Mittel, die schlummernde Sinnlichkeit der Schauspielerin zu erwecken und deren »flottes Kolombinenblut« in Wallung zu bringen.

Daneben wirkte mit an der Legende vom Sinnlichkeit schauspielernden Leib der Mimin der damals verbreitete Kurzschluß, Schauspielerei sei ein Zur-Schau-Stellen des Körpers, und allgemein käufliches überdem, Prostitution mithin sein Grundprinzip, allerdings ästhetisch überhöht. Die Theaterbegeisterung am Aufführungsabend im Verein mit der tagsüber gezeigten Verachtung für die zuvor beklatschten Aktricen taten ein übriges. Hierher gehört auch der Hinweis, es trete unter dem Vorwand, zu schauspielern die Kurtisane im Gewand der Mimin auf die Bühne, und es schrumpften diese Bretter, die dereinst die Welt bedeuteten, zum Strich zusam-

men. Ein Hinweis, der bisweilen in der die Mißstände auf
dem Theater anprangernden Literatur auftauchte und damit
den kritischen Angriff, kaum ausgesprochen, sogleich zurück-
nahm. Dies zielt auf längst vergangene Zeiten, auf jene nämlich, in denen Frauen erstmals Frauen spielten und die zur
Besetzung der weiblichen Rollen benötigten Kräfte tatsächlich
zum Teil aus Bordellen rekrutiert wurden.

Hetärenverehrung, Kurtisanenbewunderung, Hurenroman-
tik sind bekannte Phänomene in der patriarchalischen Welt
mit einer entsprechenden Tradition. Das Verhältnis der
Männerwelt zur Schauspielerin scheint sich hier einzugliedern. Die Schauspielerin sah sich in den Augen der Männer in
die Nähe dieser außerhalb aller bürgerlichen Bindungen stehenden Frauen gerückt, denn sie wurden als Sich-Prostitu-
ierende und als Im-Glanze-Stehende wahrgenommen, nicht
aber als Arbeitende. Die Schauspielerin als Berufstätige kam
nicht vor; die zwischen der erzwungenen Erreichbarkeit hinter
den Kulissen und der allabendlichen Unerreichbarkeit vor
diesen Stehende dagegen bot sich für erotische Imaginationen
und Phantastereien jeglicher Art geradezu an. Die waren einer
der wesentlichen Gründe dafür, daß eine ernsthafte Diskussion um das Problem der Kostüm-Prostitution lange Zeit verhindert wurde, ja, daß diese perfide Aporie überhaupt nicht
recht zu Bewußtsein kam. Je dringlicher das Problem, desto
aufgeblähter die Bilder, die es verdunkelten.

Gleichgültig, ob die Mädchen vom Theater sich durch Affären und die Pracht gekaufter Kostüme oder mit Hilfe ihres
schauspielerischen Könnens und selbstgenähten Kleidern auf
der Bühne zu behaupten suchten, immer standen sie am
Rande der Prostitution. Zum dramatischen gesellte sich das
erotische Spiel, in dem sie mit derselben Geschicklichkeit vorgehen mußten.

> »Es gehört zu meinem Beruf als Schauspielerin, daß
> man mir ewig Verhältnisse zutrauen wird – bis in mein
> hohes Alter. Ob ich sie habe oder nicht – glauben tut
> man's doch.« (H. Mann: 1903/1970, S. 28)

IV

KÖRPERKULT PROPAGANDA BUSINESS: NEUE MEDIEN IM 20. JAHRHUNDERT

Hedwig Müller

Von der äusseren zur inneren Bewegung
Klassische Ballerina – moderne Tänzerin

Als Lenin 1917 seine erste große Rede an die Bevölkerung von Petrograd richtete, tat er dies vom Balkon eines der großen Stadtpaläste aus. In Reichtum und Luxus ausgestattet, waren in diesem Haus die vornehmsten Herren des Reiches häufig und gern gesehene Gäste gewesen. Ihre Damen allerdings hatten seltener den Weg dorthin gefunden. Das Palais, von dessen Balkon aus Lenin sprach, war kein fürstliches Haus und dennoch das einer Herrscherin: Das Palais von Mathilde Kschessinskaja, Primaballerina assoluta des Kaiserliches Balletts, Geliebte des Großfürsten Andrei Wladimirowitsch, ehemalige Favoritin von Zar Nikolaus II.

Die Primaballerinen und die Fürsten, das ist *ein* Kapitel der Tanzgeschichte, die »Ballettratten« und die »feinen Herren« ein anderes. In kaum einer anderen Kunstgattung herrscht die Hierarchie so gnadenlos wie in der Welt des klassischen Tanzes. Eine durch Jahrhunderte fest zementierte hierarchische Ordnung, der auch die Revolutionen in Frankreich und Rußland nichts anhaben konnten. Denn selbst die Revolutionäre hatten ein Faible für die tanzenden Damen von der Bühne, als sie sich selbst zu Herren emporschwangen. Die Damen folgten dem Wandel der Geschichte in stoischer Ruhe und mit dem nimmermüden Lächeln der Ballerina, das sich in der Ausdauer mit dem der Gioconda messen kann.

Nicht die politischen Revolutionen raubte den Ballerinen dieses Lächeln, sondern eine Revolution mit den eigenen Mitteln, eine Revolution des Körpers. Um die Jahrhundertwende trat neben die Ballerina eine neue Tanzkünstlerin: die selbständige Tänzerin und Choreographin des modernen Tanzes. Eine Revolution in der Geschichte der Tanzkunst, die das Berufsbild Tänzerin grundlegend veränderte und die ästhetisch

tiefgreifender und ideologisch umwälzender war als je ein Ereignis zuvor. Fortan hatte selbst das Lächeln der Ballerina nur
Bestand, wenn es zu der von ihr verkörperten Rolle gehörte.
Was ein unbekannter Autor im Feuilleton der »Kölnischen
Zeitung« vom 22. Juli 1914 am Beispiel des Ballerinenlä-
chelns ausführte, kennzeichnet das Dilemma der Ballerina bis
in die Gegenwart:

> »Dieses Lächeln der Balletteuse! Es wurde zum Symbol
> aller Unnatur. Es wurde von den Jüngern der Natur, die
> immer von Zeit zu Zeit auf dem Gebiet der Kunst Lärm
> machen müssen, fast als eine Beleidigung empfunden.
> Diese Jünger dachten wenig darüber nach, was es heißt,
> wenn ein Frauenkörper sich nach dem Spitzentanz in
> der Diagonale quer über die Bühne dieses Lächeln ab-
> zwingt, oder wenn er nach zehn, zwanzig Sprüngen aus
> dem Arm des Partners hin- und zurückfliegend, fast
> atemlos das Symbol der Heiterkeit und Mühelosigkeit
> aufstecken muß. Es hat etwas Starres, dieses Lächeln,
> das ist sicher; es ist eingeübt, es kommt an der und der
> Stelle mit unfehlbarer Sicherheit und die meisten wissen
> es übrigens wenig zu nüancieren. Aber es ist doch ein
> Triumph der Kunst, der Grazie, der Kraft, ein Triumph
> dessen, was ein Frauenkörper über die Gesetze der
> Schwere vermag.«

Der Triumph des (Frauen-)Körpers über die »Schwere der
Natur« ist das Ideal des klassischen Tanzes, dem Unerreichba-
ren nachzuspringen war die Aufgabe, durch deren Lösungen
die Ballerinen des 19. Jahrhunderts ihren Ruhm ertanzten.
Die Ballerinen waren Bausteine im System der gesellschaftlichen Machtentfaltung und Machterhaltung. Sie erfüllten die
Bilder, die von Frauen gebaut wurden und die die realen
Frauen nicht einschlossen. »Jedes Bild vergeudet Ressourcen
des Weiblichen an den Sieg, der selbst das Weibliche aus
seiner Geschichte verstoßen hat«, schrieb Gisela von Wysocki
in DIE FRÖSTE DER FREIHEIT. (Wysocki: 1980, S. 81) zu den
Bildern, die Leni Riefenstahl zur nationalsozialistischen Ästhetik beisteuerte. Dieser Satz trifft den Kern der tänzerischen
Produktivität der Ballerina.

Das erste romantische Ballett ging 1831 über die Bühne der

Pariser Opéra. Es war nur eine einzige Ballettszene in Giacomo Meyerbeers Oper ROBERT LE DIABLE, aber sie hatte epochale Wirkung: Die Handlung dieser Episode führte in die Ruinen eines zerfallenen Klosters, durch die nachts die Seelen verstorbener Nonnen geistern. Im fahlen Schein des Mondlichts – von der flackernden Bühnenbeleuchtung mit Gaslampen, ohne die das ganze romantische Ballett kaum seine Wirkung hätte erzielen können, imitiert – flogen die körperlosen Jungfrauen über die Bühne, geführt von ihrer Äbtissin. Die wurde von Marie Taglioni so überzeugend als schwebendes Wesen dargestellt, daß die zeitgenössischen Kritiker Wirklichkeit und Illusionen nicht mehr zu trennen wußten. Das Ballett aus »Robert le diable« wurde die Sensation der Saison, Marie Taglioni über Nacht ein Star. Vater Filippo Taglioni, der die Operneinlage choreographiert und seine Tochter in langjährigem Training zu einer Ballerina der Leichtigkeit ausgebildet hatte, begriff den Publikumsgeschmack und choreographierte sogleich ein abendfüllendes Ballett, das ganz auf die ätherische Darstellungsfähigkeit seiner Tochter zugeschnitten war: LA SYLPHIDE, die Geschichte der Liebe zwischen einer Luftfee und einem Menschen. Marie Taglioni tanzte die Sylphide – es blieb die berühmteste Rolle ihrer langen Karriere und gab dem »ballet blanc« in der ersten Hälfte des 19. Jahrhunderts seine Charakteristika:
- im Libretto das nicht-menschliche Wesen und die unglückliche Liebe, die in den Tod führt,
- im Kostüm der knöchellange weiße Rock, der Tutu aus vielen Lagen Tüll, die von der eng geschnürten Taille glockenförmig weich nach außen fallen und jeden Schritt durch ein sanftes Wehen optisch verlangsamen, dazu das fischbeingestützte schulterfreie, dekolltierte Mieder,
- in der tänzerischen Technik den Spitzenschuh.

Marie Taglioni war die erste Tänzerin, die ein ganzes Ballett auf Spitze tanzte, in Schuhen, die ihr Vater ersonnen hatte, um seine Tochter so schwebend und fern jeder Erdberührung erscheinen zu lassen, wie es seine Choreographie erforderte. Der Spitzentanz wurde zum Kernelement des klassischen Tanzes. Dahinter steht allerdings mehr als nur die Erfindung eines an der Zehenspitze verstärkten Kostümschuhs. Der

Spitzentanz verlangte von den Tänzerinnen die gezielte Ausbildung ihres gesamten Körpers: die Ausbildung der Muskel-
stärke, die Dehnung der Sehnen, die Belastung der Gelenke,
und zwar außerhalb der anatomischen Natürlichkeit. Die
Frauen waren der Welt entrückt, aus eigener Kraft hatten sie
keinen festen Stand mehr, waren angewiesen auf die Partner,
die sie stützten und ihr Gleichgewicht sicherten. Die Frau der
Ballettbühne wurde zur technisch konstruierten Kunstfrau –
körperlich zurechtgebogen nach den Bildern männlicher Choreographen.

Die Ballettliteratur des 19. Jahrhunderts verzeichnet nur wenige Choreographinnen. Marie Taglioni war eine von ihnen.
Sie produzierte als Choreographin die gleichen Inhalte, die sie
selbst als Tänzerin darstellte. In ihrem Ballett LE PAPILLON
(1860), wird ein junges Mädchen in einen Schmetterling verwandelt... Eine andere Tänzerin, die sich als Choreographin
versuchte, war Thérèse Elßler, die ihrer Körpergröße wegen
für ihre berühmte Schwester Fanny häufig en travestie den
männlichen Partner tanzte und immer im Schatten der »großen« Schwester blieb. Sie choreographierte das Ballett »LA
VOLIÈRE«: Eine aus enttäuschter Liebe männerhassende Frau
erzieht ein kleines Mädchen in völliger Ignoranz gegenüber
der Existenz eines anderen Geschlechts. Als das Mädchen
herangewachsen ist und zum erstenmal einem Mann begegnet, hält es ihn für einen seltsamen Vogel und sperrt ihn in
einen Vogelkäfig. Bei diesem Inhalt nimmt es wenig Wunder,
daß Thérèse Elßler als Choreographin wenig Erfolg beschieden war. Da hatte es Fanny Cerrito schon besser mit ihrem
Ballett GEMMA (1854) über das unschuldig verführte Medium
eines Hypnotiseurs. Dennoch wurde auch Fanny Cerrito nicht
als Choreographin gefeiert, sondern als »Undine« (1843), als
»Mädchen aus dem Feuer« (1842), als ätherisches Wesen der
Elemente.

   Die Ballerinen verkörperten das für den männlichen Blick
unerreichbare Ideal der »reinen Weiblichkeit«, der von stattlichen Prinzen leidenschaftlich verehrten unschuldsvollen
Frauen, das mit dem realen Zusammenleben der Geschlechter nichts zu tun hatte. Nicht nur die Körper, auch die Emotio-

nen waren geometrisiert und damit beherrschbar gemacht. Was den Menschen des 19. Jahrhunderts in Konflikt bringen konnte mit den strengen Verhaltensanforderungen seiner Gesellschaft – Körperlichkeit, Individualität, Emotionalität – existierte auf der Tanzbühne in leicht überschaubarer, kontrollierter Weise: Die Liebeserklärung des schwarzen Schwans an den Prinzen sind die berühmten 32 fouettés (eine Form der Drehung), an deren makelloser Beherrschung eine Ballerina gemessen wurde.

In einer Welt, die ihre Geheimnisse längst dem Zugriff der Naturwissenschaft und Technik preisgegeben hatte, tanzten die Sylphiden, die Wilis und Undinen die Unberührtheit der Natur, den Mythos des Unerklärbaren, das Zwischenreich der Schatten, wo noch Raum für Wünsche und Ängste blieb. Sie tanzten die Sehnsucht nach Vollkommenheit, nach Überwindung jener materiellen Gebundenheit, die das Publikum im ökonomischen Alltag und den sozialen Konventionen der Gesellschaft erlebte. Darüber hinaus tanzte die Ballerina aber auch ihre eigene Zerstörung als selbständige Frau. Sie demontierte sich selbst als reale Frau auf der Bühne, verwandelte sich in ein Feenwesen, eine der Menschlichkeit entkleidete Traumfigur. Zudem weisen die Libretti der Werke nicht nur eine beträchtliche Anzahl weiblicher Todesfälle aus Liebeskummer auf, sondern auch eine bemerkenswerte Zahl von Vergewaltigungen, indirekt präsentiert natürlich, wie in der Geschichte der Sylphide, die von ihrem Verehrer mit einem Schal eingefangen und damit in den Tod getrieben wird. SCHWANENSEE handelt von der Verfolgung des weißen Schwans durch den Prinzen, der – obwohl er um die letalen Folgen seiner »Entzauberung« des Schwans weiß, nicht von seiner Liebe lassen will, in GISELLE endet die Liebe des Bauernmädchens Giselle zu einem Herzog, der sie für eine Laune mißbraucht, mit ihrem Selbstmord. Die Liste läßt sich fortsetzen. Liebe hat tödliche Folgen – moralische Essenz einer Gesellschaft, in der Standesgrenzen, Konventionalehe und Ehrgesetze den zwischenmenschlichen Umgang regeln.

Indem die Herren der besten Pariser, Wiener und Londoner Gesellschaft die Pferde vor den Kutschen der Ballerinenstars ausspannten und selbst die Wagen mit ihren Angebete-

ten durch die Straßen zogen, feierten sie nicht die Frau Marie
Taglioni, nicht die Frau Fanny Elßler, sie feierten die Perso-
nifizierung ihres eigenen Traumbildes Frau. Die von der Heiligen ebenso wie die von der Hure. Es waren nicht nur die
unschuldsvollen Feen, die über die Bühnen huschten, es waren auch die Zigeunerin Esmeralda, die sinnliche »La Baya-
dère«, die heißblütige »Cracovienne«, die Cachucha-Florinda
– die Rolle, die Fanny Elßler berühmt machte. Sinnlichkeit,
nach außen gekehrte Erotik, verführerisches Temperament,
waren das Erfolgsrezept der Elßler, das sie zwischen 1830 und
1850 zur Antipodin Marie Taglionis machte. Théophile Gautier schwärmte gleichermaßen von der »christlichen Ballerina« Taglioni wie von der »heidnischen Ballerina« Fanny
Elßler.

An dieser Einteilung änderte sich auch in der zweiten
Hälfte des 19. Jahrhunderts nichts. Jedenfalls nichts, was die
Rollen anbetraf. Ob als verzauberte Schwäne, Dornröschen
oder Feen aus dem Reich des Nußknackers, ob als Raymonda
unter Sarazenen oder als Freibeuter-Medora auf dem Skla-
venmarkt von Adrianopel – die Ballerina gab der Abstraktion
Frau ihre Gestalt und verkörperte die Doppelmoral der Zeit.
Allein schon ihr Kostüm zeugt davon. Im Bekleidungsver-
ständnis des 19. Jahrhunderts, dem auf Schauspiel- und
Opernbühne weitgehend entsprochen wurde, galt die Ballerina als nackt. Sie zeigte nicht nur Knöchel und Wade – für
jeden »gesitteten« Menschen schockierend genug –, nein, sie
zeigte Oberschenkel und – im klassisch-akademischen Tanz
der zweiten Jahrhunderthälfte – sogar Po. Verborgen zwar unter feinstgewirkten Strumpfhosen, die aber in der Paßform
mehr ent- denn verhüllten. Der klassische Tutu reicht nicht
wie der romantische Tutu bis zum Knöchel, sondern um-
schließt als steife Tüllkrause die Hüften. Den Blicken ist uneingeschränkte Freiheit gewährt. Die »Unzüchtigkeit« der
körperlichen Präsentation, die, neben anderen Gründen, noch
im 19. Jahrhundert vielerorts Tänzerinnen ein christliches Begräbnis auf einem kirchlichen Friedhof verwehrte, machte es
den Ballerinen leicht, die für den Lebensunterhalt unläßli-
chen »Mäzene« zu finden. Die Doppelmoral der Zeit fand
hinter den Kulissen ihre Fortsetzung in der Prostitution. Der

Zwang, die Bühnenkostüme selbst zu stellen, der die Schauspielerinnen des 19. Jahrhunderts in Not trieb, bestand für die Ballerinen in gleicher Weise. Von der Monatsgage hätten sie nicht einmal den üblichen Verbrauch der handgearbeiteten seidenen Spitzenschuhe bezahlen können, geschweige denn die für die ausstattungsreichen Ballett- und Opernproduktionen notwendigen Kostüme. Die Theaterdirektoren – auf Sparsamkeit bedacht und auf einen »guten« Ruf ihres Hauses als angenehmen Aufenthaltsort der einflußreichen Herren Adeligen und Direktoren – förderten die Prostitution der Balletttänzerinnen, gewährten zum Beispiel den männlichen Logenbesitzern, wie an der Wiener Hofoper, ungehindertes Besuchsrecht in den Ballettgarderoben oder »vermieteten« Tänzerinnen für »Gastspiele« in Privathäusern. In Rußland fand die »Ballettomanie« ihre eigene Form, wie Walter Sorell in seiner kulturgeschichtlichen Betrachtung »Der Tanz als Spiegel der Zeit« beschreibt:

»Seit jenen Tagen, in denen Peter der Große seine Liebe für den Tanz entdeckte und Tanzveranstaltungen in seinem Hoftheater arrangieren ließ, wetteiferte jeder, der einen Namen hatte mit jedem, der etwas von sich hielt, um den Zaren zu imitieren. Ballette in diesen privaten Theatern wurden überall im Lande gesehen, denn jeder Aristokrat und Landbesitzer ließ kleine Ballerinen ausbilden, die er aus dem ›corps‹ der Töchter seiner Sklaven wählte. Da die Tänzerinnen Sklaven waren, wurden sie selten bezahlt, aber wenn man eine besonders gute und schöne Tänzerin unter ihnen fand, wurde sie oft dem Königlichen Theater der Regierung verkauft oder geschenkt. (...) Mitte des 19. Jahrhunderts gab es in ganz Rußland mehrere tausend solcher Haustheater und die Ballettomanie hatte einen Höhepunkt an Zahl und Intensität erreicht.« (Sorell: 1985, S. 202)

In St. Petersburg besaßen die »Mäzene« uneingeschränkte Herrschaft. So waren die Abonnenten der Orchester- und Logensitze nicht nur nach den Vorstellungen in den Ballettgarderoben zu finden, sondern machten schon im Ballettsaal ihren Einfluß geltend. Telyakowski, Direktor des Kaiserlichen Maryinski-Theaters bis zur Oktoberrevolution, be-

schreibt in seinen Memoiren wie die »Ballettomanen« neben
dem Ballettmeister Marius Petipa im Ballettsaal saßen und
jede Tänzerin genauestens unter die Lupe nahmen. Sie entschieden, wem sie erlaubten auf der Bühne ihre Schaulust zu
befriedigen.

In Paris und Wien, neben St. Petersburg die Metropolen des
klassischen Balletts im 19. Jahrhundert, herrschten ähnliche
Verhältnisse. Daß die Mitglieder des aristokratischen Jockey-
Clubs sich während des Abendessens von Boten berichten ließen, wie weit die Opernvorstellung fortgeschritten sei, damit
sie ja nicht den Einsatz der Ballettszenen versäumten, ist eine
historische Tatsache. Ebenso, daß sie Opern zu stören pflegten, wenn das Corps de Ballet nicht ausgiebige Einlagen bot.
Wagners Werke mißfielen ihnen in dieser Hinsicht besonders
– sieht man vom Tannhäuser-Bacchanale ab. Die Folgen dieser Wünsche des einflußreichen Publikums für die ästhetische
Form sowohl der Tanztechnik wie der dramaturgischen Ausrichtung der Stücke liegen auf der Hand. Die tanztechnischen
Anforderungen im klassischen Tanz wuchsen im 19. Jahrhundert an die Grenzen dessen, was als anatomisch möglich angesehen wurde. Die Ballerinen überboten sich gegenseitig in der
Ausführung ständig komplizierterer Schrittfolgen und akroba-
tischer Körperbewegungen. In den üblichen Handlungsballet-
ten wurden mehr und mehr Divertissements eingebaut, die
von der Handlung völlig isoliert blieben und nur Vehikel für
die Tänzerinnen waren, ihre »Spezialitäten« unter Beweis zu
stellen, seien es die arabesques, die battements, entrechâts
oder welches der einzelnen, genau definierten Bewegungsele-
mente sie sich ausgewählt hatten. Nach ihrer Meisterschaft in
der Beherrschung dieser Bravourstücke wurde die Ballerina
klassifiziert. Ihre besondere artistische Fähigkeit war das »Gü-
tezeichen«, unter dem sie sich anpries. Je besser, je virtuoser,
desto größer der Erfolg, und der öffnete Türen – und Briefta-
schen. Denn ob Star oder Corpstänzerin, die soziale Anerkennung ihres Berufes war beiden gleichermaßen verwehrt. Eine
Tänzerin war nicht gesellschaftsfähig. Berühmtheit half gelegentlich über Standesdünkel hinweg, aber all die Bewunderung, die den Ballerinen für ihre künstlerischen Leistungen
entgegengebracht wurde, änderte nichts an der generellen so-

zialen Mißachtung. Der Preis, den sie dafür bezahlten, daß sie im täglichen harten Training – und die strengen, spartanischen Bedingungen, unter denen der Berufsalltag im 19. Jahrhundert stand, hat Degas in seinen Bildern eindrucksvoll festgehalten – ihre Körper zurichteten und sich in immer brillanteren Leistungen gegenseitig zu übertrumpfen suchten, dieser Preis war ihre körperliche und ihre soziale Integrität. Selbstredend, daß einen derartigen Beruf keine Mädchen aus der gehobenen Gesellschaftsschicht ergriffen, es sei denn, sie riskierten, von der Familie verstoßen zu werden. Die Biographien der herausragenden Ballerinen des 19. Jahrhunderts weisen diese entweder als Kinder aus ärmlichen Verhältnissen aus (Fanny Elßler z. B. war die Tochter eines Kammerdieners), oder als Töchter aus Tänzerfamilien, wo der Weg durch die elterliche Tanzerziehung von Kind an bereits vorgezeichnet war. Kinderreiche Mütter gaben ihre kleinen Töchter in die Ballettinternate der Hoftheater, weil ihnen dort – bei geeigneter tänzerischer Begabung – wenigstens Unterkunft und Nahrung gewährleistet waren. Sicher gab es unter den Elevinnen auch manche, die auf den vermögenden Liebhaber hofften, der ihnen ein luxuriöseres Leben bieten konnte als wenn sie Modistin oder Dienstmädchen geworden wären. Die Lebenssituation für diejenigen Frauen, die aus Leidenschaft für den Tanz diesen Beruf wählten und sich trotz der gesellschaftlichen Ächtung nicht prostituierten, war extrem schwierig. Sie standen unter dem ökonomischen Druck der hohen Berufskosten, wurden von den Direktoren bedrängt, gegenüber den »Ballettomanen«, die ja auch die Karrieren der Direktoren förderten, entgegenkommend zu sein und hatten in ihrem täglichen Dienstplan mit Training, Probe und Vorstellungen kaum Gelegenheit für Nebentätigkeiten, zum Beispiel für handwerkliche Arbeiten oder – das war schon der privilegiertere Fall – als Tanzlehrerin in Privathäusern.

Krankheiten waren für die Ballerinen berufsbedingt und führten nicht selten zum vorzeitigen Ausscheiden aus dem Berufsleben, das ohnehin selten mehr als zwei Dekaden dauerte. Für die Corpstänzerinnen war dies ein besonders akutes Problem sobald sie die Dreißig überschritten hatten, – die Herren »Ballettomanen« bevorzugten »junges Blut«. Die Al-

tersversorgung sah bei allen Tänzerinnen schlecht aus, wenn
es ihnen nicht gelungen war, während ihrer aktiven Zeit sich
Rücklagen zu bilden. Auch das war natürlich nicht von der
kleinen Monatsgage möglich, sondern bedurfte weiterer Geld-
quellen. Die Stars hatten es hier leichter. Ihnen wurde zuweilen als »Verehrungspräsent« Landbesitz geschenkt, der sie
finanziell absicherte. Auch konnten sie sich durch eine vermö-
gende Heirat – die natürlich immer ein gesellschaftlicher
Skandal war – einigermaßen versorgen. Allerdings gehörten
auch skandalreiche Scheidungen zu den Biographien der Ballerinen dazu. Selbst eine während ihrer Tänzerinnenzeit im
Luxus lebende Ballerina wie Marie Taglioni verdiente sich als
alte Frau ein mühsames Auskommen bei reichen Familien als
Tanzlehrerin für die Töchter, deren Väter ihr einst zu Füßen
gelegen hatten.

Gegenüber der Schauspielerin steht die Ballerina des 19.
Jahrhunderts noch schlechter da. Konnte die Schauspielerin
sich wenigstens auf einen Kunstanspruch in ihrer Arbeit berufen und zumindest auf der Bühne ihre körperliche Eigenständigkeit bewahren, war die Verleugnung der Ballerina total. Sie
trainierte ihren Körper wider seine natürlichen Gegebenhei-
ten, riskierte physische Gebrechen und frühzeitige Invalidität,
um eine Darbietung geben zu können, die nicht als ernsthafte,
geschweige denn als »sittlich erhabene« Kunstausübung angesehen wurde. So blieb den Ballerinen allein die Virtuosität
in der technischen Beherrschung ihrer Körper Mittel der
Selbstdefinition.

Von der Ballerina folgte keine Weiterentwicklung zur Tänzerin des modernen Tanzes. Die Pionierinnen der Jahrhundertwende, die das klassische Ballett als adäquate Tanzform
des 20. Jahrhunderts ablehnten und eine neue Tanzform kre-
ierten, hatten nie Berührung mit dem klassischen Tanz gehabt. Die Revolution der Tanzkunst fand im Ballett nicht statt,
der Ballerina des 19. Jahrhunderts folgte – nach den Einflüssen des modernen Tanzes auf den akademischen Tanz – die
moderne Ballerina. Anna Pawlowa und Tamara Karsawina,
beide Primaballerinen des Kaiserlichen Maryinsky-Theaters in
St. Petersburg, waren die ersten Vertreterinnen dieses neuen
Ballerinenbildes, für das jedoch – bei allen Veränderungen –

Marie Taglioni (1804–1884) als Sylphide.
Kolorierter Stich von André Geiger, Vorlage von Johann Christian Schöller.

Fanny Elssler (1810-1884) als Florinda in *Le Diable Boîteux*.
Kreidelithographie von Cattier.
Vorlage von Achille Dévéra, nach einer Statuette von A. Barré

Mary Wigman (1886-1973) in *Festliches Präludium*, 1926.

Mary Wigman in »Traumgestalt« aus dem Zyklus *Visionen*, 1927.

nach wie vor die klassische Technik allein ausschlaggebende Grundlage ist.

Gegen die Entstellung der Frauen im Tanz zog als erste Isadora Duncan radikal zu Felde. In ihrem Manifest »Der Tanz der Zukunft« proklamierte sie einen neuen Tanz:

»Denen aber, die trotz alledem noch immer an den Bewegungen unserer Ballettänzerinnen Freude empfinden, denen, die da glauben, daß sie das moderne Ballett aus historischen oder choreographischen oder irgendwelchen Gründen rechtfertigen können, denen antworte ich, daß sie nicht weiter zu schauen vermögen als bis zu den Röckchen und Trikots. Wenn ihr Auge weiter dringen könnte, dann würden sie sehen, daß unter den Röckchen und Trikots sich unnatürlich entstellte Muskeln bewegen, und wenn wir noch weiter schauen, unter den Muskeln unnatürlich entstellte Knochen: ein verunstalteter Leib und ein verkrümmtes Skelett tanzt vor ihnen! Diese Verunstaltung durch eine unrichtige Kleidung und durch unrichtige Bewegungen ist das Resultat des Unterrichts und der Ausbildung, die sie empfangen haben und die für das heutige Ballett unerläßlich sind. Das moderne Ballett richtet sich selbst dadurch, daß es den natürlich schönen Körper des Weibes unvermeidlich entstellt. Keine historischen, keine choreographischen Gründe können dagegen aufkommen.« (Duncan: 1904, S. 311)

Isadora Duncan sah im klassischen Ballett die Vergewaltigung des weiblichen Körpers und der Persönlichkeit der Ballerinen. Nicht aus einer Reform des Balletts, sondern aus dem erwachenden Selbstbewußtsein der Frauen heraus sollte eine neue Tanzkunst entstehen. Dem Enthusiasmus der Jugendbewegung, die »aus grauer Städte Mauern durch Wald und Feld« zog und mit Goethe und Nietzsche die Freiheit des Individuums von sozialem und moralischem Zwang suchte, gab Isadora Duncan mit ihren Vorstellungen vom »Tanz der Zukunft« choreographische Form. Sie kreierte ihren Tanz aus einem zivilisationskritischen Ansatz heraus. Sie wollte den Tanz zurückführen in den Zustand vorindustrieller Unberührtheit, den sie im Schönheitsideal der griechischen Antike zu finden glaubte. Der Körper selbst, nicht seine Funktionalität, sollte den Tanz bestimmen. Mit diesen Ansichten schokkierte sie ihre Zeitgenossen, allerdings noch mehr mit der praktischen Umsetzung ihrer Vorstellung von Natürlichkeit. Sie tanzte barfuß, in weichen, nicht selten auch transparenten Gewändern, die die »heilige Natürlichkeit« ihres Körpers nicht verhüllen sollten. Damit entsetzte sie jedoch nur einen Teil des Publikums, der andere Teil blieb auch in ihren Aufführungen in der herkömmlichen Sehgewohnheit. So schreibt der Kritiker Karl Storck über Duncans Auftreten in Berlin in der »Deutschen Zeitung« am 10. 1. 1903:

>»Nur sei bemerkt, daß bei der günstigeren Beleuchtung im Neuen Königlichen Opernhaus hervortrat, daß Miss Duncan durchaus nicht bloß »Beintänzerin« ist, daß so überhaupt das Nacktsein der Beine nicht mehr besonders auffällt. Wenigstens nicht für künstlerisch geschulte Augen. Ob allerdings die dichtgedrängte Besucherschar, in der die Herren in auffallender Weise überwogen, durchweg mit solchen Künstleraugen sahen, bleibe ununtersucht.«

Isadora Duncan wollte den Tanz wieder zu dem machen, was er in vorpatriarchalen Zeiten einmal gewesen ist, eine »heilige Kunst« der Frauen. Sie sah sich selbst als »Priesterin«, das heißt, als Vermittlerin dieser neuen Kunst, die für sie erst in der Bereitschaft und Fähigkeit der Frauen zur Selbstverantwortung entstehen konnte. Und dies ist der entscheidende Schritt auf dem Weg von der Ballerina zur Tänzerin. Im klassischen Ballett war die Tänzerin Mittlerin einer vorgegebenen, zumeist vom männlichen Choreographen und Librettisten entworfenen, narrativen Handlung. Im Regelfall besaß sie weder Anteil an der literarischen Vorgabe noch an der choreographischen Form. Ihre Fähigkeiten waren darauf dressiert, die an sie herangetragenen Aufgaben bestmöglichst zu erfüllen. Ihr einziger Freiraum, je nachdem wie er von den Choreographen zugestanden wurde, war die Interpretation des Schrittmaterials. Die Tänzerin hingegen, die Isadora Duncan repräsentierte, widersetzte sich einer solchen Funktionalisierung. Sie trennte nicht mehr körperliche Darstellung und persönliches Be- und Empfinden, tanzte nicht mehr »Rollen«

und gab keinen literarisch faßbaren Bühnenfiguren Gestalt, sondern begriff Tanz als Vermittlung ihres subjektiven Welterlebens. Die Tänzerin wurde zur handelnden Person, zur Choreographin ihrer selbst.

Die Voraussetzungen für diese künstlerische Eigenbestimmtheit und damit zum neuen Tanz sah Duncan in der sozialen Unabhängigkeit der Frau. In ihren 1929 posthum veröffentlichten Memoiren schrieb sie unmißverständlich:

>»Ich mietete den philharmonischen Saal und hielt dort zunächst einen Vortrag über die idealen Ziele der modernen Tanzkunst; schließlich verteidigte ich das Recht aller Frauen, zu lieben und Kinder in die Welt zu setzen, wie es ihnen beliebte. (...) Jede intelligente Frau, die einen Heiratskontrakt gelesen hat und sich dareinfügt, verdient alle daraus entstehenden Konsequenzen. Meine persönliche Ansicht sei, daß die Frauenbewegung erst dann völlige Unabhängigkeit bedeutete, wenn jede Frau geschworen hat, die Ehe abzuschaffen.« (Duncan: 1981, S. 134)

Isadora Duncan gab ab 1902 bis zum Beginn des ersten Weltkriegs regelmäßige Gastspiele in Deutschland. Es waren skandalumwitterte Vorstellungen, die meist schon im voraus die konservativen Frauenvereine am Ort in Bewegung setzten, weil Duncans Lebenswandel – sie machte weder aus der Vielzahl ihrer Liebhaber noch aus ihren beiden unehelichen Kindern einen Hehl – alle Vorurteile über den Beruf der Tänzerin zu bestätigen schienen. Und ihre Gewänder, unter denen kein Korsett die fülligen weiblichen Formen in züchtiger Façon hielt, taten ein übriges. Duncan folgte auch in der Bekleidung dem Gesetz der Natürlichkeit und ließ den Körper materiell und sinnlich erscheinen, was die Ballerinen, die »christlichen« wie die »heidnischen«, in mühevoller Arbeit geübt hatten, zu verleugnen. Bei Duncan folgte der Tanz dem Körper, nicht der Körper einem vorformulierten Bewegungskodex. Die Ballerina war die Abstraktion der Frau gewesen, Duncan gab ihr wieder Körper und Gestalt zurück. Sie entlarvte die Doppelmoral der Bühnenpräsentation, konfrontierte die Voyeure mit ihrem Voyeurismus und vertrieb sie damit aus ihrem Zuschauerkreis. Zunehmend fand sie so ein Publikum, das ihren Tanz nicht mehr unter dem Aspekt des »Unmoralischen« bewertete, ihre Körperlichkeit nicht mehr als Skandal empfand, sondern als künstlerisches Ausdrucksmittel begriff. Verbunden mit den ästhetischen Bildungsidealen, die Isadora Duncan mit ihrer Tanzkunst verband, gewann sie durch den Einsatz ihres natürlich bewegten, nackten Körpers als Ausdrucksinstrument dem nicht-klassischen Tanz seine Anerkennung als Kunstform.

Der Beginn des Tanzes lag für Isadora Duncan in dem, was sie in persönlichem Empfinden zum Tanzen veranlaßte, ein Gefühl, eine Stimmung, ein Eindruck. Und dies ausgelöst durch das Betrachten eines Gemäldes oder den Klang eines Musikwerkes. So tanzte sie Botticellis »Primavera« im Blumenkostüm oder die »Marseillaise« in Sackleinen. Die Anregungen ihrer Tänze nimmt sie von außen, aber die Inhalte führen nach innen, zu den Empfindungen der Tanzenden. Und diese individuelle Befindlichkeit vermochte nur die Tänzerin selbst auszudrücken. Zu choreographieren war die zwangsläufige Konsequenz aus diesem neuen Selbstverständnis. Nur die Tänzerin konnte nach diesem Ansatz die adäquaten Formen finden für die tänzerische Vermittlung ihrer Person. Sie mußte neue, unbekannte Formen finden, denn die Tanzsprache des Balletts war durch Standardisierung und Technisierung unbrauchbar für den freien Ausdruck. In der Suche nach einer eigenen Sprache, nach eigenen tänzerischen Vokabeln, erwies sich die Tänzerin als handelnde Person, als Choreographin ihrer selbst. Ihre Tanzsprache fand Duncan in der Natürlichkeit der körperlichen Bewegung, in einem Tanz innerhalb der üblichen anatomischen Grenzen. Im Einklang mit den naturmythischen Idealen der Jugendbewegung wurde die regelfreie, naturgemäße Bewegung choreographisches Handwerksmittel der neuen Tänzerinnen und Choreographinnen.

Der Anspruch auf ästhetische Autonomie bedingte auch die soziale Unabhängigkeit. Isadora Duncan war ihre eigene Unternehmerin. Sie finanzierte ihren Lebensunterhalt, die Existenz ihrer Schule und nicht selten ihre Liebhaber, durch ihre Tourneen in ganz Europa – und durch »Mäzene«, die sie sich

– im Gegensatz zu den Ballerinen – freiwillig wählte. Sie arbeitete nicht in der vertraglichen Bindung an ein Opernhaus, wie es selbst die vielreisenden Ballerinen des 19. Jahrhunderts getan hatten, sondern unabhängig. »Ballettomanen« hatten auf sie keinen Zugriff. Bis in die 20er Jahre hinein ist es ein Charakteristikum des modernen Tanzes, daß er sich außerhalb der Institution Theater entwickelte.

Isadora Duncans Forderung nach körperlicher Integrität und sozialer Eigenständigkeit für Frauen, stand im Einklang mit den Aktivitäten der Frauenbewegung und der Körperkulturbewegung zur Jahrhundertwende. Je mehr Frauen, seit dem ersten Weltkrieg, in das Berufsleben integriert wurden, desto mehr wurde der Tanz Ausdruck dieser sich durch einen selbständigen Platz in der Gesellschaft definierenden Frauengeneration. Körperliche Bewegungskultur, Frauensport, künstlerische Gymnastik und ebenso der Bühnentanz wurden als Medium gesehen, dieses neue Selbstbewußtsein zu vermitteln. Mary Wigman, die einflußreichste Choreographin, Tänzerin und Schulleiterin in den 20er Jahren schrieb in ihrem Aufsatz »Weibliche Tanzkunst« über die Ursachen dieser Bewegungs- und Tanzbegeisterung:

»Sie wollen alle tanzen, die Mädchen der Gegenwart. Drängen sich dazu, ohne zu überlegen, wissen gar selten, warum. (...) Ich glaube, daß in all den jungen weiblichen Menschen heute eine starke, gesunde Freude am reinen Sich-Bewegen lebendig ist. Ich glaube auch, daß ein großer berechtigter Egoismus in all den jungen Frauen ist, der erst einmal sich selbst sucht, ehe er sich mit der Welt und Umwelt auseinandersetzt. Sich selber suchen, sich selber fühlen, sich selber erleben.« (Wigman: 1929, S. 14 ff.)

Die neuen Tänzerinnen nahmen das Mittel in Anspruch, das ihnen jederzeit zur Verfügung stand: ihren Körper. In dieser Hinsicht ging Mary Wigman konsequent den Weg weiter, den Isadora Duncan eingeschlagen hatte. Sie kreierte ihren Tanz aus einer unabhängigen ökonomischen Situation heraus, die sie sich durch ihre Gastspielreisen und den Aufbau einer Schule, in der zeitweise 14 Lehrkräfte und 12 Tänzerinnen fest angestellt waren, schuf. In ihren ästhetischen Forderun-

gen und in ihrer Praxis war sie radikaler und wirkungsvoller
als Duncan. Hatte Duncan zur Jahrhundertwende zum erstenmal den Blick auf die Körperlichkeit der Tänzerin gelenkt,
ging Wigman in den zwanziger Jahren weit über alle tradier-
ten Bilder von Weiblichkeit und von weiblicher Tanzkunst
hinaus. Sie nahm Bewegungs- und damit Ausdrucksqualitä-
ten in Anspruch, die bis dahin als »männlich« galten und im
Tanz nicht als Bewegungsformen für Frauen existiert hatten.
Wigman tanzte kraftvoll, dynamisch, gewalttätig, sieghaft,
herrisch. Kein Versuch, die Schwerkraft zu verleugnen, sondern im Gegenteil die unablässige Betonung der physischen
Präsenz. Sie stampfte mit den Füßen oder wälzte sich auf der
Erde, wenn es die Aussage ihrer Tänze erforderte. Durch sie
wurde der Boden als choreographischer Ort in die Tanzgestal-
tung integriert. War Isadora Duncan in ihren Bewegungen
und in ihrer Tanzphilosophie noch einem – wenn auch unbe-
stimmten – Harmoniedenken verhaftet, wollte sie die Schönheit des menschlichen Körpers zeigen, so war Mary Wigmans
Bestreben, die Totalität des menschlichen Körpers und Geistes
auszudrücken und zwar in seinen schönen wie häßlichen, ver-
drängten Seiten. Ihre Tänze waren nicht mehr von äußeren
Eingebungen angeregt wie bei Duncan, sondern entsprangen
der individuellen Auseinandersetzung der Tänzerin mit der
eigenen Persönlichkeit. Ihre Tänze waren psychologische
Auseinandersetzungen mit sich selbst, mit den Grundlagen
der eigenen Existenz, mit den materiellen wie den geistigen.
Ihre Tänze legten ihre Persönlichkeit offen, ihre Ängste
ebenso wie ihre Freuden, ihre Wünsche wie ihre Verdrängun-
gen. In den Tänzen, die sie als »dämonische Tänze« verstand,
setzte sie sich mit Anteilen der eigenen Persönlichkeit auseinander, die sie als angsterregend, animalisch, destruktiv empfand, wie es sich in den Titeln »Hexentanz«, »Gesicht der
Nacht«, »Visionen«, »Gespenstische Gestalt« usw. widerspie-
gelt. Hierher gehört auch die Auseinandersetzung mit dem
eigenen Machtstreben, mit der Lust an Herrschaft. Ein inhalt-
licher Bereich, der bis dahin für Frauen im Tanz nicht existiert
hatte. In Mary Wigmans Werken nimmt er breiten Raum ein.
In einer zweiten Gruppe von Tänzen, die sie mit »feierlichen
Tänzen« umschrieb, führt Mary Wigman diese Auseinander-

setzung mit sich selbst weiter in eine philosophische Auseinandersetzung mit der menschlichen Existenz überhaupt. Es
sind Tänze transzendentalen Inhalts, in denen sie ihrer Überzeugung vom Kreislauf des Lebens zwischen Geburt, Tod und
Wiedergeburt Ausdruck verleiht. In all ihren Tänzen konzentriert sie sich auf den Kern psychischer Erfahrung, filtert aus
ihrem individuellen psychischen Erleben allgemeingültige
Erlebenswerte heraus, die als Aussage des Tanzes dann unabhängig von seinem subjektiven Hintergrund vermittelt werden. Typisch sind daher für ihre Werke Titel wie »Leid«,
»Klage«, »Monotonie«.

Tanz hatte für Mary Wigman nur Bedeutung als Ausdruck
der Persönlichkeit der Tanzenden. Persönliche Emotionalität,
wenige Jahre zuvor noch hinter abstrakten Bodenmustern verborgen gehalten, war für sie Maß der neuen Tanzkunst. Und
nur eine Tänzerin, die ihre Persönlichkeit selbstbestimmt und
in eigenem Interesse entwickelt hatte, konnte für Mary Wigman dieser neuen Tanzkunst Form geben. Für sie war der
Tanz Vermittlung menschlicher Daseinserfahrung, nicht Interpretation einer literarischen Vorlage. Sie führte den Tanz
zur menschlichen Konkretheit zurück. Ein Weg, den – bei
allen heute geltenden differenten Bedingungen – die Choreographinnen des Tanztheaters auf ihre Weise fortgesetzt haben.

ANNETTE MEYHÖFER

SCHAUSPIELERINNEN IM DRITTEN REICH

1934 klingelt der Propagandaminister bei Marianne Hoppe. Die Hoppe ist 23 Jahre alt. Sie hat in Frankfurt und in München Theater gespielt, in Berlin mit Gustaf Gründgens; außerdem den Film JUDAS IN TIROL gedreht. In Ödön von Horváth ist sie verliebt, liiert ist sie mit dem jüdischen Soziologen Dreyfuß. Durch ihn hat sie Adorno und Horkheimer kennengelernt. Marianne Hoppe ist blond, preußisch-diszipliniert, ein wenig herb, eine Frau nach dem Geschmack der Nazis. Goebbels verspricht ihr Blumen, Privatflugzeuge und Hotelsuiten. Sie reagiert nicht. Er prüft ihre Bibliothek, entdeckt eine Marx-Ausgabe. Seinen Marx habe er wohl gründlicher gelesen als sie, bemerkt Marianne Hoppe. Er spricht von ihrer Karriere. Sie will sich ihm nicht ausliefern. Goebbels geht wortlos. Im Hinterzimmer der Wohnung hat Dreyfuss derweil Bücher sortiert.

Marianne Hoppe wird beobachtet. Mehrmals wird sie von Hans Hinkel, Staatskommissar im Preußischen Kulturministerium, vorgeladen. Angst hat sie nicht. Sie muß ja nur Gründgens anrufen. Der wird's schon richten, bei Göring oder besser noch bei dessen Frau, Emmy Sonnemann. Als sie ins Propagandaministerium bestellt wird, wirft sie sich in Schale. Der Minister kommt ihr schon an der Treppe entgegen. Er führt sie in sein Arbeitszimmer, man unterhält sich. Er schiebt ein Papier über den Tisch: ein Scheck über hunderttausend Mark, Anzahlung auf sein neuestes Buch. Marianne Hoppe schiebt den Scheck zurück.

Eine Episode, die so oder ähnlich in vielen Biographien von Schauspielerinnen jener Zeit stehen könnte und in den meisten auch steht, mal kokett ausgeschmückt, mal im satten Ton der Empörung, selten so schnoddrig-kühl erzählt wie von Marianne Hoppe. Die Neigung des humpelnden Propagandaministers zu den Damen von Theater und Film ist bekannt. Seine Affäre mit der Baarova, für die er angeblich seine Stellung aufgeben und ins Ausland gehen wollte, fehlt in keiner historischen Darstellung. Dennoch ist die Begegnung zwischen dem Minister und der Schauspielerin nicht unbedeutend, ist Marianne Hoppes Anekdote höchst aufschlußreich.

Dem »Starunwesen der liberalistischen Zeit« hatten die Nazis den Kampf angesagt. Doch sie schufen einen Starkult, vergleichbar dem Hollywoods. Stars, Verkörperungen kollektiver Sehnsüchte, in Szene gesetzt und vermarktet durch geschickte Werbestrategen, hatte es auch in den zwanziger Jahren in Deutschland gegeben: Henny Porten und Asta Nielsen, Pola Negri und Brigitte Helm, Elisabeth Bergner, später zu Beginn der dreißiger Jahre Lilian Harvey, der blonde Traum der Depressionszeit. Die Nazis nutzten das »Starsystem«, um die Sehnsüchte der Massen zu formen, zu lenken und zu kontrollieren. Kristina Söderbaum und Paula Wessely, Luise Ullrich und Käthe von Nagy, Marika Rökk und Zarah Leander: sie wurden zu Göttinnen von Goebbels' Babelsberger Traumfabrik und zu Marionetten der Propaganda; verfügbar in allen Rollen, auch wenn das Scenario sie meist nur auf eine einzige festlegte. Sie stellten sich freiwillig zur Verfügung, viele wenigstens.

1933, zwei Wochen nach seiner Ernennung zum Minister für Volksaufklärung und Propaganda, trug Goebbels den »Filmkünstlern« seine Hand an. In bewegenden Worten dankte er in seiner Rede im Kaiserhof den anwesenden Schauspielern, Regisseuren und Produzenten für die schönen und entspannenden Stunden, die sie ihm und seinem Führer geschenkt. Hand in Hand wolle man nun, Regierung und Filmschaffende, den gemeinsamen Weg in eine neue Zeit beschreiten: Deutschland in der Welt voran. Manche der Anwesenden zögerten noch, zweifelten; die meisten griffen zu, früher oder später. Die neuen Machthaber hatten einiges zu bieten. Goebbels drückte den lieben Künstlern seinen Dank nicht nur in Worten aus und nicht nur jenen, die ohnehin im Rampenlicht standen.

48 Prozent der Schauspieler waren in der Spielzeit 1932/33 arbeitslos. Besonders betroffen waren die Frauen, von ihnen

hatten nur 42 Prozent ein Engagement. Durch Freilichtauf-
führungen, Festivals, durch Verpflichtungen an die HJ und
durch die sogenannten Thing-Spiele sollten sie »wiedereinge-
gliedert« werden. In München wurde das Künstlerhaus zur
Förderung des Nachwuchses ausgebaut, für »arme junge
Künstler« stiftete Adolf Hitler 50 Freiplätze. 1938 wurde die
Goebbels-Stiftung für Bühnenschaffende gegründet, die alten, nicht mehr berufsfähigen Künstlern zugute kommen
sollte; in Weimar wurde das Emmy-Göring-Stift für Bühnen-
veteranen eingerichtet, und 1937 wurde eine neue Tariford-
nung für die Theater beschlossen, die eine Alters- und Hinter-
bliebenen-Pflicht-Versicherung für alle Bühnenangehörigen
vorschrieb.

Verdiente Schauspieler wurden mit Preisen und Prädikaten
bedacht. Zu »Staatsschauspielerinnen« ernannt wurden Her-
mine Körner, Lucie Höflich, Käthe Haack, Paula Wessely,
Olga Tschechowa, Görings Gattin Emmy Sonnemann und
Käthe Dorsch, Görings frühere Verlobte. Zarah Leander, von
Goebbels ebenfalls vorgeschlagen, lehnte den Titel ab, weil sie
nicht deutsche Staatsangehörige werden wollte. Andere Quellen berichten, daß Hitler persönlich ihre Ernennung verhin-
derte. 1934/35 unternahmen Maria Bard und Käthe Dorsch
eine ausgedehnte Tournee durch Südamerika, die Leander
und die Rökk reisten noch in den Kriegsjahren immer wieder
zu Vorstellungen ins Ausland; Stars waren Devisenbringer.
Empfänge und Wohltätigkeitsveranstaltungen wurden für
Schauspieler gegeben; beim Besuch ausländischer Gäste wurden Lil Dagover und Olga Tschechowa besonders gern eingeladen, wegen ihres damenhaften Auftretens und ihrer Fremd-
sprachenkenntnisse. Bekannte Künstler beglückte Hitler mit
Blumen, Autogrammen und ähnlichen Präsenten, manchmal
auch mit Geldgeschenken. Nicht alle bedankten sich dafür so
überschwenglich wie Marika Rökk, die dem »Führer ihrer
zweiten Heimat« versicherte, eines der beiden Bilder, das er
ihr geschenkt, werde fortan ständig auf ihrem Schreibtisch
stehen, das andere habe sie ihren Eltern nach Ungarn geschickt. (Drewniak: 1983, S. 147)

Goebbels hatte in seiner Kaiserhof-Rede am 28. März 1933
nicht nur poetische Worte gefunden. Kult und Kontrolle

waren von Anfang an Kehrseiten derselben Medaille. Wer zuzuhören verstand und verstehen wollte, konnte die Absichten des Propagandaministers nicht mißdeuten. Das neue Regime, hatte er verkündet, werde in die Wirtschaft ebenso eingreifen wie in alle kulturellen Belange, auch die des Films. In diese einzugreifen, sei nicht nur der erklärte Wille des Staats, sondern sein Pflicht; bekannt seien die gefährlichen Wirkungen des Films. Und: eine tendenzlose Kunst gebe es nicht. Die gegenwärtige Krise des deutschen Films hielt der Propagandaminister darum nicht nur für eine wirtschaftliche, sondern für eine geistige und eine personelle: es fehle der Mut, die Stoffe der Zeit anzupacken. Äußere Anpassung in weltanschaulichen Dingen genüge nicht – »der künstlerisch schaffende Mensch muß mit seinem Bekenntnis der Zeit vorangehen.« (Albrecht: 1979, S. 29) Zum Schluß der Veranstaltung wurde das Horst-Wessel-Lied gesungen. Einen Tag später wurde der Vertrag Erich Pommers gelöst, der die Ufa großgemacht und Stars wie Lilian Harvey entdeckt hatte. Am 30. März verbot die Zensur Fritz Langs DAS TESTAMENT DES DR. MABUSE. Der Regisseur ging ins Ausland.

Zwei Monate danach, in seiner Rede in den Sporthallen Berlin-Wilmersdorf, wurde Goebbels noch deutlicher: Die Kunst ist frei und hat andere Aufgaben, als »das Parteiprogramm zu dialogisieren«; sie ist »Dienerin des Staates und des tiefen und menschlichen Gefühls«. (Albrecht: 1979, S. 259) Kurz und bündig formulierte es Reichsdramaturg Schlösser: »Ob Darsteller, ob Dichter – das gilt jetzt gleich: Jeder ist jetzt nur ein schlichter Bekenner zu Führer und Reich.« (Drewniak: 1983, S. 145) Am 1. Juni 1933 wurde die Filmkreditbank gegründet, zuständig für die Vermittlung von Geldern an die Produktion. Am 14. Juli wurde das Gesetz über die Schaffung der Reichsfilmkammer erlassen, der jeder, der an einem Film beteiligt war, angehören mußte und der nur angehören durfte, wer als »zuverlässig« galt, als rassisch rein und politisch unbedenklich. Am 1. August wurde die Reichstheaterkammer gegründet, im November 1933 wurden beide Kammern der Reichskulturkammer angegliedert. Das nächste Jahr brachte ein neues Reichslichtspielgesetz, das die Vorzensur aller Filme einführte sowie das Prädikat »staatspolitisch wertvoll«. Im

Lauf der Jahre sollten immer neue Prädikate hinzukommen. Das Lichtspielgesetz wurde schon kurz darauf revidiert, aus dem Vorlagemuß wurde ein Kann, eine scheinbare Liberalisierung. In Wirklichkeit sollte nur das Propagandaministerium von seiner Kontrollarbeit entlastet werden; durch die Finanzierungs- und Personalpolitik war Linientreue längst gewährleistet. 1936 wurde die Kunstkritik offiziell abgeschafft und durch die »Kunstbetrachtung« ersetzt. Im März 1937 kontrollierte der Staat zwei Drittel des Aktienkapitals der Ufa. Goebbels konnte befriedigt Bilanz ziehen; das Ideal, das ihm 1933 vorgeschwebt, »die tiefe Vermählung des Geistes der heroischen Lebensauffassung mit den ewigen Gesetzen der Kunst«, war verwirklicht: »Ich glaube, daß ich in diesen vier Jahren – ich hatte bis zum Jahre 33 teils aus Mangel an Zeit, teils aus Mangel an innerer Ruhe, nicht die Möglichkeit, zu den Künstlern selbst in ein unmittelbares persönliches Verhältnis zu treten – kein Mittel unversucht gelassen habe, dieses persönliche Verhältnis herzustellen, und zwar mit dem Ziel, den Künstler in seiner sozialen und gesellschaftlichen Stellung allmählich zu heben und die gegen ihn bestehenden Vorurteile zu neutralisieren.« (Albrecht: 1979, S. 13, 57)

Elisabeth Bergner ging 1933 mit ihrem Mann Paul Czinner nach London. Marlene Dietrich hatte schon 1930 Deutschland verlassen. Es emigrierten: Tilla Durieux, Franziska Gaal, Therese Giehse, Lucie Mannheim, Fritzi Massary, Grete Mosheim, Lilli Palmer, Luise Rainer, Ida Roland, Camilla Spira, Rosa Valetti. Carola Neher ging in die Sowjetunion, wo sie 1936 verhaftet und zu zehn Jahren verurteilt wurde. Mathilde Sussin, die in der Spielzeit 1933/34 noch an einem Privattheater engagiert war, starb im Konzentrationslager.

Die, die geblieben waren, konnten die Zeichen der Zeit nicht übersehen. Manche blieben aus persönlichen Gründen wie Brigitte Horney, die mit dem russischen Kameramann Irmen-Tschet verheiratet war. Viele hatten ihre Karriere schon in den zwanziger und frühen dreißiger Jahren begonnen, waren bereits vor dem Machtantritt der Nazis etablierte Schauspielerinnen wie Paula Wessely, wie Käthe Haack und Lil Dagover, die in Filmen Fritz Langs und Robert Wienes mitge-

wirkt hatte, wie Olga Tschechowa und Käthe Dorsch. Sie wollten ihre Laufbahn nicht aufgeben, hatten Furcht vor einem
Leben in einem fremden Land, vor der fremden Sprache, der
Ungewißheit. Luise Ullrich schlug ein Angebot aus Hollywood ebenso aus wie Paula Wessely. Lilian Harvey, das »sü-
ßeste Mädel der Welt«, kehrte nach wenigen Filmen aus Hollywood zurück, wo sie nur eine Blondine unter vielen war;
auch Pola Negri, Star der Stummfilmzeit, kam wieder nach
Deutschland. Sie, die nie richtig englisch sprach, hatte den
Übergang zum Tonfilm nicht geschafft. Von den Nazis ließ sie
sich bestätigen, daß sie Arierin sei. Ihre Karriere war dennoch
zu Ende.

Marianne Hoppe hat später erklärt, sie wisse nicht, warum
sie geblieben sei: gewiß, man hatte eine Existenz, hatte Wurzeln in einer Stadt geschlagen, die Karriere fing an, und man
mußte ja nicht weg, war nicht mit dem Tod bedroht. Nicht alle
ihrer Kolleginnen waren so offen. Die meisten rechtfertigten
sich damit, gänzlich unpolitisch gewesen zu sein. Zarah Leander erklärte sich zur »politischen Idiotin«, wenn sie nicht gerade behauptete, die Nazis nur an der Nase herumgeführt zu
haben. 1934, als die ersten Flüchtlinge kamen, hatte sie in
Schweden auf der Bühne antifaschistische Lieder gesungen.
In Deutschland soll sie im Jahr achthunderttausend Mark verdient haben, die sie sich zur Hälfte in schwedischen Kronen
ausbezahlen ließ. Die Wessely verdiente immerhin noch
130 000 Reichsmark, die Rökk 70 000, und Henny Porten, die
ihres jüdischen Ehemanns wegen nur schwer Rollen fand,
wurden 1944/45 durch Reichsmarschall Göring 60 000 Mark
für zwei Filme garantiert.

Paula Wessely, die einst das Gretchen in Reinhardts FAUST
gespielt hatte, begrüßte 1938 den Anschluß Österreichs mit
einem Bekenntnis zu Führer und Reich. Sie freute sich, auf
diese Weise die von ihr immer betonte Kulturverbundenheit
der österreichischen Heimat mit den übrigen Gauen bekräfti-
gen zu können. Ihre Kollegin am Burgtheater, Hilde Wagner,
übertraf sie noch: glücklich, wieder in ihrem deutschen Vaterland zu leben, wieder dem deutschen Volk dienen zu können,
stimmte sie nicht nur freudigen Herzens für den Anschluß,
sondern drückte Adolf Hitler ihren innigen Dank aus.

Dies mögen Lippenbekenntnisse gewesen sein, ausgesprochen unter dem Druck der Verhältnisse und dem Eindruck der herrschenden Parolen. Doch auch wenn der Zeitgeist ihr politisches und moralisches Gewissen aussetzen ließ, so konnten diese sensiblen Künstlerinnen, die nur der Kunst dienen wollten, nicht mißverstehen, welche Rolle die Nazis ihnen zugedacht hatten: eine Rolle, die ihren hohen ästhetischen Ansprüchen kaum genügen durfte.

Eine Filmpremiere in Berlin, berichtet Zarah Leander in ihrer Autobiographie, glich einem Parteitagsaufmarsch: mit Menschenmassen, Polizeiketten, Kindern mit Wimpeln und Fähnchen, Scheinwerfern und Ehrengeleit; mit motorisierter Polizei, der im offenen Wagen die Garde der Diva folgte, acht Männer im Frack. Für die Wochenschau wurde das Spektakel gefilmt. Wenn die Leander zu einer Premiere ins Ausland reiste, wurde ihre Garderobe von der Kostümabteilung der Ufa zusammengestellt, inklusive Handtasche mit komplettem Inhalt. Alles wurde sorgfältig aufgelistet, jedes Accessoire numeriert; ausgeschlossen, ein Diadem zu Straßenschuhen zu tragen. Die Diva war ein perfektes Reklamepaket.

Der Glanz der Stars sollte auf die zurückstrahlen, die ihn mitgeschaffen hatten. Bertolt Brecht hat die Nazis als »Einfühlungsschauspieler« verhöhnt: »Sie sprechen selber von Regie, und sie haben einen ganzen Haufen von Effekten direkt aus dem Theater geholt: die Scheinwerfer und die Begleitmusik, die Chöre und die Überraschungen.« (Brecht: 1975, S. 560) Thomas und Heinrich Mann, Lion Feuchtwanger und Klaus Mann teilten diese Einschätzung des »fascinating fascism«. Zwar mag die Kategorie des Ästhetischen zu kurz greifen, die Anziehungskraft, die der Nationalsozialismus ausübte, zu erklären; doch zweifellos war die Ästhetik den Nazis, die sich selbst so gerne als Künstler bezeichneten, Mittel, ihre Absichten und Pläne nicht nur zu verbrämen, sondern sie, im Gegenteil, den Massen zu suggerieren. Die Schauspielerin war Teil einer wohldurchdachten und auf Erfolge berechneten Inszenierung, ihre Rolle genau festgelegt.

Keine guten Schauspieler in schlechten Filmen, hatte Goebbels befohlen. Reichsfilmintendant Fritz Hippler wurde deutlicher:

»Unbestreitbar ist, daß die im Film dargestellte Frau das Schönheitsideal der breiten Masse beeinflußt. Aus diesem Grunde kann der Besetzung von Filmrollen nicht genug Beachtung entgegengebracht werden. Nicht nur, daß *die* und die Frau in *dem* und dem Film gefallen soll. Nein, die Frau, richtig ausgewählt in ihrem äußeren Habitus als auch nach ihren inneren Qualitäten und Attributen, kann durch mehrfach erfolgenden Einsatz im Film ganz unbewußt und doch nachdrücklich das allgemeine Geschmacksniveau und Schönheitsideal einer sehr großen Anzahl von Männern sehr vorteilhaft beeinflussen, also nicht nur allgemein ›*bevölkerungspolitisch*‹, sondern auch im besonderen Sinn einer qualitativen Hochziehung wertvoll wirken.« (Albrecht: 1979, S. 144)

»Zuchtstute oder Arbeitspferd« lautete Görings Angebot an die Frauen. Schon 1933 sollten verheiratete Frauen aus allen Anstellungen entlassen werden, der Zugang zu den Universitäten wurde beschränkt, die Zahl der Abiturientinnen durfte 10 Prozent nicht übersteigen. Die 10 bis 14jährigen Mädchen mußten sich dem »Bund Deutscher Mädel« einschreiben, der der Hitlerjugend unterstellt war und der Vorbereitung auf die künftige Rolle als Ehefrau und Mutter diente. Mit 18 Jahren traten die Frauen in die Pflichtarbeitsgruppen ein, NS Frauenschaft, Deutsches Frauenwerk, »Mutter und Kind«. Das Haushaltsjahr, 1934 zur Beschäftigung der aus der Schule Entlassenen eingeführt, wurde 1938 zum Pflichtjahr. Künstlerinnen waren davon ausgenommen.

Die Schauspielerinnen waren Karrierefrauen in einer Zeit, die Karrieren für Frauen nicht vorsah. Applaus und Bewunderung gaben ihnen Selbstbewußtsein, ihr Beruf bedeutete ein Stück Emanzipation. Durch ihre Rollen aber schworen sie die Frauen auf das Bild ein, das der Staat für sie entworfen hatte: das Bild der Frau, die sich opfert für Deutschland und ihren Mann, die ihre Karriere völlig aufgibt, um Gattin und Mutter zu sein. Jedes Kind, das eine Frau zur Welt bringe, sei eine Schlacht, die sie für das Sein oder Nichtsein ihres Volkes geschlagen habe, hatte Adolf Hitler verkündet. In der Schauspielerin, die unerreichbar über den Massen zu thronen schien, sollte die Frau ein erhöhtes und geschöntes Abbild ihrer selbst, sollte der Mann ein Stimulans erblicken.

Abweichungen von der Norm wurden nicht geduldet. Renate Müller, die 1931 als »Privatsekretärin« im gleichnamigen Film das Fräulein Jedermann gespielt hatte, das mit Geschick und ein wenig Köpfchen sein Glück macht und sich den Chef angelt, war von Goebbels auserwählt, dem Führer zu gefallen. Sie entzog sich den Rendezvous, die er für sie arrangierte, traf sich weiterhin mit ihrem jüdischen Freund, besuchte ihn im Ausland, nachdem er emigriert war. Die Gestapo überwachte Renate Müller. Goebbels zwang sie, 1937 in dem Propagandastreifen »Togger« mitzuspielen. Im Herbst kam sie wegen einer Knieverletzung ins Krankenhaus. Am 10. Oktober wurde ihr Tod bekanntgegeben, vermutlich ein Selbstmord. Goebbels ließ das Gerücht in die Welt setzen, Renate Müller sei rauschgiftsüchtig gewesen.

Der Zuschauer sollte sich mit dem Schauspieler identifizieren können. Die Nazis brachen mit der Ästhetik der zwanziger Jahre, doch gab es durchaus Vorbilder, Traditionen, die übernommen und weitergeführt werden konnten: Henny Portens melodramatische Opferhaltung, Lilian Harveys kokette Kameradschaftlichkeit. Und seit 1927 hatte Alfred Hugenberg ohnehin dafür gesorgt, daß die Ufa den rechten Kurs nahm. Der Weg in die »neue Zeit« konnte ganz allmählich beschritten werden, ohne radikale Abkehr von der alten Zeit. 1933 spielte Renate Müller in Ludwig Bergers heiter-beschwingtem WALZERKRIEG die Kati Lanner, die sich selbstbewußt und temperamentvoll gegen ihren Verlobten, einen Musiker, wehrt und für ihren Vater, Joseph Lanner, gegen dessen Rivalen Johann Strauß kämpft. Im Abspann des Films durfte der Name des jüdischen Regisseurs freilich nicht mehr genannt werden. Ludwig Berger emigrierte. Im gleichen Jahr stand Renate Müller in Reinhold Schünzels VIKTOR UND VIKTORIA vor der Kamera als Frau, die sich als Mann verkleidet, um wieder eine Frau zu spielen: eine amüsante Komödie um die Austauschbarkeit der Geschlechterrollen, voll bissiger Effekte und Witze aus der Vornazizeit.

1934 drehte Willi Forst den Film MASKERADE, durch den Paula Wessely berühmt werden sollte. Forst ironisierte in die-

ser erotischen Geschichte aus dem Wien der Jahrhundertwende Moralvorstellungen, die noch längst nicht so veraltet
waren, wie sie schienen. Ein Maler hat eine Dame der Gesellschaft nackt, nur mit Muff und Maske angetan, dargestellt.
Der verräterische Muff ruft den eifersüchtigen Gatten auf den
Plan, der Maler will sein Modell nicht preisgeben. Also greift
er zu der Notlüge, die Dargestellte sei eine gewisse Leopoldine
Dur. Die aber gibt es wirklich, und sie verliebt sich in den
Maler.

1936 noch konnte Frank Wysbar FÄHRMANN MARIA drehen,
ein Melodram im Stil von Fritz Langs DER MÜDE TOD. Die
Titelrolle spielte Sybille Schmitz, 1932 Hauptdarstellerin von
Carl Theodor Dreyers VAMPYR. Maria, Nachfolgerin des alten
Fährmanns, setzt eines Nachts einen Fremden über den Fluß
und verhindert, daß der Tod ihn mit sich nimmt. Sie tanzt mit
dem Tod auf einem Dorffest und bietet sich ihm als Opfer an,
lockt ihn in einen Sumpf. Der Tod versinkt im Moor, die Liebenden setzen über den Fluß, in ein neues Leben. Wohl nur
die Opferhaltung der Maria und Sybille Schmitz' »herbe
Schlichtheit des Empfindens«, so die zeitgenössische Kritik,
konnten diesen Film der düsteren, apokalyptischen Bilder vor
der Zensur retten. Die Zeitschrift *Volk und Rasse* bemängelte
allerdings, der Regisseur habe dem »rassischen Aspekt« zu
wenig Bedeutung gewidmet. Sybille Schmitz wurde ihrer exotischen Gesichtszüge und ihrer unruhigen Blicke wegen als
»rassisch nicht einwandfrei« eingestuft.

Das offizielle Frauenbild sah anders aus und sah anderes
für die Frauen vor. In MORGENROT, einem Film, der dem Führer besonders gefiel, steht die Bürgermeisterstochter Helga
zwischen zwei Männern, dem Kapitänleutnant Liers und seinem Oberleutnant Fredericks. Liers' U-Boot wird von einem
englischen Zerstörer schwer beschädigt. Zehn Männer überleben, nur acht Tauch-Retter sind an Bord. Die Männer wollen bei ihren Offizieren bleiben: »alle oder keiner«. Schüsse
fallen, Fredericks und der Menschenfeind Petermann haben
sich getötet. Liers kehrt heim zu seiner Mutter. Der Regisseur
Gustav Ucicky hatte einen klassischen Plot der Nazizeit geschaffen, Vorbild für viele weitere Filme nach dem Muster
»zwei Freunde lieben dieselbe Frau, der eine stirbt fürs Vater-

land, der andere bekommt die Frau«. Kein Zweifel kann darüber bestehen, was höher zu veranschlagen war: »Was ist wichtig? Das Leben? Wir wissen es nicht. Das Unwichtigste halten wir für wichtig. Und das Wichtigste sehen wir gar nicht. Vielleicht ist der Tod das einzige Ereignis im Leben.« Das einzige auf jeden Fall im Leben des deutschen Mannes: »Wir Deutschen wissen vielleicht nicht, wie zu leben, aber wie zu sterben, das wissen wir.« Die Frau ist nur der Trostpreis für den, der sich seiner eigentlichen, seiner einzigen Liebe Deutschland nicht, noch nicht hat hingeben dürfen.

Oder sie ist eine schmucke Beigabe: wie die hübsche, ganz und gar ungermanisch aussehende Käthe von Nagy, Willy Fritschs Lieblingspartnerin neben Lilian Harvey. In FLÜCHT-LINGE, wiederum einem Werk des eifrigen Gustav Ucicky, führt 1933 Hans Albers als Arneth, der, in der Weimarer Republik straffällig geworden, angewidert von der Knechtseligkeit, ins Ausland geflohen ist, eine Gruppe Wolgadeutscher heim ins Reich. Das Mädchen Kristja, gespielt von Käthe von Nagy, verliebt sich in ihn. Selbst die Kritik bemerkte, daß neben Führer Albers, der übrigens bei der Verleihung des »Staatspreises« für FLÜCHTLINGE wegen seiner jüdischen Ehefrau nicht genannt werden durfte, die übrigen Darsteller verblassen. Immerhin wurden der weiblichen Hauptfigur einige »große und herrliche Augenblicke« zugestanden und ein »Strahlen«, das szenenlang das Bild erfüllte.

Lida Baarova konnte vier Jahre später in Karl Ritters PA-TRIOTEN diesem vaterländischen Scenario eine Nuance hinzufügen: Als Französin Thérèse verliebt sie sich in den über ihrer Heimat abgeschossenen deutschen Flieger Peter. Hin und hergerissen zwischen Liebe und Pflicht, denunziert sie ihn schließlich bei den Behörden. Peter wird vor Gericht gestellt und dank ihrer Aussage freigesprochen. Der Krieg trennt die Liebenden für immer. Die Baarova war auf Opferrollen dieser Art abonniert. Ein Jahr später, 1938, spielte sie in dem Film PREUSSISCHE LIEBESGESCHICHTE die Prinzessin Radziwill, die den Thronfolger und späteren Kaiser Wilhelm I. liebt. Aus politischen Gründen muß sie entsagen. Sie stirbt an gebrochenem Herzen, er tut tapfer seine Pflicht. Als der Film anlaufen sollte, hatte sich Goebbels, auf höchsten Befehl, schon von

Lida Baarova getrennt, war sie bereits als »Ministerhure« öffentlich beschimpft worden. Die PREUSSISCHE LIEBESGESCHICHTE wurde, wiewohl durchaus auf der Linie der Zeit liegend, von der Zensur verboten.

Subtiler nur, doch nicht weniger deutlich wurde das offizielle Bild der Frau durch die Komödien, Revue- und Operettenfilme vermittelt, die unpolitisch wirkten, es jedoch keineswegs waren. Tapfer harrte Herta Feiler neben dem ewigen Kleinbürger Rühmann in LAUTER LÜGEN und HAUPTSACHE GLÜCKLICH aus, warteten Carola Höhn und Tony van Eyck in MÄNNER VOR DER EHE auf die Herren der Schöpfung. Auch Lilian Harvey, der Spontanen, Mischung aus Jugend und Charme, die auf dem Golfplatz so nett und sexy wirkte wie im Fiaker, ward kein besseres Los beschieden. In GLÜCKSKINDER, dem Versuch eines deutschen Remakes von Frank Capras IT HAPPENED ONE NIGHT mit Claudette Colbert und Clark Gable in den Hauptrollen, spielt sie die Stadtstreicherin Ann, die von dem Reporter Gil, dem unermüdlichen Willy Fritsch, vor dem Gefängnis gerettet und für die verschwundene Nichte eines Ölmagnaten gehalten wird. Nach etlichen Verwirrungen und nachdem sich glücklich herausgestellt hat, daß sie kein Millionärstöchterlein ist, darf Lilian Harvey ihren Willy in die Arme schließen. Eine Frau konnte nicht sozial höhergestellt sein als der Mann; auch wenn Lilian Harvey privat im weißen Cabrio durch Berlin fuhr.

In FANNY ELSSLER durfte die Harvey dann 1937 noch einmal singen und tanzen wie zu Erik Charells Zeiten, als sie einem jubelnden Publikum verhieß »Das gibt's nur einmal, das kommt nicht wieder«. Die attraktive Tänzerin Fanny gerät in die Mühlen der Politik. Mit ihrer Hilfe will Metternich hinter die Pläne des Herzogs von Reichstadt, Napoleons Sohn, kommen. Sie lehnt ab. Durch Zufall aber verliebt sie sich in den Herzog, ohne jedoch dessen wahre Identität zu kennen. Metternich schöpft Verdacht und schickt sie nach Paris. Der Herzog will den Bonapartisten wieder an die Macht verhelfen, aber sein Plan mißglückt. Fanny muß weitertanzen.

Die Politik wurde zum Sündenfall für die Frauen. Allein an Heim und Herd winkte für sie das Glück. Aus dem öffentlichen Leben waren sie ausgeschlossen, nur als jubelnde Statistinnen bei den Auftritten des Führers genehm. Scheinbar ausgenommen von solcher Funktionalisierung, scheinbar emanzipiert, war die Schauspielerin doch nicht minder reduziert, eingeschränkt in ihren Möglichkeiten und Fähigkeiten. Indem sie zur Mittlerin der den Frauen zugedachten und einzig zugestandenen Funktion wurde, sich dazu machte, war sie selbst auf eine Funktion fixiert, auf eine Rolle.

»Echtheit«, »Ganzheit« und »Wahrheit« hießen die ästhetischen Ideale einer Zeit, in der das Leben des einzelnen völlig verwaltet, verplant war. Kaum ein Kritiker oder besser »Kunstdiener« ersparte es sich, auf der »Natürlichkeit« und Unverstelltheit schauspielerischer Leistungen zu beharren – als sei dies kein Widerspruch. Kaum ein Theoretiker verzichtete darauf, die Schauspielerei, zumal die der Frauen, zur Kunst zu verklären, die, aus tiefsten inneren Quellen genährt, Ausdruck des ganzen Wesens und der Einheit von Körper und Seele sei. Die Schauspielerin sollte sich nicht verstellen, sondern mit ihrer Rolle identisch sein, damit das Publikum sich mit ihr identifizieren konnte. Wenn Olga Tschechowa, die »Dame«, in Wunderwelt Film. Künstler und Werkleute einer Weltmacht von der Fähigkeit, sich zu verwandeln, schwärmte, so meinte sie damit eine Gabe jenseits aller »Veräußerlichung«, stets im Dienste des Volkes und im Bewußtsein der »erzieherischen Funktion« des Schauspielers. (Siska: 1943, S. 82)

Ihre Kolleginnen Lil Dagover und Luise Ullrich sahen dies nüchterner, skeptischer, zumindest in ihren Autobiographien. Die Ullrich klagt über die ewiggleichen Drehbücher, die immergleichen Rollen als junge Frau zwischen Ehemann und Geliebtem. Gesten und Möglichkeiten, zu lachen und zu weinen, konnte sie schon »numerieren«. (Ullrich: 1973, S. 143) Die Dagover charakterisiert das Rollenangebot: »Eine deutsche Frau betrügt nicht ihren Mann, ein deutscher Mann betrügt nicht seine Frau, ein deutsches Ehepaar bleibt nie kinderlos, ein deutsches Kind belügt seine Eltern nicht, ein deutsches Mädchen liebt keine Ausländer, ein deutscher Jüngling liebt keine Fremdländische.« (Dagover: 1979, S. 209) Wie kaum eine andere Schauspielerin entsprach die Schwedin Kristina Söderbaum dem Echtheitspostulat der Nazis. Als blonde, breitbeckige Kindfrau schaut sie in ihren Filmen zu den Männern auf, wird unschuldig verfolgt, geht aus Liebe in ihr Verderben. In JUGEND nach Max Halbe spielt sie unter der Regie ihres Gatten Veit Harlan die arme Waise, die bei ihrem Onkel, einem Theologen, wohnt und sich in einen Studenten verliebt: »Ich verdiene es ja nicht, daß mir ein Mensch gut ist.« Durch einen puritanischen Vikar wird das Verhältnis entdeckt. Die Waise geht ins Wasser. Die Söderbaum begann eine Karriere als »Reichswasserleiche«. Wie ergreifend mußte es wirken, wenn die Lieblingsarierin der Nazis in JUD SÜSS als Dorothea Angermann, gemartertes, geschundenes Opfer des Juden, sich ertränkt! Die Zuschauerinnen schrieben gleichwohl Liebesbriefe an Ferdinand Marian, den Darsteller der Titelrolle.

Nicht einmal in der ihr allein gewährten Domäne, der des Gefühls, durfte die Frau sich frei äußern, frei entscheiden. Sie hatte keine Wünsche zu haben, sie hatte ein Schicksal. Ihr Körper war Teil des Volkskörpers, Erotik tabu. Von der Leinwand verschwunden waren die lasziven Szenen des Expressionismus. Verbannt war der Vamp. Es gab Ausnahmen: In Marlene-Dietrich-Manier durfte Brigitte Horney in LIEBE, TOD UND TEUFEL noch 1934 als Barmädchen Rubby ein aufsässiges »So oder so ist das Leben« singen. In SAVOY-HOTEL 217 brachte sie zwei Jahre später unter Gustav Ucickys Regie den Männern Unglück – und mußte dafür sterben; ein Schicksal, das keinen Vamp je ereilte. Hilde Krahl folgte 1940 als Tochter des »Postmeisters« Heinrich George ihrem Gefühl. Ihr Liebhaber läßt sie sitzen, sie wird zur Kokotte und darf sich noch einmal verlieben, ganz unschuldig, ganz bescheiden. Die Vergangenheit holt sie ein – auch sie muß büßen.

Erotik wurde zum Exotikum, den Russinnen, den Fremden vorbehalten und dennoch sanktioniert. Privat gaben sich die Herren des Dritten Reiches weniger prüde. Marianne Hoppes Anekdote beweist es. Marika Rökk mußte sich unter dem Tisch von Goebbels die Beine streicheln lassen, und Zarah Leander konnte sich des männlichen Drängens des Propagandaministers nur durch die Frage nach einem Butterbrot erwehren. Reichsorganisationsleiter Robert Ley, Führer der DAF, heiratete die junge Schauspielerin und Sängerin Inga

Hansen, die es allerdings nicht lange mit ihm aushielt. Sie beging Selbstmord, worüber selbst der Führer höchst betrübt gewesen sein soll. Der Berliner Polizeipräsident Wolf Heinrich Graf von Helldorf protegierte seine Freundin Else Elster; sein Sohn soll es ihm nachgetan und ein Verhältnis mit Jenny Jugo gepflegt haben. Sie alle übertraf Martin Bormann. Er war liiert mit der Dresdner Schauspielerin Manja Behrens, seine Frau Gerda war eingeweiht und einverstanden. Zum Wohle der Volksgemeinschaft forderte sie ihren Gatten auf, Kinder mit der Schauspielerin zu zeugen.

Vor solchem Hintergrund erklärt sich, daß auch der Film der Nazizeit mitunter durchaus »freizügig« sein konnte. Allerdings erinnern die Aufmärsche spärlich bekleideter Tänzerinnen in den Hollywood nachempfundenen Revuefilmen weniger an erotische Darstellungen denn an die Turnübungen des »Bunds Deutscher Mädel«. Ein Vorbild hatte die ehemalige Tänzerin Leni Riefenstahl gegeben, als sie im Prolog zu Fest der Völker ihren olympischen Heroen eines imaginären, germanisierten Griechenlands armschwingende und mit dem Becken kreisende Sportlerinnen zur Seite stellte. Privat äußerte sich Goebbels froh darüber, daß wenigstens die Schauspielerinnen von Arbeitsdienst und BDM ausgenommen seien und sich so eine gewisse Eleganz und Schönheit gewahrt hätten.

Nackt unter einem Pelzmantel sollte Kristina Söderbaum in Das unsterbliche Herz, einem der zahlreichen Geniefilme und Führerprojektionen der Zeit, Heinrich George verführen, der den Erfinder der Taschenuhr, Peter Henlein, spielte. »Eine deutsche Frau ist keine Hetäre«, kommentierte George. Die Söderbaum, zur »Natürlichkeit« bestimmt, war zur Lächerlichkeit verurteilt. In Immensee, Veit Harlans sehr freier Adaption der gleichnamigen Storm-Novelle, trat sie wiederum nackt auf, diesmal als Badende. Die Entblößung der Frau suggerierte keineswegs sexuelle Unbefangenheit, sondern Verfügbarkeit. Darum war sie einer Vergewaltigung nicht unähnlich.

Nichts Besseres als der Söderbaum widerfuhr La Jana, die Alfred Polgar einmal die »vollkommene Blöße« genannt hatte. In Richard Eichborns Remake des Joe May-Films Das

INDISCHE GRABMAL schwang sie Arme und Hüften, nur bekleidet mit einer Art Metallbikini. Als Concha wiederholte sie in
DER STERN VON RIO unter Karl Anton diesen Auftritt im
schwarzen Netzkleid. Nur die Kameraführung gab der Szene
einen Hauch von Bewegung und Temperament. Die Nacktheit der La Jana war die einer Statue, den glatten, makellosen
und gänzlich unerotischen Figuren eines Arno Breker ähnlich,
.den Frauendarstellungen eines Adolf Ziegler vergleichbar,
dessen Triptychon der vier Elemente des Führers Münchner
Wohnhalle zierte.

Gegen Ende der dreißiger Jahre scheint sich die ebenso
prüde wie heimlich lüsterne, zutiefst zweideutige Gesinnung,
Mischung aus Sexualangst und Frauenverachtung, im Film
zu verändern. Mit Zarah Leander betrat eine Figur die Szene,
die neu und überraschend wirkte, verführerisch und durchaus
selbstbewußt. Die Leander wurde offiziell zum Garbo- und
Dietrich-Ersatz stilisiert, auch wenn sie eher einer Mae West
glich, nicht im Wesen und Auftreten, doch in Körperbau und
Gestalt. Sie drängte die folgsamen Frauchen, die Mütter-
lichen und Kindlichen in den Hintergrund, nicht nur weil sie,
die Fremde, die Ausländerin, den Sehnsüchten nach Befreiung aus dem engen, verwalteten Leben entsprach, sondern
weil sie deren Rolle mitübernahm.

Stets führt die Leander auf der Leinwand ein Doppelleben.
Sie ist verführerisch und schmachtend, Verheißende und Verlassene, Sängerin, Tänzerin, Kokotte, große Dame und verzweifelt Liebende, unglückliche, aber treue Gattin und für-
sorgliche Mutter. Stets endet ihre Emanzipation beim Mann.
In HEIMAT spielt sie neben George die erfolgreiche Sängerin
Maddalena dall'Orto – eigentlich Magda von Schwartze –, die
einst vom Vater verstoßen wurde und nun, an den Ort des
Geschehens zurückgekehrt und mit dem Tyrannen ausge-
söhnt, den Mann, der sie damals verführte, heiraten soll. Der
Verführer, ein Bankier, der in unsaubere Geschäfte verstrickt
ist, begeht Selbstmord. Die Leander singt ein Stück aus Bachs
Matthäus-Passion. In DER BLAUFUCHS darf sie als Gattin eines
vertrottelten Fischeforschers den schneidigen Flieger Willy
Birgel lieben. Sie verläßt den Ehemann und fliegt mit Birgel
gen Himmel. Der Film wurde ein Mißerfolg. Eine verheira-

tete Frau, die in den – wie allgemein bekannt homosexuellen
– Tschaikowski verliebt ist, spielt sie in Es war eine rauschende Ballnacht. Bevor die Liebenden zueinander finden
können, stirbt der Komponist.

Einen ihrer größten Leinwandtriumphe feierte Zarah Leander in Die grosse Liebe. Als Sängerin Hanna Holberg verliebt sie sich während eines Luftangriffs in den Flieger Paul
Wendlandt. Er verbringt eine Nacht mit ihr – eine Szene,
gegen die die Luftwaffe übrigens scharf protestierte. Die Sängerin und der Flieger verloben sich, da wird er an die Front
gerufen. Hanna arbeitet als Krankenschwester in einem Mili-
tärlazarett. Eines Tages wird Paul eingeliefert. Überzeugt, daß
der Krieg bald zu Ende ist, halten sie sich die Hände. Aus dem
Vamp wurde die Soldatenbraut.

Zarah Leander, die in Die grosse Liebe versprach »Davon
geht die Welt nicht unter«, war ein Symbol. Dem deutschen
Soldaten verhieß sie eine mögliche Vereinigung in einer nicht
allzu fernen Zukunft. An Fleischliches war dabei, ihrer Sinn-
lichkeit zum Trotz, nicht zu denken. Die Braut des Soldaten
war und blieb Deutschland. Auch wenn er zwischendurch
Profaneres verlangte: »ein hübsches Mädel, eine flotte Tänze-
rin, in Wort und Geste anständig.« (Wulf: 1983, S. 216) Ilse
Werner konnte in Wunschkonzert zugemutet werden, drei
Jahre auf einen Mann zu warten, den sie einmal, bei der
Olympiade, kurz gesehen. In geschickter Weise verband der
Film die Mahnung an die Größe des nationalsozialistischen
Deutschland – eine Sequenz aus Leni Riefenstahls Olympia-
Film – mit der Darstellung des Alltags, der zwar weniger gran-
dios, doch keineswegs grau war: im Wunschkonzert wurden
jeden Sonntagnachmittag Lieblingsmelodien der Soldaten
und ihrer Familien gespielt, stärkten Stars wie Marika Rökk
und Heinz Rühmann die Moral an der Front und in der Heimat.

Die Situation der Frauen hatte sich seit Kriegsbeginn geändert. Zwar waren schon 1939, trotz der offiziellen Parolen und
Leitbilder, 25 Prozent der Frauen in der Industrie tätig, doch
nun nahm ihre Zahl ständig zu. Der Schauspielerin wuchs
zwar keine neue, doch eine umfangreichere Aufgabe zu.
Schauspielerinnen taten Dienst an der Front, wurden zur

Truppenunterhaltung eingesetzt. Auch der Film reagierte: Vom ewig unpünktlichen Mädchen zur Mustergattin, die, so das Programmheft, die Verluste zweier Weltkriege mit »gütigem Herzen« zu tragen weiß, reift Luise Ullrich als »Annelie« im gleichnamigen Film von 1941. Paula Wessely mahnt im gleichen Jahr in Gustav Ucickys Propagandamachwerk Heimkehr zu deutscher Tugend und Hoffnung: »Denn wir leben nicht nur ein deutsches Leben, wir sterben auch einen deutschen Tod. Und tot bleiben wir auch deutsch und sind ein Stück von Deutschland. Und ringsum singen die Vögel und alles ist deutsch.«

Am deutlichsten wohl spiegelte sich die veränderte Lage in den Rollen der Marika Rökk. Sie war die Gegenspielerin der Leander in Es war eine rauschende Ballnacht und deren profanes Pendant: keine deutsche Eleanor Powell, nur eine »Turnerin«, wie Friedrich Sieburg sie nannte, aber kess und sportlich, imstande, jede Situation zu meistern. In Hallo Janine unter der Regie Carl Boeses macht sie 1939 Karriere als Revuestar, weil sie den richtigen Mann kennenlernt. Ein Jahr später, in Kora Terry unter der Regie ihres Gatten Georg Jacoby, spielt sie die Doppelrolle der guten und der bösen Schwester. Die verdorbene Kora muß sterben, das Unschuldslamm Mara bekommt, nachdem es alle Schwierigkeiten tapfer bewältigt, den geliebten Mann. 1944, in Die Frau meiner Träume, hat Marika Rökk alias Julia Köster die Karriere bereits satt und verliebt sich in einem Tiroler Dorf in einen Naturburschen. Sie kehrt in die Stadt zurück, hat Erfolg auf der Bühne und bekommt den geliebten Mann. Die Rökk muß sich in diesem Film ständig umziehen, mal einen geliehenen Pyjama, mal ein Dirndl tragen – eine Hymne auf die Kunst der Improvisation, die der Krieg den Frauen abverlangte.

Lizzy Waldmüller mußte in Es lebe die Liebe, ähnlich wie Ilse Werner in Wunschkonzert, auf den Mann warten, den sie ein einziges Mal gesehen und der sie schon längst vergessen hat. Ihn zu erobern spielt sie eine Doppelrolle: die treue und »gemütliche« Ehefrau, zuverlässig und nüchtern, und den routinierten und erfolgreichen Bühnenstar Manuela del Orta (!), ein wenig exotisch und sehr selbstbewußt. Dem weiblichen Publikum suggerierte die Schauspielerin, daß Berufstätigkeit und Ehe, Selbständigkeit und Unterwürfigkeit durchaus in Einklang zu bringen waren. Nicht immer freilich fand dies variierte Rollenbild auch den Beifall der Männer. Marika Rökks bis zum Nabel reichenden Ausschnitt in DIE FRAU MEINER TRÄUME hielt Goebbels für »frivol«: »So tanzt eine deutsche Frau nicht.« Auch ein Dekolleté konnte Protest bedeuten.

Nur wenige Filme des Dritten Reiches zeigten die wirklichen Wünsche und Sehnsüchte der Frauen. Marianne Hoppe spielte 1939 in Gründgens' Fontane-Verfilmung DER SCHRITT VOM WEGE die Effi Briest, die unter den Konventionen und Zwängen der Zeit leidet. Die zeitgenössische Kritik übersah die Rolle der Effi und gab dem pflichtbewußten Innstetten recht, der die Ehebrecherin verstößt: »Es braucht ja nicht erst noch begründet zu werden, daß im Reiche Adolf Hitlers die Familie die unantastbare Kraft des äußeren und des inneren Gefüges des Volksganzen darstellt.« (Bandmann/Hembus: 1980, S. 125)

Die Hoppe war in Käutners AUF WIEDERSEHEN, FRANZISKA die treue Ehefrau, die auf ihren Mann wartet; sie war aber auch 1943 in ROMANZE IN MOLL die Madeleine, die mit einem korrekten Buchhalter verheiratet ist und sich nach einem anderen, freieren und romantischeren Leben sehnt. Madeleine verliebt sich in den Komponisten Michael, sie trifft sich heimlich mit ihm. Ihrem Gatten spielt sie die zuverlässige Ehefrau vor. Als sie erpreßt wird und sich von ihrem Geliebten verlassen und verraten glaubt, begeht sie Selbstmord. Käutners Film wurde des Eskapismus verdächtigt, nicht nur von den damaligen Kritikern. Doch spiegelte diese intime Liebesgeschichte, die die politische und gesellschaftliche Situation der Zeit völlig auszuklammern schien, aufs genaueste die Lage der Frauen wider: ihre Fixierung auf ein Rollenbild, das jede Selbstverwirklichung ausschloß, und ihre Frustration in einer von den Männern beherrschten Welt, in der Ordnung und Pflicht alles bedeuteten und Gefühle ein gefährlicher Luxus waren.

Winnie Markus spielte die Verkäuferin Christine in Peter Pewas' DER VERZAUBERTE TAG: In einem fahrenden Zug sieht sie, Augenblicke lang, einen Mann, der sie unverwandt anzuschauen scheint. Sie verliebt sich in ihn, verbringt einen Früh-

lingssonntag mit ihm, schläft mit ihm. Als sie erfährt, daß sein
Blick nicht ihr, sondern der Schrift auf dem Bahnhofskiosk
galt, glaubt sie sich betrogen. Verzweifelt läuft sie nach Hause,
wo der betrunkene Krummholz, ihr eifersüchtiger Verlobter,
sie niederschießt. Sie überlebt, und am Krankebett gibt es für
sie ein Happy end mit ihrem Liebhaber, einem Maler. Nicht
nur die pessimistische Grundströmung des Films, seine poeti-
schen, wie verschleiert wirkenden Bilder und die erotischen
Szenen in der Wohnung des Malers störten das Regime; be-
mängelt wurde vor allem die Darstellung des Krummholz. Sie
wurde als Herabsetzung des deutschen Kleinbürgertums, das
sich im Krieg so tapfer bewährte, angesehen. Die Zensur verbot DER VERZAUBERTE TAG, trotz des Happy ends, das sich
Pewas hatte aufnötigen lassen.

Ein Happy end gab es auch für die Diven des Dritten
Reichs, für die meisten jedenfalls. Marika Rökk mußte kurz
pausieren, weil sie als Spionin verdächtigt wurde. Zarah Leander gelang erst Ende der fünfziger Jahre ein deutsches Co-
meback als »Madame scandaleuse« in Peter Kreuders Musi-
cal. Bis kurz vor ihrem Tod, 1981, stand sie auf der Bühne und
sang vor einem immer noch jubelnden Publikum ihre alten
Lieder, »Ich weiß, es wird einmal ein Wunder geschehen«
und ihr berühmtes »Davon geht die Welt nicht unter«. Kristina Söderbaum lehnte alle Rollenangebote ab, solange es
ihrem Ehemann Veit Harlan verboten war, Filme zu machen.
1950 konnte sie schon wieder eine Hauptrolle in Harlans UN-
STERBLICHE GELIEBTE spielen. In den sechziger Jahren, nach
seinem Tod, begann sie eine zweite Karriere als Photographin,
ähnlich wie Leni Riefenstahl, wenn auch mit geringerem Erfolg. Paula Wessely mußte sich manche Vorwürfe anhören
wegen ihrer Rolle in HEIMKEHR. Doch schon im Dezember
1945 wurde sie rehabilitiert. Im März 1946 trat sie in Bertolt
Brechts DER GUTE MENSCH VON SEZUAN auf: Helene Weigel
verwahrte sich im Namen ihres Mannes gegen diese vom Autor nicht genehmigte Wiener Aufführung. 1948 spielte die
Wessely in dem Film DER ENGEL MIT DER POSAUNE eine Jüdin,
die von der Gestapo verfolgt wird und Selbstmord begeht.
Zwei Jahre später stand sie für Gustav Ucicky in KIRBISCH vor
der Kamera, ein paar Jahre darauf für Veit Harlan in DAS

DRITTE GESCHLECHT, einem Film, der die Homosexuellen ver-
unglimpfte. Marianne Hoppe blieb eine erfolgreiche Film-
und Theaterschauspielerin wie Käthe Haack, Käthe Gold und
die Dorsch. Um Sybille Schmitz wurde es still. Sie fand keine
Rollen mehr. 1955 beging sie Selbstmord.

Sie waren keine Teufelskünstlerinnen, keine machtbesesse-
nen Artistinnen, wie Heinrich und Klaus Mann die Schauspielerin beschrieben hatten. Kein weiblicher Mephisto war unter
ihnen und kaum eine Nicoletta von Niebuhr, in Klaus Manns
Roman Partnerin und Ehefrau des Hendrik Höfgens, die wie
er ihrem Ehrgeiz sich selbst, den besseren Teil ihres Wesens,
und andere opferte. Sie hatten sich angepaßt, hatten ihre
Rolle gespielt, ohne zu fragen, ohne zu protestieren. Kristina
Söderbaum hat sich in ihrer Autobiographie darüber beklagt,
daß Harlan sie wie ein unmündiges Kind gehalten habe. Die
Rökk fand Hitler schüchtern, die Leander Goebbels sehr intelligent und Göring, der ihr Süßigkeiten und Pferdewürst-
chen anbot, nicht so schlimm. Nur Marianne Hoppe wagte
deutlichere Worte, gab zu, gewußt zu haben von Verfolgungen
und Konzentrationslagern, nicht alles, nicht in letzter Konsequenz, aber doch gewußt zu haben, daß Auschwitz ein
»Schrecken« war.

Indem sie sich naiv, unpolitisch und nur an der Kunst interessiert nannten, indem sie kokettierten mit diversen Formen
des Widerstands, den sie, meist in ganz intimem Umgang mit
den Machthabern, geleistet haben wollten, legten sich die
Schauspielerinnen des Dritten Reichs nach dem Krieg eine
neue Rolle zu: eine Rolle, die freilich kaum unterschieden war
von der alten, die ihnen die Nazis im Leben wie auf der Leinwand zugedacht hatten. Und sie hatten Erfolg damit, wurden
wieder mit Preisen und Prädikaten bedacht, bejubelt und gefeiert. Als 1986 Elfriede Jelineks Posse BURGTHEATER erschien, eine bitterböse Satire auf die Aktivitäten des Wessely-
Hörbiger-Clans während des Dritten Reichs, war die Empörung groß, nicht nur in Österreich. Eine geheiligte Institution
war in den Schlamm gezerrt. Paula Wessely entschuldigte
sich. Dafür, daß sie nicht den Mut gefunden hatte, die Dreharbeiten zu HEIMKEHR abzubrechen und zurückzuweisen, daß
die Nazis sich mit ihr brüsteten.

Marianne Hoppe (1911) als Gretchen in Goethes *Faust*.

Lida Baarova (1914).

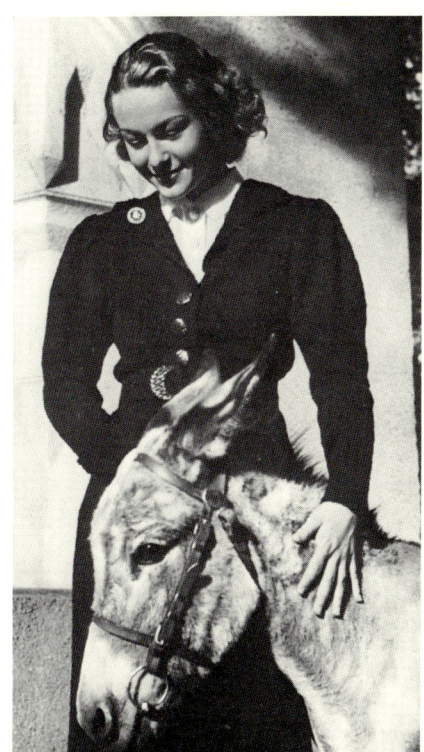

Ilse Werner (1918),
Schnappschuß im Berliner Zoo.

Marika Rökk (1913).

Ingrid Bergman (1915-1982). Skandinavischer Charme. Die Bergman *vor* Selznicks Zugriff. (*oben*)

Zu Beginn ihrer amerikanischen Karriere als Kreation von Selznick. (*links unten*)

Als ›Natural Beauty‹. Selznicks Werk in Vollendung. (*rechts unten*)

Joseph Garncarz

Die Schauspielerin wird Star
Ingrid Bergman – eine öffentliche Kunstfigur

Was verbindet Madonna mit Herbert von Karajan? Was hat
Joan Crawford mit Maradonna zu tun? Was haben Niccolò
Paganini und Rudolph Valentino gemeinsam? Und was Sarah
Bernhardt und Lillian Gish? Alle sind Stars. Was aber hat ein
Rockstar mit einem Dirigentenstar unserer Tage gemeinsam?
Was verbindet einen Hollywoodfilmstar mit einem Fußball-
star? Was hat ein Starvirtuose des frühen 19. Jahrhunderts mit
einem Filmstar der zwanziger Jahre gemeinsam? Und was
verbindet einen Bühnenstar der viktorianischen Zeit mit ei-
nem Stummfilmstar? Was also ist ein Star?

Zum Star kann eine einzelne Person werden, die sich derart
markant von anderen unterscheidet, daß sie in ihrer Einzigartigkeit auffällt. Sie darf ihre Einzigartigkeit allerdings auch
nicht allzusehr kultivieren, denn der Grad der Individualisierung bleibt immer an die Akzeptanz des Publikums gebunden.
Stars müssen anders als ihr Publikum sein, dürfen sich von
ihm aber auch nicht zu weit entfernen.

Das Medium, in dem sich die Einzigartigkeit des Stars realisiert, kann entweder überwiegend die Person selbst oder
aber überwiegend ihr Können sein. Die Balance kann sich
mehr zum einen oder mehr zum anderen Pol verlagern. Prägen Starvirtuosen wie Friedrich Gulda oder Gidon Kremer
ihre Persönlichkeit vor allem in ihrem Können aus, so realisie-
ren Stars des erotischen Kinos wie Jayne Mansfield oder Brigitte Bardot ihre Besonderheit in erster Linie über ihre Person.

Was ein Star ist oder kann ist gegenüber dem, was ein Publikum sich selbst zuerkennt, immer gesteigert. So gelingt es
Madonna in besonderem Maß, selbstbewußt mit ihrer Erotik
umzugehen. Und Buster Keaton beherrscht auf herausragende Weise seine akrobatischen Fähigkeiten. Stars sind in

diesem Sinn Musterexemplare, die irgend etwas in besonderem Maße sind oder können. Dies macht sie zu Identifikationsfiguren.

Ohne daß ein Publikum ein besonderes Interesse an einer einzigartigen Person entwickelt, ist ein Star nicht möglich. So sehr haftet bei einem Star das Interesse an der Person und ihrem Können, daß das, was sie darstellt, spielt, produziert oder interpretiert, an Eigengewicht verliert. Nicht daß und wie etwas angeboten wird, ist ausschlaggebend; entscheidend ist vielmehr, daß es diese und keine andere Person ist, die dieses oder jenes in dieser oder jener Art darbietet.

Menschen, die von einem Star fasziniert sind, versammeln sich an bestimmten Orten wie Kinos, Theatern, Stadien oder Sporthallen zu einem Publikum. Hier bieten Stars sich und ihr Können immer wieder in Ereignissen dar, die öffentlich zugänglich sind. Die einzigartigen Persönlichkeiten der Stars sind aber auch unabhängig von den öffentlichen Ereignissen, in denen sie auftreten, gegenwärtig. Von Stars zirkulieren Persönlichkeitskonzepte, die Images, in der Öffentlichkeit.

Das Image eines Stars ist das Bild einer markanten Persönlichkeit, das aus einem Set zugeschriebener Eigenschaften besteht. Es setzt sich aus zwei unterschiedlichen Quellen zusammen, nämlich dem öffentlichen Ereignis, in dem sich der Star präsentiert, und Informationsmedien wie Tageszeitungen und Zeitschriften, die über den Star berichten. Es ist in sich zusammenhängend und relativ unwandelbar. Ohne solche Konsistenz und Kontinuität eines Images ist ein Star gar nicht möglich, weil mit der Stabilität des Images die Glaubwürdigkeit der einzigartigen Persönlichkeit steht und fällt.

Diese Theorie des Stars versucht, alle Fälle zu integrieren, handele es sich nun um einen Revuestar der dreißiger Jahre dieses Jahrhunderts oder um einen Bühnenstar der achtziger Jahre des letzten Jahrhunderts. Gibt es Fälle, die der Theorie widersprechen, so muß sie modifiziert werden. Allerdings ist eine solche Korrektur nicht notwendig, wenn eine Person nur als Star bezeichnet wird, tatsächlich aber gar kein Star ist. Nicht selten wird nämlich einer Person aus strategischen Gründen das Etikett Star aufgeklebt, damit sich durch die Beschwörung des Publikumsinteresses dieses selbst einstelle.

Einer solchen inflationären Verwendung des Begriffs Star im populären Diskurs steht eine defizitäre Verwendung des Begriffs in wissenschaftlichen Arbeiten gegenüber. So begegnet man nicht selten dem Vorurteil, im 19. Jahrhundert habe es gar keine Stars gegeben, sie seien erst ein Produkt der Filmindustrie. Dabei ist seit den zwanziger Jahren des 19. Jahrhunderts im angloamerikanischen Raum immer wieder von Stars die Rede. So erscheint zum Beispiel 1889 in Philadelphia ein zweibändiges Werk mit dem Titel THE STAGE AND ITS STARS (Paul und Gebbie). In den nicht englischsprachigen europäischen Staaten werden allerdings noch die jeweiligen nationalsprachigen Bezeichnungen verwendet. So heißt der Star in Deutschland Virtuose und in Italien diva und divo. Aufgrund der unterschiedlichen Bezeichnungen erscheint es leicht so, als habe man auch zwei unterschiedliche Gegenstände, die unabhängig voneinander sind. Tatsächlich handelt es sich jedoch um das gleiche Phänomen: eine einzigartige Person, die sich und ihr Können in einem öffentlichen Ereignis darbietet und an der ein Publikum ein besonderes Interesse hat.

Wie entsteht ein solches öffentliches Interesse an der Einzigartigkeit einer Person? Wie also werden Stars möglich?

Das immer breitere Bevölkerungskreise umfassende Bedürfnis nach Stars entsteht in einem langfristigen Transformationsprozeß der Gesellschaft, der seit der Renaissance festzustellen ist. Indem sich Menschen in immer größeren sozialen Verbänden zusammenfinden, prägen sie in immer stärkerem Maß eine je besondere Ich-Identität aus. Der einzelne, der sein Dorf verläßt und sich in einer der schnell wachsenden Städte ansiedelt, ist stärker als zuvor auf sich gestellt. Sein selbstverständliches Zugehörigkeitsgefühl zu seinem Geburtsverband weicht einer stärkeren Individualisierung.

In dem Maß, in dem sich Menschen in größeren Einheiten wie zunehmend urbanisierten Staaten integrieren, fächern sich die Funktionen, die in einer Gesellschaft zu erfüllen sind, immer mehr auf. Die steigende Anzahl der Berufe etwa bedingt, daß der einzelne Mensch sich ständig weiter spezialisieren muß. Er wird zum Träger ganz besonderer Fertigkeiten, prägt eine je besondere Ich-Identität aus.

Auch die Nichtanwendung und schließlich die Aufhebung der Kleiderordnungen ist ein Moment dieses Individualisierungsprozesses. Kleidung bezeichnet nicht mehr so sehr die gesellschaftliche Stellung des einzelnen Menschen. Menschen geben sich mit selbstgewählten Kleidungsstücken vielmehr ein persönliches Image. Sie unterscheiden sich auf diese Weise voneinander und signalisieren sich, für wen sie gehalten werden möchten.

Im Zuge einer zunehmenden Vergrößerung sozialer Verbände und einer Vervielfachung der Funktionen, die in ihnen zu erfüllen sind, werden Menschen jedoch keineswegs nur individueller. Sie vereinzeln auch in steigendem Maß. Derjenige, der sich in einer der schnell wachsenden Städte ansiedelt, kennt die Menschen, denen er begegnet, in der Regel nicht einmal mehr vom Ansehen. Und wie sich Menschen zunehmend beruflich spezialisieren, werden die Interdependenzketten, die sie miteinander bilden, immer länger. Auch dadurch werden Menschen einander fremd. Spezialsierung und Entfremdung, Individualisierung und Vereinzelung sind Prozesse, die eng miteinander verknüpft sind.

In diesem langfristigen gesellschaftlichen Transformationsprozeß, für dessen Verständnis Norbert Elias Denkmittel zur Verfügung gestellt hat, entsteht das Bedürfnis nach Identifikationsmodellen für den neuen sozialen Habitus. Stars sind eine mögliche Antwort auf dieses Bedürfnis.

Sie sind nicht nur Modell schlechthin für die erfolgreiche Ausbildung einer individuellen Persönlichkeit. Darüber hinaus bieten sie einzelne Modelle für die individuelle Adaptierung eines je besonders geformten sozialen Habitus an, den der einzelne Star repräsentiert. Neben solchen Vorbildfunktionen haben Stars noch eine regulative Funktion für die Erfahrung der Vereinzelung, die mit der zunehmenden Individualisierung einhergeht. Ein Star, der für sein Publikum ein Vorbild ist, ist zugleich eine wenn auch nur einseitige Bekanntschaft.

Bisher war vor allem vom kleinsten gemeinsamen Nenner des Phänomens, von dem, was alle Stars charakterisiert, die Rede. Aber natürlich bleibt die Struktur des Phänomens Star seit dem frühen 19. Jahrhundert nicht unverändert. Wie entwickelt sich im besonderen das Phänomen Schauspielerstar?

Im 19. Jahrhundert ist der Star zunächst eine Person, die eine bestimmte Art zu sprechen und zu spielen individualisiert. Eine bestimmte Darstellungsform wird auf markante Art individuell ausgeprägt. Der Fokus der Aufmerksamkeit ist wesentlich auf diese individuelle professionelle Leistung einer einzelnen Person gerichtet. Der Begriff der Virtuosität konserviert auch heute noch diese Bedeutung. Das Privatleben der Stars war hingegen noch kaum von Interesse.

In den letzten Jahrzehnten des 19. Jahrhunderts löst sich die deutliche Trennung zwischen der öffentlichen und der privaten Person auf. In den achtziger Jahren gilt in den Vereinigten Staaten die Fähigkeit, eine Figur zu verkörpern, als eine Seltenheit auf der modernen Bühne. »In all her ›creations‹«, heißt es etwa über Mrs. Minnie Maddern Fiske, »she has presented her own identity without any substantial modification of speech, gesture, look, or manner.« (Mullin: 1983, S. 202) Ganz entsprechend heißt es über Ethel Barrymore: »Charmingly girlish on the stage, she is equally so when she is away from the footlights. She is, practically, the same ›off‹ as ›on‹ the boards.« (Kobbé: 1903, S. 46) Die wirkliche Person tritt stärker aus dem Schaupiel heraus. So hat die Art des Darstellens ihr Modell nicht länger überwiegend an theatralen Formen, sondern am Verhalten der wirklichen Person in der Lebenswelt. Entsprechend wird der Fokus der Aufmerksamkeit allmählich vom Bühnenleben auf das Privatleben des Stars verlagert.

Zeitgleich zu diesem Prozeß, in dem sich die Balance zwischen der Person und ihrem Können zunehmend auf die Person selbst verlagert, entsteht in den Vereinigten Staaten das Medium für die Distribution von personalem Wissen, die Massenpresse, die aufgrund von Innovationen der Drucktechnik möglich wird. In den beiden letzten Jahrzehnten des 19. Jahrhunderts wird es zudem technisch möglich, Fotos in Zeitungen und Zeitschriften zu vervielfältigen; eine Bedingung, die für die Verbreitung des intimen Wissens über Stars nicht unterschätzt werden darf.

Immer breiteren Publikumsschichten werden jedoch nicht nur eine zunehmende Anzahl personaler Informationen zugänglich, sondern vor allem auch in steigendem Maß die Ereignisse selbst, in denen sich der Star präsentiert. Möglich wird dies mit dem Medium Film. Stars können jetzt an mehreren Orten gleichzeitig sein, weil sie nicht mehr selbst, sondern nur noch ihre Abbilder auf Reise gehen.

In den Jahren 1908 bis 1914 adaptiert die amerikanische Filmindustrie das Starsystem des Theaters, um breitere Publikumsschichten zu erschließen. In dieser Zeit wiederholt sich nun zunächst auf eigentümliche Art die Strukturwandlung, die sich im 19. Jahrhundert beim Bühnenstar vollzogen hat. Das Wissen, das über Filmstars verbreitet wird, bezieht sich seit 1908 zunächst auf ihre professionelle Tätigkeit, und erst ab 1914 setzt sich der Diskurs über ihr Privatleben durch.

Die amerikanische Filmindustrie arbeitet nun dieses Modell des Stars weiter aus. Die wirkliche Person wird noch weitgehender als dies bereits im 19. Jahrhundert der Fall ist vom Schauspiel abgehoben. Das geschieht durch eine Fülle von Diskursen über das Privatleben der Stars, die in mitunter nur für diesen Zweck geschaffenen Zeitschriften unaufhörlich verbreitet werden. Dies geschieht in der Regel aber auch, indem die Rollen, die der Star in seinen Filmen spielt, standardisiert und in eine deutliche Nähe zu seinem persönlichen Image gerückt werden (type-casting). Das vielleicht auffälligste Anzeichen hierfür besteht darin, daß oft die fiktive Figur eines Films mit dem Starnamen dessen bezeichnet wird, der diese Figur spielt. Wir sprechen mit einer solchen Selbstverständlichkeit von Marilyn Monroe in SOME LIKE IT HOT und weit weniger selbstverständlich von der Figur Sugar Kane, die von der Schauspielerin Monroe gespielt wird, so als spiele sich Monroe selbst.

Und dies ist tatsächlich so, nur daß der Star, dessen Persönlichkeit in Zeitschriften zelebriert und in der Regel auch so eigentümlich in seinen Filmrollen ausgeprägt wird, keineswegs mehr die wirkliche Person ist, für die wir ihn halten. Der Star ist vielmehr eine öffentliche Kunstfigur, die von einem Schauspieler verkörpert wird. Ein industrieller Apparat entwirft ein Image und inszeniert eine Person in ihrem professionellen wie in ihrem privaten Leben. Was einmal selbstverständlich war, daß ein Schauspieler eine Figur auf der Bühne verkörpert, die mit seiner Person nichts zu tun haben muß, kehrt auf merkwürdige Weise wieder, nur daß die Bühne jetzt das wirkliche Leben ist und die Figur des Stars als authentische Person erscheint. Als sich Rock Hudson öffentlich dazu bekannte, homosexuell zu sein, bevor er an AIDS starb, wurde schlagartig deutlich, daß sein persönliches Image des netten Frauenliebhabers nichts anderes als das Image einer Kunstfigur war, die er auf der Bühne der Öffentlichkeit spielte.

Im Einzelfall war als Geheimnis durchaus hütenswert, daß Stars industriell konstruierte Kunstfiguren sind. Die Tatsache jedoch, daß Filmstars überhaupt Artefakte sind, war in Hollywood ein offenes Geheimnis. Nicht nur die Werbung in den Fanzeitschriften, auch eine ganze Fülle von Filmen, die von Stars erzählen, sprechen unaufhörlich davon. Hier erfährt man anhand von Filmfiguren, die meist von wirklichen Stars gespielt werden, wie Stars aufgebaut werden. Immer wieder wird gezeigt, wie die Person, die Star werden soll oder bereits Star ist, Opfer des rigiden Starsystems wird. Das vielleicht bekannteste Beispiel ist der Film A STAR IS BORN mit Judy Garland und James Mason.

Aus öffentlichen Persönlichkeiten können in dem Maß Kunstfiguren werden, in dem es gelingt, die Kontrolle über die Personen, die Stars sind, sowie über die Kanäle, in denen ihre Images verbreitet werden, zu monopolisieren. Dieser Monopolbildungsprozeß, der bereits im Theatersystem des ausgehenden 19. Jahrhunderts zu beobachten ist, setzt sich erst in der Filmindustrie durch.

Die Strukturwandlung des Phänomens Schauspielerstar ist wie gesehen ein vielschichtiger Prozeß, in dessen Verlauf erst der besondere Typ des Hollywoodfilmstars entsteht. Wie im 19. Jahrhundert zunächst die Darstellung, so ist später überwiegend die Person das Medium, in dem der Star seine Einzigartigkeit realisiert. Die Person hebt sich immer weitgehender vom ästhetischen Text ab, den sie und durch den sie sich selbst in einem öffentlichen Ereignis darbietet. Dadurch verwischt sich für den Zuschauer die Grenze, die noch im frühen 19. Jahrhundert zwischen der Person und ihrer Profession gezogen wurde. Erscheint die Person auf diese Weise immer wirklicher, so ist sie doch unwirklicher denn je. Die Trennlinie zwischen der Person und ihrem Können hat sich nämlich keineswegs aufgelöst, sondern nur verschoben und ein Stück weit den Blicken der Zuschauer entzogen. Die wirkliche Person ist nicht mehr greifbar; greifbar ist nur noch die Figur, die sie spielt. Und diese Figur ist nicht mehr die Figur eines Stücks, die auf öffentlicher Bühne gespielt wird. Sie ist vielmehr zur öffentlichen Kunstfigur geworden, die in Filmen wie im privaten Leben auf der Bühne der Öffentlichkeit gespielt wird. Auch wird sie nicht mehr für eine Figur, sondern für eine authentische Person gehalten. Der Schauspieler, der sie verkörpert, ist in diesem Prozeß kontrollierbarer und verfügbarer, seine Präsentation allseitiger geworden.

So grob ein solcher Überblick über die Entwicklung des Phänomens Schauspielerstar an dieser Stelle notgedrungen ausfallen muß, so wird er dennoch den Blick für die folgende exemplarische Analyse schärfen. Am Beispiel Ingrid Bergman möchte ich jetzt ausführlich zeigen, wie ein weiblicher Filmstar in den Vereinigten Staaten der vierziger Jahre funktioniert.

»Into the strait maze of studio stardom came Ingrid Bergman, on a direct path, saying no«, heißt es in einer neueren Abhandlung über weibliche Filmstars. »No, she would not change her name. No, she would not change her looks; she would not play the same charakter in every film. And no, she would not let her employer tell her how to run her personal affairs. This is the behaviour of an individual, not a star.« (Nordden: 1983, S. 260 f.) So untypisch wie das Beispiel Bergman hier erscheint, ist es nun gewiß nicht. Denn genau das Bild der authentischen Person, das hier skizziert wird, zeigt sich als das Image der Kunstfigur, die Bergman auf der Bühne der Öffentlichkeit spielt.

Ingrid Bergman, gebürtige Schwedin, ist bereits der ›Svensk Filmindustri‹ ein Star, bevor sie in die Vereinigten Staaten von Amerika geht. Dort ist sie von 1939 bis 1945 bei David O. Selznick angestellt, der sie als Star für das amerikanische Publikum aufbaut.

Für eine unabhängige Produktionsgesellschaft wie die Selznicks ist kennzeichnend, daß sie nur wenige Filme im Jahr produziert und über keine Möglichkeit verfügt, die Filme der eigenen Produktion selbst zu vertreiben. Selznicks Strategie besteht jedoch gar nicht so sehr darin, Filme zu produzieren.

Er ist vielmehr darauf spezialisiert, Stars zu kreieren, um sie dann an die Major Companies zu verleihen.

In der Ära Selznick spielt Bergman in elf Filmen, von denen nur zwei von Selznick produziert werden. Neunmal verleiht er sie an die Majors Columbia, Metro-Goldwyn-Mayer, Warner Bros., Paramount und Radio-Keith-Orpheum. Selznick zahlt seinem Star jeweils eine geringe Summe und streicht den Löwenanteil des Verleihhonorars selbst ein.

Mit Bergmans Erfolg wächst ihre Macht, so daß sie den Vertrag mit Selznick nicht verlängert und sich auch an kein anderes Studio bindet, sondern ab 1946 unabhängig arbeitet. 1946 wird sie mit den Filmen der Ära Selznick nach der Umfrage des Gallup-Instituts zum weiblichen Topstar in den Vereinigten Staaten. Sie spielt noch in drei unabhängig produzierten Filmen, bevor sie sich 1949 bei den Dreharbeiten zu STROMBOLI in Roberto Rossellini verliebt und es zum öffentlichen Eklat kommt, der ihrer Karriere vorläufig ein Ende setzt.

Es ist naiv, über Ingrid Bergman schreiben zu wollen, wie sie wirklich war, da doch gerade das in den Medien zirkulierende Wissen den Star unabhängig davon macht, ob es in bezug auf die wirkliche Person adäquat ist. Daher wende ich mich einer Analyse der personalen Diskurse über Ingrid Bergman zu.

Bergmans Image läßt sich rekonstruieren, trägt man alle Artikel über sie aus der Fanzeitschrift Photoplay (Photoplay combined with Movie Mirror: 1941-1946; Photoplay: 1946-1952) zusammen. Selznick hat seine Mitarbeiter immer schriftlich über seine Vorstellungen informiert; ein Teil seiner Anweisungen und Mitteilungen ist veröffentlicht (Selznick: 1972). Liest man nun die Photoplay-Artikel auf dem Hintergrund dieser Selznick-Memos, so wird deutlich, wie Bergmans Image aufgebaut wird.

An wen das Image Bergmans gerichtet ist, ist bereits beim Blättern in den Artikeln feststellbar. Nimmt man die gesamte Werbung, die die Artikel umgibt, als Indiz, so ist unzweifelhaft, daß Frauen die Adressatinnen des personalen Wissens über Ingrid Bergman sind. Die Werbung möchte nämlich durchweg weibliche Interessen ansprechen. Hier wird für Kosmetika, für Babyartikel und für Produkte der Intimpflege ge-

worben. Die Werbung verrät, wie üblicherweise das Körperimage eines Stars aufgebaut wird, um glaubhaft zu machen,
daß mit ihrem Produkt der Appeal eines Stars erreicht werden
kann. Mit einem Büstenhalter, wird versprochen, lasse sich
das Geheimnis Hollywoods lösen. »The bust forms that en-
hance your figure and add more appeal to your charm.« Wie
die Werbung so machen auch die Artikel Identifikationsange-
bote für Frauen. Nicht Männer sollen die Frau Ingrid Bergman, wie sie in der Zeitschrift Photoplay präsentiert wird, be-
gehren; für Frauen ist der Star Bergman ein Modell, das sie
individuell adaptieren können, um Männern zu gefallen.

Wie sieht nun das Image Bergmans aus, das Selznick als
Markenzeichen kreiert und das auch über seine Ära hinaus
verbindlich ist, weil ihr Erfolg an das Image geknüpft bleibt?

»I think there is a publicity angle on Ingrid Bergman which
could be widely built up and which could be used with her for
years«, schreibt Selznick am 22. Juni 1939 an den Chef seiner
Werbe- und Publicityabteilung. Er teilt ihm einige Situationen mit, die er beobachtet hat, und schließt: »All of this is
completely unaffected and completely unique and I should
think would make a grand angle of approach to her publicity,
spreading these stories all around, and adding to them as they
occur, so that her natural sweetness and consideration and
conscientiousness become something of a legend. Certainly
there would be nothing more popular, and nothing would win
for her the affection of fans more than this.«

Allein im Photoplay werden in den vierziger Jahren eine
unübersehbare Anzahl solcher Geschichten verbreitet. Eine
lautet im Mai 1944 so: »A recent newspaper story announced
Ingrid did her own housework and that when she entertained
Mr. and Mrs. David O. Selznick she cooked the dinner, featur-
ing many Swedish dishes, herself. ›I read that story to the girl
I have at home‹, Ingrid said, her soft eyes dancing. ›She was
very indignant. ›I wonder‹, she said, ›what I am doing in this
house!‹ However, time permitting, Ingrid could very excel-
lently look after her home and cook the family meals.« Gemäß
Selznicks Wunsch wird Bergman mit dieser Episode eine
unaffektierte Ehrlichkeit und eine ehrenwerte Rücksicht-
nahme zuerkannt. Dies geschieht, indem die Publicity Holly-

woods als unehrlich überführt wird. Gerade dadurch, daß hier
dergestalt verraten wird, wie ein Image aufgebaut wird, wird
jeder Verdacht getilgt, bei Bergman handele es sich um eben
ein solches Kunstprodukt. Ihre Natürlichkeit wird so als authentische Eigenschaft der Person glaubhaft.

Bergman wird immer wieder als Hausfrau, Ehefrau und
Mutter vorgestellt. Ihre Heirat im Jahre 1937 mit dem Arzt
Peter Lindstrom wird im Oktober 1941 in Photoplay als
»greatest thing in her life« bezeichnet. Bergman wird mehrmals mit ihrer unbeirrbaren Meinung zitiert, ihr Mann mache
alles so wunderbar. »He didn't expect me to be a different
person because I married him«, gibt sie im Mai 1944 zur Be-
glaubigung an. Sie richtet sich nach ihrem Mann wie die Nadel eines Kompasses nach dem erdmagnetischen Feld. Gefallen Dr. Lindstrom die Kleider seiner Frau nicht, so gibt er dies
mit Nachdruck zu verstehen. »In which case Ingrid, a wise and
intelligent wife, doesn't wear them again. A good wife in the
Swedish sense of the word, Ingrid! She always says, ›I must see
what my husband will do.‹« Ohne die »undisturbed happiness
of motherhood« bliebe diese Ehe unvollständig. Mit der Geburt der Tochter Pia kurz vor ihrem Engagement in Hollywood wird dieses Glück besiegelt. Die Kleinfamilie bewohnt
in Beverly Hills ein Haus, »designated for simple unostenta-
tious living«.

Bergman wird immer wieder mit der historischen Person
Johanna von Orléans, die als »simple and honest« charakterisiert wird, identifiziert. So wird sie gebeten, für eine Kirchenfi-
gur der heiligen Johanna Modell zu stehen. Bergman scheint
daher prädestiniert, die Rolle der Johanna auch zu spielen.
Bereits im ersten Photoplay-Artikel im Oktober 1941 ist zu
erfahren, Selznick habe Bergman telegraphiert, sie möge
kommen, um Johanna von Orléans zu spielen, »a part she has
always been dying to do«. Erst 1946 auf dem Theater und
1948 im Film spielt Bergman die Rolle der Johanna, mit der
sie im Verlauf der vierziger Jahre durchweg identifiziert wird.

Immer wieder wird Bergman ihrem Publikum als bescheiden, selbstlos, gelassen, humorvoll, einfach und integer vorgestellt. Sie wird über solche Werte mütterlicher Reife definiert,
keineswegs aber über ihre Sexualität. »She lacks the feline

quality attributed to women in general and actresses in parti-
cular«, heißt es ausdrücklich im Photoplay vom Mai 1944.
»Dame Nature must have run out of claws the day Ingrid was
made.« Daß sie zu Beginn ihrer Hollywoodkarriere in einem
Interview erklärt, man hielte sie für sexy, ruft Selznick auf den
Plan, der über seinen Publicitychef verfügt, daß Bergman kein
unkontrolliertes Interview mehr gibt. »Please don't have her
interviewed in the future«, schreibt er am 12. Juni 1939, zu
einem Zeitpunkt, da ihr Image bereits konzipiert ist, »unless
somebody you can rely on, or you yourself, can be present.«
Ganz im Sinn Selznicks gibt es von Bergman, soweit bekannt,
auch kein zeitgenössisch veröffentlichtes Foto im Badeanzug
wie von vielen anderen weiblichen Stars der Zeit.

Bergmans Image bliebe ohne die Betonung unvollständig,
daß sie keine Fremde mehr im Land ist. Ausdrücklich wird
gesagt, sie hülle sich nicht in »mysterious foreign glamour«,
sondern sei »as American as the girl next door«. Zum Beleg
für den hohen Grad ihrer Einbindung werden im Dezember
1946 in Photoplay Gradmesser der Amerikanisierung gegeben, die »all American Ingrid« perfekt erfüllt. Ihre Vorliebe für
Kaugummi gilt als beispielhaft.

Der Typ Frau, den Bergman repräsentiert, die bedürfnislose
Ehefrau, entsexualisierte Mutter und gute Amerikanerin, ist
vom Typ des weiblichen Filmstars der dreißiger Jahre deutlich
verschieden. Stars wie Katharine Hepburn oder Carol Lom-
bard repräsentieren in den dreißiger Jahren unverkennbar
selbständigere Frauen. Und Stars wie Greta Garbo und Marlene Dietrich sind durchaus nicht »as American as the girl
next door«; sie gelten vielmehr als exotische europäische
Schönheiten.

Die Signale des Körpers gehören in gleicher Weise zum
Image wie das in Schriftform zirkulierende Wissen über den
Star. Wie sieht Ingrid Bergmans Körperimage aus?

»It looks as though we have a new star in Miss Bergman«,
schreibt Selznick kurz nach der Uraufführung des ersten amerikanischen Bergman-Films INTERMEZZO am 9. Oktober 1939,
»with the public and the press all commenting widely on the
fact that her eyebrows look natural, and that she isn't smeared
with Hollywood make-up.«

Ist die Planung ihres Images bereits im Juni 1939, also einige Monate vor dem Start ihres ersten Films, abgeschlossen, so ist ihr Image nicht überall auch unmittelbar durchzusetzen. In Photoplay erscheint im Mai 1941 ein ganzseitiges, farbiges Portraitfoto, das Selznicks Vorstellungen natürlicher Schönheit noch nicht ganz entspricht *(Abbildung links)*. »Natural beauty« wird hier nicht wörtlich, sondern metaphorisch genommen. Mit Make-up wird Bergman wie eine Blume ins Bild gesetzt. Lachsrotfarbene Gladiolen umrahmen ihren Kopf; am Revers trägt sie eine im gleichen Farbton gefüllte Rose. Ihr Gesicht steht im farblichen Einklang mit dem Lachsrot der Blumen: Ihre Wangen sind rougiert und ihre Lippen rot geschminkt. Ein zweiter farblicher Einklang ergibt sich durch das Grün der Blütendeckblätter, der Regenbogenhaut des Auges und des Kostüms.

Die Sichtbarkeit des Make-up hat Bergman hier noch mit anderen weiblichen Filmstars der Zeit gemeinsam. Nur die Augenbrauen Bergmans fallen aus dem Rahmen, da sie natürlich aussehen. Wird Bergman zunächst vermittels der natürlichen Augenbraue von ihren Kolleginnen differenziert, so wird schließlich auch ihr gesamtes Make-up so weit zurückgenommen, daß es als solches nicht mehr auffällt *(Abbildung rechts)*. Das Bergman-Foto vom Mai 1941 ist eine Momentaufnahme aus diesem Differenzierungsprozeß, insofern die Augenbraue, aber noch nicht das Make-up insgesamt natürlich wirkt.

Bergmans natürliche Augenbraue ist zeitgenössisch so auffällig, weil mit ihr ein Paradigmawechsel der Star-Augenbraue eingeleitet wird; eine Strategie, in die bald auch andere Selznick-Stars wie Vivien Leigh und Joan Fontaine einbezogen werden. Bergmans Augenbrauen scheinen nicht in ihrer Form durch Zupfen einzelner Härchen verändert. Bei etwa gleichbleibender Breite verlaufen sie beinahe gerade über den Augen. Dies bedeutet eine kleine Rebellion der Natürlichkeit. Man sieht dies deutlich, wenn man einen Blick auf die typische Star-Augenbraue der dreißiger Jahre wirft. Die Augenbrauen von Greta Garbo und Marlene Dietrich etwa sind zu einer Linie verdünnt, wobei diese sich nach außen hin leicht verjüngt. Garbos Augenbraue wölbt sich raffiniert über dem Auge, wobei der höchste Punkt der Wölbung nicht auf einer senkrechten Linie über dem äußeren Rand der Iris liegt, sondern gegenüber dieser Linie deutlich nach außen versetzt ist. Bei Dietrich liegt der höchste Punkt dagegen eben auf dieser Linie. Gegenüber solcher Raffinesse erscheint Ingrid Bergmans Augenbraue natürlich.

Selznick freut sich über den Erfolg seiner Strategie: »So apparently our decision about Miss Bergman's eyebrows, based upon this studio's feeling that the public was sick and tired of the monstrosities that had been inflicted on the public by most of Hollywood's glamour girls, is going to have a national reaction!«, schreibt er am 8. November 1939 an den Chef seiner Werbe- und Publicityabteilung. »I would just as soon not be identified with this startling national movement personally, but I think it might make for good publicity about Bergman.«

Eine solche Publicitygeschichte findet sich etwa im Oktoberheft 1941 des Photoplay. Geschickt wird in dieser Geschichte die übliche Praxis Hollywoods, ein Körperimage zu kreieren, als Verunstaltung kritisiert und Bergman als Verteidigerin ihrer Natürlichkeit gezeigt, um auch nicht den leisesten Verdacht aufkommen zu lassen, daß Bergmans Natürlichkeit auch nur eine Produktionsstrategie Selznicks ist. »Ingrid ghastly fears of a Hollywood remodeling job on her features. Hadn't every European star returned practically unrecognizable? ›I walked trembling into the studio the first day‹, Ingrid grinned, ›and when the make-up man said, ›Step this way, please‹, I almost fainted. I knew they were going to pluck my eyebrows, dye my hair, lift my chin and do all sorts of horrible things. I resolved to fight to the finish. Imagine my surprise when Mr. Selznick looked me over and said, ›H-m-m-m-m! You won't need any make-up‹. This couldn't be Hollywood.‹«

Der Natürlichkeit der Ingrid Bergman zugeschriebenen Eigenschaften entspricht also die Natürlichkeit ihres Körpers. Die Signale des Körpers werden so angelegt, daß sie die Eigenschaften assoziieren lassen, die den Charakter ausmachen. Der Körper eines weiblichen Filmstars ist die Modelliermasse, in die ein industriell konzipiertes Image eingeprägt wird.

Welche Bedeutung hat nun Bergmans Profession für ihr Image?

Bergmans »proudest achievement is the successful combi-
nation of a fine career and a perfect home life«, heißt es im
Januar 1945 in Photoplay. Konstitutiver Bestandteil ihres Images ist, daß sie als »great actress« gilt. Dies wird durch den
Hinweis unterstrichen, daß sie als Theaterschauspielerin ausgebildet ist. Von einer Schauspielerin wird erwartet, daß sie
auch Figuren verkörpert, mit denen sie als Person nichts zu
tun hat. Bei der vorherrschenden Praxis Hollywoods, Filmrollen der Stars nach ihrem Image als Person zu normen, ermöglicht dies, die verschiedensten Rollen zu spielen, ohne mit
ihnen identifiziert werden zu müssen.

Man kann Bergmans Filmrollen hinsichtlich ihrer Entfernung von ihrem persönlichen Image bestimmen. Mit zuneh-
mender Entfernung nimmt die nicht (ehe)geregelte Liebe zu.
In THE BELLS OF ST. MARY'S (Radio-Keith-Orpheum, 1945)
spielt sie die Ordensschwester Benedict, ganz entsexualisierte
Güte. In CASABLANCA (Warner Bros., 1942) spielt sie Ilsa Lund,
eine Frau, die zwei Männer liebt, ihren Ehemann Victor
Laszlo (Paul Henreid) und Rick Blaine (Humphrey Bogart),
mit dem sie im Glauben, ihr Mann sei von den Nazis ermordet
worden, ein Verhältnis hatte. In NOTORIOUS (Radio-Keith-Orpheum, 1946) spielt sie Alicia Huberman, die für den amerikanischen Geheimdienst arbeitet und ihren Kontaktmann
Devlin (Cary Grant) liebt, aber aufgrund seiner Zurückhaltung und aus Patriotismus den Nazi Alexander Sebastian
(Claude Rains) heiratet, um wichtige Erkenntnisse über die
Arbeit der Nazis zu gewinnen. In ARCH OF TRIUMPH (Enter-
prise, 1948), ihrem ersten Film nach der Ära Selznick, spielt
sie schließllich eine Pariserin, die gleichzeitig ein Verhältnis
zu zwei Männern, Ravic (Charles Boyer) und Alex (Stephen
Bekassy), hat.

Liest man alle Kritiken der Bergman-Filme in der New
York Times (The New York Times Film Reviews: 1970), so
wird deutlich, wie Bergman im Ereignisraum Kino als Person
gesehen wird. Vor ihrem ersten Hollywoodfilm werden einige
schwedische Filme Bergmans besprochen, die in New York
gezeigt werden. Die Art, wie Bergman hier als Person gesehen
wird, ändert sich mit dem sich wandelnden Image ihrer Person. In ihren schwedischen Filmen wird ihr »natural charm«

oder ihr »Scandinavian charm« hervorgehoben. In ihren amerikanischen Filmen wird ihre »simplicity and natural dignity« und ihre »ardent sincerety« betont. Die Affekte des Filmkritikers gegenüber Bergman orientieren sich zunehmend an Werten, die auf der gesellschaftlichen Wertskala höher rangieren. Nicht umsonst ist jetzt in einer Kritik von einem Leuchten um Bergman, einem »spiritual spark«, die Rede. Vielleicht wird so ein wenig deutlich, wie das Image Bergmans die Erfahrung ihrer Person im Kino, unabhängig von der jeweiligen Rolle, die sie spielt, steuert. Man kann dies anhand ihres Körperimages nachvollziehen, wenn man ein Foto aus ihrer schwedischen mit einem aus ihrer amerikanischen Zeit vergleicht *(Abbildungen oben und unten)*.

Deutlich wird, wie unter Selznick ein konsistentes Image Bergmans aufgebaut und in Umlauf gesetzt wird. Nur das wird über sie verbreitet, was über sie bekannt werden soll, wohingegen alles, was über sie nicht bekannt werden soll, auch nicht verbreitet wird. Der Garant dieser Informationspolitik ist der Chef der Publicityabteilung, der von Selznick selbst Anweisungen erhält, welches personale Wissen verbreitet und welches unterdrückt werden soll. Möglich wird eine solche Kontrolle über die Verbreitung eines Images durch eine Monopolisierung von Informationen. Denn nur Mitarbeiter solcher Publikationen erhalten Zugang zu Informationen und zum Star selbst, die die Spielregel befolgen und nur das publizieren, was dem konzipierten Image entspricht.

Mit dem Ausgang der Ära Selznick 1945 übernimmt Ingrid Bergman zunächst ihren Publicityagenten Joseph Henry Steele, so daß die Kontrolle über ihr Image über das Ende ihrer Studioabhängigkeit hinaus gewährleistet bleibt. Zwei Monate, bevor sie Anfang März 1949 nach Italien fliegt, um mit Roberto Rossellini STROMBOLI zu drehen, entläßt sie Steele. Die Beziehung, die sich in Italien zwischen dem Autor-Regisseur und seinem Star anbahnt, führt in kurzer Zeit zu einem großen Skandal. Der Wegfall der institutionellen Kontrolle über Bergmans Image ist eine Bedingung, unter der dieser Skandal überhaupt erst möglich wird, denn ohne professionelle Deckung wird Ingrid Bergman Objekt einer unbegrenzten Wißbegier der Presse.

Was wird bekannt? Mitte April 1949, also ein Monat nach
Bergmans Abflug nach Italien, tauchen in der amerikanischen
Presse Gerüchte auf, zwischen Bergman und Rossellini gebe
es eine Affäre. Am 2. Mai erscheint in der Zeitschrift Life ein
Foto, das das Gerücht zu bestätigen scheint. Beide gehen
Hand in Hand auf der Insel Stromboli spazieren. Daß sie auf
dem Foto glücklich aussehen, wird als Bestätigung des Ge-
rüchts verstanden, daß Bergman sich scheiden lassen wolle.
Anfang August teilt der Publicityagent Steele, von Bergman in
der Not wieder eingestellt, mit, daß Scheidungsverhandlun-
gen geführt werden. Mitte Dezember wird in der amerikanischen Presse verbreitet, daß Bergman schwanger ist; eine
Mitteilung, die im Januar durch ein Foto der Schwangeren
beglaubigt wird. Am 2. Februar 1950 gebiert Bergman einen
Sohn, Robertino. Knapp zwei Wochen später wird eine mexi-
kanische Scheidung von ihrem Ehemann Lindstrom vollzogen. Im Mai heiraten dann Bergman und Rossellini, vertreten
durch zwei Anwälte, in Mexiko.

Eine verheiratete Frau verliebt sich also in einen ebenfalls
verheirateten Mann, verläßt ihren Ehemann, der das gemeinsame Kind bei sich behält, schläft mit ihrem Liebhaber, wird
schwanger, bekommt ein Kind, läßt sich von ihrem Ehemann
scheiden und heiratet den Vater ihres zweiten Kindes.

So bescheiden diese Fakten für den heutigen Betrachter
auch sein mögen, sie waren es für einen großen Teil der amerikanischen Bevölkerung damals gewiß nicht.

Wie wird das Verhalten Bergmans beurteilt? Bergman, »a
dream a man wants to keep beside him«, wird nun zu »Hollywood's apostle of degradation and moral turpitude«. Sie, »as
American as the girl next door«, ist jetzt zum Glück »a foreign-
er«. Sie, Inbegriff entsexualisierter Mütterlichkeit, ist nun »a
free-love cultist, a common mistress«. Sie, die so weitgehend
mit der heiligen Johanna identifiziert wird, daß man sogar in
einem geschichtlichen Lehrfilm eine Szene aus JOAN OF ARC
verwendet, wird jetzt im Senat als Hexe verdammt. Wie Insti-
toris Ende des 15. Jahrhunderts im Malleus maleficarum die
Hexe, so beschreibt am 14. März 1950 Senator Johnson aus
Colorado in einer einstündigen Rede im Senat Ingrid Bergman (Davidson: 1957, S. 142). Das hypersexuelle Weib jagt

»ten thousend miles over land and sea to the bed of her married paramour in Rome«. Nur daß Bergman, »a powerful in-
fluence of evil«, nicht mehr direkt mit dem Teufel verkehrt,
sondern mit Rossellini.

Wer trägt den lautstarken Protest gegen Bergmans Verletzung der öffentlichen Moral? Die Presse startet ein Feuerwerk
der Sensationen. An Bergman werden zehntausende Briefe
von Privatpersonen adressiert. Kirchliche Gruppen und Frau-
enverbände verfassen Resolutionen. Filmzensurbehörden
werden aktiv. Ohne Erfolg wird der Vorschlag gemacht, alle
Filme Bergmans zu verbieten. Die Szene mit Bergman als
Johanna von Orléans wird aus allen Verleihkopien des Lehr-
films wieder entfernt. Bundesstaatliche und nationale gesetz-
gebende Institutionen nehmen sich des Falls an. Nach der
Rede von Senator Johnson wird ein Gesetzesentwurf einge-
bracht, der die staatliche Kontrolle über die öffentliche Moral
der Stars vorsieht. Der Entwurf wird abgelehnt. Auch wenn
nicht immer recht zu sehen ist, welche Initiativen im einzelnen
Erfolg hatten, ist doch bereits bezeichnend, daß der Protest
nicht nur von Privatpersonen und den Medien, sondern auch
von öffentlichen Verbänden und staatlichen Institutionen getragen wird.

Wie wird der Skandal möglich? Eine erste treffende Erklärung gibt kein anderer als Selznick selbst. »I'm afraid I'm
responsible for the public's image of her as Saint Ingrid. I
hired a press agent who was an expert at shielding stars from
the press, and we released only stories that emphazised her
sterling character. We deliberately built her up as the normal,
healthy, nonneurotic career woman, devoid of scandal and
with an idyllic home life. I guess that backfired later.« (Davidson: 1957, S. 157)

Die stark affektive Reaktion des Publikums wird nur möglich, weil der Bruch mit ihrem Image als Bruch in ihrer Person
erfahren wird. »Along with everyone else, I can only ask what
happened to change her so much«, heißt es im Juli 1949 in
Photoplay. Die Frage ist bezeichnend, wird doch als selbstverständlich unterstellt, daß sich die Person Bergman überhaupt
geändert haben muß. Da das über Jahre hinweg über sie verbreitete Wissen als adäquat geglaubt werden konnte, erscheint

jetzt der Bruch mit ihrem Image als Integritätsverlust ihrer Person. Innerhalb des personalen Stardiskurses kann so ihre radikale Kehrtwende sogar als »mental abnormality« erscheinen.

Bergmans Ehebruch ist eine Degradierung gerade jener favorisierten Werte, die sie in ihrem Image verkörpert. Welche bindende Kraft der Wert ehelicher Tugend, den sie repräsentiert, in den Vereinigten Staaten der vierziger Jahre hat, ist daran zu ermessen, daß ein Ehebruch in manchen Bundesstaaten als Verbrechen mit bis zu einundzwanzig Jahren Haft bestraft werden kann. Kein schärferer Bruch mit der patriarchalen Ordnung ist denkbar als der, daß gerade derjenige weibliche Star mit ihr bricht, der wie kein anderer diese Ordnung repräsentiert. Keine irrwitzigere Verkehrung der Verhältnisse ist möglich als die, daß sich die heilige Johanna, Verwandte der Gottesmutter, als Hexe, Verwandte Evas, entpuppt, ist doch gerade Maria aufgrund des Mangels jeder Sexualität heilig (immaculata conceptio) und Eva aufgrund ihrer Sexualität verdorben (peccatum originale).

Auch heute noch ist es weit weniger selbstverständlich, daß ein männlicher Star mit dem Image eines gediegenen Ehemanns und Vaters einem öffentlichen Eklat zum Opfer fällt, weil er seiner Frau untreu wird. In patriarchal geordneten Verhältnissen ist jahrhundertelang der Ehebruch der Frau, nicht aber oder doch nicht im selben Maß der des Mannes strafbar. Dieses gesellschaftsspezifische Machtverhältnis der Geschlechter, das im Recht kodifiziert ist, geht darauf zurück, daß die Frau als Eigentum des Mannes gilt. Strafbar ist, wenn der umfassende Zugriff auf das Eigentum des Mannes berührt wird; nicht strafbar bleibt entsprechend, wenn er über sein Eigentum verfügt. Wie die Rechtsgeschichte zeigt, beginnt sich dieses Machtverhältnis der Geschlechter in unserem Jahrhundert ganz allmählich aufzulösen. So wird es möglich, daß ein des Ehebruchs und der Unaufrichtigkeit bezichtigter Mann wie Gary Hart auf seine Präsidentschaftskandidatur verzichtet, weil er mit einer geringeren Erfolgschance rechnet.

Zum öffentlichen Eklat um Bergman wird also, daß die Werte der Mütterlichkeit, die sie wie keine andere repräsentiert, derart gebrochen werden, daß sich die Heilige als Hexe entpuppt. Zwar muß der Wert ehelicher Tugend favorisiert werden und gerade der Ehebruch der Frau als strafenswert gelten, damit diese Verkehrung weiblicher Identität schockieren kann. Doch ist die gewaltige öffentliche Reaktion nur deshalb möglich, weil der Star Ingrid Bergman eine öffentlich exponierte Kunstfigur ist, die für eine authentische Person gehalten wird.

Mitte 1949 ist Bergmans Image zerstört. Nach diesem Debakel gibt es zwei grundlegend unterschiedliche Versuche, Bergmans Kassenwert zu sichern. Während der Publicityagent Steele alles daran setzt, ihr Image zu rekonstruieren, versucht der Milliardär Howard Hughes, der die Major Company Radio-Keith-Orpheum gekauft und den Film Stromboli produziert hat, Bergmans Image gezielt weiter zu destruieren.

Am 11. Dezember 1949 schlägt Steele Hughes vor, Stromboli unmittelbar zu starten, da Bergman schwanger sei und ein Bekanntwerden ihrer Schwangerschaft zu einem Desaster für den Film werden könne. Hughes gibt jedoch die Information unmittelbar an die Presse weiter, so daß bereits am folgenden Tag die Öffentlichkeit über die Schwangerschaft Bescheid weiß. Ein bereits festgesetzter Termin für den Start des Films wird verschoben, als bekannt wird, daß Bergman sich zwecks Entbindung in ein Krankenhaus begeben hat. Wenige Tage nach der Bugwelle der Berichterstattung wird der Film am 15. Februar 1950 mit einer großen Kopienzahl gestartet. Mit dem Plakat wird ebenso versucht, den Skandal in bare Münze umzusetzen. Nicht die Namen beider Hauptdarsteller werden erwähnt; in gleich großen Lettern wird mit dem Ort Stromboli und den Namen Bergman und Rossellini geworben. »Raging island... raging passions! This is IT«, heißt es demonstrativ. Über einem Vulkanausbruch sieht man Bergman sinnlich-leidenschaftlich einen Mann umarmen, dessen Identität unklar bleibt, da sie ihn beinahe vollkommen verdeckt. Wie unverholen hier mit der Beziehung Bergman – Rossellini geworben wird, ist auch daran zu ermessen, daß es im Film gar nicht um leidenschaftliche Liebe geht. Der erwartete Erfolg der Strategie, durch Anheizen des Skandals ein Erfolgsklima für den Film Stromboli zu schaffen, bleibt aus. Der Film wird ein finanzielles Desaster.

Der Publicityagent Steele kann noch nicht wissen, daß

Hughes seine Strategie empfindlich stören wird, als er im De-
zemberheft des Photoplay einen Artikel veröffentlicht, mit
dem er dazu beizutragen versucht, die Integrität Bergmans als
Person wiederherzustellen.

Auf den ersten Blick gibt es hierzu zwei Möglichkeiten.
Läßt man ihr Image weiterhin als authentisch gelten, so muß
der Skandal als Verhaltensänderung der Person verstanden
werden. In diesem Fall wäre Bergman entweder verrückt geworden oder hätte sich emanzipiert. Die Entscheidung für
eine dieser beiden Möglichkeiten ist nur eine Frage der Wertung. Enttarnt man dagegen ihr Image als geschickte Täuschung, so muß man gar nicht von einer Verhaltensänderung
ausgehen. In diesem Fall hätte Hollywood sein Publikum betrogen. Tatsächlich läßt sich Bergmans Image aber weder auf
die eine noch auf die andere Art wiederherstellen, da bei beiden Möglichkeiten von der Kontinuität eines konsistenten
Images nicht die Rede sein kann. Im ersten Fall hätte sich das
Image real verkehrt; im zweiten Fall hätte es sich als bloße
Täuschung erwiesen.

Steele, der clevere Impresario des Bergman-Images, hat
sich eine andere Möglichkeit zurechtgelegt, die nicht leicht zu
durchschauen ist. Er entidealisiert ihr Image, ohne es als pure
Illusion hinzustellen, und relativiert ihren Ehebruch, ohne die
bekannt gewordenen Fakten zu bezweifeln. Er sagt nicht,
Hollywood habe sich mit Bergman eine Illusion geschaffen; er
sagt stattdessen, das Publikum habe sich über Bergman unge-
rechtfertigterweise Illusionen gemacht. Er sagt nicht, Bergman habe ihr Verhalten radikal verändert; er sagt stattdessen,
Rossellini sei ihr Mann fürs Leben, den sie heiraten werde.

Steele sucht, durch einen geschickten Kunstgriff glaubwür-
dig zu wirken. Seinen Artikel versucht er glaubhaft zu machen, indem er beteuert, Bergman habe jedem Wort, das er
geschrieben hat, zugestimmt. Die Glaubwürdigkeit dieser Be-
teuerung selbst will er dadurch sichern, daß er sie in der Form
eines faksimilierten Briefes wiedergibt. Solch ein gesteigerter
Zwang, ein personales Wissen als authentisch zu legitimieren,
entsteht, wenn mit dem Verlust des persönlichen Image die
Identität der öffentlichen Kunstfigur, die als Star bezeichnet
wird, auf dem Spiel steht.

»In its possessiveness«, schreibt Steele, »the public has ever insisted upon casting its idols in the mold of its own imagination and standards.« So habe sich die Presse und das Publikum über »the real Bergman – a woman Hollywood never knew –« getäuscht. Nur er, Steele, habe schon früh Anzeichen ihrer »rebellion against the superhuman standards of behaviour, by reason of her peculiar position in the public eye«, gesehen. Es ist nicht ohne Ironie, daß gerade derjenige, der nur an die Öffentlichkeit ließ, was an die Öffentlichkeit kommen sollte, sich nicht nur bei ihr beklagt, sie habe das nicht gesehen, was er doch gar nicht sehen ließ, sondern darüber hinaus noch damit prahlt, er habe aber immer schon gesehen, was sie nicht sehen wollte. Dem setzt Steele, der von der Kontrolle des personalen Wissens lebt, dann noch die Spitze auf, indem er der Öffentlichkeit erklärt, sie habe »no claim upon the intimate existence of the artist«.

Steele erklärt Bergmans Ehe als »increasingly untenable« und wertet Rossellini, der in der amerikanischen Presse sehr zwiespältig gesehen wird, ganz entscheidend auf. »Utterly fearless, he is the epitome of intellectual freedom. Hailed as one of the greatest contemporary directors, it was fitting that Rossellini should direct one of the greatest living actresses.« Bei so viel Gemeinsamkeit verwundert ihre »natural, chemical gravitation to each other« nicht. »I love Roberto«, zitiert Steele seinen Star. »One day, when I am free, we shall be married. He is a great artist, and it is exciting and full of wonder to watch him work. I shall be content to be near him, and, in a way, put my career into his.« Blättern wir zurück. Im August 1945 schreibt Steele: »Ingrid Bergman is wrapped up in her husband's medical career and firmly believes his work to be far more important and lasting than hers.« Bei wechselnder männlicher Besetzung ist so das patriarchale Verhältnis der Geschlechter wiederhergestellt.

Ein Blick auf die Berichterstattung in Life macht deutlich, daß Steele mit seiner Strategie richtig liegt. Mit der Rückkehr in die patriarchale Ordnung stellt sich Versöhnlichkeit geradewegs wieder ein. Ordentlich geschieden und erneut verheiratet ist Bergman wieder ganz Mutter. Im Juni 1950 hält sie Robertino auf dem Arm, im Februar 1951 spielt sie mit ihm, und im August 1952 betrachtet sie »with maternal solicitude« ihre gerade geborenen Zwillinge, Isabella und Isotta. »Ingrid, her marriage status straightened out, looked as happy as a mother should«, heißt es kommentierend.

Im August 1952 wird in Photoplay die Frage gestellt: »Do you want Ingrid Bergman back? For several months«, heißt es erläuternd, »there have been indications that the producers would like to star Bergman in an American movie – if they could be sure the public would support her.« Dem Artikel ist ein Stimmzettel beigefügt, den der Leser ausfüllen und an die Redaktion senden soll.

Im Dezember 1952 wird das Ergebnis mitgeteilt. Von 10 293 abgegebenen Stimmen votieren 80% für eine Rückkehr Bergmans. Den Studios scheint jedoch das Risiko zu groß gewesen zu sein, denn Bergman hat erst wieder 1956 in den Vereinigten Staaten von Amerika einen Film gemacht.

Gewiß ist es kein Zufall, daß sich letztlich Steeles Strategie und nicht diejenige von Howard Hughes durchgesetzt hat. Denn ist das Image für den Star konstitutiv, so kann man mit dem Verlust des Image keine Kasse machen. Dies ist nicht so zu verstehen, als könne man mit einem Skandal kein Geld verdienen. Entspricht ein, gemessen am gesellschaftlichen Wertstandard, skandalöses Verhalten dem Image eines Stars wie etwa bei Lana Turner, so kann ein Skandal die Karriere durchaus fördern. Ein solcher Skandal kann sogar das erfolgreiche Ergebnis geschickter Planung sein. Möglich ist dies allerdings nur, weil das Image hier nicht destruiert, sondern bestätigt wird.

Ich fasse zusammen. Das Medium, in dem sich die Einzigartigkeit des Stars Ingrid Bergman realisiert, war weit weniger ihr Können als ihre Person. Konnte ihre Person auch mit den Filmrollen, die sie spielte, nicht identifiziert werden, so war sie als Person doch durch ihr unverwechselbares Körperimage in ihren Filmen immer gegenwärtig. Aber auch unabhängig ihrer Filme hatte die Person Bergman eine öffentliche Existenz in Zeitungen und Zeitschriften. Welches Eigengewicht diese öffentliche Existenz der Person Bergman in der Tat gegenüber ihrer professionellen Leistung hatte, ist daran zu ermessen, daß der Skandal, der ihrer Karriere ein vorläufiges Ende setzte, nur als radikaler Verhaltenswandel der Person zu verstehen ist.

Tatsächlich war der Star Ingrid Bergman aber gar keine authentische Person, sondern eine öffentliche Kunstfigur, die am grünen Tisch in einem industriellen Apparat konzipiert wurde. Die Schauspielerin Ingrid Bergman, die diese Kunstfigur auf der Bühne der Öffentlichkeit spielte, wurde so gestylt, daß sie ihrem Image entsprach, das überall kontrolliert verbreitet wurde. Und diese öffentliche Kunstfigur wurde ohne Zweifel für eine authentische Person gehalten, denn wäre dies nicht der Fall gewesen, hätte es den Skandal um ihre Person mit Sicherheit nie gegeben.

Der Filmstar Ingrid Bergman repräsentierte in markanter individueller Ausformung den Typ der bedürfnislosen Ehefrau, entsexualisierten Mutter und guten Amerikanerin. Dieser Frauentyp muß von einem großen Teil der amerikanischen Bevölkerung hoch geschätzt worden sein, denn sonst wäre die heftige Reaktion auf die Verkehrung Bergmans weiblicher Identität nicht zu verstehen. Von Männern konzipiert, kontrolliert und exponiert, von Frau Bergman destruiert und schließlich von Männern rekonstituiert war die authentisch wirkende Kunstfigur insbesondere ein Identifikationsmodell für Frauen, wie sie sich Männer wünschten.

Deutlicher als bisher ist jetzt zu sehen, was einen Filmstar des klassischen Hollywoodkinos ausmacht. Ein solcher Star ist also eine von einem industriellen Apparat konzipierte Kunstfigur, die von einem Schauspieler im privaten Leben wie zumeist auch in seinen Filmen öffentlich verkörpert wird. Diese öffentliche Kunstfigur, die allseitig präsent ist, erscheint als authentische Person, die auf markante Art einen bestimmten sozialen Habitus, der von ihrem Publikum favorisiert wird, individualisiert.*

---

* Die Artikel aus der Zeitschrift Photoplay stammen aus Bibliotheken in London (The British Library), Los Angeles (UCLA), San Francisco und St. Paul (Public Libraries). Ich danke vor allem Sabine Goffart für ihre Recherche in den Vereinigten Staaten von Amerika und Peter Krämer für die Diskussionen über diesen Aufsatz.

Statt eines Nachworts

RENATE MÖHRMANN

SCHAUSPIELERINNEN HEUTE

»Für mich ist das deutsche Stadttheater, wie es heute existiert« – behauptet die Schauspielerin Lore Stefanek – »einer der letzten Ausläufer eines feudalistisch-patriarchalischen Systems – ein Ausläufer, den ich in dieser Härte sonst in anderen Kulturbetrieben nicht wahrnehme.« (Stefanek: 1980, S. 19) Als Beispiel für ihre Behauptung nennt sie das Abhängigkeitsverhältnis der Schauspielerin vom Regisseur, bzw. von *seinen* Weiblichkeitsvorstellungen. Denn seit in der Bundesrepublik das Regietheater floriert – d. h. seit der Mitte der 60er Jahre – wird die künstlerische Leistung der Schauspielerin nicht mehr nur durch die vorgegebenen Rollen der Dramatiker geprägt, sondern ganz besonders durch die Vorstellungen des Regisseurs. Er ist es, der ihre Weiblichkeit in Szene setzt, der die Frau – buchstäblich – inszeniert. Dabei spielen seine privaten Dispositionen zum Weiblichen ganz gewiß eine Rolle. Das bestätigen sehr viele Schauspielerinnen. Da es in der Bundesrepublik kaum Regisseurinnen gibt, sind die inszenierten Frauenfiguren in erster Linie das Ergebnis männlicher Weiblichkeitsprojektionen. Sehr genau spiegelt sich dies Verhältnis in den fettgedruckten Rezensionsüberschriften der Feuilletons wider. »Heinrich von Kleists ›Penthesilea‹ von Hans Neuenfels am Berliner Schillertheater inszeniert« kündigt genau an, was läuft: Die beraubte Frau. Zwei Herren – Kleist und Neuenfels – bieten ihre Penthesilea-Phantasien an. Daß die Penthesilea-Darstellerin Elisabeth Trissenaar ist, erfährt der Leser fast beiläufig in den letzten Sätzen der Rezension.

Anders ist die Szene in England. Wer durch die Theaterviertel des Londoner Westend*schlendert, dem prangen meist

* Die Recherchen in London führte Ulrike Möhrmann durch.

die Namen von Schauspielern entgegen. *Sie* sind die zugkräf-
tigsten Markenzeichen einer Inszenierung, nicht der Regisseur. Man geht ins Theater, um Vanessa Redgrave zu sehen
oder Glenda Jackson oder auch Liv Ullmann, die gerade am
Royal Haymarket gastiert. Den Namen des Regisseurs – es sei
denn er heißt Peter Brook – kennt selbst der regelmäßige
Theaterbesucher oft nicht. Dieses Interesse am Schauspieler
bestimmt auch die Programmheftgestaltung. So erhält man in
der Regel kaum Informationen zum Regiekonzept oder zum
gesellschaftspolitischen Hintergrund des Stücks, dafür aber
um so mehr zu den einzelnen Darstellern und ihrem beruflichen Werdegang. Deutlich wird, daß insbesondere Schauspielerinnen oftmals eine Doppelausbildung haben, nämlich in
der Schauspielkunst wie auch im Tanz oder Gesang.

Lore Stefanek spricht mit ihrer Kritik am deutschen Stadttheater den subtilsten Bereich weiblicher Vereinnahmung an,
nämlich den psychologischen. Hier läßt sich die Gleichrangig-
keit zwischen den Geschlechtern – das haben bisherige Untersuchungen gezeigt – am schwierigsten verwirklichen. Denn
wo es um Weiblichkeitsprojektionen geht und das Herz mit im
Spiel ist, feiern alte Vorurteile stets aufs neue fröhliche Urständ. Doch nicht alle Schauspielerinnen teilen Stefaneks
Standpunkt. So betonen Anne-Marie Kuster und Hildegard
Schmahl, die Darstellerinnen von Kriemhild und Brunhild in
Jürgen Flimms Aufsehen erregender Inszenierung der Nibe-
lungen die gute Zusammenarbeit mit Flimm. »Gemeinsam
haben wir überlegt, wie wir das Verhältnis zwischen Kriemhild
und Brunhild differenzieren, das Rivalinnenmotiv nicht zu
sehr in den Vordergrund rücken und neue Aspekte herausar-
beiten könnten. Schließlich sind 15 Jahre Frauenbewegung
auch an den Regisseuren nicht spurlos vorbeigegangen. Zuge-
geben – gegen eingefleischte Paschas läßt sich nichts ausrich-
ten. Das ist auf dem Theater genau so wie anderswo auch.«
(Schmahl: mdl. Mitteilung*)

Eindeutiger als das psychologische Spannungsfeld von

---

* Die folgenden Zitate von lebenden Schauspielerinnen stammen, wo nicht
  anders angegeben, aus persönlich geführten Gesprächen aus dem Jahr
  1988.

Bühnenkünstlerin und Regisseur läßt sich die gegenwärtige gesellschaftliche Stellung der Schauspielerin im Vergleich zur Jahrhundertwende beurteilen. Denn hier hat sich ein Wandel vollzogen, wie er sich krasser kaum vorstellen läßt. Das liegt an der veränderten Situation des Theaters selbst, und zwar unabhängig von seinen unterschiedlichen nationalen Organisationsformen. Spätestens seit dem Ende des 2. Weltkriegs hat das Theater seine gesellschaftliche Repräsentanz weitgehend eingebüßt und seine dominierende Rolle im bürgerlichen Kulturbetrieb verloren. Das gilt für Paris genauso wie für Berlin, London, Rom oder Wien. Das Theater ist nicht mehr der kulturelle Treffpunkt der tonangebenden Schicht, nicht mehr der Ort, an dem sich Protest oder Begeisterung am unmittelbarsten artikulieren und von dem die stärksten Eindrücke des öffentlichen Lebens ausgehen. Kein Bürger liest heute in der Zeitung als erstes die Theaternachrichten. Und die Männer der Börse treffen sich nicht mehr in den Boudoirs der Virtuosinnen wie zu den Zeiten einer Sarah Bernhardt, als ›time‹ noch kein ›money‹ war. Das 20. Jahrhundert hat andere Orte und neue Medien zur Freizeitgestaltung entwickelt. Kino und Fernsehen sind auf den Plan getreten, und für Protestaktionen haben sich Bürgerinitiativen und Demonstrationen als wirkungsvoller erwiesen als das Theater. Die einstmals grassierende Theatromanie hat sich zum Spezialinteresse von einzelnen abgeschwächt. Damit steht auch die Schauspielerin nicht mehr im Mittelpunkt des öffentlichen Interesses. In einer Gesellschaft, die sich in ihren moralischen Maßstäben und ästhetischen Gewohnheiten so grundlegend von der vorkriegseuropäischen unterscheidet, verändert sich auch die Funktion der Schauspielerin. Sie wird entzaubert. Denn ein wesentlicher Bestandteil ihrer Faszination lag ja nicht bloß in ihrer Professionalität begründet, sondern war zutiefst auch im Mythos der Figur verankert. Die Schauspielerin war das Projektionsobjekt für unordentliche Wünsche und ungehörige Sehnsüchte. Durch sie träumte sich das bürgerliche Publikum in die weite, exotische Welt hinaus und über die engen moralischen Grenzen hinweg, die es sich zu Beginn seines Aufstiegs – in Abgrenzung zum Adel – bewußt gesetzt hatte und nun – selbst aufgestiegen – zumindest auf imaginären Schleichwegen wieder unterlaufen wollte. Über die Schauspielerin konnte der bürgerliche Mann wenigstens temporär an den ihm lange Zeit verwehrten Vergnügungen der nicht arbeitenden Oberschicht teilhaben und sich jene Genüsse verschaffen, die der Adel seit jeher kultivierte. Von der Schauspielerin lernte er die Perfektion der Liebe und der Gourmandise. Das haben Zola, Balzac und Stendhal sehr genau beschrieben.

Daß sich die männlichen Vertreter des arrivierten Bürgertums die Raffinessen der Adelskultur gerade durch jene Damen aneigneten, die Jahrhunderte lang nicht einmal im Besitz der bürgerlichen Ehrenrechte waren und noch immer zur Halbwelt zählten, gehört zu den zahlreichen Paradoxien der Kulturgeschichte.

Eine neue Wertung der Schauspielerin bahnt sich an mit der Errichtung von Schauspielschulen. In dem Augenblick, wo die Darstellungskunst zu einer erlernbaren Tätigkeit wird und nicht mehr bloß das Ergebnis von Jugend und Schönheit ist, verliert sie ihre mythologische Aura, aber auch ihre Zwielichtigkeit. Die Prosaik der Arbeit bringt sie dem Bürger näher. Es ist kein Zufall, daß es in erster Linie Frauen sind, die sich dafür einsetzen, solche Ausbildungsmöglichkeiten zu schaffen. Hier zeigt sich England als besonders fortschrittlich. Denn schon 1906, also noch vor dem ersten Weltkrieg, gründet Elsie Fogerty – die von ihren Eltern daran gehindert wurde, selbst zur Bühne zu gehen –, die erste Schauspielschule, deren Fächerkanon Universitätsniveau hat und deren Abschlußprüfung von akademischem Rang ist. Die Schauspielerin wird Studentin.

Was 1906 noch als Pioniertat galt, ist inzwischen die Regel geworden. An den staatlichen Schauspielschulen in Ost- und Westdeutschland ebenso wie am Pariser Konservatorium und den Royal Dramatic Schools ist heute eine Ausbildungsdauer von drei bis vier Jahren die Regel. Dafür gibt es – im Bedarfsfall – Bafög oder andere Stipendien.

Die Schauspielerin ist förderungswürdig geworden.

Damit ist eins der Hauptvorurteile gegen die Bühnenkünstlerin endgültig aus der Welt geräumt. Nicht mehr das Bett oder zumindest die persönliche Vorliebe des ebenso mächtigen wie berüchtigten Theateragenten gilt als Sprungbrett für

ihre Bühnenlaufbahn, sondern ein gewissenhaftes Studium.
Die Verbürgerlichung des Schauspielerberufs zeigt sich auch
hierin. Wie in anderen Berufen auch wird die qualifizierte
Ausbildung zum besten Garanten für den späteren Erfolg. Die
Folge davon ist, daß die Widerstände der Eltern gegen die
Bühnenwünsche der Töchter abnehmen. Insbesondere in der
heutigen Situation, wo Arbeit generell knapp geworden ist
und selbst der traditionelle weibliche Berufsweg, nämlich der
in die beamtete Lehrerstellung, keine Anstellung mehr garantiert.

Allerdings – das darf nicht übersehen werden – ist die existenzielle Unsicherheit bei Schauspielern nach wie vor groß.
Auch deshalb, weil sie weder eine einflußreiche Gewerkschaft
noch eine finanzkräftige Lobby im Rücken haben. Das hat
auch die Enquête der Bundesrepublik zur Lage der Künstler
aus dem Jahre 1974 gezeigt. Bei kaum einem anderen Berufsstand klaffen die Spitzengehälter der wenigen Bühnenstars
und die Gagen der Mehrheit der Durchschnittsschauspieler
immer noch derart krass auseinander wie hier. Hinzu kommen die Heerscharen der arbeitslosen Schauspieler. Das betrifft besonders die Frauen. Denn für sie gilt das folgende
Dilemma: Es gibt sehr viel weniger Frauen- als Männerrollen.
Das Verhältnis von weiblichen und männlichen dramatis personae ist eins zu zwei. Das Verhältnis von weiblichen und
männlichen Schauspielschülern ist aber genau umgekehrt,
nämlich zwei zu eins.

Doch sieht schon die Lage in der Bundesrepublik für die
Schauspielerin nicht besonders rosig aus, so ist sie in den an-
gelsächsischen Ländern nahezu katastrophal. Noch in den
70er Jahren teilte die britische Schauspielergewerkschaft
›Equity‹ mit, daß 70% ihrer Mitglieder permanent arbeitslos
seien und Schauspieler an den alternativen, nicht gewerk-
schaftlich gebundenen Theatern mit regelrechten Hungerlöh-
nen abgespeist würden. Die Situation ist in England insofern
eine andere als in den meisten europäischen Ländern, als es
nicht nur eine überschaubar gehaltene, begrenzte Anzahl von
Schauspielschulen gibt, sondern eine Vielzahl qualitativ sehr
unterschiedlicher »Drama Schools«, die jedes Jahr etwa 3000
Graduierte entlassen, die als »newcomers« in den ohnehin

schon überfüllten Beruf drängen. Auch hier sind die Frauen größeren Benachteiligungen ausgesetzt. Eine Fragebogenaktion offenbart, »daß die durchschnittlichen Arbeitsmöglichkeiten für männliche Schauspieler 14,5 Wochen am Theater und 21 Tage in Film und Fernsehen betrug und daß weibliche Schauspieler im Schnitt nur 11,5 Wochen am Theater und 7,5 Tage in anderen Medien vorweisen konnten.« (Thomsen: 1980, S. 80)

Allerdings darf man die beschriebene Situation nicht mit der Misere der Schauspielerinnen um die Jahrhundertwende vergleichen. Lebten im ausgehenden 19. Jahrhundert Schauspielerinnen ohne Bühnenengagement in der Tat am Rande des Existenzminimums und waren aus bitterster Not nicht selten zur Prostitution gezwungen, so bieten sich ihr heute doch andere Auswege an. Denn auch wenn noch zu Beginn des 20. Jahrhunderts die Tätigkeit am Theater für bürgerliche Frauen zumeist die einzige mögliche Erwerbstätigkeit war, so haben die nachdrücklichen Bemühungen des Allgemeinen Deutschen Frauenvereins und des Lettevereins sowie der Suffragettenbewegungen in England und Frankreich um die Öffnung der traditionellen männlichen Berufsgänge auch für Frauen inzwischen sichtbaren Erfolg gehabt. Die Schaubühne ist bei weitem nicht mehr der einzige Emanzipationsort für die ›ins tätige Leben‹ hinausstrebende Frau. Heute stehen ihr – zumindest in der westlichen Welt – durchweg alle Erwerbsquellen offen und selbst das letzte Reservat männlicher Berufstätigkeit, das des Jockeys, ist durch den Erwerb einer besonderen Reitlizenz mittlerweile auch Frauen zugänglich geworden. Und so findet man arbeitslose oder ehemalige Bühnenkünstlerinnen heute in fast allen Berufen wieder, zuweilen sogar bei einem zweiten Studium. Auch kommt es vor, daß Schauspielerinnen in ihrem Fach den Standort wechseln und zur Regie übergehen wie zum Beispiel die Französin Ariane Mnouchkine, die mit ihrem Théâtre du soleil mittlerweile Weltruhm erlangt hat, oder die nicht weniger renommierte Amerikanerin Meredith Monk. Einige praktizieren auch beides wie die Schwedinnen May Zetterling und Gunnel Lindblom, wie Angelika Hurwicz, Ruth Drexel oder kürzlich auch die Schauspielerin Rotraut de Neve, die zusammen mit Hei-

drun Vielhauer die Leitung des Bremer Tanztheaters übernommen hat. In diesem Zusammenhang müssen auch die
zornigen jungen Frauen genannt werden wie die schon erwähnte Lore Stefanek, die aus Unmut über den patriarchalischen Regiestil den Positionswechsel von der Schauspielerin
zur Theatermacherin vollziehen und nun ihre eigenen Lesar-
ten der Dramenliteratur erproben. Auffallend ist weiter, daß
eine Reihe der heute in der Bundesrepublik erfolgreich arbeitenden Filmemacherinnen, Helma Sanders-Brahms, Marga-
rethe von Trotta oder Helke Sander zum Beispiel, ihre Berufs-
laufbahn als Schauspielerinnen begonnen haben.

Für viele weniger erfolgreiche Bühnenkünstlerinnen oder
auch für Schauspielerinnen der alternativen Theaterszene
sind Nebentätigkeit und Aushilfsarbeiten in anderen Berufen
die unschöne Regel. »Damit wir im Alchemical Theatre unsere Ideen verwirklichen, also experimentelles Theater machen können«, erläutert die New Yorker Schauspielerin Mary
Kraft, ehemaliges Mitglied des Living Theatre's ihre augen-
blickliche Situation, »müssen wir alle nebenher Geld verdienen«. (Kraft: mdl. Mitteilung) Einige sind als Verkäuferinnen
tätig, andere unterrichten und manch eine pendelt zwischen
den unterschiedlichen Theaterorganisationsformen, den armen und den reichen, hin und her, um sich die Armut der
alternativen Theater finanziell erlauben zu können.

Wenig andere Berufe haben ein so vielfältiges Erscheinungsbild wie der des Schauspielers, und zwar in ökonomi-
scher, gesellschaftspolitischer und künstlerischer Hinsicht. An
den repräsentativen Staatstheatern wie der Comédie Française und dem Wiener Burgtheater ebenso wie an den hoch-
subventionierten Stadttheatern, aber auch an den vier relativ
gut subventionierten englischen Institutionen wie dem National Theatre (NT), der Royal Shakespeare Company (RSC),
der im Royal Court Theatre auftretenden English Stage
Company (ESC) und dem Mermaid Theatre werden verhältnismäßig hohe Gagen gezahlt und langfristige Bühnen-
verträge abgeschlossen. Hier ist die Verbürgerlichung am
weitesten fortgeschritten: das Theater als Dienststelle der öffentlichen Verwaltung, gebunden an die herrschenden Arbeits-
und Freizeitbestimmungen einschließlich der Ruhezeit- und

Spätschichtverordnungen, vollständig in den Staat integriert und fast unabhängig vom Publikum. Hier sind die Schauspieler Gehaltsempfänger mit festgelegten Sozialabgaben und gesetzlich geregeltem Kündigungsschutz wie in anderen Betrieben auch.

»Alles verlief ohne besondere existenzielle Schwierigkeiten«, erläutert Anne-Marie Kuster – langjährige Thalia-Theater-Schauspielerin – ihren theatralischen Werdegang. »Nach der Ausbildung an der Münchner Falckenberg-Schule bekam ich sofort mein erstes Engagement und zwar an der Landesbühne Hannover. Auch das leidige Vorsprechen, für mich etwas ganz Entsetzliches, fiel fort. Bei der Abschlußprüfung saßen einige Regisseure und Intendanten im Parkett, um sich neue Kräfte auszusuchen. So kam ich nach Hannover, wo ich alles spielen mußte, die unterschiedlichsten Frauenrollen. Das ist der Vorteil in der Provinz. Keine Rollenhierarchie. Schon um Kosten zu sparen, bekommt die Anfängerin schnell große Frauenrollen. Wirklich – der Weg durch die Provinz ist wichtig für eine Schauspielerin. Nach Hannover kam dann das Münchner Residenz Theater, das Züricher Schauspielhaus, das Deutsche Schauspielhaus in Hamburg und jetzt das Thalia Theater. Ich hatte immer langfristige Verträge, und in Hamburg fühle ich mich ausgesprochen wohl. Bei Jürgen Flimm und hier in unserem Haus in Oevelgönne mit dem nahen Blick auf die Elbe.« (Kuster: mdl. Mitteilung)

Ähnliche Sicherheit und damit auch ähnliche Verbürgerlichung kennzeichnet die Berufssituation der Schauspielerin in den kommunistisch regierten Ländern, wo die ideologische Zielsetzung eine möglichst großzügige Dotierung und Verbreitung der Kultur – allerdings auch deren Kontrolle – vorschreibt. Arbeitslose Schauspielerinnen sind hier die Ausnahme. Freilich gibt es auch keine lebendige Alternativszene, in denen Frauen neue Spielweisen ausprobieren könnten. »Schon Grotowski gilt bei uns offiziell als schädlich, nämlich als zu bürgerlich, und deshalb für das Theater in der DDR nicht benutzbar«, beschreibt Doris Plenert – heute am Kölner Schauspielhaus engagiert – die Theatersituation in der DDR zu Beginn der achtziger Jahre. »Und als wir nach Anklam, in die Provinz wollten, wo Herbert König Theater machte, das unserer politischen und ästhetischen Richtung entsprach, wurde das schlichtweg untersagt. Wegen Gruppenbildung. Überhaupt: die bürokratische Bevormundung, der man sich beugen muß, die ist einfach lähmend. Dieser ständige, meist nutzlose Kampf nimmt einem die ganze Lust am Beruf. Das letzte Wort hat doch die Bezirksleitung (die Partei). Da kann die Inszenierung noch so gut sein. Wenn die sagt, daß so, wie wir das spielen, die Menschen in der DDR nicht sind, dann wird das Stück abgesetzt. Punktum Schluß. Irgendwann hab ich keine künstlerische Zukunft mehr für mich gesehen und bin dann 1984 in den Westen gegangen. Nicht über die Mauer oder auf irgendwelchen Schleichwegen. Ganz legal. Ich hab einen Antrag gestellt, wurde ausgebürgert und konnte gehen. Hier im Westen gibt's dafür allerdings andere Schwierigkeiten für die Schauspielerin.« (Plenert: mdl. Mitteilung)

Diese Schwierigkeiten bestehen neben dem völlig anderen gesellschaftlichen Stellenwert, den Theater im Westen hat – so Plenert –, in der für eine DDR-Schauspielerin gänzlich unbekannten existenziellen Unsicherheit. Bereits die Anfangshürde, der Sprung von der Schauspielschule ins erste Engagement, für viele Schauspielerinnen der westlichen Welt schon das Ende der Karriere, existiert nicht für sie. Denn hat man einmal die Aufnahmeprüfung für die drei oder vier renommierten staatlichen Schauspielschulen bestanden und gehört zu den 40 bis 50 Absolventen, die jährlich ihren Abschluß machen, dann bekommt man auch eine Anstellung. Mehr Schauspieler als Stellen vorhanden sind, werden nicht ausgebildet. Das gilt in der DDR für den Schauspielerberuf wie für jeden anderen auch. Ebenso erleichtert die genaue Berufsdefinition des Schauspielers die Orientierung ganz generell. Schauspieler ist dort jemand, der durch das Medium der darstellenden Künste aktiv an der Veränderung der Gesellschaft im Sinne einer radikalen Demokratisierung mitarbeitet und der einen ähnlichen Weg wie die anderen hinter sich hat, und zwar sowohl hinsichtlich der Ausbildung als auch der politischen Entwicklung.

Der ästhetische Kanon ist so eindeutig wie verbindlich: Gut ist, was der Gesellschaft nützt. Allerdings klafft zwischen dem offiziellen Nutzwert der Partei und dem der Künstler ein tiefer

Graben. Noch heute – mehr als 30 Jahre nach seinem Tod –
ist die Brechtsche Theorie des epischen Theaters an den
Schauspielschulen die verbindliche Norm.

Vor diesem Hintergrund wirkt das westdeutsche Unter-
richtsangebot mit seinen zusätzlichen Kursusofferten so bunt
und ungereimt wie das Warensortiment eines Basars: Yoga,
Atemtheorie, Eutonie und Biodynamik, Bauchtanz, Körper-
Vertiefungswochenende und vertiefende Werkstattgespräche,
zu haben als eintägige, zweitägige, ganzwöchige oder wochen-
lange Übung... für die Schauspielerin aus der DDR eine la-
byrinthische Situation.

Und noch etwas wird von der Mehrzahl der Schauspielerinnen, die aus der DDR in den Westen gekommen sind wie Angelika Domröse, Katharina Thalbach oder Renate Krößner und
vielen anderen als sehr unterschiedlich beschrieben: das Verhalten des Regisseurs gegenüber der Schauspielerin. »In der DDR
wurde ich im Beruf immer als Schauspielerin behandelt, hier
im Westen viel öfter nur als Frau.« (Plenert: mdl. Mitteilung)

Solche Unterschiede resultieren gewiß auch aus den unterschiedlichen Maßnahmen, die in den beiden deutschen Staaten zur Sicherung der wirtschaftlichen Gleichberechtigung
der Frau unternommen werden. In einer Gesellschaft, in der
fast 90 v. H. aller Frauen im arbeitsfähigen Alter voll erwerbs-
tätig sind, ist die berufstätige Frau ganz allgemein eine alltäg-
lichere Erscheinung und die professionelle Kommunikation
unter den Geschlechtern offenbar schon selbstverständlicher.
Daß allerdings auch in der DDR die Schauspielerin kaum die
Möglichkeit hat, den inszenierenden Männerphantasien eigene Vorstellungen von ihrer Rolle entgegenzusetzen, zeigt
das Gespräch mit Renate Krößner: »Ich bin der Meinung, daß
auch Platz sein muß für das, was ich möchte, als Schauspielerin und als Renate Krößner, nicht nur für das, was der Autor
sagen möchte, der Regisseur, der Kostümbildner usw. Mit eigenem Wollen macht man sich unbeliebt. Regisseure verlangen immer von denen, mit denen sie etwas machen, den
Schauspielern, ›Vertrauen‹. Dieses Wort ist sehr beliebt bei
uns. Nämlich Vertrauen dem gegenüber, was *sie* einem vor-
schlagen. Und ich, was sie natürlich vergessen oder was gar
nicht in ihren Hirnen existiert, verlange von ihnen einfach,

daß sie auch mir vertrauen, nämlich, daß auch *ich* ihnen das
schon spielen werde, was in der Grundlage, wie ich's gelesen
habe, existiert.« (Krößner: 1980, S. 29 f.)

Zunehmende Verärgerung über die autoritären Gesetze, die
in der Welt der Bühne noch immer bestimmend sind – »überall gibt es Demokratie, nur im Theater nicht« (Ritzel: 1986,
S. 10) –, veranlaßt so manche Schauspielerin, dem main-
stream Theater den Rücken zu kehren und im Rahmen der
freien Theatergruppen nach neuen Darstellungsmöglichkeiten zu suchen. In diesem Zusammenhang kommt es auch zu
ersten feministischen Theatergründungen. Ein Beispiel dafür
ist The Women's Experimental Theatre, das 1977 in New
York City gegründet wurde. »Die Arbeit des Women's Experimental Theatre's beruht auf der festen Überzeugung, daß
Frauen andere Erfahrungen im Leben machen als Männer.
Unsere Stücke sind Ausdruck dieser unterschiedlichen Erfahrung. Wir sehen mit ›feministischen‹ Augen. So stellen wir
ganz rigoros das Leben von Frauen in den Mittelpunkt unserer Arbeit und versuchen, Darstellungsformen zu entwickeln,
die Frauenkultur sowohl vermitteln wie auch schaffen können. Theater – so wie wir es kennen – ist Männertheater.
Männer reden mit anderen Männern über das, was für Männer wichtig ist. Unser Theater dagegen ist *von*, *über* und *für*
Frauen.« (Malpede: 1983, S. 236)

Eine ganze Reihe feministischer Theater gibt es in London.
Dazu gehören die Burnt Brigdes Theatre Company, die sich
nur aus Frauen rekrutiert, die Labyrinth Theatre Company,
deren Ziel es ist, weibliche Dramatiker zur Aufführung zu
bringen, die Little Women Theatre Company, das ReSisters
Theatre, die Siren Theatre Company, die Women's Theatre
Group oder auch das Theatre of Black Women, das ausschließlich aus farbigen Frauen besteht und *deren* Problematik in den Mittelpunkt ihres Intresses stellt. Nicht jedes feministische Theater allerdings zielt sowohl auf der produktionsäs-
thetischen als auch auf der rezeptionsästhetischen Ebene so
ausschließlich auf Frauen. Die italienische Schauspielerin
Franca Rame, die schon 1959, zusammen mit ihrem Mann,
dem Dramatiker, Schauspieler und Theaterleiter Dario Fo,
mit der Gründung der Theatergruppe La Compagnia Dario

Fo – Franca Rame dem bürgerlichen Theater den Rücken
gekehrt hat, richtet sich mit ihren »Ein-Frau-Stücken« ganz
bewußt nicht nur an ein weibliches Publikum. Ihrer Ansicht
nach reicht es nicht aus, bloß Frauen für feministische Anliegen zu sensibilisieren. Gerade über das Theatervergnügen – so
Rame – läßt sich Männern auf das Anschaulichste vermitteln,
wie komisch sie als Paschas sind.

Auch eine der jüngsten Frauentheatergruppen, das 1986
gegründete Piccolo-Theater in Köln, will ein gemischtes Publikum ansprechen und »vergessene Dichterinnen, aber auch
Dichter vorstellen«. Lediglich im Bereich der Regie geht es
ausschließlich weiblich zu. So firmiert die Truppe als »Mewes
& Töchter« und präsentiert sich dem Publikum als »Drei-
Prinzipalinnen-Theater«. »Natürlich haben wir auch männliche Darsteller, das heißt, wenn wir welche finden. Denn für
30,– DM pro Vorstellung – mehr können wir nicht zahlen – ist
das nicht gerade einfach. Aber Regie führt in diesem Haus
kein Mann. Darum spiele ich ja nicht mehr in Stadt- und
Staatstheatern. Diese ständige Anmache hat mir irgendwann
einmal gründlich gereicht«, beschreibt Ingund Mewes, die
Prinzipalinnen-Mutter, ihre Situation. (Mdl. Mitteilung)

Damit fällt ein aufschlußreiches Stichwort, das von vielen
Schauspielerinnen in ähnlicher Weise geäußert wird. Der Unterschied, ob mit einem Regisseur oder einer Regisseurin gearbeitet wird, manifestiert sich für die Bühnenkünstlerin vor
allem in der Art der Probenarbeit. »Natürlich, Theater ist immer hierarchisch, ganz gleich, ob ein Mann oder eine Frau die
Regie macht. Das geht gar nicht anders. Schon aus Zeitgrün-
den. Wenn alle über alles mitdiskutieren, findet keine Premiere mehr termingerecht statt. Nur: beim Mann ist diese
Hierarchie dazu noch sexistisch bestimmt. Ist immer diese Anmache dabei. Irgendwann hatte ich dann die Nase voll davon.
Und jetzt arbeite ich nur noch mit Regisseurinnen.« (Dodo
Mewes: mdl. Mitteilung)

Solche Erfahrungen haben dazu geführt, daß sich seit den
beginnenden 8oer Jahren in den meisten westlichen Ländern
– ähnlich wie auf dem Filmsektor bereits in den 7oer Jahren –
Frauen organisieren, um auf die spezifischen Schwierigkeiten
der weiblichen Bühnenangehörigen aufmerksam zu machen.

So gibt es in Großbritannien bereits verschiedene Organisationen, die durch Workshops, Konferenzen und Publikationen diesbezüglich tätig sind wie das »Equity Women's Committee«, als Sondereinrichtung der Schauspielergewerkschaft, die Organisation der »Women in Entertainment«, die daraufhinarbeitet, den Sexismus gegenüber Schauspielerinnen in der Unterhaltungsindustrie abzubauen, oder die Stiftung »Women's Playhouse Trust«, die sich keine geringere Aufgabe gestellt hat, als ein eigenes Theater zu errichten und zu verwalten, um der neuen Generation von Dramatikerinnen eine Aufführungschance zu bieten. In der Bundesrepublik Deutschland hat sich 1983 die Initiative »Frauen im Theater« gebildet, deren Hauptanliegen es ist, »ein Bewußtsein dafür zu schaffen, daß Frauen genauso viel am Theater leisten können wie Männer«. (Ritschel: 1986, S. 257)

Gewiß ist, die Schauspielerin von heute versteht sich in erster Linie als eine qualifizierte berufstätige Frau, die auf ihrem Gebiet vorankommen möchte, wie andere berufstätige Frauen auch. Harte Probenarbeit bestimmt ihren Alltag und ihr Familienleben, was am besten zu bewältigen ist – so wurde übereinstimmend behauptet – wenn der Lebenspartner aus dem gleichen Metier kommt. Für gesellschaftlichen Glamour läßt ihr Terminkalender kaum Zeit. Auch ist das Theater nicht mehr der Ort, an dem ein männliches Publikum das Weibliche in gesteigerter Form erlebt, und kein junger Mann ist heute noch darauf angewiesen, seine sexuellen Erfahrungen bei einer Schauspielerin zu machen. Die ungehörigen Begierden von damals sind zu Alltagsvergnügungen geworden, an denen auch das Mädchen von nebenan gerne teilhat.

So haben sich die Schauspielerinnen und die ›ganz gewöhnlichen Frauen‹ selbst in dieser Hinsicht einander angeglichen. Die Schauspielerinnen sind in ihren Moralvorstellungen bürgerlicher und die bürgerlichen Frauen freizügiger geworden. Damit hat die Bühnenkünstlerin ihre Mittlerfunktion zwischen Geschäftswelt und Künstlervolk, wie sie sie noch bis zum Ersten Weltkrieg besessen hatte, eingebüßt. Wenn heute eine Schauspielerin zu Tisch bittet, so findet man bei ihr kaum noch Geldaristokraten und Großschriftsteller versammelt, sondern in aller Regel ihre Berufskollegen. So wie überall.

Literaturverzeichnis

Charlotte Ackermann, Die letzten Tage der jüngeren Demoiselle M. M. Ch. Ackermann. Aus authentischen Quellen zum Druck befördert. Frankfurt am Main/Leipzig 1780

James C. Albisetti, Frauen und die akademischen Berufe im Kaiserlichen Deutschland. In: Frauen in der Geschichte VI. Hrsg. von Ruth-Ellen B. Joeres und Annette Kuhn. Düsseldorf 1985

Gerd Albrecht, Film im Dritten Reich. Karlsruhe 1979

Heinrich Alt, Theater und Kirche in ihrem gegenseitigen Verhältnis. Berlin 1846

Mary Anderson, A Few Memories. London 1896

Lena Ashwell, The Stage. London 1929

Julius Bab, Das Theater der Gegenwart. Geschichte der dramatischen Bühne seit 1870. Leipzig 1928

Ders., Die Frau als Schauspielerin. Berlin 1915

Ders., Kränze dem Mimen. Lechte/Emsdetten/Westfalen 1954

Ders., Schauspieler und Schauspielkunst. Berlin 1926

Rudolf Bach, Die Frau als Schauspielerin. Tübingen 1937

Hermann Bahr, Theater. Berlin 1911

Michael Baker, The Rise of the Victorian Actor. London 1978

John Balance, Sarah Bernhardt. In: The Mask I. 1908/1909

Hans-Urs von Balthasar, Theodramatik, Bd. 1. Einsiedeln 1973

Honoré de Balzac, Verlorene Illusionen. Berlin 1953, Übs. von Otto Flake

Mr. and Mrs. Bancroft, On and Off the Stage. London 1891

The Bancrofts, Recollections of Sixty Years. London 1909

Christa Bandmann und Joe Hembus, Klassiker des deutschen Tonfilms 1930-1960. München 1980

Herman Bang, Menschen und Masken. Berlin 1909

Nicolò Barbieri, La supplica. Discorso famigliare a quelli che trattano de'comici. Mailand 1971

Ilsebill Barta, Der disziplinierte Körper. Bürgerliche Körpersprache und ihre geschlechtsspezifische Differenzierung am Ende des 18. Jahrhunderts. In: Frauen. Bilder. Männer. Mythen. Hrsg. von Ilsebill Barta, Zita Breu u. a. Berlin 1987

Francesco S. Bartoli, Notizie istoriche de'comici italiani … Nachdruck Bologna 1978

Bernhard A. Bauer, Komödiantin – Dirne? Wien/Leipzig 1927

Simone de Beauvoir, Das andere Geschlecht. Sitte und Sexus der Frau. Reinbek b. Hamburg 1968, Übs.: Erstes Buch von Eva Rechel-Mertens, zweites Buch von Fritz Monfort

Barbara Becker-Cantarino, Der lange Weg zur Mündigkeit. Frau und Literatur (1500-1800). Stuttgart 1987

Emile Bergerat, Sarah Bernhardt. In: Les Actrices de Paris. Paris 1882

Sarah Bernhardt, Mein doppeltes Leben. München 1983

Dies., The Art of the Theater. New York/London 1969

Fritz A. von Beust, Der Bühnenengagements-Vertrag. Zürich 1911

Max von Boehn, Das Bühnenkostüm. Berlin 1921

Jacques-Bénigne Bossuet, Lettre au P. Caffaro. In: Correspondance de Bossuet. Hrsg. von Ch. Urbain und E. Levesque, Bd. 6. Paris 1912

Ders., Maximes et réflexions sur la comédie. Paris 1694

Bertolt Brecht, Der Messingkauf. In: Gesammelte Werke, Bd. 16. Frankfurt am Main 1967

Werner Busch, Die englische Kunst des 18. Jahrhunderts. In: Funkkolleg Kunst, Bd. II. Hrsg. von Werner Busch. München/Zürich 1987

Mrs. Patrick Campbell, My Life and Some Letters. London 1922

Blaise Cendrars, Emmène-moi au bout du monde! Paris 1956

Sylvie Chevalley, La Comédie Française hier et aujourd'hui. Paris 1979

Daniel Nikolaus Chodowiecki, Bürgerliches Leben im 18. Jahrhundert. Frankfurt am Main 1978. Ausst. Katalog, Städelsches Kunstinstitut

Ders., Das druckgrafische Werk. Hannover 1982

Hippolyte Clairon, Mémoires et Réflexions sur la déclamation théatrale. Paris 1822

Marion Cole (Hrsg.), Fogie, the life of Elsie Fogerty. London 1967

Dutton Cook, Hours with the Players. London 1883

Richard de Cordova, The Emergence of the Star System in America. In: Wide Angle, Vol. 6, no. 4 (1985)

Corin, The Truth about the Stage. London 1885

Edward Gordon Craig, Ellen Terry and her Secret Self. London 1931

Fabrizio Cruciani, Teatro nel Rinascimento. Rom 1983

Konstantin Czartoryski, Burgtheaters Glück und Ende. Ein Memento Mori. Wien 1876

Lil Dagover, Ich war die Dame. München 1979

Gabriele D'Annunzio, Feuer. München 1900, Übs. von M. Gagliardi

Bill Davidson, The Real and the Unreal. New York 1957

Eduard Devrient, Geschichte der deutschen Schauspielkunst. Leipzig 1848

Denis Diderot, Paradoxe sur le comédien. In: Œuvres esthétiques. Hrsg. von Paul Vernière. Paris 1965

Boguslaw Drewniak, Das Theater im NS-Staat. Szenarium deutscher Zeitgeschichte 1933-1945. Düsseldorf 1983

Georg Droescher, Karoline Jagemann, Iffland, Kirms. In: Jahrbuch der Goethe-Gesellschaft, 15 (1929)

Isadora Duncan, Der Tanz der Zukunft. Leipzig 1904

Dies., Mein Leben, meine Zeit. Wien/Rastatt 1981

Marguerite Duras, Savannah Bay. In: Theater Heute, 1 (1986)

Moritz Ehrenfeld, Charlotte Wolter. Eine Künstlerlaufbahn (1862-1887). Wien 1887

Herbert Eichhorn, Konrad Ernst Ackermann. Ein deutscher Theaterprinzipal. Emsdetten 1965

Elizabeth Einberg, Gainsborough's Giovanna Baccelli. London 1976

Norbert Elias, Die Gesellschaft der Individuen. Frankfurt am Main 1987

Ders., Zur Grundlegung einer Theorie sozialer Prozesse. In: Zeitschrift für Soziologie, Heft 2, 4 (1977)

Emil Engel (Hrsg.), Charlotte Wolter in ihren Glanzrollen dargestellt in 40 Bildern. Wien 1897

Charlotte Engel-Reimers, Die deutschen Bühnen und ihre Angehörigen. Eine Untersuchung über ihre wirtschaftliche Lage. Leipzig 1911

Georges Auguste Escoffier, Le guide culinaire. Paris 1903

Helen Faucit, On Some of Shakespeare's Female Characters. Edinburgh 1891

Siro Ferrone (Hrsg.), Commedia dell'Arte. Mailand 1986

Gloria Flaherty, The Dangers of the New Sensibilities in Eighteenth Century German Acting. In: Theatre Research International, 8, Nr. 2 (1983)

Theodor Fontane, Graf Petöfy. Berlin 1884

Basil Francis, Fanny Kelly of Drury Lane. London 1950

Eduard Fuchs, Illustrierte Sittengeschichte. Vom Mittelalter bis zur Gegenwart, Bd. 3. Berlin o.J.

Fritz Fuhrich, Burgtheater und Öffentlichkeit von Laube bis Dingelstedt. In: Das Burgtheater und sein Publikum, Bd. 1. Hrsg. von Margret Dietrich. Wien 1976

S. D. Gallwitz, Bühnenelend und Bühnennimbus. In: Die Frau. Monatsschrift für das gesamte Frauenleben unserer Zeit. Hrsg. von Helene Lange. Jg. 12, Berlin 1904/05

Caroline Gardiner, What Share of the Cake? The Employment of Women in the English Theatre. London 1987

Valeska Gerts, Ich bin eine Hexe. Reinbek b. Hamburg 1978

Michaela Giesing, Ibsens Nora und die wahre Emanzipation der Frau. Zum Frauenbild im wilhelminischen Theater. Frankfurt am Main/Bern/New York 1984

Johann Wolfgang von Goethe, Wilhelm Meisters Lehrjahre (= Werke, Hamburger Ausgabe Bd. 7). Hamburg 1950

Ders., Wilhelm Meisters Theatralische Sendung (= Gedenkausgabe der Werke, Briefe und Gespräche, Bd. 8). Zürich 1949

Rudolf K. Goldschmit, Die Schauspielerin. Ihr Weg, ihre Gestalt und ihre Wirkung. Stuttgart 1922

Edmond de Goncourt, La Faustin. Paris 1882

Ders., Mademoiselle Clairon. Paris 1927

Edmond et Jules Huot de Goncourt, Les Hommes de lettres. Paris 1860

Walter Goodman, The Keeleys on Stage and at Home. London 1895

Johann Christoph Gottsched, Die vernünftigen Tadlerinnen. Halle/ Leipzig 1725

Johann Sigismund Grüner, Über die Wahl des Schauspieler Standes. In: Neue Literatur und Völkerkunde. Hrsg. von Johann Wilhelm von Archenholtz, Bd. II, Nr. 10. Dessau/Leipzig 1788

Jürgen Habermas, Strukturwandel der Öffentlichkeit. Untersuchungen zu einer Kategorie der bürgerlichen Gesellschaft. Darmstadt/ Neuwied 1962

Hilde Haider-Pregler, Des sittlichen Bürgers Abendschule. Bildungsanspruch und Bildungsauftrag des Berufstheaters im 18. Jahrhundert. Wien 1980

Dies., Der Wolter-Schrei. Das Burgtheater der Gründerzeit. In: Das Größere Österreich. Geistiges und soziales Leben von 1880 bis zur Gegenwart. Hrsg. von Kristian Sotiffer. Wien 1982

Edward P. Harris, From Outcast to Ideal: The Image of the Actress in Eighteenth-Century Germany. In: The German Quarterly, 54 (1981)

John Hayes, Gainsborough. Paintings and Drawings. London 1975

Friedrich Hebbel, Das deutsche Theater. In: Werke. Hrsg. von Franz Zinkernagel, Bd. 6. Leipzig/Wien o.J.

Kristine Hecker, Ein Theater für Olympier – das Teatro Olimpico in Vicenza. In: Zibaldone, Nr. 3, 5 (1987)

Dies., Dall'Arte rappresentativa all'attore come artista creatore. La visione dell'attore dal Cinque al Settecento. In: Quaderni di teatro, Nr. 37, Jg. 10, 8 (1987)

Charles Hiatt, Ellen Terry. London 1899

Leo Hirschfeld, Charlotte Wolter. Ein Erinnerungsblatt. Wien 1897

Julie Hollege, Innocent Flowers. London 1981

L. E. Holman, Lamb's ›Barbara S-‹. London 1935

Henrik Ibsen, Die Frau vom Meere. In: Sämtliche Werke, Bd. 8, Berlin o. J.

John Ingamells, Mrs. Robinson and Her Portraits. London 1978

Karoline Jagemann, Die Erinnerungen der Karoline Jagemann. Nebst zahlreichen unveröffentlichten Dokumenten aus der Goethezeit. Hrsg. von Eduard v. Bamberg, Dresden 1926

Norbert Jaron, Renate Möhrmann, Hedwig Müller, Berlin – Theater der Jahrhundertwende. Bühnengeschichte der Reichshauptstadt im Spiegel der Kritik (1889-1914). Tübingen 1986

Herbert Jhering, Der Kampf ums Theater. Dresden 1922

Ruth-Ellen B. Joeres und Annette Kuhn (Hrsg.), Frauen in der Geschichte VI. Frauenbilder und Frauenwirklichkeiten. Düsseldorf 1985

Immanuel Kant, Anthropologie in pragmatischer Hinsicht, § 12 »Von dem erlaubten moralischen Schein«. In: Werke Bd. VI. Hrsg. von Wilhelm Weischedel. Darmstadt 1964

Tony Kellen, Die Not unserer Schauspielerinnen. Studien über die wirtschaftliche Lage und die moralische Stellung der Bühnenkünstlerinnen, zugleich Mahnwort und Wegweiser für junge Damen, die sich der Bühne widmen wollen. Leipzig 1902

Frances Anne Kemble, Record of a Girlhood. London 1878

A. Kennard, Mrs. Siddons. London 1987

Alfred Kerr, Schauspielkunst. Berlin o.J.

Hartmut Kiltz, Das erotische Mahl. Szenen aus dem ›chambre séparée‹ des neunzehnten Jahrhunderts. Frankfurt am Main 1983

Gertrude Kingston, Curtsy while you're thicking. London 1937

Gustav Kobbé, Famous Actors & Actresses And Their Homes. Boston 1903

Karl Köchy, Die Schauspielerin. In: Poetische Werke, Teil 1. Kassel 1832

Karl Kraus, Die Fackel. Jg. 1, Heft 1, Wien 1899

Wolfram Krömer, Die italienische commedia dell'arte. Darmstadt 1976

Renate Krößner, Was ein bißchen unbestimmt ist. Die Schauspielerin Renate Krößner. Aus einem Gespräch zwischen Renate Krößner, Karola Gramann und Heide Schlüpmann. In: Frauen und Film, 26 (1980)

Klaus Landgrebe, Die Lebenserinnerungen deutscher Schauspieler. Diss. masch. FU Berlin 1956

Irmgard Laskus, Friederike Bethmann-Unzelmann. In: Theaterge-
schichtliche Forschungen 37, Kiel 1926
Heinrich Laube, Die Schauspielerin. In: Gesammelte Werke, Bd. 7.
Leipzig 1908
Eva Le Gallienne, The Mystik in the Theatre: Eleonora Duse. O.O.
1966
Jules Lemaître, Les Contemporains. Paris 1902
Gotthold Ephraim Lessing, Hamburgische Dramaturgie. Drittes
Stück. In: Gesammelte Werke. Band II. Hrsg. von Wolfgang
Stammler. München 1959
August Lewald, Theater-Roman. Stuttgart 1841
Fanny Lewald, Eine Lebensfrage. Leipzig 1845
Georg Christoph Lichtenberg, William Hogarth's Zeichnungen. Nach
den Originalen in Stahl gestochen. Mit der vollständigen Erklä-
rung derselben. Stuttgart 1857
Jacques Lorcey, La Comédie Française. Paris 1980
Ingrid Loschek, Reclams Mode- und Kostümlexikon. Stuttgart 1987
Rudolf Lothar, Das Wiener Burgtheater. Ein Wahrzeichen öster-
reichischer Kunst und Kultur. Wien 1934
Neville Lynn, The Thespian Papers. London 1887
Henri Lyonnet, Les comédiennes. Paris 1929
Matthew Mackintosh, Stage Reminiscences. Glasgow 1866
Franz Anton Mai, Ueber die Heilart der Schauspielerkrankheiten
vom Hofrat Mai in Mannheim. In: Litteratur- und Theaterzeitung
No. 5 und No. 6. Berlin 1783
Karen Malpede, Women in Theatre. Compassion and Hope. New
York 1983
Sara Mamone, Il teatro nella Firenze medicea. Mailand 1981
Heinrich Mann, Die Jagd nach Liebe. Hamburg/Düsseldorf 1970
Ders., Die Kleine Stadt (= Ausgewählte Werke in Einzelausga-
ben, hrsg. von Alfred Kantorowicz, Bd. 3). Berlin (DDR) 1951-
1962
Ders., Professor Unrat (= Ausgewählte Werke in Einzelausgaben,
hrsg. von Alfred Kantorowicz, Bd. 1). Berlin (DDR) 1951-1962
Ders., Schauspielerin. Drama in drei Akten (= Ausgewählte Werke in
Einzelausgaben, hrsg. von Alfred Kantorowicz, Bd. 10). Berlin
(DDR) 1951-1962
Ders., Schauspielerin. Novelle (= Ausgewählte Werke in Einzelaus-
gaben, hrsg. von Alfred Kantorowicz, Bd. 8). Berlin (DDR) 1951-
1962
Ders., Sieben Jahre. Chronik der Gedanken und Vorgänge. Berlin/
Wien/Leipzig 1929
Thomas Mann, Doktor Faustus. Das Leben des deutschen Tonsetzers

Adrian Leverkühn erzählt von seinem Freunde (= Stockholmer Gesamtausgabe der Werke, Bd. 6). Frankfurt am Main 1965

Ders., Gefallen (= Stockholmer Gesamtausgabe der Werke, Erzählungen). Frankfurt am Main 1958

Jean-François Marmontel, Erinnerungen an Philosophen und Aktricen. Leipzig 1980

Sir Theodore Martin, Helena Faucit, Lady Martin. Edinburgh/London 1900

Barbara Marx, Zwischen Frauenideal und Autorenstatus. Zur Präsentation der Frauenliteratur in der Renaissance. In: Frauen Literatur Geschichte. Schreibende Frauen vom Mittelalter bis zur Gegenwart. Hrsg. von Hiltrud Gnüg und Renate Möhrmann. Stuttgart 1985

W. Somerset Maugham, Theatre. London 1937

Silbylle Maurer-Schmoock, Deutsches Theater im 18. Jahrhundert. Tübingen 1982

Karl May, Der verlorene Sohn oder Der Fürst des Elends. Dresden 1883-1885

Lillah McCarthy, Myself and My Friends. London 1933

Franz Mehring, Der Fall Lindau. Berlin 1890

Elsbeth Meyer-Förster, Theatermädel und andere Novellen. Berlin 1902

Renate Möhrmann, Die andere Frau. Emanzipationsansätze deutscher Schriftstellerinnen im Vorfeld der Achtundvierziger Revolution. Stuttgart 1977

Dies., Frauenarbeit im Spiegel der Frauenliteratur. In: Frauen in der Geschichte VI. Hrsg. von Ruth-Ellen B. Joeres und Annette Kuhn. Düsseldorf 1985

Dies., Gibt es eine feministische Theater-, Film- und Fernsehwissenschaft? In: Feminismus. Inspektion der Herrenkultur. Ein Handbuch. Hrsg. von Luise F. Pusch. Frankfurt am Main 1983

Dies., Schnitzlers Frauen und Mädchen. Zwischen Sachlichkeit und Sentiment. In: Diskussion Deutsch, Heft 68 (1982)

Simon Moldauer, Betrachtungen über moderne Schauspielkunst. In: Das Theater von Morgen. Texte zur deutschen Theaterreform (1870-1920). Hrsg. von Christopher Balme. Würzburg 1988

Molière, La Critique de l'Ecole des femmes. In: Théatre de 1661 à 1663. Hrsg. von René Bray. Paris 1951

Cesare Molinari, La Commedia dell'Arte. Mailand 1985

Luise Mühlbach, Der Zögling der Natur. Altona 1842

Dies., Künstlerin. Altona 1839

Adam Müller-Guttenbrunn, Wien war eine Theaterstadt. Wien 1885

Donald Mullin, Victorian Actors and Actresses in Review. A Diction-

ary of Contemporary Views of Representative British and American
Actors and Actresses, 1837-1901. Westport/London 1983

Julia Neilson, Time for Remembrance. London 1941

Friederike Caroline Neuber, Das Schäferfest oder Die Herbstfreude.
In: Gottscheds Lebens- und Kunstreform in den zwanziger und
dreißiger Jahren. Gottsched, Breitinger, die Gottschedin, die Neuberin. Hrsg. von Fritz Brüggemann. Leipzig 1935

Dies., Ein deutsches Vorspiel. Hrsg. von Arthur Richter. In: Deutsche
Literaturdenkmale des 18. und 19. Jahrhunderts 63. Leipzig 1897

The New York Times Film Reviews, 6 vols. (1913-1968). New York
1970

Berta Niederle, Charlotte Wolter. Leben, Werden und Briefe der großen Tragödin. Berlin/Wien/Leipzig 1948

Frederic W. Nielson, Eleonora Duse. Das Wortporträt einer großen
Frau. Freiburg 1884

Ethan Nordden, Movie Star. A Look at the Women Who Made Hollywood. New York 1983

Cornelia Otis-Skinner, Madame Sarah. Das Leben der Schauspielerin Sarah Bernhardt. Frankfurt am Main 1988

Vito Pandolfi, La Commedia dell'Arte. Storia e testi. Florenz 1957

Sue Parrish, The Status of Women in the British Theatre 1982-1983.
London 1984

Howard Paul and Georg Gebbie, The Stage and Its Stars. Philadelphia 1889

C. E. Pearce, Madame Vestris and Her Times. New York 1969

Abraham Peiba, Gallerie von Teutschen Schauspielern und Schauspielerinnen der älteren und neuern Zeit. Wien 1783. Neudruck
Berlin 1910

Nicholas Penny, Reynolds. Ausstellungskatalog. Royal Academy of
Arts. London 1986

Joseph Freiherr von Petrasch, Der Hof der Schauspieler. Nürnberg
1765

Photoplay Combined with Movie Mirror (1941-1946). Vol. 18, no. 6
(May 1941) – vol. 28, no. 6 (May 1946). New York

Photoplay (1946-1952). Vol. 29, no. 1 (June 1946) – vol. 42, no. 6
(December 1952). New York

Eike Pies, Prinzipale. Zur Genealogie des deutschsprachigen Berufstheaters vom 17. bis 19. Jahrhundert. Düsseldorf 1973

Luigi Rasi, I comici italiani. Biografia, bibliografia, iconografia. Florenz 1897

Friedrich von Reden-Esbeck, Caroline Neuber und ihre Zeitgenossen.
Ein Beitrag zur deutschen Kultur- und Theatergeschichte. Leipzig
1881

Hermann Reich, Der Mimus. Ein literatur- und entwicklungsgeschichtlicher Versuch. Berlin 1903

Heinrich August Ottokar Reichard, Gedanken über das Spiel und den Schauspieler. In: Theater-Kalender auf das Jahr 1779. Gotha

Ders., Von den Eindrücken, die gewisse Rollen außer dem Theater nach sich lassen. In: Theater-Kalender auf das Jahr 1776. Gotha

Ilse Reicke, Berühmte Frauen der Weltgeschichte. Berlin 1931

Olga Resnevic-Signorelli, Eleonora Duse. Leben und Leiden der großen Schauspielerin. Berlin o. J.

Karl Riha, Commedia dell'arte. Mit den Figurinen Maurice Sands. Frankfurt am Main 1980

Ute Ritschel, Eine Frau muß sich im Theater viel mehr beweisen als ...? In: Die Frauen mit Flügeln, die Männer mit Blei? Hrsg. von Friederike Hassauer und Peter Roos. Siegen 1986

Annegret Ritzel, Frauenregie: nur eine modische Floskel, oder mehr? In: Theatermagazin, März 1986

Elizabeth Robins, Both Sides of the Curtain. London 1940

Dies., Ibsen and the Actress. London 1928

Marianne Roland Michel, Watteau. München 1984

Jean-Jacques Rousseau, Lettre à M. d'Alembert sur les spectacles. Hrsg. von M. Fuchs. Lille/Genf 1948

Joachim Rübel, Geschichte der Genossenschaft Deutscher Bühnen-Angehörigen. Diss. FU Berlin 1988

Michael Sanderson, From Irving to Olivier: a social history of the acting profession, 1880-1983. London 1984

Adele Sandrock, Mein Leben. Berlin 1940

Victorien Sardou, Fedora. Leipzig o. J.

Hannah Sasse, Friederike Caroline Neuber. Versuch einer Neuwertung. Freiburg 1937

Paul Scarron, Die Komödianten. Stuttgart 1983

Helene Scharfenstein, Aus dem Tagebuche einer deutschen Schauspielerin. Stuttgart 1912

Leo Schidrowitz, Sittengeschichte des Theaters. Wien/Leipzig o. J.

Schink, Zusätze und Berichtigungen zu der Gallerie der teutschen Schauspieler und Schauspielerinnen. Wien 1783. Neudruck Berlin 1910

Paul Schlenther, Der Frauenberuf im Theater. In: Der Existenzkampf der Frau. Hrsg. von Gustav Dahms. Berlin 1895

Johann Ludwig Schlosser, Die Komödianten. Bremen 1767

Arthur Schnitzler, Das Märchen. In: Das dramatische Werk, Bd. 1. Frankfurt am Main 1977

Ders., Freiwild. Reigen. In: Das dramatische Werk, Bd. 2. Frankfurt am Main 1978

Ders., Komödiantinnen. In: Das erzählerische Werk, Bd. 1. Frankfurt am Main 1977

Christine Schnusenberg, Das Verhältnis von Kirche und Theater. Bern/Frankfurt am Main/Las Vegas 1981

Gertrud Schubart-Fikentscher, Zur Stellung der Komödianten im 17. und 18. Jahrhundert. Berlin 1963

Günter Schulz, Die Entwicklung des Schauspielerengagements in Deutschland vom 17. zum 19. Jahrhundert. Diss. masch. FU Berlin 1955

Karoline Schulze-Kummerfeld, Lebenserinnerungen der Karoline Schulze-Kummerfeld. Hrsg. von Emil Benezé. In: Schriften der Gesellschaft für Theatergeschichte 23. Berlin 1915

Gisela Schwanbeck, Sozialprobleme der Schauspielerin im Ablauf dreier Jahrhunderte. Berlin 1957

Bianca Segantini und Francesco von Mendelssohn (Hrsg.), Eleonore Duse. Bildnisse und Worte. Berlin 1926

David O. Selznick, Memo from David O. Selznick. Hrsg. von Rudy Behlmer. New York 1972

George Bernard Shaw, Dramatic Opinions and Essays. London 1909

Sarah Kemble Siddons, Remarks on the Character of Lady Macbeth. In: Actors and Acting. Hrsg. von Cole and Chinoy. New York 1970

Olga Signorelli, Das Vermächtnis der Duse. Ein Lebensbild aus Briefen – Bekenntnissen – Erinnerungen. Herrenalb/Schwarzwald 1962

Heinz W. Siska (Hrsg.), Wunderwelt Film. Künstler und Werkleute einer Weltmacht. Heidelberg/Berlin/Leipzig 1943

Leone de'Sommi, Quattro dialoghi in materia di rappresentazioni sceniche. Mailand 1968

Walter Sorell, Der Tanz als Spiegel der Zeit. Wilhelmshaven 1985

Lore Stefanek, Friederike Hassauer, Peter Roos, Frau und weibliche Ästhetik im deutschen Stadttheater – Ein Gespräch. In: Notizbuch 2. Hrsg. von Friederike Hassauer und Peter Roos. Berlin 1980

Sara Stevenson, Van Dyck in Check Trousers. Fancy Dress in Art and Life. Edinburgh 1978

Margarete von Stigler-Fuchs, Wiener Theater vor und hinter den Kulissen. Wien 1943

Karl Storck, Isadora Duncan. Deutsche Zeitung 10.1.1903

Heinrich Stümcke, Die Frau als Schauspielerin. Leipzig o.J.

Ferdinando Taviani, La Commedia dell'Arte e la società barocca: La fascinazione del teatro. Rom 1969

Ders., Un vivo contrasto. Seminario su attrici e attori della Commedia dell'Arte. In: Teatro e storia, Nr. 1, Jg. 1, 10 (1986)

Ferdinando Taviani und Mirella Schino, Il segreto della Commedia dell'Arte. La memoria delle compagnie italiane del XVI, XVII e XVIII secolo. Florenz 1982

Ellen Terry, Four Lectures on Shakespeare. London 1932

Dies., The Story of my Life. London 1908

Quintus Tertullian, De spectaculis (15, 2-6)

Christian W. Thomsen, Das englische Theater der Gegenwart. Düsseldorf 1980

Victor Turner, Liminal to Liminoid. In: Play, Flow, and Ritual. An Essay in Comparative Symbology. Aus: From Ritual to Theatre. The Human Seriousness of Play. New York 1982

Luise Ullrich, Komm auf die Schaukel, Luise. Balance eines Lebens. Percha am Starnberger See 1973

Jürgen Viering, Die Schauspielerin als Vertreterin der »Modernität«. In: Jahrbuch für Internationale Germanistik, Jg. XVIII, Heft 2 (1986)

Voltaire, Œuvres complètes. Ed. Louis Moland. Paris 1877-1883

Richard Voß, Rolla. Die Lebenstragödie einer Schauspielerin. Leipzig 1883

E. B. Watson, Sheridan to Robertson. Harvard 1926

Alexander von Weilen, Charlotte Wolter. In: Allgemeine Deutsche Biographie, Bd. 34. Berlin 1898

Ders., Das K. K. Hofburgtheater seit seiner Begründung. In: Die Theater Wiens, 6 Bde., Bd. 2, 2, 2. Wien 1894-1906

Werner Weismann, Kirche und Schauspiele. Die Schauspiele im Urteil der lateinischen Kirchenväter unter besonderer Berücksichtigung von Augustin. Würzburg 1972

Walter D. Wetzels, Schauspielerinnen im 18. Jahrhundert – zwei Perspektiven: Wilhelm Meister und die Memoiren der Schulze-Kummerfeld. In: Die Frau von der Reformation zur Romantik. Hrsg. von Barbara Becker-Cantarino. Bonn 1980

Mary Wigman, Weibliche Tanzkunst. In: Blätter der Staatsoper und der Städtischen Oper Berlin, Jg. 10, Heft 6 (1929)

Adolf von Wilbrandt, Arria und Messalina. Wien 1877

Oscar Wilde, Das Bildnis des Dorian Gray. Leipzig 1920

Clifford Williams, Madame Vestris, a Theatrical Biography. London 1973

Johann Joseph Winckler, Des Heil. Vaters Chrisostomi Zeugnis der Wahrheit wider die Schau-Spiele oder Comödien/Verteutschet und in etwas erläutert. Verlegts Johann Daniel Müller/A. 1701. Zit. nach: Frau Magister Velten verteidigt die Schaubühne. Festgabe Ludwig Körner 1940

Edgar Wind, Humanitätsidee und heroisiertes Portrait in der engli-

schen Kultur des 18. Jahrhunderts. In: Vorträge der Bibliothek War-
burg. Hrsg. von Fritz Saxl. Leipzig/Berlin 1932
GLC Women's Committee (Hrsg.), The London Women's Handbook.
London 1986
Joseph Wulf, Theater und Film im Dritten Reich. Eine Dokumenta-
tion. Frankfurt am Main/Berlin/Wien 1983
Gisela von Wysocki, Die Fröste der Freiheit. Aufbruchsphantasien.
Frankfurt am Main 1980
Emile Zola, Au bonheur des dames. Paris 1883
Ders., Nana. Paris 1888
Stefan Zweig, Die Welt von gestern. Erinnerungen eines Europäers.
Stockholm 1942

REGISTER

Aufgenommen wurden die Namen von 1. historischen und zeitgenössischen Personen, 2. Theatergruppen und 3. von im Literaturverzeichnis aufgeführten Autoren, sofern sie im Text zitiert oder erwähnt werden. Ferner findet man die Schauspielerinnen mit dem bürgerlichen, sowie dem Bühnennamen verzeichnet und entsprechende Querverweise.

380

BILDNACHWEIS

Wir danken den genannten Archiven und Museen für die Genehmigung zum Abdruck der Bilder und für die Bereitstellung der Bildvorlagen:

Theatermuseum der Universität zu Köln: Die ins Elend geratene Schauspielerin; Harlekin und Francescina (Stichsammlung Receuil Fossard); Capitano überrascht Donna Lucia mit dem falschen Harlekin (Stichsammlung Receuil Fossard); Mademoiselle Clairon als Medea (Stich von J. Elie Haid); Friederike Neuber; Sarah Bernhardt, »La femme electrique et chimerique« (Radierung von A. Salmon); Eleonora Duse, »O grande amatrice!« (Heliogravure von A. Albert); Sarah Bernhardt als Phädra; Eleonora Duse in ROSMERSHOLM; Chambre Séparée-Stimmung im fortgeschrittenen Stadium (Zeichnung von Peter Fendi); Marie Taglioni als Sylphide (kolorierter Stich von André Geiger); Fanny Elssler als Florinda (Kreidelithographie von Cattier); Mary Wigman in »Traumgestalt«; Mary Wigman in FESTLICHES PRÄLUDIUM; Marianne Hoppe als Gretchen; Lida Baarova; Marika Rökk; Ilse Werner.

Bildarchiv der Österreichischen Nationalbibliothek, Wien: Marie Desmares Champmesle als Hermione; Mademoiselle Clairon als Phädra (Stich von Jean-Baptiste Michel); Charlotte Ackermann.

Historisches Museum der Stadt Wien: Charlotte Wolter (Gemälde von Hans Markert); Charlotte Wolter als Poesie.

Deutsches Theatermuseum München: Karoline Jagemann (Stich von Rosmaesler).

British Library London: Ingrid Bergmann, Zu Beginn ihrer Karriere.